S D 에 듀

독학사 4단계

—— 심리학과 ——

인지신경과학

SD에듀
㈜시대고시기획

머리말

심리학은 결코 멀리에 있는 학문이 아닙니다. 심리학은 굳이 전문용어로 다루지 않더라도 이미 우리가 일상 속에서 늘 접하고 있고 행하고 있는 모든 행동, 태도, 현상 등의 연장선상에 있습니다.

심리학 공부란 다른 공부도 그렇겠지만, 우리가 이미 알고 있는 것을 좀 더 체계화하고 세분화하며, 나에게 입력된 지식을 말로 풀어 설명할 수 있게 하고, 더 나아가 이를 실생활에서 응용하기 위하여 필요한 것입니다.

1~3단계를 통과하면 드디어 학위취득 종합시험인 4단계에 이르게 됩니다. 본서는 독학사시험에서 심리학학위를 목표로 하는 여러분의 최종 관문인 4단계의 내용을 다루고 있습니다. 1단계에서 심리학개론, 2단계에서 이상심리학, 감각 및 지각심리학, 사회심리학, 생물심리학, 발달심리학, 성격심리학, 동기와 정서, 심리통계, 3단계에서 상담심리학, 심리검사, 산업 및 조직심리학, 학습심리학, 인지심리학, 중독심리학, 건강심리학, 학교심리학 등을 학습하셨던 여러분은 이제 이를 모두 종합한 임상심리학, 소비자 및 광고심리학, 심리학연구방법론, 인지신경과학을 학습하시게 될 것입니다.

01 본서의 구성 및 특징
본서는 독학사 심리학과 4단계를 공부하시는 독자분들을 위하여 시행처의 평가영역 관련 Big data를 분석하여 집필된 도서입니다. 내용이 방대하면서 생소한 심리학의 이론을 최대한 압축하여 가급적이면 핵심만 전달하고자 노력한 것을 특징으로 합니다.

02 빨리보는 간단한 키워드
핵심적인 이론만을 꼼꼼하게 정리하여 수록한 빨리보는 간단한 키워드로 전반적인 내용을 한 눈에 파악할 수 있습니다. 빨리보는 간단한 키워드는 시험장에서 마지막까지 개별이론의 내용을 정리하고 더 쉽게 기억하게 하는 용도로도 사용이 가능합니다.

03 핵심이론 및 실제예상문제
독학학위제 평가영역과 관련 내용을 면밀히 분석한 핵심이론을 제시하였고, 실제예상문제를 풀면서 앞서 공부한 이론이 머릿속에 잘 정리되었는지 확인해 볼 수 있도록 하였습니다. 다양한 유형의 문제를 통해 실제시험에 완벽하게 대비할 수 있습니다.

04 최종모의고사
최신 출제유형을 반영한 최종모의고사 2회분으로 자신의 실력을 점검해 볼 수 있습니다. 실제시험에 임하듯이 시간을 재고 풀어본다면 시험장에서 실수를 줄일 수 있을 것입니다.

심리학은 독자의 학습자세에 따라 흥미롭고 매력적인 학문일 수도 아닐 수도 있습니다. 사실, 어떻게 보면 심리학은 지나칠 정도로 방대하고 어렵습니다. 왜 자신이 심리학이라는 분야에서 학위를 받기로 결심하였는지를 우선 명확히 하시고, 그 결심이 흔들릴 것 같으면 그 결심을 바로 세운 뒤에 계속 도전하십시오. 본서를 선택하여 주신 분들께 감사의 말씀을 드립니다.

편저자 드림

BDES

독학학위제 소개

독학학위제란?

「독학에 의한 학위취득에 관한 법률」에 의거하여 국가에서 시행하는 시험에 합격한 사람에게 학사학위를
수여하는 제도

- ☑ 고등학교 졸업 이상의 학력을 가진 사람이면 누구나 응시 가능

- ☑ 대학교를 다니지 않아도 스스로 공부해서 학위취득 가능

- ☑ 일과 학습의 병행이 가능하여 시간과 비용 최소화

- ☑ 언제, 어디서나 학습이 가능한 평생학습시대의 자아실현을 위한 제도

- ☑ 학위취득시험은 4개의 과정(교양, 전공기초, 전공심화, 학위취득 종합시험)으로 이루어져 있으며 각 과정별
  시험을 모두 거쳐 학위취득 종합시험에 합격하면 학사학위 취득

독학학위제 전공 분야 (11개 전공)

※ 유아교육학 및 정보통신학 전공: 3, 4과정만 개설
※ 간호학 전공: 4과정만 개설
※ 중어중문학, 수학, 농학 전공: 폐지 전공으로 기존에 해당 전공 학적 보유자에 한하여 응시 가능

※ SD에듀는 현재 4개 학과(심리학과, 경영학과, 컴퓨터공학과, 간호학과) 개설 완료
※ 2개 학과(국어국문학과, 영어영문학과) 개설 진행 중

독학학위제 시험안내

과정별 응시자격

단계	과정	응시자격	과정(과목) 시험 면제 요건
1	교양	고등학교 졸업 이상 학력 소지자	• 대학(교)에서 각 학년 수료 및 일정 학점 취득 • 학점은행제 일정 학점 인정 • 국가기술자격법에 따른 자격 취득 • 교육부령에 따른 각종 시험 합격 • 면제지정기관 이수 등
2	전공기초		
3	전공심화		
4	학위취득	• 1~3과정 합격 및 면제 • 대학에서 동일 전공으로 3년 이상 수료 (3년제의 경우 졸업) 또는 105학점 이상 취득 • 학점은행제 동일 전공 105학점 이상 인정 (전공 28학점 포함) ➜ 22.1.1. 시행 • 외국에서 15년 이상의 학교교육과정 수료	없음(반드시 응시)

응시 방법 및 응시료

- 접수 방법: 온라인으로만 가능
- 제출 서류: 응시자격 증빙 서류 등 자세한 내용은 홈페이지 참조
- 응시료: 20,400원

독학학위제 시험 범위

- 시험과목별 평가 영역 범위에서 대학 전공자에게 요구되는 수준으로 출제
- 시험 범위 및 예시문항은 독학학위제 홈페이지(bdes.nile.or.kr) ➜ 학습정보 ➜ 과목별 평가영역에서 확인

문항 수 및 배점

과정	일반 과목			예외 과목		
	객관식	주관식	합계	객관식	주관식	합계
교양, 전공기초 (1~2과정)	40문항×2.5점 =100점	–	40문항 100점	25문항×4점 =100점	–	25문항 100점
전공심화, 학위취득 (3~4과정)	24문항×2.5점 =60점	4문항×10점 =40점	28문항 100점	15문항×4점 =60점	5문항×8점 =40점	20문항 100점

※ 2017년도부터 교양과정 인정시험 및 전공기초과정 인정시험은 객관식 문항으로만 출제

합격 기준

■ 1~3과정(교양, 전공기초, 전공심화) 시험

단계	과정	합격 기준	유의 사항
1	교양	매 과목 60점 이상 득점을 합격으로 하고, 과목 합격 인정(합격 여부만 결정)	5과목 합격
2	전공기초		6과목 이상 합격
3	전공심화		

■ 4과정(학위취득) 시험: 총점 합격제 또는 과목별 합격제 선택

구분	합격 기준	유의 사항
총점 합격제	• 총점(600점)의 60% 이상 득점(360점) • 과목 낙제 없음	• 6과목 모두 신규 응시 • 기존 합격 과목 불인정
과목별 합격제	• 매 과목 100점 만점으로 하여 전 과목(교양 2, 전공 4) 60점 이상 득점	• 기존 합격 과목 재응시 불가 • 1과목이라도 60점 미만 득점하면 불합격

시험 일정

| 1단계
2~3월 중 | 2단계
5월 중 | 3단계
8월 중 | 4단계
10월 중 |

■ 심리학과 4단계 시험 과목 및 시험 시간표

구분(교시별)	시간	시험 과목명
1교시	09:00~10:40(100분)	국어, 국사, 외국어 중 택2 과목 (외국어를 선택할 경우 실용영어, 실용독일어, 실용프랑스어, 실용중국어, 실용일본어 중 택1 과목)
2교시	11:10~12:50(100분)	임상심리학, 소비자 및 광고심리학
중식 12:50~13:40(50분)		
3교시	14:00~15:40(100분)	심리학연구방법론, 인지신경과학

※ 시험 일정 및 세부사항은 반드시 독학학위제 홈페이지(bdes.nile.or.kr)를 통해 확인하시기 바랍니다.

※ SD에듀에서 개설되었거나 개설 예정인 과목은 빨간색으로 표시했습니다.

독학학위제 과정

1단계 01 교양과정

대학의 교양과정을 이수한
사람이 일반적으로 갖추어야 할
학력 수준 평가

02 2단계 전공기초

각 전공영역의 학문을 연구하기
위하여 각 학문 계열에서 공통적으로
필요한 지식과 기술 평가

3단계 전공심화 03

각 전공영역에서의 보다
심화된 전문 지식과 기술 평가

04 4단계 학위취득

학위를 취득한 사람이
일반적으로 갖추어야 할 소양 및
전문 지식과 기술을 종합적으로 평가

GUIDE
독학학위제 출제방향

국가평생교육진흥원에서 고시한 과목별 평가영역에 준거하여 출제하되, 특정한 영역이나 분야가 지나치게 중시되거나 경시되지 않도록 한다.

교양과정 인정시험 및 전공기초과정 인정시험의 시험방법은 객관식(4지택1형)으로 한다.

단편적 지식의 암기로 풀 수 있는 문항의 출제는 지양하고, 이해력 · 적용력 · 분석력 등 폭넓고 고차원적인 능력을 측정하는 문항을 위주로 한다.

독학자들의 취업 비율이 높은 점을 감안하여, 과목의 특성상 가능한 경우에는 학문적이고 이론적인 문항 뿐만 아니라 실무적인 문항도 출제한다.

교양과정 인정시험(1과정)은 대학 교양교재에서 공통적으로 다루고 있는 기본적이고 핵심적인 내용을 출제하되, 교양과정 범위를 넘는 전문적이거나 지엽적인 내용의 출제는 지양한다.

이설(異說)이 많은 내용의 출제는 지양하고 보편적이고 정설화된 내용에 근거하여 출제하며, 그럴 수 없는 경우에는 해당 학자의 성명이나 학파를 명시한다.

전공기초과정 인정시험(2과정)은 각 전공영역의 학문을 연구하기 위하여 각 학문 계열에서 공통적으로 필요한 지식과 기술을 평가한다.

전공심화과정 인정시험(3과정)은 각 전공영역에 관하여 보다 심화된 전문적인 지식과 기술을 평가한다.

학위취득 종합시험(4과정)은 시험의 최종 과정으로서 학위를 취득한 자가 일반적으로 갖추어야 할 소양 및 전문지식과 기술을 종합적으로 평가한다.

전공심화과정 인정시험 및 학위취득 종합시험의 시험방법은 객관식(4지택1형)과 주관식(80자 내외의 서술형)으로 하되, 과목의 특성에 따라 다소 융통성 있게 출제한다.

독학학위제 단계별 학습법

1 단계

평가영역에 기반을 둔 이론 공부!

독학학위제에서 발표한 평가영역에 기반을 두어 효율적으로 이론 공부를 해야 합니다. 각 장별로 정리된 '핵심이론'을 통해 핵심적인 개념을 파악합니다. 모든 내용을 다 암기하는 것이 아니라, 포괄적으로 이해한 후 핵심내용을 파악하여 이 부분을 확실히 알고 넘어가야 합니다.

2 단계

시험 경향 및 문제 유형 파악!

독학사 시험 문제는 지금까지 출제된 유형에서 크게 벗어나지 않는 범위에서 비슷한 유형으로 줄곧 출제되고 있습니다. 본서에 수록된 이론을 충실히 학습한 후 '실제예상문제'를 풀어 보면서 문제의 유형과 출제의도를 파악하는 데 집중하도록 합니다. 교재에 수록된 문제는 시험 유형의 가장 핵심적인 부분이 반영된 문항들이므로 실제 시험에서 어떠한 유형이 출제되는지에 대한 감을 잡을 수 있을 것입니다.

3 단계

'실제예상문제'를 통한 효과적인 대비!

독학사 시험 문제는 비슷한 유형들이 반복되어 출제되므로 다양한 문제를 풀어 보는 것이 필수적입니다. 각 단원의 끝에 수록된 '실제예상문제'를 통해 단원별 내용을 제대로 학습했는지 꼼꼼하게 확인하고, 실력점검을 합니다. 이때 부족한 부분은 따로 체크해 두고 복습할 때 중점적으로 공부하는 것도 좋은 학습 전략입니다.

4 단계

복습을 통한 학습 마무리!

이론 공부를 하면서, 혹은 문제를 풀어 보면서 헷갈리고 이해하기 어려운 부분은 따로 체크해 두는 것이 좋습니다. 중요 개념은 반복학습을 통해 놓치지 않고 확실하게 익히고 넘어가야 합니다. 마무리 단계에서는 '빨리보는 간단한 키워드'를 통해 핵심개념을 다시 한 번 더 정리하고 마무리할 수 있도록 합니다.

COMMENT

합격수기

> 저는 학사편입 제도를 이용하기 위해 2~4단계를 순차로 응시했고 한 번에 합격했습니다.
> 아슬아슬한 점수라서 부끄럽지만 독학사는 자료가 부족해서 부족하나마 후기를 쓰는 것이 도움이 될까 하여
> 제 합격전략을 정리하여 알려 드립니다.

#1. 교재와 전공서적을 가까이에!

학사학위취득은 본래 4년을 기본으로 합니다. 독학사는 이를 1년으로 단축하는 것을 목표로 하는 시험이라 실제 시험도 변별력을 높이는 몇 문제를 제외한다면 기본이 되는 중요한 이론 위주로 출제됩니다. SD에듀의 독학사 시리즈 역시 이에 맞추어 중요한 내용이 일목요연하게 압축·정리되어 있습니다. 빠르게 훑어보기 좋지만 내가 목표로 한 전공에 대해 자세히 알고 싶다면 전공서적과 함께 공부하는 것이 좋습니다. 교재와 전공서적을 함께 보면서 교재에 전공서적 내용을 정리하여 단권화하면 시험이 임박했을 때 교재 한 권으로도 자신 있게 시험을 치를 수 있습니다.

#2. 시간확인은 필수!

쉬운 문제는 금방 넘어가지만 지문이 길거나 어렵고 헷갈리는 문제도 있고, OMR 카드에 마킹까지 해야 하니 실제로 주어진 시간은 더 짧습니다. 1번에 어려운 문제가 있다고 해서 시간을 많이 허비하면 쉽게 풀 수 있는 마지막 문제들을 놓칠 수 있습니다. 문제 푸는 속도도 느려지니 집중력도 떨어집니다. 그래서 어차피 배점은 같으니 아는 문제를 최대한 많이 맞히는 것을 목표로 했습니다.
① 어려운 문제는 빠르게 넘기면서 문제를 끝까지 다 풀고 ② 확실한 답부터 우선 마킹한 후 ③ 다시 시험지로 돌아가 건너뛴 문제들을 다시 풀었습니다. 확실히 시간을 재고 문제를 많이 풀어봐야 실전에 도움이 되는 것 같습니다.

#3. 문제풀이의 반복!

여느 시험과 마찬가지로 문제는 많이 풀어볼수록 좋습니다. 이론을 공부한 후 실전예상문제를 풀다보니 부족한 부분이 어딘지 확인할 수 있었고, 공부한 이론이 시험에 어떤 식으로 출제될지 예상할 수 있었습니다. 그렇게 부족한 부분을 보충해가며 문제유형을 파악하면 이론을 복습할 때도 어떤 부분을 중점적으로 암기해야 할지 알 수 있습니다. 이론 공부가 어느 정도 마무리되었을 때 시계를 준비하고 최종모의고사를 풀었습니다. 실제 시험 시간을 생각하면서 예행연습을 하니 시험 당일에는 덜 긴장할 수 있었습니다.

> 학위취득을 위해 오늘도 열심히 학습하시는 동지 여러분에게도 합격의 영광이 있으시길 기원하면서 이만 줄입니다.

이 책의 구성과 특징

01

시험 전에 보는

핵/심/요/약 빨리보는 간단한 키워드

제 1 장 인지신경과학의 소개

제1절 인지신경과학의 정의와 역사

■ 인지신경과학이란?

① 인지(cognition)란 사고하기, 지각하기, 상상하기, 말하기, 행동하기, 계획하기와 같이 정보를 획득하고 파지하고 활용하는 다양한 고차원의 정신과정을 말함

② 인지신경과학(cognitive neuroscience)은 인지과학과 인지심리학을 연결하고, 생물학과 신경과학을 연결하는 학문으로 신경과정(neural process)과 관련된 모든 정신기능에 대해 연구하는 분야로 다양한 개념적 견해를 고려해서 뇌(brain)와 마음(mind)의 관계를 이해하고자 하는 분야

■ 인지신경과학의 역사

① 초기 : 데카르트(René Descartes)는 이원론, 송과샘

② 19세기 초반 : 골과 스푸르츠하임(Gall & Spurzheim)은 영역화(국지화), 골상학

③ 19세기 중반 : 브로카 영역, 베르니케 영역

④ 20세기 초반 : 골지(Golgi)는 은 염색법(silver staining), 카잘(Cajal)의 세포들의 네트워크

⑤ 인지과학의 탄생 : 19세기 말 마음에 대한 연구, 정보처리적 접근

⑥ 신경과학과 인지과학의 조합

제2절 신경계의 발달과 구조

■ 신경계의 기본구조

① 뉴런 : 신경계를 구성하고 있고, 신경계 세포로서 정보를 운반하는 역할을 하며 인지적 기능을

빨리보는 간단한 키워드

'빨리보는 간단한 키워드(빨간키)'는 핵심요약집으로 시험 직전까지 해당 과목의 중요 핵심내용을 체크할 수 있습니다.

02

핵심이론

독학사 시험의 출제 경향에 맞춰 시행처의 평가영역을 바탕으로 과년도 출제문제와 이론을 빅데이터 방식에 맞게 선별하여 가장 최신의 이론과 문제를 시험에 출제되는 영역 위주로 정리하였습니다.

제 1 장 인지신경과학의 소개

제 1 절 인지신경과학의 정의와 역사

1 인지신경과학이란?

인지(cognition)란 사고하기, 지각하기, 상상하기, 말하기, 행동하기, 계획하기와 같이 정보를 획득하고 지하고 활용하는 다양한 고차원의 정신과정을 말한다. 인지신경과학(cognitive neuroscience)은 인지과 인지심리학을 연결하고, 생물학과 신경과학을 연결하는 학문으로 신경과정(neural process)과 모든 정신기능에 대해 연구하는 분야로 다양한 개념적 견해를 고려해서 뇌(brain)와 마음(mind)의 이해하고자 하는 분야이다.

인지신경과학자들은 인간의 정보처리과정이 컴퓨터의 정보처리과정과 유사하다고 생각하여 인간에 자극을 주었을 때 뇌의 어느 부위에서 어떠한 신경반응이 나타나고, 이것이 어떠한 행동으로 나타나 연구한다.

체크 포인트

- **인지** : 사고하기, 지각하기, 상상하기, 말하기, 행동하기, 계획하기와 같이 정보를 획득하고 파지 활용하는 다양한 고차원의 정신과정

- **인지신경과학** : 신경과정과 관련된 모든 정신기능에 대해 연구하는 분야로 다양한 개념적 견해를 해서 뇌와 마음의 관계를 이해하고자 하는 분야

03

제 1 장 실제예상문제

해설 & 정답

01 다음 내용에 대한 설명은 무엇인가?

> 사고하기, 지각하기, 상상하기, 말하기, 행동하기, 계획하기
> 와 같이 정보를 획득하고 파지하고 활용하는 다양한 고차
> 원의 정신과정

① 인지
② 마음
③ 정보처리
④ 신경과학

01 • 인지(cognition)
하기, 상상하기
계획하기와 같이
파지하고 활용하
의 정신과정을
• 인지신경과학(c
science)은 인지
학을 연결하고, 신
을 연결하는 학
(neural process
정신기능에 대해
다양한 개념적 견
(brain)와 마음(
해하고자 하는

실제예상문제

독학사 시험의 경향에 맞춰 전 영역의
문제를 새롭게 구성하고 지극히 지엽적인
문제나 쉬운 문제를 배제하여 학습자가
해당 교과정에서 필수로 알아야 할 내용을
문제로 정리하였습니다.
'실제예상문제'를 통해 핵심이론의 내용을
문제로 풀어보면서 4단계 객관식 문제와
주관식 문제를 충분히 연습할 수 있게
구성하였습니다.

04

최종모의고사

'핵심이론'을 공부하고, '실제예상문제'를
풀어보았다면 이제 남은 것은 실전 감각
기르기와 최종 점검입니다. '최종모의고사
(총 2회분)'를 실제 시험처럼 시간을 두고
풀어보고, 정답과 해설을 통해 복습한다면
좋은 결과가 있을 것입니다.

제 1 회
독학사 심리학과 4단계
최종모의고사 | 인지신경과학

제한시간: 50분 | 시작 ____시 ____분 ~ 종료 ____시 ____분

➔ 정답 및 해설 331p

01 다음 중 뉴런에 대한 설명으로 옳지 않은
것은?

① 세포체(cell body)는 뉴런의 신진대사 센
터이고, 세포의 생명 유지 기전을 포함
한다.
② 뉴런의 축색 발달과 그 밖의 다른 뉴런의
수상돌기나 세포체 사이에 있는 조그만
틈을 연접(synapse)이라고 부른다.
③ 신경섬유(nerve fiber)라고 불리는 수상
돌기는 통상 다른 뉴런으로 신호를 전달
하는 긴 통로이다.
④ 뉴런에서 랑비에르 결절(node of Ranvier)
은 활동전위가 축색돌기를 따라 빠르게
전파될 수 있도록 기능을 한다.

02 다음 기능을 하는 중추신경계 하위구조는
무엇인가?

> • 호흡, 삼키기, 심장박동, 그리고 수면
> 주기 등과 같은 생존에 필수적인 기능
> 을 조절함
> • 이 신경세포들은 뇌 신경들로부터 입
> 력을 받고, 뇌의 여러 영역으로 신호
> 를 전달함
> • 망상 활성화 체계(reticular formation
> system)로 알려진 신경세포 집단이 있
> 는 곳
> • 각성과 주의에 있어서 중요하고 또한
> 수면의 주기를 조절함

① 중뇌
② 소뇌
③ 연수
④ 변연계

C O N T E N T S
목차

빨리보는 간단한 키워드

인지신경과학

제 1 장　인지신경과학의 소개

제1절 인지신경과학의 정의와 역사

■ **인지신경과학이란?**

① 인지(cognition)란 사고하기, 지각하기, 상상하기, 말하기, 행동하기, 계획하기와 같이 정보를 획득하고 파지하고 활용하는 다양한 고차원의 정신과정을 말함

② 인지신경과학(cognitive neuroscience)은 인지과학과 인지심리학을 연결하고, 생물학과 신경과학을 연결하는 학문으로 신경과정(neural process)과 관련된 모든 정신기능에 대해 연구하는 분야로 다양한 개념적 견해를 고려해서 뇌(brain)와 마음(mind)의 관계를 이해하고자 하는 분야

■ **인지신경과학의 역사**

① 초기 : 데카르트(René Descartes)는 이원론, 송과샘

② 19세기 초반 : 골과 스푸르츠하임(Gall & Spurzheim)은 영역화(국지화), 골상학

③ 19세기 중반 : 브로카 영역, 베르니케 영역

④ 20세기 초반 : 골지(Golgi)는 은 염색법(silver staining), 카잘(Cajal)의 세포들의 네트워크

⑤ 인지과학의 탄생 : 19세기 말 마음에 대한 연구, 정보처리적 접근

⑥ 신경과학과 인지과학의 조합

제2절 신경계의 발달과 구조

■ **신경계의 기본구조**

① 뉴런 : 신경계를 구성하고 있고, 신경계 세포로서 정보를 운반하는 역할을 하며 인지적 기능을 지원하는 특정 유형의 세포

② 세포핵 : 세포핵은 세포 기능을 유지하는데 필요한 단백질과 효소들을 생성하는 데 관여하는 부분

③ 축색돌기 : 다른 뉴런들로 정보를 운반하는 역할

④ 수상돌기 : 정보를 전달받는 역할

⑤ 시냅스 : 뉴런 간의 신호 전달이 발생하는 작은 공간

■ **뉴런의 기능**

① 감각뉴런은 정보를 중추신경으로 전달함

② 연합뉴런은 중추신경계의 정보들을 연합시키는 것으로 감각뉴런과 운동뉴런을 연결시킴

③ 운동뉴런은 뇌와 척수로부터의 정보를 근육으로 보냄

④ 뉴런의 대부분 동일한 구성을 하고 있고, 그 모양과 크기는 다양함

■ **뇌의 전체적 조직**

① 회백질(gray matter)과 백질(white matter)

② 뇌척수액(cerebrospinal fluid, CSF)

■ **피질하부(피질하계)**

① 기저핵 : 운동활동 조절, 행동 프로그래밍, 그리고 행동 종료 등에 관여

② 변연계 : 다양한 신경계의 정서적인 정보들을 통합하는 데 관여

■ **간뇌**

① 시상 : 뇌의 중심부에 위치하고 있으며 피질로 들어오는 감각기관들(눈, 귀, 등)과 대뇌피질 사이에 연결하는 모든 감각 정보(후각 제외)의 주요 중계 역할

② 시상하부 : 체온, 배고픔, 갈증, 성적 활동, 그리고 내분비 기능 등과 같이 신체 욕구를 만족시켜 행동을 조절하고, 균형을 유지할 수 있도록 하는 것으로 즉, 항상성 조절 역할

■ **중뇌**

① 상구 : 중뇌의 한 구조로 여러 각 정보를 통합하는 역할을 하고, 특히 시각 자극을 파악

② 하구 : 중뇌의 한 구조로 청각 정보를 파악

■ **후뇌**

① 소뇌 : 연수 후위에 위치하는 뇌 부위로 기민한 손재주와 부드러운 운동 수행에 중요한 기능

② 뇌교 : 연수의 바로 위쪽과 소뇌의 앞쪽에 위치하는 뇌 부위로 뇌의 다른 영역들에서 들어오는 정보를 소뇌로 연결해주는 다리 역할

③ 연수 : 척수의 바로 위에 위치하는 뇌 부위로 호흡, 삼키기, 심장박동, 그리고 수면 주기 등과 같은 생존에 필수적인 기능을 조절

■ 척수

① 중추신경계 일부로 몸과 뇌 사이의 중추적인 정보를 소통하는 경로 역할을 함
② 척수는 들어오는 정보를 통합하여 직접 명령을 보내는 척수반사(spinal reflex) 조절도 함
③ 대부분 뇌로 정보를 전달하는 감각뉴런과 뇌로부터 운동명령을 근육으로 전달하는 운동뉴런으로 구성되어 있음

■ 일차감각 및 운동피질

일차감각피질(primary sensory cortex)은 특정 감각 양식에 대한 정보를 받고, 일차운동피질(primary motor cortex)은 신체 근육의 미세한 운동 통제를 조절하는 뉴런의 최종 도착지임

■ 일차시각피질

① 일차시각피질은 시각 정보를 처리하는 일차피질영역
② 우측 시야에서 들어온 정보는 좌반구의 일차시각피질로만 전달되고, 좌측 시야에서 들어온 정보는 우반구의 일차시각피질에만 전달됨

■ 일차청각피질

① 청각계는 귀에서 뇌로 동측성(ipsilateral)과 대측성(contralateral)으로 모두 투사하도록 조직화되어서 오른쪽 귀에서 받은 청각 정보는 좌반구와 우반구로 모두 투사됨
② 일차청각피질(primary auditory cortex)은 소리의 주파수대로 조직화되어 있고 이를 주파수대응(tonotopic)이라고 함

■ 연합영역

① 전두엽 : 일차운동영역(primary motor region), 전운동영역(premotor region), 그리고 전전두영역(prefrontal region)으로 전전두영역을 다시 배외측, 안와, 내측으로 나누기도 함. 배외측 영역은 기억과 주의과정에, 안와 영역은 정서 과정에, 내측 영역은 판단, 선택 그리고 오류의 탐지에 관여함
② 측두엽 : 기억, 시각항목의 재인, 청각 처리, 정서와 관련이 있음
③ 두정엽 : 다양한 감각 양식들로부터의 정보를 통합하고, 감각계 정보와 기억에 저장된 정보를 통합하며, 개인의 내적 상태에 대한 정보와 외부 감각 세계로부터의 정보를 통합함

제3절 인지신경과학 연구방법

■ 두뇌 구조적 영상

① 컴퓨터 단층 촬영(computerized axial tomography, CAT 또는 CT) : 컴퓨터를 이용하여 살아 있는 뇌의 해부학적 구조를 연구하는 방법

② 자기 공명 영상((magnetic resonance imaging, MRI) : 양성자의 움직임(behavior of proton)을 왜곡(distort)시키기 위해 자기장을 사용하는 기법

■ 두뇌 기능적 영상

① 기능 두뇌 영상법

양전자 방출 단층 촬영 (positron emission tomography, PET)	방사선을 방출하는 무해한 물질을 혈관에 소량 주입하여, 뇌의 각 부분에서 이 화학 물질의 흡수 정도와 활용되는 정도를 측정한 뒤 뇌의 각 부분에서 신진대사량에 대한 영상을 얻어 두뇌 활동을 진단함
기능 자기 공명 영상 (functional magnetic resonance imaging, fMRI)	뇌가 활동할 때 혈류 안의 산소 수준(blood oxygenation level-dependent, BOLD)을 반복 측정하여 기능적으로 활성화된 정도를 측정하는 방법

② 전기생리학적 측정법

단일세포 측정 (single cell measurement)	주어진 자극에 대한 단일 뉴런의 반응(초당 활동전위의 수)을 기록하는 것
뇌파검사, 뇌전도(EEG)	뇌에서 발생되는 전기현상을 포착하여 뇌의 기능을 조사하는 것
사건관련전위 (event-related potemtial, ERP)	특정 사건, 즉 자극과 관련 두뇌 활동을 기록하는 것으로 자극이 제시된 후 반응이 일어나기까지 시간 활동을 측정하는 것
뇌자도 (magnetoencephalography)	두뇌 활동으로 발생되는 자기 전위(magnetic potential)를 측정, 기록하는 방법

제1절 시각체계

■ 망막

눈의 가장 안쪽에 있는 막으로 빛을 감지하고 빛을 신경 신호로 변환하여 뇌에 전달하는 눈의 기관

■ 광수용기(간상세포와 원추세포)

간상세포	원추세포
야간 시각	주간 시각
명암 구분	색상 구분
손상 시 야맹증이 됨	손상 시 맹인이 됨
세부적인 것을 보는 것이 떨어짐	세부적인 것을 보는 능력이 좋음
중심화에 존재하지 않음	중심화에 존재
약한 빛을 감지	일정 세기 이상의 빛만 감지
한 개의 종류만 있음	세 개의 원추세포 있음

■ 망막에서 두뇌까지

① 개시상침경로는 신경정보를 망막에서 직접 중뇌에 있는 상소구(superior colliculus)라는 영역으로 보내는 것. 눈 깜작할 새 반응, 빠른 시각적 정향의 행동

② 슬상선조경로가 지배적인데, 망막의 전기적 자극은 중계소 역할을 하는 외측 슬상핵(lateral geniculate nucleus, LGN)을 거쳐 뇌의 뒤쪽에 자리 잡은 일차시각피질(primary visual cortex, 선조피질, V1) 도달

■ **LGN의 기능**

① LGN은 대측의 시야장으로부터만 정보를 받으며, 시야장의 하측과 상측의 정보가 LGN의 상측 부위와 하측 부위를 각각 활성화시킴

② LGN이 받는 입력 대부분이 사실은 망막에서 오는 것이 아니라, 두뇌피질에서부터 옴. 피질에서 LGN으로 들어오는 입력도 잘 분리되어 있으며, 서로 다른 집단의 피질세포 집단들은 LGN의 서로 다른 층으로 입력을 보냄

③ 두뇌 영역이 직접 간접으로 LGN에 하향성 조율을 행사할 수 있음

> 例 한쪽 시야의 어떤 자극에 주의를 기울이라고 지시하면, 주의를 멀리하라고 할 때에 비해, 주의를 기울인 쪽의 대측에 있는 LGN 활동이 증가함. 주의를 기울이라는 '지시'는 상위의 두뇌 영역(망막으로부터 오는 것이 아님)으로부터 오는 것

■ **일차시각피질(V1)**

① 시각 정보는 LGN을 통한 후 피질에 도착하게 되고, 피질의 첫 번째 종착지는 후두엽(occipital lobe)에 있는 일차시각피질(primary visual cortex)임

② 특히, LGN의 소세포체와 거대세포체로부터의 투사는 6층으로 되어 있는 피질 내의 4번째 층으로 들어와, 거기 있는 세포들에 시냅스함

제2절 청각체계

■ **청각경로**

① 와우관에는 림프액이 가득차 있어 귓속뼈에서 증폭된 소리가 와우관에서 액체의 파동으로 변함

② 와우관의 중간에는 코르티 기관(corti organ)이 존재하며 이곳에는 소리에 반응하는 유모세포들이 있음

③ 유모세포 앞쪽 끝에는 섬모(cilia)가 있으며 위쪽에 고정된 덮개막(tectorial membrane)과 접착되어 있음

④ 와우관의 림프액에 소리 진동이 전달될 때마다 기저막이 진동하며, 동시에 유모세포(hair cells)가 상하로 진동하여 섬모(cilia)가 덮개막과 부딪쳐 구부러지거나 뒤틀려지면서 활동전위를 방출하게 되는데, 이것이 대뇌피질로 전달되면 소리를 인식하게 되는 것임

■ 뇌간의 계산화

① 두 귀의 시간 차이(interaural time difference)와 두 귀의 강도차(interaural intensity difference)를 비교하여 소리의 공간적 위치를 인지할 수 있게 됨

② 이러한 차이는 연수의 상올리브핵(superior olivary nucleus)에서 통합되는데, 시간차는 내측 상올리브(medial superior olive, MSO)에서 처리하고, 강도차는 외측 상올리브(lateral superior olive, LSO)에서 처리함

■ 일차청각피질

① 일차청각피질(A1)은 측두엽의 헤슐회(Heschl's gyrus)에 위치하고 있고, 이차청각피질인 벨트 영역(belt region)과 벨트 주변 영역(parabelt region)에 의해 둘러싸여 있음

② 일차청각피질은 내측 슬상핵에서 입력을 받고, 벨트 영역은 핵심 영역으로 입력을 받으며, 벨트 주변 영역은 벨트 부분에서 입력을 받는다고 알려져 있음

③ 이차청각피질(벨트 영역, 벨트 주변 영역)도 내측 슬상핵으로부터 직접 입력을 받기 때문에 위계적이라고만 할 수 없음

■ 청각체계와 시각체계 비교

청각체계	시각체계
내측 슬상핵에서 일차청각피질로 정보 전달	외측 슬상핵에서 일차시각피질로 정보 전달
음위상 조직(주파수 대응, 주파수와 피질에서의 위치가 체계적으로 연결)	망막 위상적 조직(망막상의 위치와 피질상의 위치가 체계적으로 대응)
시간적 민감성	공간적 민감성

제3절 기타 감각체계

■ 체감각계

① 일차체감각로는 촉각, 압각, 관절 위치에 관한 정보를 전달하고, 피부와 신체에는 특수한 각종 감각수용기가 있음

② 파치니 소체(Pacinian corpuscle)는 압각 정보를 전달해주는 특수 수용기이며, 다른 압각 수용기는 관절운동의 정보를 전달함

③ 체모의 기저부에는 털의 운동을 탐지하기 위한 압각 수용기가 있으며, 피부에는 이외에서 여러 가지 기타 압각 수용기와 촉각 수용기가 있음

■ **후각계**

① 후각의 신경전달 경로는 시상을 거치지 않은 유일한 감각신경 경로임

② 기체와 함께 흡입된 물질이 후각피상에서 분비된 점액질에 용해되어 후각수용 체세포의 끝 부위에 있는 섬모를 자극함

③ 섬모를 통해 수상돌기로 전달된 자극은 후각 수용 체세포의 축색들인 후신경으로 전달되고, 후신경은 후구로 들어와 후구에 있는 승모세포와 연접하게 됨

④ 승모세포의 축색들은 후삭을 이루면서 두 가지 경로로 자극을 전달하게 됨

■ **미각계**

① 미각 정보는 뇌신경 7번(facial), 9번(glossopharyngeal), 10번(vagus)을 타고 전달됨

② 혀의 앞부분은 느낀 맛에 대한 정보는 7번 뇌신경의 일부를 통해 전달되는데, 그 신경을 고삭 신경(chorda tympani)이라고 함

③ 9번 뇌신경은 혀의 뒷부분으로 느낀 맛에 대한 정보로 혀쪽 가지를 타고 전달함

④ 10번 뇌신경은 입천장(palate)과 후두개(epiglottis)에서 감지한 맛에 대한 정보를 전달함

제4절 재인

■ **'무엇' 복측 시각계**

복측 시각 처리 흐름(ventral visual-processing stream)은 시각적 자극 정보처리에 관여하는 후피질(occipital), 후측두피질(occipitotemporal), 그리고 측두(temporal) 영역들로 이루어져 있는데, 이들은 대상 재인을 위해 적응이 되었다고 볼 수 있음

■ **시각 대상 재인**

① 통각실인증(apperceptive agnosia) : 시각 정보가 원초적인 수준(예 명암, 색, 선의 방향, 운동 등의 구분)은 가능하다고 하더라도, 전체를 지각하지 못하는 장애

② 연합실인증(associative agnosia) : 지각적 집단화(perceptual grouping), 즉 통합능력을 보유하고 있으나, 자신이 지각한 것을 지각과 연결할 수 없는 장애

■ **대상 항등성**

대상 재인에서 중요하게 다루어지고 있는 것은 서로 다른 관점과 조건에서도 물체를 알아볼 수 있는 능력

■ **범주–특정적 장애**

감각 양상 내에서 재인하는 능력은 있지만, 어떤 특정 범주의 대상만을 알아차리지 못하는 장애

■ **안면실인증**

① 물체를 재인에는 문제가 없으나 얼굴을 재인하거나 얼굴을 구별하는 능력에 대한 장애를 말함

② 얼굴의 성별이나 나이 구별, 감정적 표정을 구별하는 것은 가능하지만, 특정 얼굴이 어떤 개인 인지 파악하는 능력이 상실된 것

③ 안면실인증(prosopagnosia)을 가진 사람은 가족들도 알아보지 못하고, 심지어 자신의 얼굴을 알아보지 못할 수 있음

제5절 다중감각연합

■ **다중감각연합**

① 전통적인 위계 모델에서는 이런 다중감각연합(multisensory integration)이 두뇌의 측두엽이나 두정엽에 있는 고차 연합 영역에서 일어난다고 생각함

② 청각 입력과 시각 입력은 처음에는 각각 다른 피질 영역에서 처리되다가, 이 두 개가 고차 연합영역으로 수렴되는 것으로 봄

③ 최근 연구들에 의하면 청각과 시각 정보처리의 상호작용이 훨씬 이른 단계에서 일어날 수 있음 말해주고 있음

제 3 장 주의

제1절 선택적 주의

■ **초기 선택 주의 모형**

① 브로드벤트의 여과기 모형(Broadbent's filter model)
- 모든 정보가 감각 등록기(sensory register : 감각 정보를 아주 짧은 시간 동안 저장하는 장소)를 통해 들어오고, 이 정보들은 다음 단계인 여과기로 보내지는데, 이때 주의 여부에 따라 정보가 걸러지게 됨. 즉, 주의를 기울인 정보는 여과기를 통과한 후 정보처리 단계로 보내지고, 주의를 기울이지 않은 정보는 버려짐
- 감각 등록기, 선택적 여과기 탐지기, 단기기억

② 트리스먼의 약화 모형(Treisman's attenuator model)
- 트리스먼의 약화 모형은 초기 단계에서 여과기로 처리되기 때문에 브로드벤트(Broadbent) 이론과 동일하게 초기 선택 이론이라고 함. 트리스먼(Treisman)의 약화 모형에서는 선택적 주의가 여과기가 아닌 약화기(attenuator)에 의해 나타나며 두 단계에 걸쳐 나타난다고 보았음
- 약화기, 사전단위

제2절 시각적 탐색

■ **세부특징 통합이론**

① 전주의 단계 : 전주의 단계(preattentive stage)에서는 사물에 대한 시각적 처리가 시작되는 단계로, 사물의 특징들이 따로따로 처리됨

② 집중주의 단계 : 집중주의 단계(focused attention stage)에서는 독립적이고 개별적인 각 특징이 합쳐짐. 즉, 이 단계에서 하나의 사물로 인식하게 되는 것으로 각 특징을 결합하기 위해서는 '주의'가 필요함

■ **유사성이론**

① 유사성이론(similarity theory)에 따르면 방해 자극과 유사한 표적은 탐지하기가 어렵고, 방해자극과 상이한 표적은 탐지하기가 쉬움

② 표적과 방해 자극 간의 유사성이 증가할수록 표적 자극을 탐지하는 것이 더 어려워짐

③ 표적 탐색을 용이하게 하기 위해서는 방해 자극과 상이한 표적을 제시해야 함

■ 유도탐색이론

① 유도탐색이론(guided search theory)은 카일 케이브(Kyle Cave)와 제레미 울프(Jeremy Wolfe)가 제안한 것으로 세부특징 탐색이든 결합 탐색이든 간에 두 개의 연속적인 단계(병렬적 단계와 계열적 단계)를 포함한다고 함

② 병렬적 단계에서는 표적이 각 세부특징을 갖고 있는지에 근거하여 내적 표상들이 동시에 활성화됨

③ 계열적 단계에서는 활성화된 개별대상 각각을 활성화 정도에 따라 순차적으로 점검하고, 실제로 표적인 것을 선택함

④ 탐색에 있어서 첫 번째 병렬적 단계는 선택 과정에 안내자 역할을 하는 것임

■ 운동 여과기이론

① 인간에게 '운동 여과기(movement-filter)'라는 기제가 있어 다른 시각적 세부특징들과는 독립적으로 '공통된 운동특성'을 지닌 자극에 주의가 향한다고 말함

② 맥러드(McLeod)와 그의 동료들은 운동 여과기 담당 영역이 중앙 측두피질 영역임을 밝혀냈음

③ 깊이와 운동을 탐지하는 특정한 신경 경로가 있음을 발견했음

제3절 주의의 통제

■ 주의 통제 모델

① 분산된 동시에 서로 중복되는 네트워크 : 메슬램(Mesulam, 1981)이 제안한 주의에 관여하는 신경체계에 관한 한 모델은 주의가 광범위한 대뇌피질 영역들로 구성된 한 네트워크에 의해 통제되며, 네트워크에 포함되는 피질 영역들의 기능은 전문화되어 있고, 중복되어 있음

② 각성, 정위와 집행적 주의

각성 체계	민감도를 유지함으로써 곧 있을 사건에 대한 경고 신호에 대해서는 재빨리 반응함. 청반(locus coeruleus), 두정피질과 우반구 전두피질이 포함되며 신경전달물질인 노르에피네프린과 밀접하게 관련되어 있음
정위	감각 신호의 출처로 주의를 향하게 하고 다양한 감각 입력 중에서 선택하게 함. 상구, 상두정 영역, 측두-두정경계와 전두시야장이 포함되고 신경전달물질 아세틸콜린과 밀접하게 관련되어 있음
집행적 주의	개인의 목표와 희망에 맞게 주의가 일어날 수 있도록 통제하고, 갈등의 탐지와 해결. 이 체계에는 기저핵, 복외측 전전두영역과 전대상피질이 포함되고 도파민과 밀접하게 관련되어 있음

③ 목표 선택 vs 반응에 적절한 자극 탐지

이 모델은 두 가지 분리된 네트워크가 서로 다른 주의 기능에 관여한다고 주장함. 두정내구와 상전두피질 일부로 구성된 배측 하위 체계는 목표에 맞게(하향) 자극과 반응을 선택하게 함

제4절 신경조절기제

■ 주의의 유형

① 각성 : 가장 기초적 수준의 주의

② 경계 : 경계는 지속 주의(sustained attention)라고도 하는데 각성 상태를 일정 시간 동안 유지할 수 있는 능력을 말함

③ 선택 주의 : 선택 주의는 많은 양의 정보 중에서 중요한 정보에 집중하게 하는 여과 과정으로 꼭 필요한 정보를 선택하는 능력을 말함

④ 분리 주의 : 분리주의는 두 가지 이상의 과제에 주의를 분산하는 것으로, 분리 주의의 핵심적 개념은 정보를 처리하는 데 필요한 자원(resource) 혹은 노력(effort)임

■ 주의의 신경조절기제

① 각성의 신경조절기제 : 뇌간에 위치해 있는 망상 활성화 체계, 콜린계, 노르아드레날린계, 청반

② 경계와 지속 주의의 신경조절기제 : 콜린계, 노르아드레날린계

■ 선택 주의

① 상구 : 도약안구운동, 상향주의

② 시상 : 정보의 중계소, 특정 위치로의 주의

③ 두정엽 : 시각주의 역할, 상향요인과 하향요인, 목표자극 선택, 세부특징 결합, 자극탐지, 주의자원 할당

④ 내측 전전두피질 : 반응 선택에 중요한 역할 수행

⑤ 외측 전전두피질 : 어떤 자극에 주의를 주어야 하는가 보다는 좀 더 추상적인 특징에 근거하여 주의를 가이드함

■ 분리 주의

① 연습으로 형성된 분리주의는 자동처리

② 과제 난이도

③ 서로 다른 정보 출처, 다른 과제일 경우의 분리 주의

■ 디폴트 상태

① 깨어있지만 아무것도 하지 않는 뇌의 기본상태를 '기본상태 네트워크(default network)'라고 함

② 일반적으로 외부에서 들어오는 정보를 처리할 때 많은 에너지를 쏟고 있다고 느끼지만 실제로는 무자극 상태에 있을 때도 많은 에너지가 소비되고 있음

③ 최근 연구에 따르면 기본상태 네트워크를 기능하는 뇌 체계가 존재한다고 함

■ 무주의맹

눈에 똑똑히 보임에도 불구하고 주의를 기울이지 않아 보이지 않는 것으로 다이얼 사이먼과 크리스토퍼 차브리스(Daniel Simon & Christopher Chabris, 1999)의 침팬지 실험이 대표적임

■ 변화탐지

① 변화를 감지하지 못하는 것을 변화맹(change blindness)이라고 부름

② 장면의 어느 부분이 변화했는지 알려주는 단서를 제시했을 때는 사람들이 더 빨리 변화를 감지함

③ 이는 변화 감지에서 주의를 기울이는 여부가 중요한 역할을 담당하고 있다는 것을 말해줌

제 **4** 장 　 **학습과 기억**

제1절 학습의 신경학적 기제

■ **기억의 유형**

① 감각기억 : 몇 초 혹은 아주 짧은 시간 동안 모든 입력 정보를 유지시키는 초기 단계

② 단기기억(STM) : 15~20초 정도 동안 5~7개 정도의 항목을 유지할 수 있는 기억

③ 장기기억(LTM) : 아주 많은 양의 정보를 몇 년 혹은 심지어 수십 년 동안 유지할 수 있는 기억

■ **스펄링(Sperling)의 실험**

감각 저장고의 용량과 지속 시간, 쇠퇴시간 검증 실험

■ **단기기억의 용량**

① 숫자 폭 : 숫자 폭 측정에서 단기기억의 평균 용량이 전화번호의 길이 정도인 약 5개에서 9개의 항목임을 알 수 있음. 단기기억의 한계가 약 5에서 9 정도 된다는 견해는 조지 밀러(George Miller, 1956)의 「마법의 수 72 : 정보처리 용량의 몇 가지 한계」를 통해 제시한 바 있음

② 변화탐지 : 최근에는 단기기억의 용량이 약 4개의 항목이라고 주장함. 이러한 결론은 스티븐 럭과 에드워드 보겔(Steven Luck & Edward Vogel, 1997)이 변화탐지(change detection) 절차를 사용하여 단기기억의 용량을 측정한 결과로 나오게 됨

③ 청크화 : 단어와 같은 작은 단위가 문장, 단락, 또는 이야기와 같은 더 큰 의미가 있는 단위로 결합하는 것으로 청크화는 의미라는 관점에서 단기기억에서 정보를 저장하는 능력을 증가시킴. 서로 관련이 없는 5~8개의 단어들을 회상할 수 있지만, 단어들을 의미 있게 배열한다면 (단어 간의 연합을 강화) 기억 폭을 20개 단어 이상으로 늘릴 수 있음

■ **단기기억과 장기기억의 부호화**

① 시각적 부호화는 과거 경험으로부터 사람이나 장소의 시각적 속성을 떠올릴 때 장기기억에서 시각적 부호화를 사용하는 것

② 단기기억에서 청각적 부호화는 '음운 유사성 효과'에서 찾아볼 수 있는데, 이 효과에 따르면 사람들은 흔히 표적글자를 그것과 소리가 유사한 다른 글자로 오인한다는 것

> 예 'F'와 'S'를 혼동하는데 이들은 생김새는 비슷하지 않지만, 소리가 비슷함

■ 학습의 신경학적 기제

① **해마의 손상과 기억상실증** : 해마의 손상 자체만으로도 기억상실증을 초래

② **해마 인근 부위 손상과 기억상실증** : 해마와 매우 가까이에 위치하는 중앙 간뇌 영역(midline diencephalic region), 즉 시상의 배내측핵(dorsomedial nucleus)과 시상하부의 유두체 (mammillary bodies)에 손상을 입을 경우에도 기억상실증이 초래

③ **피질영역 손상과 기억상실증** : 언어, 시지각, 운동 순서 등의 처리에 관여하는 피질 영역에 손상을 입을 경우에도 기억장애가 초래

■ 기억상실증의 종류

① **순행성 기억상실증** : 기억상실증의 발병 이후 습득한 정보를 기억하지 못하는 것

② **역행성 기억상실증** : 발병되기 전에 습득한 정보를 기억하지 못하는 경우

제2절 보상과 동기

■ 자극이 보상되는 영역

중뇌의 복측 피개 영역에서부터 측좌핵(nucleus accumbens)이라고 불리는 기저전뇌의 세포 덩어리까지 뻗쳐있는 도파민 경로임

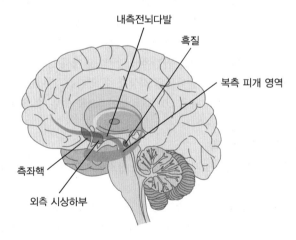

[측좌핵의 위치]

제3절 일화적 기억

■ 일화기억과 의미기억

① 일화기억 : 경험에 관한 기억으로 일화기억의 경험은 과거에 발생한 사건과 재연결하기 위해 거꾸로 여행하는 경험이라고 할 수 있음. 즉, 그 시간을 기억할 때 다시 체험하는 것처럼 느끼는 것으로 툴빙(Tulving)은 이러한 일화기억 경험을 '자기 자각' 또는 '기억 해내기'라고 기술함

② 의미기억 : 사실에 관한 기억과 세상에 관한 지식에 접근하는 것을 말하는데, 개인적 경험의 기억과 결부될 필요가 없음. 이러한 지식은 사실, 어휘, 숫자, 개념과 같은 것들일 수 있고, 의미기억처럼 과거 특정 사건으로 돌아가는 것이 아니라, 우리가 알고 있는 것들에 접근하는 것

■ 자전적 기억

자전적 기억(autobiographical memory : AM)은 일화적 성분과 의미적 성분을 포함하는 기억으로 삶의 특정 경험에 관한 기억을 말함

> 예 어렸을 때 생일파티에 관한 자전적 기억은 케이크, 파티에 참석한 친구들, 게임할 때의 심상(일화기억)을 포함할 수 있고, 파티했던 시기와 장소, 생일파티에서 일어날 수 있는 일반적인 지식(의미기억)을 포함할 수 있음

제4절 작업기억

■ 작업기억

① 이해, 학습, 추론과 같은 복잡한 과제를 수행하기 위해 정보를 조작하고 잠시 저장하기 위한 제한된 용량의 기제

② 정의에서 '복잡한 과제를 수행하기 위해 정보를 조작'하는 것은 다중저장고 모형의 단기기억 개념에 비교하여 구별되는 개념임

■ 다중저장고 모형

① 음운 루프(phonological loop) : '음운 저장소(phonological store)'와 '조음 되뇌기 처리(articulatory rephearsal process)'로 이루어져 있음. 음운 저장소는 제한된 용량을 가지고 있고 몇 초 동안만 정보를 유지하고 있는 것이고, 조음 되뇌기는 정보의 쇠잔을 막고 음운 저장소에 계속 저장할 수 있도록 되뇌기 시키는 것을 말함

② 시공간 잡기장(visuospatial sketch pad) : 시각 정보와 공간 정보를 담고 있고, 우리 마음속에 그림을 떠올리거나 퍼즐을 풀거나 캠퍼스에서 길을 찾는 과제를 할 때 우리는 시공간 잡기장을 사용함

③ 중앙 집행기(central executive) : 대부분 작업기억의 작업이 일어나는 곳으로 장기기억에서 정보를 인출하거나 과제의 특정한 부분에 집중하거나, 주의를 분산시키기를 결정하고, 음운 루프와 시공간 잡기장의 활동을 조정함

■ 신경과학적 접근

① 환자를 대상으로 한 연구결과 : 기억에 관한 초기 이론들은 작업기억과 장기기억은 순차적인 방식으로 정보를 처리한다고 하였지만, 작업기억의 장애와 장기기억의 장애가 해리된다는 것은 보여준 많은 연구결과를 통해 작업기억과 장기기억이 병렬적으로 처리된다는 것을 알려줌

② 동물을 대상으로 한 연구결과 : 배외측 전전두엽이 작업기억에 매우 중요한 역할을 함

③ 신경계 손상이 없는 사람을 대상으로 한 연구결과 : 전전두영역이 작업기억에서 정보를 파지하는 데 중요한 역할을 하는 것이 아니라는 것을 말함. 후측 뇌 영역들이 작업기억에 중요한 역할을 함

제5절 암묵적 기억

■ 기억

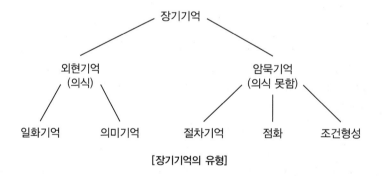

[장기기억의 유형]

■ **절차기억**

절차기억(procedural memory)은 학습된 기술을 포함한 것을 수행하는 기억으로 기술기억(skill memory)이라고도 부름

> 예 리본을 묶을 때, 다른 사람들에게 그 방법을 설명하려면 어려움을 겪겠지만, 스스로 리본을 묶을 때는 그 일을 바로 해낼 것이고, 방법을 설명할 수는 없지만 할 수 있는 기술의 또 다른 사례로서 타이핑, 자전거 타기, 공중제비 넘기, 피아노 연주 등이 있음

제6절 기억의 재강화

■ **재응고화**

① 어떤 기억이 인출되면 그것은 마치 맨 처음 형성될 때처럼 취약해지며, 이처럼 취약한 상태에 있을 때 다시 응고될 필요가 있는데 이 과정을 재응고화(reconsolidation)라고 부름
② 재응고화가 기억에서 중요한 이유는 기억이 다시 취약해지고 재응고화되기 전에는 변화되거나 제거될 수 있기 때문임
③ 이러한 생각에 따르면, 기억 인출은 과거에 발생했던 것과 접촉하게 해줄 뿐만 아니라 그 기억을 수정하거나 망각할 수 있는 기회를 제공해 줌

제 5 장   정서와 사회인지

제1절 정서이론

■ **정서 특징**

① 정서는 보상을 주거나(즉, 이를 획득하기 위해 행동함) 처벌을 주는(즉 이를 피하기 위해 행동함) 자극들과 연합된 상태이며, 이러한 자극들은 생득적인 생존적 가치를 가질 가능성이 높음
② 정서는 기본적으로 일시적이지만(시간적으로 지속되는 특정 정서적 상태를 가리키는 기분과는 구분됨), 자극들의 정서적 위계는 장기기억 내에 저장됨
③ 정서적 자극은 주위를 끌어당겨서 더 세밀한 평가를 가능하게 하고 반응을 촉발시킴
④ 정서는 주관적으로 선호하는지 혹은 싫어하는지와 같은 쾌락적인 가치를 가짐

⑤ 정서는 신체 내부 반응(例 땀 흘림, 심장박동 수, 호르몬 분비 등)의 측면에서 특정한 '느낌의 상태(feeling state)'를 가짐

⑥ 정서는 얼굴과 신체를 통해서 특정한 외부 운동 반응을 표출하며, 이를 정서적 표현이라 함. 이러한 반응들은 유기체를 준비시키고(例 싸움을 위한) 다른 이에게 신호를 보낼 수 있음(例 상대방과 싸울 의도가 있는지)

■ 캐논-바드이론

① 신체로부터 오는 신호만으로는 서로 다른 정서 간의 차이를 설명할 수 없다고 주장함

② 정서는 오직 뇌 안에서만 일어날 수 있고 신체 반응은 정서가 발생한 이후에 일어난다는 것임

■ 파페즈 회로

파페즈는 피질하부의 파페즈 회로(Papez circuit)에서 정서적 경험이 시작된다고 주장하였고, 대체로 세분화되지 않은 정서적 뇌로 간주되는 변연계의 신경회로를 말함

■ 정서에 관한 현대적 견해

① 기본 정서(basic emotion)를 가정하는 학파(Ekman, 1992)는 일부 감정은 각기 다른 진화적 요구에 의해 형성되었고, 고유한 신경학적 실체와 연결되어 있으며, 문화 보편적인 독특한 얼굴표정을 가지고 있다고 주장함

② 자율신경 반응, 접근·회피 반응, 그리고 활성화된 인지 과정(例 신념, 평가) 등과 같은 다양한 유형의 핵심 과정을 토대로 다양한 범주의 정서가 구성된다고 주장함

③ 정서에 관한 가장 영향력 있는 민족지학적 연구 중 하나는 문화 보편적인 여섯 가지 기초적인 정서가 존재한다고 주장함. 행복, 슬픔, 혐오, 분노, 두려움 및 놀라움이 이에 해당함

④ 펠드먼-배럿은 '구분된 정서 범주 이론'을 지지하지 않았음. 펠드먼-배럿과 동료들은 모든 정서가 '즐거움-불쾌감' 그리고 '고각성-저각성(활성화 수준)'이라는 두 차원에 따라 조직화된 핵심 정서(core affect)라 불리는 체계 안에 포함될 수 있다고 주장함

제2절 편도체

■ **편도체 구조**

① 편도체는 감정의 경험과 표현을 담당하는 변연계(limbic system)에 속하며 측두엽의 심부에 위치함(해마의 끝부분에 위치)

② 편도체는 10개 이상의 핵으로 이루어졌으며, 크게 기저외측핵(basolateral nuclei), 피질내측핵(corticomedial nuclei), 중심핵(central nuclei)으로 나뉨

③ 각각의 핵은 다른 경로에서 들어온 감각 신호를 받아들이며 뇌의 다른 부분 및 신경계로 전달함

■ **편도체의 손상 : 클루버 부시 증후군(Kluver-Bucy syndrome)**

① 시각적인 인지(visual recognition)에서 문제

② 감정과 관련하여서는 공포의 감소와 공격성의 증가가 뚜렷함

■ **편도체의 기능 : 공포와 정서학습**

① 공포 조건화

② 간접적인 경험을 통한 공포 학습

③ 보상과 동기

■ **편도체 경로**

① 본능적인 정서적 반응에 중요한 경로이고 전측 시상(anterior thalamus)에서 편도체로 곧장 투사함

> 예 이 경로는 조깅하는 사람이 '저건 뱀일거야.'라는 의식적인 생각을 하기도 전에 길에서 어떤 모양을 보면 그것을 껑충 뛰어넘을 수 있게 함

② 신피질의 감각 영역과 편도체를 연결함. 이 경로는 정서적 정보를 처리하기 위해서 더 종합적인 맥락을 제공함

> 예 안전하게 뛰어넘은 뒤, 조깅하는 사람은 그 물체를 조심스럽게 살펴보고 그것이 단순히 막대기이고 두려워할 것이 아니라는 것을 알게 됨

제3절 정서조절

■ 정서조절

① 일반적으로 정서조절이란 사회적으로 적절하고 통제불능 상태가 되지 않도록 자신이 경험하는 정서를 조절하려고 시도하는 것

② 정서를 조절하려는 많은 전략은 의식적인 노력이지만 무의식 수준에서도 정서조절은 발생함

■ 정서조절 신경학적 접근

① 사람들이 자신의 정서 반응을 통제하려고 하면 전두엽의 활동이 증가하고 정서를 정상적으로 처리하는 피질하 영역들의 활동은 감소한다고 함

② 억제조건에서는 우측 상전두회(superior frontal gyrus)의 활동이 증가하였고 시상하부와 편도체에서 두뇌 활동이 감소하였음

③ 참여자들에게 부정적인 느낌을 감소시킬 수 있는 방식으로 그런 그림들을 재평가하도록 지시하였을 때 전두엽 활동이 증가하였고 편도체 활동은 감소하였음

④ 참여자들에게 정서적 기억을 억제하도록 지시하였을 때 우측 하전두회(inferior frontal gyrus)와 중전두회(middle frontal gyrus)가 더 활성화되고 해마와 편도체 영역이 덜 활성화되는 것을 발견하였음

제4절 정서와 주의 기능

■ 정서와 기억형성

① 정서의 강력한 영향력 중 하나는 기억의 형성과 강도를 증진시킨다는 것. 즉, 강렬한 정서적 각성은 기억을 강화시킬 수 있음

② 정서적 각성 상태에서는 쉽게 접근할 수 있는 정보, 즉 정서와 일관된 정보에 주의를 기울이게 되고 정보입력이 빠르게 일어날 수 있음

■ 정서와 기억저장

① 정서적 사건은 세부 정보에 대한 기억의 증진을 보임

② 부적인 정서적 사건은 보통 중립적인 사건에 비해 기억이 저조함

③ 정서적 사건은 세부 정보의 유형에 따라 서로 다른 기억 현상을 나타냄

■ **정서와 주의에 관한 신경학적 기제**

① 망상 활성화 체계(reticular activation system : RAS)는 감각 정보를 대뇌로 전달하는 경로로 각성 체계를 통합하고 조절하는 역할을 함

② 시상하부, 해마와 편도체는 정서적 각성이나 정서조절과 관련된 또 하나의 각성과 관련된 체계임

제5절 거울뉴런과 공감

■ **개요**

① 정의 : 거울뉴런은 다른 행위자가 행한 행동을 관찰하기만 해도 자신이 그 행위를 직접 할 때와 똑같은 활성을 내는 신경 세포로 이탈리아의 신경심리학자인 리졸라티(Giacomo Rizzolatti) 교수가 자신의 연구진과 함께 원숭이의 특정 행동과 특정 뉴런의 활성화 관계를 연구하던 중 처음 발견함

② 위치, 구조 : 인간 뇌에서는 하전두회[inferior frontal gyrus(IFG)]와 하두정엽[inferior parietal lobule(IPL)]에 존재하는데 이 부분을 두정엽-전두엽(P-F) 거울 뉴런계라고 일컫음. 이 P-F 거울 뉴런계 외에도 이것에 시각 정보를 제공해 주는 후부 상측두구, 그리고 거울 뉴런계의 작용을 통제하고 상위 수준으로 조직하는 데 활성화되는 전두엽 부분이 함께 작용하여 복잡한 거울뉴런 반응이 일어남

③ 거울뉴런의 기능 : 목표 부호화 + 행위 의도 부호화

■ **공감 신경기제**

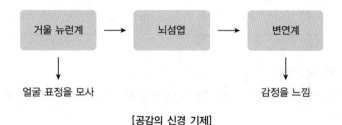

[공감의 신경 기제]

제6절 사회인지

■ 얼굴 정보처리의 핵심체계

① 방추 얼굴 영역(FFA) : 시간에 따라 변하지 않는 얼굴 표상
② 상측 측두열(STS) : 시간에 따라 변하는 얼굴 표상

■ 시선탐지기 핵심체계

① 참가자들이 시선을 판단하도록 지시받을 때(지금 보는 얼굴이 방금 전에 본 얼굴과 같은 시선인지 판단하기), 상측 측두열의 반응은 증가하지만 방추 얼굴 영역의 반응에는 변화가 없음을 관찰함
② 반대로 참가자들이 얼굴의 신원을 판단하도록 지시받았을 때(지금 보는 얼굴이 방금 전에 본 얼굴과 같은 사람인지 판단하기)는 방추 얼굴 영역의 활동은 증가하지만, 상측 측두열의 반응에는 변화가 없었음

■ 운율의 유형

① 정서적 운율(affective prosody) : 정서적 맥락 또는 말의 음색을 전달함

> 예 "어머니가 저녁 식사하러 오시는 중이다."라는 말은 신나게 표현될 수도 있고 실망스럽게 표현될 수도 있다.

② 명제적 운율(pro-positional prosody) : 어휘적 또는 의미적 정보를 전달함

> 예 "길 앞에 있는 것이 무엇이지?(what's that in the read ahead?)"와 "길에 있는 것이 무엇이지? 머리야?(What's that in the read, a head?)"는 다른 의미를 전달함

■ 운율의 신경학적 기제

① 좌반구 손상 환자들에 비해서 우반구가 손상된 환자들이 운율을 이해하는 데 더 많이 손상된다고 시사함
② 뇌 손상으로 인해서 운율을 이해하지 못하는 결함을 운율생성곤란(또는 실운율증, aprosodia)이라 부르는데 우반구 실비안 열(sylvian fissure) 주변 영역의 손상과 연합되는 경향이 있음

제 6 장 고등인지 및 의식

제1절 언어의 이해와 산출

■ **코호트 모형**

이 모형의 핵심적인 아이디어는 많은 수의 단어들이 병렬적으로 초기에 후보로 고려되다가 점점 정보가 누적됨에 따라 후보들이 줄어들어 간다는 것임

■ **브로카 실어증과 베르니케 실어증**

① 브로카 실어증 : 언어 산출에 장애, 전보어 사용
② 베르니케 실어증 : 언어의 이해는 장애를 받지만 유창한 언어 산출이 가능한 언어장애, 말비빔, 착어증 등

제2절 논리적 추론

■ **추론의 유형**

연역 추론 (deductive reasoning)	• 일반적 혹은 보편적 전제 사실에 근거하여 결론을 도출하는 사고 • 보편적 전제에 근거하므로 '하향적 추리(top-down reasoning)'로 불림
귀납 추론 (inductive reasoning)	• 확증되지 않은 전제 사실에서 결론을 유도해 내는 일종의 가설 검증의 사고 • 관찰된 사실에 근거하여 보편적 결론을 유도하므로 '상향적 추리(bottom-up reasoning)'로 불림

■ 조건 추론 유형

유형	조건명제(전제 1)	제시조건(전제 2)	추리(결론)	타당성 여부
긍정논법 (전건긍정)	p이면 q이다 (어머니이면 자식이 있다)	p이다 (영희는 어머니이다)	∴ q이다 (따라서 자식이 있다)	연역적 타당
부정논법 (후건부정)	p이면 q이다 (어머니이면 자식이 있다)	q가 아니다 (영희는 자식이 없다)	∴ p가 아니다 (따라서 어머니가 아니다)	
전건부정	p이면 q이다 (어머니이면 자식이 있다)	p가 아니다 (영희는 어머니가 아니다)	∴ q가 아니다 (따라서 자식이 없다)	연역적 오류
후건긍정	p이면 q이다 (어머니이면 자식이 있다)	q이다 (영희는 자식이 있다)	∴ p이다 (따라서 어머니이다)	

제3절 의사결정과 신경경제학

■ 의사결정에 관한 이론

① **경제적 인간 모형** : 판단과 결정에 관한 합리성 가정으로서, 평가하는 대상이 무엇이든 개인이 그 대상의 가치를 극대화하는 선택을 한다고 주장

② **제한된 합리성 모형** : 제한된 합리성 모형은 인간의 합리성의 한계를 인정하고, 의사결정자가 완전한 합리성을 추구하는 것은 불가능하므로 최적의 결정이 아닌 만족스러운 결정을 한다고 주장

③ **기대가치이론** : 기대가치이론은 개인이 각 옵션의 가능한 가치를 계산하여 가장 높은 기대가치를 가진 옵션을 선택한다고 주장

④ **주관적 기대효용이론** : 주관적 기대효용이론은 각 개인의 주관적 가치를 더하는 것으로, 기대되는 효용이 가장 큰 것을 선택한다고 주장

■ 확률추정방략

연산법 (algorithm)	• 모든 가능한 경우들을 전부 고려하여 답을 찾는 방법 • 옳은 답을 찾아낼 수는 있으나 이를 위해 모든 가능한 경우들을 전부 고려해야 하므로 처리 부담이 매우 큼
어림법 (heuristic)	• 모든 경우를 고려하지 않고 나름대로의 기준에 따라 그중 일부만을 고려하는 방법 • 처리 부담을 줄일 수는 있으나 옳은 답을 보장하지는 못함 • 대표성 어림법, 가용성 어림법, 기준점과 조정 어림법 등

제4절 의식과 의도

■ 자동처리와 통제처리 비교

구분	자동처리	통제처리
의도적 노력의 양	의식적 노력을 거의 요구하지 않음	의식적 노력을 많이 요구함
의식적 자각 정도	보통 의식적 자각 없이 일어남	온전한 의식적 자각을 요구함
주의 자원 사용	주의 자원을 적게 사용함	주의 자원을 많이 사용함
처리 유형	병렬처리가 이루어지며, 일반적으로 특정한 순서는 없음	계열처리가 이루어지며, 일반적으로 특정한 순서가 있음
처리 속도	상대적으로 시간이 적게 소요됨	상대적으로 시간이 많이 소요됨
처리 수준	상대적으로 낮은 수준의 처리 과정이 요구됨	상대적으로 높은 수준의 처리 과정이 요구됨
과제 난이도	일반적으로 낮음	일반적으로 높음
과제 친숙도	친숙하고 숙달된 과제 혹은 안정적인 특성을 가진 과제	낯설고 숙달되지 않은 과제 혹은 변화의 특성을 가진 과제

■ 자동처리와 통제처리의 두 가지 체계

① 회선 스케줄(contention scheduling) : 자극이나 상황들이 행동, 관습 및 처리 도식(processing schemes)과 연결되고, 비교적 자동적인 행동이 일어나는 것

② 주의 감독 체계(supervisory attentional system) : 결정 과정 동안 주의를 유지하고 행동을 안내하는 인지체계, 특정 상황에서만 활동함

제5절 신경윤리학

■ 신경윤리적 쟁점

① 프라이버시와 일반 대중의 이해

② 개인과 사회에 대한 위험

③ 도덕적, 법적 책임 다시 생각하기

인지신경과학의 소개

I wish you the best of luck

독학사 심리학과 4단계

제 1 장 인지신경과학의 소개

제 1 절 인지신경과학의 정의와 역사

1 인지신경과학이란?

인지(cognition)란 사고하기, 지각하기, 상상하기, 말하기, 행동하기, 계획하기와 같이 정보를 획득하고 파지하고 활용하는 다양한 고차원의 정신과정을 말한다. 인지신경과학(cognitive neuroscience)은 인지과학과 인지심리학을 연결하고, 생물학과 신경과학을 연결하는 학문으로 신경과정(neural process)과 관련된 모든 정신기능에 대해 연구하는 분야로 다양한 개념적 견해를 고려해서 뇌(brain)와 마음(mind)의 관계를 이해하고자 하는 분야이다.

인지신경과학자들은 인간의 정보처리과정이 컴퓨터의 정보처리과정과 유사하다고 생각하여 인간에게 외부 자극을 주었을 때 뇌의 어느 부위에서 어떠한 신경반응이 나타나고, 이것이 어떠한 행동으로 나타나는가를 연구한다.

> **체크 포인트**
>
> • **인지** : 사고하기, 지각하기, 상상하기, 말하기, 행동하기, 계획하기와 같이 정보를 획득하고 파지하고 활용하는 다양한 고차원의 정신과정
> • **인지신경과학** : 신경과정과 관련된 모든 정신기능에 대해 연구하는 분야로 다양한 개념적 견해를 고려해서 뇌와 마음의 관계를 이해하고자 하는 분야

2 인지신경과학의 역사

(1) 초기

그리스 시대부터 중세까지는 주로 마음이 심장에 위치할 것이라고 생각했으며, 17세기가 되어서야 마음이 뇌에 위치할 것이라는 관점이 형성되었다. 데카르트(René Descartes)는 이원론을 주장하며 마음은 비물리적이고 불멸하지만, 몸은 물리적이고 죽음에 이를 수 있는 것이라고 믿었다. 그는 현재 내분비 시스템의 일부로 알려진 뇌 중심부에 위치한 송과샘(pineal gland)에서 마음과 몸이 상호작용한다고 보았다. 데카르트에 따르면 감각 기관을 자극하면 몸(뇌)에서의 진동이 송과샘에서 수집되고, 이것이 비물리적인 의식적 감각을 만들어낸다는 것이다.

> 🔆 **체크 포인트**
>
> - **마음과 몸 문제**: 어떻게 물리적인 물질(뇌)이 우리의 느낌이나 생각, 그리고 정서(우리의 마음)를 생성하고 작동하게 만드는가에 대한 문제
> - **이원론**: 마음과 몸은 상호작용하지만, 마음과 몸(뇌)는 다른 종류의 물질로 이루어져 있다는 생각. 이원론에 대한 가장 유명한 주창자는 데카르트

> 💡 **더 알아두기** 🔍
>
> **마음과 뇌에 대한 철학적 접근**
>
> 과학자들뿐만 아니라 철학자들도 뇌가 어떻게 우리의 정신세계를 창조하는지에 대해 오랫동안 관심을 가져왔다. 어떻게 물리적인 물질이 우리의 느낌, 생각, 정서를 불러일으킬 수 있을까? 이 질문은 마음-몸 문제(mind-body problem)라 일컬어져 왔다. 물론 더 적절하게는 마음-뇌 문제라 일컬어져야 한다. 왜냐하면, 이제는 뇌가 인지를 위한 몸의 핵심적이 부분이라는 점에 대부분 동의하기 때문이다. 이 문제에 대해서 세 가지 입장이 있다.
> - 이원론이라 알려진 입장은 마음과 뇌는 다른 종류의 물질로 이루어져 있다는 믿음이고 데카르트는 송과샘에서 마음과 몸이 상호작용한다고 제안하였다. 그러나 이는 물리학과 생명과학적 방법으로는 비물리적 영역에 들어갈 수 없기 때문에 그 시대에조차 그의 견해에 대한 비판이 있었다.
> - 이중측면 이론은 마음과 뇌가 같은 것을 기술하는 두 가지 다른 설명수준이라는 믿음으로 같은 실체(예 하나의 전자)는 하나의 파동으로도, 하나의 입자로도 모두 기술될 수 있다는 물리학의 이론과 유사한 면이 있다.
> - 환원론은 마음에 기초한 개념(예 정서, 기억, 주의)은 과학적 탐구를 위해 지금 현재 유용하다 할지라도, 결국 순수하게 생물학적인 구성물(예 신경발화 패턴, 신경전달물질의 방출)로 대체될 것이라고 주장한다. 따라서 심리학은 결국 우리가 뇌에 대해서 더 많이 알게 됨에 따라 생물학으로 수렴될 것이라고 주장한다.
> 환원론보다 이중측면 이론을 선호하는 사람들은 우리가 정서는 신경학적인 기초들을 모조리 이해할 수 있다고 해도 어떤 정서는 여전히 어떤 정서로 느껴질 것이라고 지적하면서, 인지적이고 마음에 바탕을 둔 개념들의 유용성이 결코 완전히 대체될 수 없다고 주장한다.

(2) 19세기 초반

골과 스푸르츠하임(Gall & Spurzheim)은 인간의 뇌가 약 35가지의 다른 부분으로 영역화(혹은 국지화, localization)되어 있다고 생각했다. 이들은 다양한 사람들의 뇌를 관찰한 결과를 바탕으로 뇌의 서로 다른 부분이 서로 다른 심리적 기능을 담당한다는 골상학(phrenology)을 주장했고 주장 후 많은 비판을 받았다. 골상학은 두 가지의 핵심적인 가정을 포함한다. 첫째, 뇌의 다른 영역들은 각각 다른 기능을 실행하고, 다른 행동과 연계된다. 둘째, 이런 뇌 영역의 크기는 두개골의 변형을 가져오며, 이것이 인지와 성격의 개인차와 상관관계를 가져온다. 이 중 첫 번째 가정은 근대 인지신경과학까지 유지되었다.

(3) 19세기 중반

19세기 중반에 폴 브로카(Paul Broca)는 말뜻은 이해하지만 표현하지 못하는 환자의 사례를 통해 '언어의 말하기'와 관련된 뇌 영역을 발견했고, 카를 베르니케(Karl Wernicke)는 말은 유창하지만 의미가 전혀 없는 말을 하는 환자를 통해 '언어의 이해'와 관련된 영역을 발견했다. 이들의 발견은 언어가 뇌의 특정 영역에 국한될 수 있다고 결론지었고, 그 뒤 연구에서 언어 그 자체가 단일한 능력이 아니고, 말 재인, 말 산출 그리고 개념적 지식으로 더 분화될 수 있다고 제안하였다. 이러한 연구 결과는 뇌가 특정 영역별로 기능이 다를 수 있다는 생각을 촉진했으며, 뇌의 좌−우 반구가 서로 다른 기능을 하는 '뇌 기능의 편재화(lateralization of brain function)' 현상을 연구하도록 했다. 뇌 기능의 편재화에 대한 연구는 기억, 문제해결과 관련 등 다양한 영역들로 확장되었고, 최근에는 뇌에 관한 연구 방법과 기술이 발전하면서 연구가 더욱 활발해졌다.

(4) 20세기 초반

뉴런(neuron)의 구조를 연구하던 골지(Golgi)는 '은 염색법(silver staining)'을 개발했고, 그 방법을 이용해 몇 개의 세포를 전체적으로 염색했다. 이를 통해 뉴런이 여러 갈래의 가지를 가진 수상돌기와 축색들로 얽혀있는 그물과 같은 구조였고 하나의 완전체인 장기로 보았다. 카잘(Cajal)은 골지의 은 염색법을 이용해 뇌세포가 전기적 신호를 전달한다는 것을 발견하였는데, 골지와 다르게 뇌는 하나의 융합체가 아닌 세포체, 축색돌기, 수상돌기가 하나의 완전체로 연속적인 것이 아닌 서로 접촉에 의해 교신한다고 주장하였다. 즉, 세포들의 네트워크라 생각한 것이다. 이 두 학자는 1906년 노벨상을 동시에 수상하였고, 뉴런의 기능을 이해할 수 있도록 기초를 제공했다. 그러나 전자현미경이 등장함에 따라 뉴런의 신경돌기들이 연속적이지 않고 떨어져 있는 것을 발견하게 되었고, 카잘이 주장했던 시냅스의 존재가 알려지게 되었다.

(5) 인지과학의 탄생

신경과학의 발전은 19세기와 20세기를 통해 신속하게 이루어졌지만, 19세기 말 학문체계로서 자리한 심리학은 마음에 대한 연구를 생물학적 기초로부터 멀어지게 만들었다. 윌리엄 제임스(William James)와 지그문트 프로이트(Sigmund Freud)와 같은 심리학의 초창기 선구자들은 의식, 주의, 성격과 같은 주제에 관심이 있었을 뿐만 아니라, 뇌에 대한 언급이 없이도 인지에 대한 검증 가능한 이론들을 발달시킬 수 있었기 때문이다.

인지심리학의 토대는 1950년대 후반, 뇌를 컴퓨터에 비유한 정보처리(information-processing) 접근에 있다. 이를 통해 마음은 정보를 처리하는 것과 유사하게 작동할 것이라는 생각이 나타났다. 심리학에서 정보처리 이론이 확립되는 데 큰 영향을 미친 논문은 조지 밀러(George Miller)의 「마법의 수 7±2 : 정보처리 능력의 제약(The magical number seven, plus or minus two: Some limits on our capacity for processing information)」과 도널드 브로드벤트(Donald Broadbent)의 「주의와 기억폭에서 청각적 국지화의 역할(The role of auditory localization in attention and memory span)」이라고 할 수 있다. 이 연구들을 바탕으로 인지 과학자들은 정보가 흘러가는 방식을 이해함으로써 인지 시스템이 작동하는 방식을 이해할 거라고 생각했다.

(6) 신경과학과 인지과학의 조합

인지신경과학(cognitive neuropsychology)이라는 용어는 조지 밀러와 가자니가(Gazzaniga)에 의해 만들어졌으며, 1950~1960년대에 나타난 인지과학적 이론들(실험 심리학, 신경심리학, 신경과학적 접근)을 바탕으로 시작되었다.

오늘날의 인지신경과학을 주도하는 힘은 영상 기술의 진보에서 나왔다. 라이클(Reichle, 1998)은 뇌 영상이 '1970년대 신경과학 분야에서 전혀 관심받지 못하고 애매모호한 상태'였으며, 1980년대에 인지심리학자들의 참여가 없었더라면 결코 탁월한 위치에 오르지 못했을 것이라고 말했다. 인지심리학자들은 이미 실험설계와 정보처리 모형을 수립해왔고, 그것들은 새롭게 나타난 방법론들과 잘 맞아떨어질 수 있었다. 영상 기술의 진보는 기능적 영상법의 개발을 이끌어 냈을 뿐만 아니라, 이전에는 결코 가능하지 않았던 방식으로 뇌 손상 부위들을 상세히 기술하는 것을 가능하게 하였다(사후 부검은 예외).

제 2 절 신경계의 발달과 구조

1 신경계의 기본 구조

(1) 신경계의 구조

신경계는 인간(동물)의 감각 기관에서 받아들인 자극을 빠르게 뇌 또는 척수에 전달하고, 그 자극에 대응하는 반응을 생성하는 기관이다. 가령 날씨가 더워지면 피부의 기관이 자극을 받아서 뇌에 전달하고, 뇌는 땀을 배출함으로써 열을 발산하고 체온을 일정하게 유지하도록 명령을 내리는데, 이러한 과정이 신속하게 일어나도록 하는 것이 신경계이다.

신경계는 수많은 신경 세포로 이루어져 있는데, 그 기본 단위는 뉴런(neuron)으로 신경 세포체와 거기에서 뻗어 나온 신경돌기로 구성되어 있다. 뉴런은 신경계의 세포로서 정보를 운반하는 역할을 한다. 모든 뉴런은 기본적으로 세포체(cell body 또는 soma), 수상돌기(dendrite), 축색돌기(axon)의 세 가지 부분으로 구성되어 있다. 세포체는 세포핵과 그 외 세포조직들로 구성되어 있는데, 세포핵은 세포기능을 유지하는데 필요한 단백질과 효소들을 생성하는 데 관여한다. 수상돌기와 축색돌기는 섬유 형태로 뻗어 있으며 특히 축색돌기는 매우 가늘고 길게 뻗어 있다. 축색돌기는 다른 뉴런들로 정보를 운반하는 역할을 하고, 수상돌기는 정보를 전달받는 역할을 한다.

(2) 뉴런의 신호전달

뉴런은 두 가지 방법으로 신호를 처리하고 전달하는데 전기적인 방법과 화학적인 방법이다. 즉, 전 세포로부터 수상돌기를 통해 받은 신경전달물질은 시냅스 후 뉴런에 존재하는 채널의 열고 닫음을 변화시키고, 이런 변화는 세포의 안과 밖의 물질(양전하 물질과 음전하 물질)의 교류를 변화시킨다. 이는 다시 세포막 전위의 변화를 야기하며 전기적 신호(활동전압) 행태로 말초 쪽으로 전달된다. 대부분 뉴런과 뉴런 사이의 정보전달을 위해서는 이 신경세포인 뉴런 사이의 공간, 즉 시냅스(synapse)라고 불리는 공간에서 특수한 화학물질들이 분비되어 뉴런 간의 신호전달이 발생된다. 정보를 처리하고 전달하는 효율성은 바로 이 시냅스의 연결이 얼마나 효율적인가에 좌우되기도 한다. 특히 이러한 시냅스 전후 전달성의 효율성(synapse efficacy)은 학습과 같은 후천적 경험(학습, 발달, 감각장애)에 의해 장기적으로 조율될 수 있다.

개개의 뉴런은 수동적인 신호전달체가 아니라, 적극적인 신호전달체로 다수의 다른 뉴런에서 정보를 수합하고, 이들을 통합하여 다른 뉴런으로 내보낸다. 하나의 뉴런의 안과 밖 사이에는 전하(전기 부하량, potential)의 차이가 있어서 세포 안쪽은 밖에 비하여 약 -60 내지 -70mv의 음전하를 띤다. 이런 양극과 음극으로 분리된 상태, 즉 분극화(polarization) 상태가 안정전위(resting potential)이고, 세포가 외부에서 자극을 받게 되면 탈분극화(depolarization) 상태가 된다. 만일 세포의 일부, 예를 들어 수상돌기나 세포체가 자극(전기적 또는 화학적)을 받아 세포막의 투과성이 변하게 되고, 그에 따라 세포막 밖의 양(+)전하를 띤 나트륨 이온이 안쪽으로 유입되면 이는 안과 밖의 전하의 차이에 급격한 변화를 일으켜 안쪽의 분극화가 깨어져서 이루어지는 것이다. 세포 내부가 세포 밖에 비하여 양(+)전하 쪽으로 변화된 상태로 바뀐 정도가 축색 소구의 세포막 부위에서도 충분히 클 경우, 활동전위(action potential)가 발생한다.

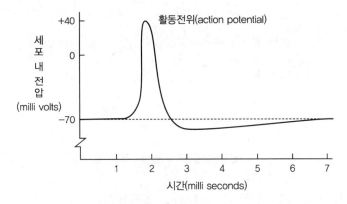

[활동전위 동안의 세포 내 막 전위 변화]

✪ 설명 : 세포가 흥분하고 있지 않은 휴지 동안은 세포 내 전위가 세포 밖에 비해서 더 낮은 -70mV를 띠는 분극화 상태를 유지한다. 양전하의 세포 유입으로 탈분극이 시작되어 역치 수준을 넘어가면 더 많은 양전하의 세포 내 유입이 시작되며, 세포 내가 세포 외보다 더 양전하를 띠게 된다. 이런 갑작스러운 세포 내 전하의 변화인 활동전위는 한 번 일어나면 반드시 동일한 크기로 나타나게 되며, 한 번 발생한 활동전위는 수 msec 내에 다시 원상태의 분극화 상태로 돌아가게 된다.

이렇게 발생한 활동전위는 인접 세포막의 전하 상태를 변화시키고, 이러한 변화는 꼬리를 물고 일어나는 도미노 효과를 가지면서 축색을 따라 그런 변화가 전파된다. 수초로 싸여 있는 대부분의 척추동물의 뉴런에서는 축색의 '랑비에르 결절(node of Ranvier)'에서만 전하 상태의 변화가 일어나며, 따라서 빠른 속도로 활동전위가 축색의 종말에 다다르게 된다. 축색 종말(terminal)에는 다수 존재하는 작은 주머니 모양의 구조물(시냅스 낭)로부터 신경전달물질이 저장되어 있다가, 활동전위의 도착으로 이 소낭이 터지면서 시냅스로 분비된다. 분비된 신경전달물질 분자는 시냅스 후(postsynaptic) 세포의 수용기(receptor)에 결합하게 되고 그 결과로 시냅스 후 세포의 전위를 변화시켜 이곳에서 새로운 전위 변화를 일으킨다. 이때 유입된 화학물질의 전하에 따라 새로운 전위의 변화가 양극(+) 쪽으로 변할 수도 있고 음극(−) 쪽으로 변할 수도 있다. 전자의 경우 흥분성 시냅스 전위가, 후자의 경우 억제성 시냅스 전위가 야기된다. 이것이 새로운 신경신호로서, 이 다음 세포의 축색을 따라 또 다른 세포로 전파되는 과정이다. 이러한 과정들이 여러 시냅스를 걸쳐서 반복되어 한 곳에서 일어난 여러 신경세포로 확산되기도 하고, 수많은 신경세포로부터 온 정보가 한 신경세포에 수렴되기도 하면서 신경정보가 네트워크처럼 전파되는 것이다.

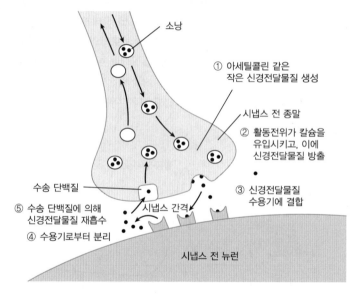

[신경전달물질의 시냅스에서의 전달 과정]

세포체에서 만들어진 신경전달물질은 소낭(vesicle)에 싸여 시냅스 종말로 운송된다. 아주 작은 크기의 신경전달물질은 시냅스 전 종말에서 직접 만들어진다(①). 활동전위가 시냅스 전 종말에 도착하면 칼슘이온이 세포 밖에서 안으로 들어오게 된다. 이 칼슘이 소낭의 시냅스 간격에서 터져서 신경전달물질이 방출되게 한다(②). 방출된 신경전달물질은 시냅스 후 뉴런의 수용기(receptor)에 결합(③)하여 시냅스 후 뉴런의 탈분극 정도를 변화시키고, 곧 수용기로부터 분리된다(④). 분리된 신경전달물질은 시냅스 간격에 있는 분해효소에 의해 분해되거나, 수송 단백질에 의해 시냅스 전 뉴런으로 재흡수된다(⑤).

체크 포인트

- **뉴런** : 신경계를 구성하고 있고, 신경계 세포로서 정보를 운반하는 역할을 하며 인지적 기능을 지원하는 특정 유형의 세포
- **세포핵** : 세포핵은 세포 기능을 유지하는데 필요한 단백질과 효소들을 생성하는데 관여하는 부분
- **축색돌기** : 다른 뉴런들로 정보를 운반하는 역할
- **수상돌기** : 정보를 전달받는 역할
- **시냅스** : 뉴런 간의 신호전달이 발생하는 작은 공간

(3) 뉴런의 기능

뉴런은 기능에 따라 감각뉴런(sensory neuron), 연합뉴런 또는 개재뉴런(interneuron), 운동뉴런 (motor neuron)으로 구분한다. 감각뉴런은 정보를 중추신경으로 전달하고, 연합뉴런은 중추신경계의 정보들을 연합시키는 것으로 감각뉴런과 운동뉴런을 연결시키며, 운동뉴런은 뇌와 척수로부터의 정보를 근육으로 보낸다. 뉴런의 대부분 동일한 구성을 하고 있고, 그 모양과 크기는 다양하다.

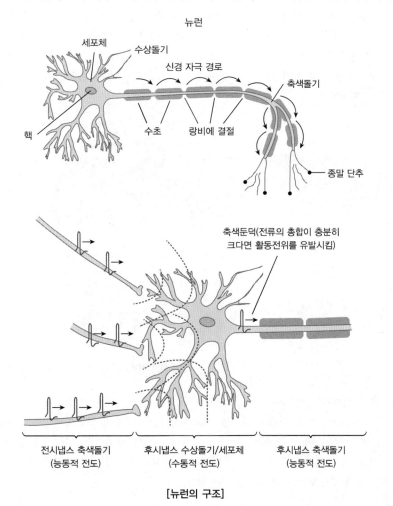

[뉴런의 구조]

2 중추신경계의 구조

중추신경계(central nervous system)는 뇌와 척수로 이루어져 있고, 말초신경계(peripheral nervous)는 감각 정보를 받아들이는 뉴런이나 근육으로 정보를 보내는 뉴런, 척수나 뇌로부터 또는 척수나 뇌를 향해 정보를 중계하는 뉴런 등 중추신경계 밖의 모든 신경 조직으로 이뤄져 있다. 중추신경계는 신경정보를 통합하고, 조정하는 중앙처리장치와 같은 역할을 하고, 말초신경계는 뇌신경과 척수신경으로 구성되어 있고, 각 기관과 전기신호를 주고받는 통신망 같은 역할을 한다. 중추신경계 세포들은 쉽게 손상되기 때문에, 전체적으로 중추신경계는 뼈 안에 싸여 있으며, 척수는 척추로, 뇌는 두개골로 에워싸여 있다.

(1) 뇌의 전체적 조직

① 회백질, 백질, 뇌척수액

    ㉠ 회백질(gray matter)과 백질(white matter)

        중추신경을 잘라보면 백색인 부분과 회색인 부분을 볼 수 있다. 흰 부분을 백질이라고 하고, 회백색 부분을 회백질이라고 한다. 회백질은 신경세포체들로 구성되며, 백질은 축색돌기와 보조세포들로 구성되어 있다. 회백질은 정보처리를 하는 세포로 구성되어 있고, 뇌가 쓰는 산소의 약 94%를 소비한다. 회백질에서 정보를 처리하고 출력하면 백질이 전송하는 일을 한다. 뇌는 굴곡이 심하고 접혀 있는 회백질의 층(대뇌피질)으로 구성되어 있으며 그 아래에는 백질이 자리 잡고 있다. 백질 섬유 아래에는 기저핵, 변연계, 그리고 간뇌를 포함하는 또 다른 회백질 구조들이 있다(피질하부).

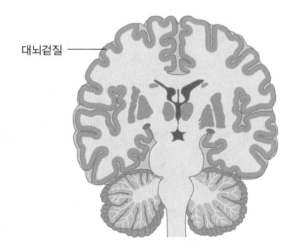

대뇌겉질 ──

[회백질과 백질]

    ㉡ 뇌척수액(cerebrospinal fluid, CSF)

        뇌는 뇌실(ventricle)이라고 불리는 움푹 파인 방을 여러 개 포함하고 있다. 뇌실은 뇌척수액으로 채워져 있는데, 이는 혈장(blood plasma)과 비슷한 물질이다. 뇌는 CSF 안에 있어서, 우리가 움직일 때 발생하는 충격을 방지한다. 뇌 내 대사폐기물질들을 전달하고, 메신저 신호를 전달하며, 뇌를 보호하는 쿠션 기능을 제공한다.

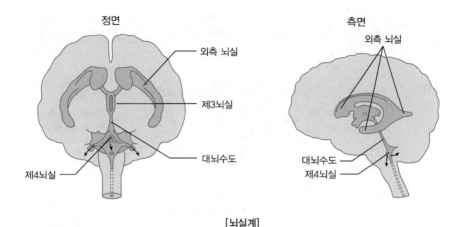

정면

측면

외측 뇌실

외측 뇌실

제3뇌실

대뇌수도

대뇌수도

제4뇌실

제4뇌실

[뇌실계]

✋ 체크 포인트

- 회백질: 주로 뉴런의 세포체들로 구성된 물질로 정보처리기능을 담당
- 백질: 주로 축색돌기와 지지세포들로 구성된 신경계 조직
- 뇌실: 뇌척수액을 포함하는 뇌 속의 움푹 파인 공간들로 뇌 안에는 4개의 뇌실이 존재

---

② **중추신경계의 기준 및 단면**

특정 지역의 위치를 알기 위해서는 동서남북과 같은 방향을 알아야 한다. 뇌도 마찬가지로 특정 구조와 위치를 찾기 위해서는 주된 영역과 용어들을 알고 있어야 한다.

㉠ 중추신경계의 기준

뇌의 앞쪽은 전측(anterior)이라고 하고, 뇌의 뒤쪽은 후측(posterior)이라고 한다. 특히, 꼬리를 가진 다른 종들에 대해서는 이 대신 부리 쪽(문측, rostral)과 꼬리쪽(미측, caudal)이라는 용어가 사용된다. 위쪽과 아래쪽을 가리키는 방향은 각각 상측(superior)와 하측(inferior) 혹은 배측(dorsal)과 복측(ventral)이라 불린다. 뇌는 3차원 구조이므로 또 다른 차원이 추가로 필요한데, 뇌의 바깥쪽 표면과 중심을 향한 방향인 즉, 외측(lateral)과 내측(medial)이다.

㉡ 중추신경계의 단면

뇌는 2차원의 단면들로 절단될 수 있다. 관상면(coronal section)은 전측과 후측을 분리한 것이고, 좌우반구 모두를 관통하는 수직면의 조각이다. 이 단면에서는 뇌는 동그란 형태를 보인다. 시상면(sagittal section)은 뇌의 왼쪽 면과 오른쪽 면이 분리되게 자른 것으로, 보통 두 반구 중 하나만을 관통하는 수직면의 조각을 말하고, 시상면이 두 반구 사이에 위치할 때 이 단면을 정중선(midline) 혹은 내측 단면이라 부른다. 뇌의 위와 아래가 분리되도록 자른 것을 수평면(horizontal section)이라고 한다.

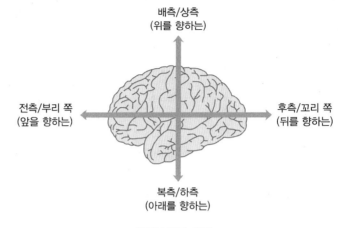

[중추신경계 기준]

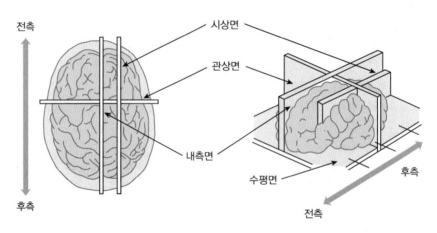

[중추신경계의 단면]

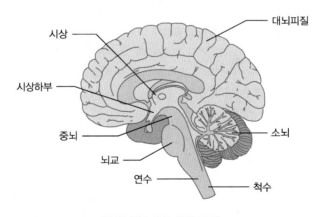

[인간 뇌의 주요 하위 구조]

(2) 대뇌피질의 기본 구조

① 대뇌피질의 회, 구, 열

대뇌피질은 2개의 반구(좌반구와 우반구)로 나누어진 두 장의 접힌 형태의 회백질 시트로 구성된다. 대뇌피질의 돌출한 표면을 회(이랑, gyrus, 복수형은 gyri)라고 부르며 들어간 부분 혹은 접힌 부분을 구(sulcus, 복수형은 sulci)라고 부른다. 만약 골짜기가 매우 깊다면 열(fissure)이라고 부른다.

② 열에 따른 뇌의 구분

세 가지의 주요 열은 뇌에 있어서 중요한 이정표 역할을 하는데, 이는 이들이 주요 뇌 영역들 간의 기능적 차이들을 나타내기 때문이다. 첫 번째 주요 열인 중심열(central fissure)은 각 대뇌반구를 전후 차원으로 분리해준다. 일반적으로 중심열의 앞부분은 운동처리와 관련되고, 뒷부분은 감각처리와 관련된다. 두 번째 주요 열은 외측열(sylvian fissure, lateral fissure)인데, 이 열은 각각의 대뇌반구를 배측과 배측 차원으로 분리해준다. 이 구분은 중요한데, 외측열 아래쪽의 뇌 영역인 측두엽은 기억, 정서, 청각처리에서 중요한 역할을 하기 때문이다. 세 번째 주요열은 세로열(longitudinal fissure)이다. 이 열은 오른쪽과 왼쪽의 대뇌반구를 구분해 준다. 이 구분이 중요한 것은 각각의 대뇌반구가 인지와 정서 기능으로 간주되는 독특한 전문성을 가지고 있기 때문이다.

이 세 열은 또한 각각의 대뇌반구를 네 개의 주요 영역 또는 엽으로 구분해 준다. 중심열 앞의 영역은 전두엽(frontal lobe)이며, 외측열 아래의 영역은 측두엽(temporal lobe)이다. 중심열 바로 뒷부분, 외측열의 윗부분에 해당하는 영역은 두정엽(parietal lobe)이며, 나머지 두정·후두고랑의 뒷부분은 후두엽(occipital lobe)이다.

③ 대뇌피질 영역의 구분

ⓐ 회와 구의 패턴에 따른 구분 : 형태와 크기에는 차이가 있겠지만, 거의 모든 사람에게서 동일한 패턴의 회와 구를 관찰할 수 있다. 이러한 회와 구의 패턴에 따라 뇌 영역에 명칭을 붙일 수 있다.

ⓑ 세포구조에 따른 구분 : 대뇌피질을 구분하는 가장 영향력 있는 방법은 브로드만 영역(Brodmann's area)을 따르는 방식이다. 브로드만은 특정 세포 유형이 각기 다른 피질층에 걸쳐 있는 상대적인 분포에 따라 피질을 대략 47개 영역으로 나누었다.

ⓒ 기능에 따른 구분 : 이 방식은 일차감각영역과 일차운동영역에만 적용되는데, 고등 대뇌피질 영역들에 대해서는 고유한 기능을 부여하기가 어렵다.

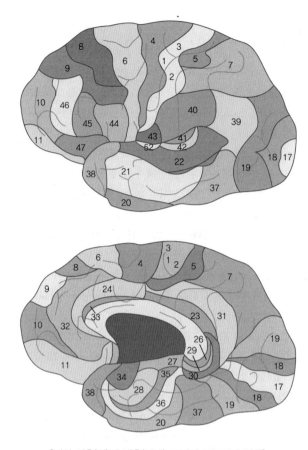

[뇌의 외측(위)과 내측(아래) 표면의 브로드만 영역]

> **체크 포인트**
>
> 브로드만 영역 : 대뇌피질 층들에 걸친 세포유형의 상대적 분포에 따라 분류된 대뇌피질 영역

(3) 피질하부(피질하계)

대뇌피질과 중간의 백질 아랫부분에 또 다른 회백질 핵들의 덩어리가 존재하는데, 이 부분을 피질하부라 부른다.

① 기저핵

기저핵(basal ganglia)은 각 반구에 자리 잡은 큰 둥근 형태의 덩어리이다. 기저핵은 뇌의 중심부에 있는 시상을 감싸고 있으며 그 위로 돌출되어 있다. 이 부위는 운동활동 조절, 행동 프로그래밍, 그리고 행동 종료 등에 관여한다. 기저핵의 결함은 파킨슨병과 같은 운동저하증(운동기능의 감퇴)이나 헌팅턴병 같은 과잉운동증(운동기능의 과다)으로 나타날 수 있다. 기저핵은 미상핵(caudate nucleus)과 조가비핵(미상핵, putamen) 그리고 담창구(globus pallidus)가 있다.

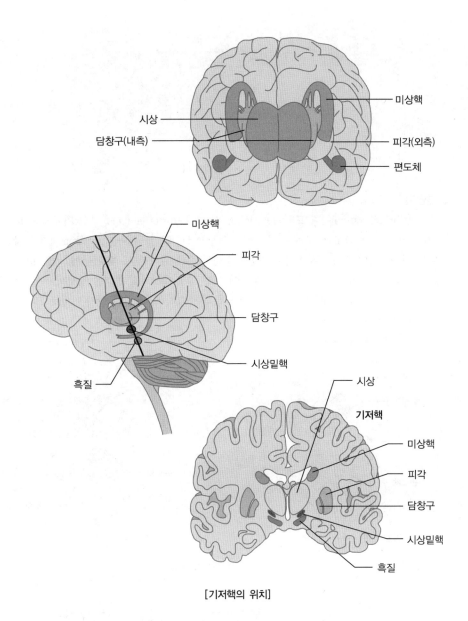

[기저핵의 위치]

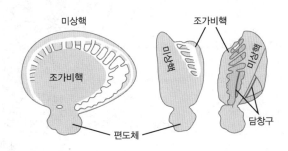

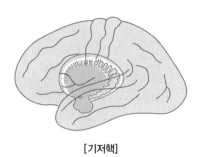

[기저핵]

② **변연계**

변연계(limbic system)는 편도체(amygdala), 시상하부(hypothalamus), 대상피질(cingulate cortex), 전측시상(anterior thalamus), 유두체(mammillary body), 그리고 해마(hippocampus)가 포함된다. 변연계는 다양한 신경계의 정서적인 정보들을 통합하는 데 관여한다. 예를 들어, 편도체는 공포스러운 자극이나 위협적인 자극을 탐지하는데 관여하고, 일부 대상피질 영역은 정서적·인지적 갈등을 탐지하는 데 관여한다. 해마는 학습과 기억에 특히 중요하며, 참신성 탐지 기제로 고려되기도 한다.

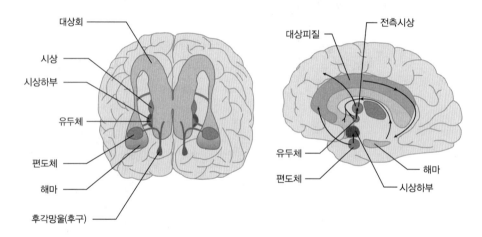

[변연계의 구조]

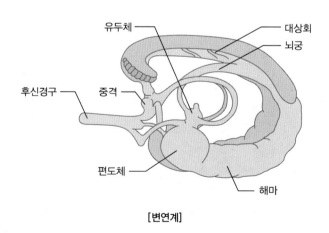

[변연계]

(4) 간뇌

간뇌(diencephalon)를 구성하는 두 가지 주요 구조는 시상과 시상하부다. 시상(thalamus)은 뇌의 중심부에 위치하고 있으며 피질로 들어오는 감각기관들(눈, 귀 등)과 대뇌피질 사이에 연결하는 모든 감각 정보(후각 제외)의 주요 중계 역할을 한다. 시상은 대뇌피질과 기저핵의 거의 모든 부위와 연결되어 있다. 시상 밑에 위치한 시상하부(hypothalamus)는 체온, 배고픔, 갈증, 성적 활동, 그리고 내분비 기능 등과 같이 신체욕구를 만족시켜 행동을 조절하고, 균형을 유지할 수 있도록 하는 것으로, 즉 항상성 조절 역할을 한다. 생명체에 특정 욕구가 발생하면, 일반적으로 시상하부는 신체를 안정된 상태로 되돌릴 수 있도록 고안된 행동을 방출한다.

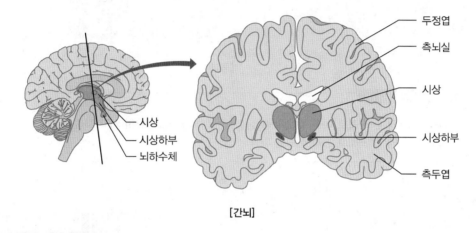

[간뇌]

> **체크 포인트**
> - **기저핵**: 운동 통제와 기술 학습 등에 관여하는 피질하부의 회백질 영역
> - **변연계**: 다양한 신경계의 정서적인 정보들을 통합하는 데 관여
> - **시상**: 감각정보를 대뇌로 중계하는 역할
> - **시상하부**: 자율신경계 조절 중추 역할, 항상성 조절

(5) 중뇌

중뇌(midbrain)는 상구(superior colliculi)와 하구(inferior colliculi)의 구조를 갖고 있고, 상구는 여러 감각 정보(시각, 청각, 촉각)를 통합하고, 하구는 청각 정보처리를 담당한다. 상구는 특히 시각에 역할을 담당하는데, 주위에서 움직이는 큰 물체들을 지각할 수 있도록 해준다. 그러나 대상을 명확하게 구별하지는 못한다. 따라서 시야의 중심에 대상이 위치한 후에야 대상 인지에 특별히 관여하는 다른 뇌 영역에 의해서 그 대상을 명확하게 파악할 수 있다. 하구는 청각 정보를 귀에서 피질로 전달하고, 소리의 위치를 파악한다.

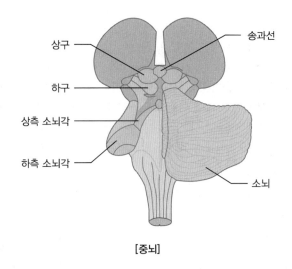

상구
송과선
하구
상측 소뇌각
하측 소뇌각
소뇌

[중뇌]

(6) 후뇌

① 소뇌

소뇌(cerebellum, 작은 뇌)는 2개의 서로 연결된 엽(lobe)들로 나뉘어 있으며 기민한 손재주와 부드러운 운동 수행에 중요한 기능을 담당한다. 예를 들면, 피아니스트가 실수 없이 음악을 연주하거나, 투수가 공을 부드럽게 던질 수 있게 하는 영역이다. 소뇌를 비교적 광범위하게 절제해도 신체운동에는 지속적인 이상을 초래하지는 않지만, 운동의 정확성을 방해하고 균형, 평형을 혼란시킬 수 있다.

② 뇌교

뇌교(pons)는 뇌의 다른 영역들에서 들어오는 정보를 소뇌로 연결해주는 다리 역할을 한다. 이곳은 뇌신경들의 시냅스 지점(뉴런 간의 연결 지점)이며, 특정 유형의 안구운동과 전정 기능의 조절(예를 들어, 자세 균형)에 관한 중요한 부분으로 작용한다. 마지막으로 뇌교에는 상올리브(superior olive)가 있는데, 귀에서 들어온 청각 정보를 뇌로 전달한다. 상올리브에는 양쪽 귀에서 오는 정보가 모이는데 이것은 양쪽 귀의 정보를 비교할 수 있도록 해준다.

③ 연수

연수(medulla)는 뇌교로부터 돌출되어 척수와 합쳐지며 호흡, 삼키기, 심장박동, 그리고 수면 주기 등과 같은 생존에 필수적인 기능을 조절한다. 연수에는 망상 활성계(reticular formation system)로 알려진 신경세포 집단이 있는 곳이다. 이 신경세포들은 뇌 신경들로부터 입력을 받고, 뇌의 여러 영역으로 신호를 전달한다. 망상 활성계는 무엇보다 각성과 주의에 있어서 중요하고 또한 수면의 주기를 조절하며, 원시적인 핵으로 신경섬유와 신경세포가 산만하게 섞여 있는 경계가 불분명한 구조이다. 뼈대 근육의 긴장과 평형을 유지하는 데 중요하다. 이뿐만 아니라, 호흡과 심장박동과 같은 생명유지에 필수적인 중추와 혈압조절, 재채기, 기침, 삼킴 및 구토와 같은 반사중추가 있다. 연수의 기본적이고 핵심적 구조라 할 수 있다.

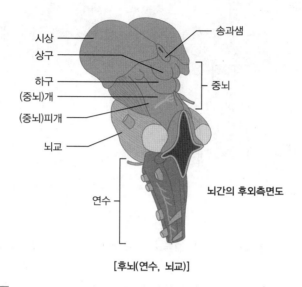

[후뇌(연수, 뇌교)]

- **소뇌** : 연수 후위에 위치하는 뇌부위로 기민한 손재주와 부드러운 운동 수행에 중요한 기능
- **뇌교** : 연수의 바로 위쪽과 소뇌의 앞쪽에 위치하는 뇌부위로 뇌의 다른 영역들에서 들어오는 정보를 소뇌로 연결해주는 다리 역할
- **연수** : 척수의 바로 위에 위치하는 뇌부위로 호흡, 삼키기, 심장박동, 그리고 수면 주기 등과 같은 생존에 필수적인 기능을 조절

(7) 척수

척수(spinal cord)는 중추신경계의 일부로 몸과 뇌 사이의 중추적인 정보를 소통하는 경로 역할을 한다. 또한, 척수는 들어오는 정보를 통합하여 직접 명령을 보내는 척수반사(spinal reflex) 조절도 한다. 대부분 뇌로 정보를 전달하는 감각뉴런과 뇌로부터 운동명령을 근육으로 전달하는 운동뉴런으로 구성되어 있다. 척주(vertebral column)는 척수를 담고 있는 뼈 구조물로 많은 척추골 마디로 구성되어 있다. 각각의 척추 수준에서 감각 정보들이 들어오고 운동 정보들은 나간다. 전체 척수는 31분절로 구성되어 있고, 각 분절은 왼쪽과 오른쪽으로 분지된 한 쌍의 척수신경(spinal nerve)과 연결된다. 척수의 분절은 그 위치에 따라 분류하고, 명칭은 척추 명칭과 동일하다.

척수의 가로 단면 구조를 보면 중앙에 척수 중심관(spinal canal)을 둘러싸고 있는 나비 모양 또는 H 모양의 회백질(gray matter)이 안쪽에 위치하고, 바깥쪽에 백질(white matter)이 위치한다. 척수신경이 척수와 연결되기 전에 두 개의 신경세포로 나누어진다. 하나는 복측에 위치하고 또 다른 하나는 배측에 위치하며 척추의 배측(등쪽)상의 세포들은 감각 정보들을 받아들인다. 이와 반대로 복측(배쪽)의 세포들은 운동명령들을 근육에 전달하는 역할을 하는데, 뇌나 척수의 다른 영역들로부터 들어오는 입력들을 받아들이기도 한다.

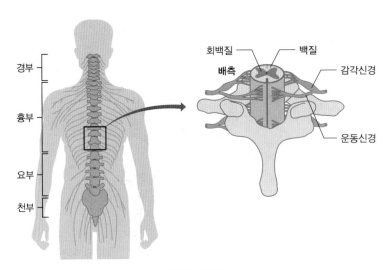

[척수 단면]

척수의 손상은 손상지점에서 연결되는 모든 신체 영역의 감각이나 운동능력의 상실을 초래한다. 말초로 부터 오는 신경충동(neural impulse)은 손상지점 이후로는 운반되지 못하기 때문에 뇌로 전달되지 못하고, 뇌로부터 나오는 운동 정보들도 손상지점 이후의 근육으로 전달되지 못한다. 척수의 어느 부위에서 손상이 일어났는지에 따라 신체 마비와 감각상실의 정도가 정해진다.

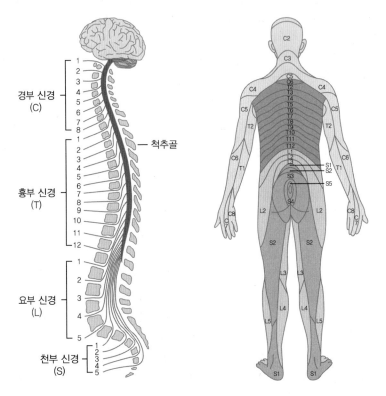

[척수의 위치]

3 대뇌피질의 상세

대뇌피질은 고등정신기능, 일반운동, 지각, 행동의 연합 또는 통합 등에 관계되고, 인간에게 가장 잘 발달되어 있다. 대뇌피질을 기능적으로 구분하면 감각을 인지하는 감각영역(sensory area)과 운동영역(motor area), 이 두 영역을 연결해주는 연합영역(association area)의 세 부분으로 나눌 수 있으며 각각의 영역은 세부적으로 위치에 따라 다른 기능을 한다.

(1) 대뇌피질의 구조

대뇌피질은 대뇌반구의 표면에 있는 얇은 회백질층으로 회(gyrus, 이랑)로 주름이 잡혀 있어 면적의 약 2/3가 구 깊숙이 숨겨져 있다. 이 대뇌피질 내에는 수백억 개의 신경세포가 서로 얽혀 연접을 형성하고 있으며 축색(axon)을 통해 피질상의 다른 부위와 피질 외의 다른 부위들과도 연결되어 있다.

피질의 모든 영역은 5~6 세포층(layer, lamina)으로 구성되어 있고, 각 층에 포함된 세포의 크기, 형태, 각 층의 상대적인 두께도 뇌 영역에 따라 다르다. 신경해부학자들은 층의 구조와 층 내부의 세포의 특성이 유사한 피질 영역들을 확인해왔고, 이러한 발견으로 대뇌피질을 47개 영역으로 나눈 브로드만 지도(Brodmann map)가 만들어졌다. 브로드만 지도에서 경계선은 절대적이거나 항상 명확하지 않으며, 경계선은 더 융통성 있게 변화할 수 있다. 브로드만 지도에서 뇌 영역 간의 구분은 기능과 무관하게 전적으로 해부학적 기초로 만들어졌기 때문에 각 영역별로 기능들이 뚜렷하게 구분되지 않을 수 있다.

(2) 일차감각 및 운동피질

일차감각피질(primary sensory cortex)은 특정 감각 양식에 대한 정보를 받고, 일차운동피질(primary motor cortex)은 신체 근육의 미세한 운동 통제를 조절하는 뉴런의 최종 도착지이다.

일차감각영역은 환경의 물리적 속성에 영향을 받아 감각 수용기가 민감하게 반응한다. 예를 들어 청각에서 와우관(cochlea) 내에 존재하는 유모세포(hair cell)는 큰 소리에만 반응하는 수용기가 있고, 작은 소리에만 반응하도록 조직화되어 있다. 이렇게 조직화된 일차감각영역 때문에 인간은 상이한 주파수를 다른 음조로 인식한다. 이와 같은 주파수가 신경계에 의해 부호화되는 청각 정보의 속성인 것이다. 소리의 주파수에 대한 감각 수용기의 민감도는 어떤 영역은 높은 음조가 들릴 때 활성화되고, 다른 영역은 낮은 음조가 들릴 때 활성화되는 일차청각피질의 조직화에 반영된다.

① 일차감각영역과 일차운동영역의 조직화 특성

ㄱ 모든 뇌 영역은 물리적 환경의 독특한 특성이 뇌 조직 위에 '지도화(mapping)'되도록 조직되었다. 예를 들어 신체의 특정 영역의 운동 통제는 일차운동피질의 특정 영역에 의해 조절된다.

ㄴ 지도는 왜곡되어 있다. 이 지도는 수용기의 밀도를 반영하는 듯하다. 예를 들어 인간은 망막의 외측 부위보다 중심 부위인 중심와(fovea)에 수용기가 더 많이 밀집되어 있다. 때문에 일차시각피질이 시각적 환경의 가장자리에서 오는 정보보다 중심 부위에서 오는 정보를 처리하는 데 관여한다.

ㄷ 뇌 조직에서 일어나는 환경에 대한 지도화는 시각, 촉각, 운동통제에 대해서 상하좌우가 교차되는 방향으로 일어난다. 예를 들어 신체 또는 환경의 오른쪽 상반부 영역에서 들어온 정보는 왼쪽 반구의 복측 일차시각피질 또는 일차운동피질에 의해 처리된다.

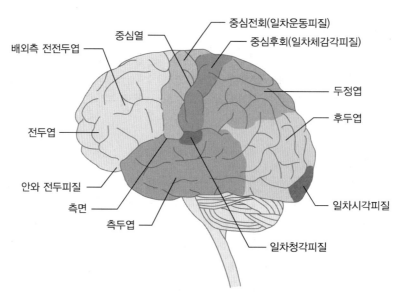

[일차감각피질과 일차운동피질]

✪ 설명 : 모든 일차감각영역은 중심구의 후측 부위에 위치해 있고, 일차운동피질은 전측에 위치한다.

② **일차운동피질**

일차운동피질(primary motor cortex)은 운동 신경대(motor strip) 내부에 있는데, 이것은 중심열 바로 앞에 위치한다.

㉠ 일차운동피질의 특징

ⓐ 뇌 위의 신체도표는 좌우, 상하가 뒤집혀 있다. 좌측 운동 신경대가 신체의 오른편을 통제하고, 우측 운동 신경대가 신체의 왼편을 통제한다. 상하 전도는 발과 발가락을 통제하는 부위가 운동 신경대의 최상부에 위치하고, 얼굴의 통제는 대부분의 외측(lateral) 표면의 복측(ventral)에서 일어난다.

ⓑ 신체의 특정 부위를 통제하는 뇌 조직 영역의 크기가 신체 부위의 크기와 비례하지 않는다. 따라서 뇌지도가 왜곡되어 있다. 신체의 어떤 영역(얼굴, 후두, 성대, 손 등)은 상대적으로 작은 크기에도 불구하고 그들을 통제하는 피질 영역은 더 크다. 지도의 왜곡은 섬세한 운동을 통제하는 신체 부위에서 더 크게 나타난다.

㉡ 일차운동피질의 손상

ⓐ 운동피질에 있는 뉴런들은 근육에 의해 조절되는 힘의 양을 통제한다. 따라서 일차운동피질의 손상은 신체 반대편의 근육 약화를 초래한다. 예를 들어 운동 신경대의 배측 영역의 손상은 신체 아랫부분의 약화를 초래한다(신체 뇌도의 역방향성을 기억하라). 반면에 운동 신경대의 복측 부위의 손상은 얼굴과 팔 근육의 약화를 초래한다.

ⓑ 신체는 근육을 통제하기 위한 다중 체계를 가지고 있지 않기 때문에 운동피질의 손상이 전반적인 마비를 초래하지는 않으며, 다른 운동 체계가 손상을 보상해준다. 그러나 검지와 엄지손가락으로 무엇인가를 잡는 것과 같이 섬세한 독립적 운동 협조를 필요로 하는 근육운동능력은 손상될 것이다.

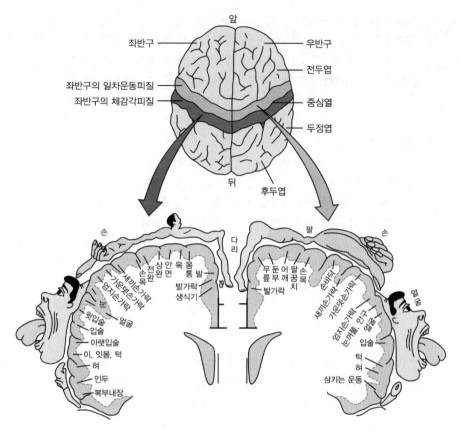

[신체운동뇌도와 신체감각뇌도]

③ **일차체감각피질**

일차체감각피질(primary somatosensory cortex)은 촉각 자극, 고유감각(proprioception, 신체 부위의 위치와 움직임을 감지), 내장기관과 근육으로부터 압력과 통각정보를 받는 피질영역이다. 일차체감각피질은 중심열의 바로 뒤쪽에 위치하고 있다.

㉠ 일차체감각피질의 특징

ⓐ 피부는 다양한 신경말단 또는 수용기를 포함하고 있고, 고통, 압력, 진동, 온도와 같은 촉각 정보의 여러 측면에 민감하다. 이러한 정보는 두 가지 주요 경로를 따라 피질까지 전달된다. 세밀하지 못한 촉각정보는 척수의 배측에 시냅스를 맺고 있는 뉴런에 의해 피질로 보내진다. 그 지점부터 정보는 시상으로 전달되어 피질에 이르게 된다. 미세한 촉감과 고유감각에 대한 정보는 척수로 들어와서 연수에 도달하여 시냅스를 맺는데, 그 지점에서 정보가 교차되고 시상으로 전달되어 피질에 이르게 된다.

ⓑ 일차체감각피질의 신체뇌도도 좌우, 상하로 뒤집혀 있다. 체감각피질 지도상의 신체 영역 왜곡은 촉각 수용기의 밀도에 비례한다. 일반적으로 촉각 수용기가 고도로 밀집되어 있는 지역은 그들로부터 정보를 받는 더 넓은 체감각신경대(somatosensory strip)를 가지며, 상대적으로 촉각 수용기의 수가 적은 지역은 그들로부터 정보를 받는 뇌 영역이 작다. 일차체감각피질의 신체뇌도는 촉각에 대한 민감도이지 운동 통제의 정확도가 아니다.

ⓛ 일차체감각피질의 손상

체감각피질의 손상은 손상된 일차체감각피질의 반대편 신체부위의 섬세한 식별능력을 손상시킨다. 예를 들어 체감각피질이 손상된 사람의 손에 천 조각을 쥐어 주면, 그 사람은 무엇인가가 손에 쥐어져 있다는 것은 인식할 수 있지만, 그 천 조각이 소재는 구분하지 못할 것이다. 게다가 그 사람을 짧은 시간 동안에 여러 번 건드리면 그 사람은 자신이 몇 번 자극을 받았는지 구분하기가 어렵다.

④ **일차시각피질**

일차시각피질은 시각 정보를 처리하는 일차피질영역이다.

㉠ 일차시각피질의 특징

ⓐ 우측 시야에서 들어온 정보는 좌반구의 일차시각피질로만 전달되고, 좌측 시야에서 들어온 정보는 우반구의 일차시각피질에만 전달된다. 단, 시각상의 먼 가장자리 좌측 부분은 단지 왼쪽 눈에 의해서만 감지가 되고(부분적으로는 코가 오른쪽 눈의 시야를 막기 때문에) 마찬가지로 먼 가장자리의 우측은 단지 오른쪽 눈에 의해서만 감지된다. 이러한 방식이 나타나는 이유는 양쪽 망막의 절반에서 들어온 정보는 시교차(optic chiasm)에서 신체의 정중선(midline)을 교차하고 대측 외측슬상체(contralateral)에서 들어온 정보는 동측 외측슬상체(ipsilateral lateral geniculate)로 투사된다. 외측슬상체에서 들어온 정보는 다시 동측 시각피질로 전달된다.

ⓑ 뇌의 시각상 지도가 좌우로 역전되는 것뿐만 아니라 다른 감각 양상에서도 살펴보았듯이 상하로도 역전된다. 그러므로 고정점의 위쪽에서 들어온 정보는 시각피질의 복측 영역으로 들어가고 고정점의 아래쪽에서 들어온 정보는 시각피질의 배측 영역으로 들어간다.

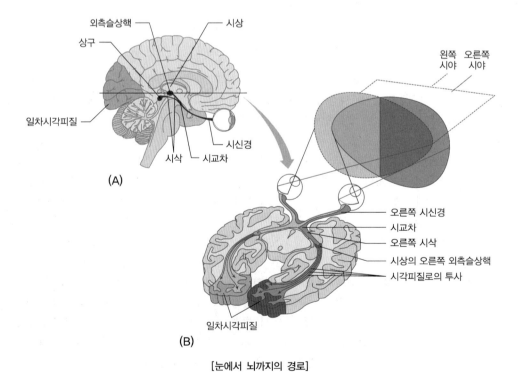

[눈에서 뇌까지의 경로]

❂설명 : (A) 좌반구에서의 일차시각피질, 정중시상면
　　　　(B) 각각 시야로부터의 정보는 두 눈에 전달되고 시교차에서 일부 교차가 일어난다. 좌측 시야
　　　　의 정보는 시상의 우측 외측슬상핵에 투사되고 오른쪽 일차시각피질로 전달된다. 우측 시야
　　　　의 정보는 좌측의 외측슬상핵에 투사되고 이어서 외측 일차시각피질로 전달된다.

ⓒ 일차시각피질의 손상

일차시각피질의 손상은 명암대비를 인식하지 못하게 만든다. 만약 한쪽 반구의 후두엽 전체가
손상된다면 반대편의 시야에서 들어온 시각정보를 감지하지 못한다. 이러한 상태는 동측성 반맹
(homonymous hemianopsia)으로 알려져 있다. 때때로 후두엽의 배측이나 복측 부위가 손상되
면 시각상의 사분면 중 하나가 손상되는 사분맹(quadranopsia)이 나타나고, 시각피질의 아주 작
은 부분이 손상되면 암점(scotomas)이 나타난다.

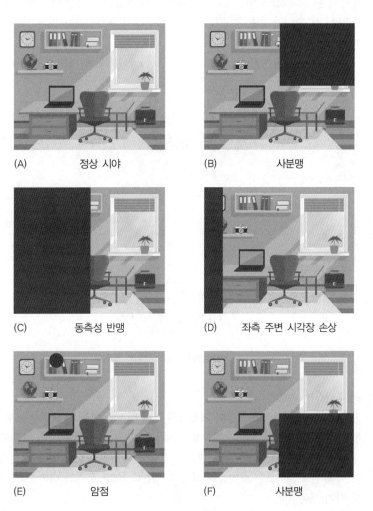

(A)　　　정상 시야　　　　　　(B)　　　사분맹

(C)　　　동측성 반맹　　　　　(D)　　　좌측 주변 시각장 손상

(E)　　　암점　　　　　　　　 (F)　　　사분맹

[시야장애]

❂설명 : (A) 정상 (B) 좌측 후두엽의 복측 부분의 손상 (C) 우측 후두엽의 전 영역 손상 (D) 좌측 눈의
　　　　손상 (E) 우측 후두엽 복측 부분의 작은 영역 손상 (F) 좌측 후두엽의 배측 부분 손상

⑤ **일차청각피질**

인간의 청각계는 소리에 민감하며, 소리는 공기압파(pressure wave)이다. 소리의 물리적인 힘은 귀의 고막과 뼈의 진동을 일으키고, 이러한 진동은 와우관(cochlea) 내부의 액체에서 압력파로 바뀐다. 와우관 내에 있는 유모세포는 압력파를 신경신호로 변환해준다.

㉠ 일차청각피질의 특징

ⓐ 청각계는 귀에서 뇌로 동측성(ipsilateral)과 대측성(contralateral)으로 모두 투사하도록 조직화 되어서 오른쪽 귀에서 받은 청각 정보는 좌반구와 우반구로 모두 투사된다. 인간의 뇌에서 일차청각피질은 헤슬회(Heschl's gyrus, 브로드만 영역 41)에 있는 영역인 전측 측두엽의 상부에 위치한다.

ⓑ 일차청각피질(primary auditory cortex)은 소리의 주파수대로 조직화되어 있는데, 이를 주파수 대응(tonotopic)이라고 한다. 청각피질의 지도화는 가장 낮은 소리가 전측과 측면에서 처리되고 주파수가 높은 소리는 미측과 중앙에서 처리된다는 것을 보여준다.

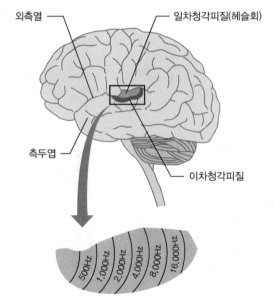

[일차청각피질의 위치와 조직화]

㉡ 일차청각피질의 손상

ⓐ 한쪽의 일차청각피질이 손상이 되었다면 소리 인지 능력을 완전히 손상시키는 것은 아니다. 한쪽 일차청각피질의 손상은 청각계가 교차된 연결과 교차되지 않은 연결의 중복성을 가지고 있기 때문이다. 만약 우반구의 일차청각피질이 손상되더라도 좌반구의 일차청각피질이 여전히 양쪽 귀로부터 오는 소리를 처리할 수 있는데, 이는 동측과 대측으로부터 오는 정보를 모두 받기 때문이다.

ⓑ 한쪽 반구의 청각피질이 손상된다면, 손상된 반구의 대측 영역에 대한 소리 역치(sound threshold), 즉 인지할 수 있는 가장 약한 소리 자극의 강도가 더 높아지고, 공간의 대측면에서 오는 소리 위치를 인지하는 능력이 나빠지게 된다. 소리의 위치를 결정하는 것은 정보가

각 귀에 도달하는 강도와 시간 차이의 비교이기 때문이다. 음원이 왼쪽 귀보다 오른쪽 귀에 더 가까이 있다면 그 소리는 오른쪽 귀에서 더 크게 들릴 것이다(그리고 더 빨리 도달할 것이다). 일차청각피질의 한쪽 손상은 소리의 세기를 판단하는 능력을 손상시키기 때문에 소리의 위치를 찾는 데 어려움이 있는 것이다.

⑥ **후각피질과 미각피질**

공기 속의 화학물질들은 코에 의해 탐지되고, 우리가 먹은 음식 속의 화학물질들은 혀로 탐지된다.

㉠ 후각피질의 특징

ⓐ 냄새에 대한 우리의 감각은 냄새에 대한 정보를 후구(olfactory bulb)로 전달해 주는 점막의 수용기에 의해서 전달된다. 두 개의 후구(각 반구에 하나씩 위치)는 전두엽의 바로 아래에 위치한 가는 선 모양의 신경조직이다(그림. 후각계).

ⓑ 후구로부터의 정보는 두 방향으로 투사된다. 한 경로는 냄새에 대한 정서적인 반응을 매개하고, 변연계의 다양한 부위로 전달된다. 다른 경로는 배내측 시상으로서, 일차후각피질(primary olfactory cortex)이라고 할 수 있는 안와전두엽으로 투사된다.

ⓒ 후각은 정보가 동측으로만 전달되는 유일한 감각계이다. 오른쪽 콧구멍에서 들어온 정보는 우측 후구로 들어가고 왼쪽 콧구멍에서 들어온 정보는 좌측 후구로만 들어간다.

ⓓ 냄새가 신경계상에 지도화되는 차원은 알려 있지 않고, 일차후각피질의 손상은 인간에게 있어 냄새의 분별력을 손상시킨다.

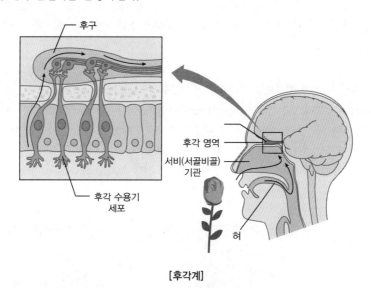

[후각계]

㉡ 미각피질의 특징

ⓐ 맛에 대한 감각은 혀의 미뢰(taste bud)로부터 비롯된다. 미뢰로부터 받는 정보 또한 두 가지 주요 경로를 통해 뇌에 전달된다. 하나는 변연계의 일부분으로 들어가며, 다른 하나는 일차감각피질로 들어간다(그림. 혀에서 뇌까지 미각 정보가 전달되는 경로).

ⓑ 일차미각피질은 도(또는 섬 : insula)라고 불리는 영역에 있는데 이곳은 외측열 또는 실비아열(lateral fissure 또는 sylvian fissure) 안쪽에 접혀 들어가 있다. 미각정보가 일차감각영역과 정서처리에 관련된 변연계로 들어간다.

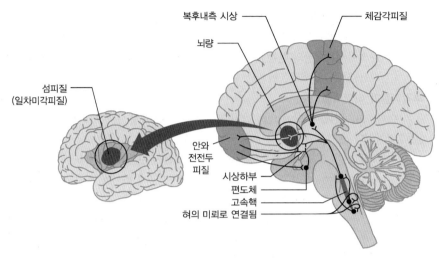

[혀에서 뇌까지 미각 정보가 전달되는 경로]

(3) 연합영역

연합영역(association area)에서는 중다감각 정보가 처리된다. 이 영역은 언어, 동정심, 예측력 등 인간만이 가지고 있다고 여겨지는 능력들을 관장한다. 연합기능은 전두엽, 두정엽, 측두엽이 관여하고 있고, 후두엽은 주로 시각정보 처리에 관여하기 때문에 연합적인 기능에는 관여하지 않는다.

① 전두엽

ⓖ 전두엽의 구분

전두엽은 세 개 영역으로 구분된다. 일차운동영역(primary motor region), 전운동영역(promotor region), 그리고 전전두영역(prefrontal region)이다. 전전두영역을 다시 배외측, 안와, 내측으로 나누기도 한다. 이러한 구분은 주요 세포구조학적 하위 구분에 기초한다. 최근에는 이러한 영역이 정신기능에도 역할을 한다는 연구결과가 나왔다. 배외측 영역은 기억과 주의과정에, 안와 영역은 정서 과정에, 내측 영역은 판단, 선택 그리고 오류의 탐지에 관여한다.

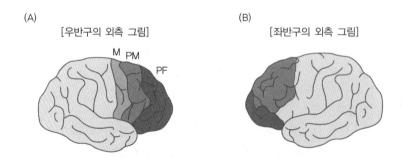

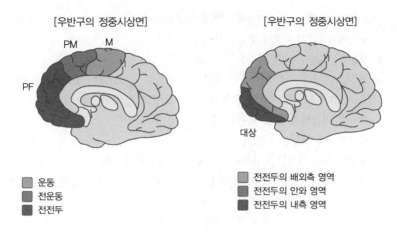

[우반구의 정중시상면]　　　　　[우반구의 정중시상면]

운동
전운동
전전두

전전두의 배외측 영역
전전두의 안와 영역
전전두의 내측 영역

[전두엽의 구분]

✪ 설명 : (A) 전두엽의 세 가지 주요 영역 : 일차운동영역(M), 전운동영역(PM), 전전두영역(PF)
　　　　(B) 전전두영역은 배외측 영역, 안와 영역, 내측 영역으로 더 세부적으로 나뉜다.

ⓛ 전두엽의 손상
　ⓐ 상황대처능력이 떨어진다.
　　전두엽 기능에 이상이 있는 사람도 수학 문제를 풀고, 퍼즐을 맞추는 등의 사실에 관한 지식을 학습하는 것에는 문제가 없고, IQ 검사에서도 수행 저하를 거의 보이지 않는다. 그러나 예상하지 못한 상황이 나타났을 경우에는 대응하지 못한다. 음식을 만드는 데 빠진 재료를 사러 상점에 간다든지, 재료가 없어서 임시방편으로 요리를 만드는 등의 일은 하지 못할 수 있다.
　ⓑ 목표지향적인 행동을 조직화하는 데 어려움을 느낀다.
　　전두엽 손상 환자들은 어떠한 행동을 할 때 그 행동의 구성요소나 실천단계를 알고 있어도 목표달성을 위해 일관적으로 조직화할 수 없다. 예를 들어, 전두엽에 손상이 있는 환자들은 달걀 프라이를 만들 때 달걀을 깨서 프라이팬에 넣고 기름을 넣은 후 불을 켤 것이다. 이는 달걀 프라이를 만들 때 달걀과 기름, 불이 필요하다는 것은 알지만 목표행동에 도달하기 위해 단계를 조직화하지 못한다. 이러한 어려움은 기억 문제로 확장되어 과거에 경험했던 상황에 대한 순서는 기억하지 못할 수 있다. 어떠한 항목을 무작위로 여러 번 보여주었을 경우에도 그 항목을 보았던 것인지 식별은 가능하지만, 얼마나 자주 나타났는지에 대한 것을 알아맞히는 것은 어려워한다.
　ⓒ 심리적 관성이 증가한다.
　　관성력이란 어떤 행동을 시작하거나 하던 행동을 멈추는 데 필요한 힘을 말하는데, 심리적 관성(psychological intertia)은 고집, 강박 등으로 나타날 수 있다. 다른 사람의 지시로 어떠한 행동을 할 수 있지만, 자신의 의지로는 행동하지 못하는 것이다. 예를 들어, 자신의 의지로 매일 목욕을 하지 않지만, 다른 사람의 지시로는 목욕을 한다. 또는 누군가의 지시가 없을 경우에는 어떠한 행동도 하지 않고 가만히 앉아 있을 수 있다. 반대로 일단 행동이 시작되면 행동을 멈추는 것이 불가능하다고 느낄 수도 있으며, 이러한 모습은 고집(perseverate)으로 보인다. 이러한 고집 행동을 강박장애(obsessive-compulsive disorder)와 같이 전두엽의 기능장애를 가지는 정신 질환에서도 관찰된다.

ⓓ 행동을 조절하는 데 어려움을 가진다.

전두엽 손상을 가진 환자들은 자주 사회적으로 억제능력이 없고, 사회적으로 부적절한 행동을 보인다. 그들은 부적절한 성적접근을 보이고, 썰렁한 농담을 하여서, 그들이 처한 사회적 맥락에 민감하지 못한 행동을 할 수도 있다.

ⓔ 정서기능에 영향을 미친다.

전두엽 손상 전에는 조용하고 평안했던 사람이 논쟁적이고, 난폭해지며, 성실했던 사람이 게으른 사람이 되고, 친절하고 사려 깊은 사람은 이기적이고 무심한 사람이 될 수도 있다. 전두엽 손상을 입은 사람은 인격상의 변화를 겪는 느낌이라고 할 정도로 정서적인 변화가 크다.

ⓕ 전두엽은 또한 판단력과 의사결정과도 관련이 있다.

전두엽이 손상된 사람들은 형편없는 판단력을 보이는 경우가 있는데, 이는 인지 및 정서 처리의 장애 때문이다. 예를 들어 전두엽이 손상된 환자는 보상받을 조건들을 잘 맞추어 얻어낼 수 있는 책략을 사용하지 못한다. 게다가 그들은 '직감(gut feeling)'을 해석하지 못한다. 따라서 무엇이 잘 되어가고 있는지, 잘못되어 가고 있는지를 판단할 수 없다.

② **두정엽**

㉠ 두정엽의 기능

다양한 감각 양식들로부터의 정보를 통합하고, 감각계 정보와 기억에 저장된 정보를 통합하며, 개인의 내적 상태에 대한 정보와 외부 감각 세계로부터의 정보를 통합한다. 이러한 기능들로 인하여 두정엽의 역할을 다중 양식들의 통합이라고 한다. 이러한 통합기능이 다양한 방식들로 나타날 수 있기 때문에, 두정엽 손상 이후 발견되는 결함들은 다양한 형태를 띤다.

㉡ 두정엽의 손상

ⓐ 실독증과 실서증

실독증(alexia)과 실서증(agraphia)은 뇌 손상의 결과로 읽고 쓰는 능력을 상실하는 것이다. 예를 들어 문자들의 패턴(⑩ d-o-g)을 찾고, 의미(⑩ 가장 좋아하는 애완동물)와 연합시켜야 하는데, 서로 다른 정보라고 생각하기 때문에 읽지 못하거나 쓰지 못하는 것이다.

ⓑ 실행증

운동장애나 감각장애가 없음에도 불구하고, 이미 학습되어 숙련된 운동 수행이 불가능한 것이다. 실행증(apraxia)을 가진 사람들은 어려움 없이 숙련된 자발적 운동을 할 수 있지만, 동작을 재현할 수 없다. 예를 들어, 가위질하는 것의 재현을 요구했을 때 하지 못한다.

ⓒ 공간인지 능력의 저하

두정엽 손상은 공간적 지점들을 구역화하는 능력, 대상들 간의 공간적 관계를 이해하는 능력을 훼손시킨다. 예를 들어, 어떠한 새소리를 들었을 때, 청각정보에 기초하여 새의 위치를 추론할 수 있다. 두정엽 손상이 있었을 경우 위치 추론이 어려워 운동으로 연결시키기 쉽지 않다. 이러한 공간인지 능력의 저하는 편측무시(반경시, hemi-neglect) 혹은 편측부주의(hemi-inattention)가 나타난다. 공간의 한쪽 측면이 존재하지 않는 것처럼 행동하지만 그들이 감각기능이 손상된 것이 아니다.

③ **측두엽**

측두엽은 기억, 시각항목(item)의 재인, 청각처리, 정서와 관련이 있다.

㉠ 측두엽의 손상

ⓐ 기억의 결함

측두엽 손상에 대표적인 사례로 '환자 H.M.'을 들 수 있다. 유년기에 시작된 뇌전증으로 인하여 간질 발작이 있었고, 일상생활을 위협할 정도로 극심해지자 신경외과의사 윌리엄 스코빌이 측두엽을 제거하는 수술을 감행하였다. 수술 후 회복 경과는 좋았고 간질 발작도 없어졌지만 H.M.은 더이상 새로운 기억을 만들어낼 수가 없었다. 어제 만난 사람, 점심 때 먹은 음식, 방금 나눈 대화, 새로 겪은 모든 것을 기억할 수 없게 되었다. 그 무엇도 30초 이상 머리에 담아둘 수 없게 된 H.M.은 2008년 82세로 사망할 때까지 '영원한 현재'만을 살아야 했다.

ⓑ 시각 자극 인식의 결함

하측두엽의 세포들은 손, 빗, 얼굴과 같은 매우 특정한 형태에 반응한다. 몇몇 세포들은 특정한 사람의 얼굴에만 혹은 얼굴의 어떤 특성들(예 눈)에만 반응하기도 한다. 측두엽에 손상이 있을 경우, 자동차나 의자와 같은 일반적인 물체들을 인식하는 것이 어렵거나, 특정 개인의 얼굴을 알아보는 데 결함이 보인다.

ⓒ 청각 정보처리의 결함

청각처리영역은 측두엽에 위치하기 때문에, 측두엽의 손상은 청각 정보처리에 영향을 끼칠 수 있다. 일반적으로 흔한 소리들을 인식하지 못하거나, 멜로디와 같은 음악의 특정 요소를 인식하는데 어려움을 느낀다.

ⓓ 시각 실인증과 청각 실인증

실인증(agnosia)이란 기본적인 감각 처리에서의 장애가 없는데도 소리 혹은 물체 인식하지 못하는 것이다. 어떤 사람이 시각 실인증(visual agnosia)을 가지고 있다면, 그 사람은 단지 장미를 쳐다만 보아서는 그것을 인식할 수 없다. 그러나 그 사람이 가시에 찔리거나 혹은 꽃 냄새를 맡으면, 그 사람은 즉시 그것을 무엇인지를 인식한다. 청각 실인증(auditory agnosia)을 가진 사람은 어떤 소리가 발생했는지를 알지만 의미는 모른다. 예를 들어 어떤 사람은 어떤 소리가 방금 났다는 것을 알아도 그것이 자동차 경적 소리라는 것을 인식할 수 없다. 여기에서 중요한 것은 시각 실인증과 청각 실인증은 기본적인 감각 처리 장애가 아니라는 점이다.

ⓔ 타인에 대한 공감 능력의 저하

측두엽의 몇몇 구조들은 변연계의 일부로 감각계 정보와 내적 욕구(식욕, 성욕 등)를 통합하는 역할을 한다. 측두엽의 손상이 있을 경우, 타인에 대해 공감하거나 상대방의 기분이나 생각을 추론하는 등의 사회적, 정서적 기능을 하는 데 어려움이 나타날 수 있다.

인지신경과학 연구방법

인지신경과학이란 다학문적 연구분야로, 두뇌에 대한 정보와 인간행동에 대한 정보의 통합이 필수적인 학문이다. 또한, 인간이 느끼고, 생각하고, 표현하는 것을 구체적인 공식이나 절차를 통해 연구하는 것을 지향한다.

인간의 마음은 무엇인가? 마음은 어떻게 작동하는가? 마음은 그저 두뇌의 신경 생리적 현상에 지나지 않는 것일까? 마음은 대상이나 현상을 직접 바로 알까, 아니면 자료를 저장하였다가 꺼내서 대조하여 아는 것일까? 정보처리의 원리가 유사하다면 마음과 기계, 마음과 컴퓨터를 연결할 수는 없는 것일까? 인간은 어떻게 사고하는가? 인간의 이성은 과연 합리적이기만 한가? 인간은 어떻게 언어능력을 갖게 되었으며, 또 어떻게 익히고 쓰고 있는가?

이처럼 위에 열거한 다양한 질문들을 융합하고 수렴하려는 학문이 인지신경과학이고, 컴퓨터과학(인공지능학), 신경과학(뇌과학)을 주축으로 언어학(통사론, 화행론), 진화 이론, 인류학 등과 밀접하게 연결된다. 인지신경과학은 인지심리학·인공지능·언어학·신경과학·인류학·철학·컴퓨터과학 등의 여러 분야에 걸쳐 연구한다.

이러한 연구를 통합적으로 하기 위해서는 특정 도구(tool)들이 필요한데, 이러한 연구 방법론이 바로 인지신경과학자들의 도구이다. 이는 특정 임상 환자 집단을 말할 수도 있고, 특정 두뇌영상기법일 수도 있고, 또는 어떤 특정 실험적 행동 연구법을 의미하는 것일 수도 있다.

1 두뇌 구조적 영상

(1) 컴퓨터 단층 촬영

컴퓨터 단층 촬영(computerized axial tomography, CAT 또는 CT)이란 컴퓨터를 이용하여 살아 있는 뇌의 해부학적 구조를 연구하는 방법이다. 사람의 머리를 원통 안에 위치시키면, 그 주위를 180도 회전하면서 X선이 방출되고, 통과한 X선의 양을 반대편에 있는 감지기가 측정한다. 이런 절차를 뇌의 수평면의 여러 방향에 대해 반복한 후, 감지기에 측정된 결과를 복잡한 수리적 분석을 통해 재구성하여 각각의 수준에서 뇌의 수평면의 영상을 합성하는 방법이다.

컴퓨터 단층 촬영은 서로 다른 종류의 조직이 흡수한 X선의 양에 따라 구성된다. 흡수되는 X선의 양은 조직의 밀도와 관련된다. 뼈 조직이 흡수하는 X선의 양이 가장 많고(따라서 두개골이 가장 밝게 보임), 뇌척수액이 흡수하는 X선의 양이 가장 적으며(따라서 뇌실은 검게 보임), 뇌 조직은 그 중간 정도이다(따라서 회색으로 보임). 컴퓨터 단층 촬영은 X선을 사용하기 때문에 촬영 시 소량의 방사능에 노출된다.

아래 사진을 보면 원편의 (A) 사진은 좌반구 전두엽이 손실되어 뇌척수액으로 채워졌고, 이 때문에 밀도가 낮아져 어둡게 보인다. 이는 뇌졸중의 결과로 나타난 손상 위치를 알 수 있다. (B) 사진은 혈액이 고인 것(혈종, hematoma)이 우측 측두엽 영역에서 밝기가 높은 것으로 보이는데, 혈종이 존재한다는 것은 두뇌의 외측 뇌실의 전위(displacement)를 일으켰음을 알 수 있다.

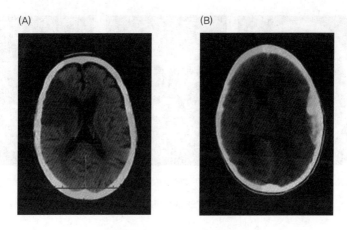

(A) (B)

[컴퓨터 단층 촬영(CAT)의 절편]

이처럼 컴퓨터 단층 촬영법은 살아 있는 뇌의 구조를 보여 주기 때문에 뇌졸중으로 인한 뇌의 손상 부위나 뇌 종양의 크기와 위치, 알츠하이머병 환자의 뇌 위축 정도, 조현증(정신분열증) 환자의 뇌실 확장정도 등을 알 수 있다. 그러나 뇌의 활동 상태는 알려주지 않는다.

(2) 자기 공명 영상

자기 공명 영상(magnetic resonance imaging, MRI)은 양성자의 움직임(behavior of proton)을 왜곡(distort)시키기 위해 자기장을 사용하는 기법이다. 이 양성자가 이 왜곡에서 회복(recover)하는 데 얼마나 오래 걸리는가 하는 정보가 두뇌의 해부학적 영상을 창출하는 데 사용된다. 좀 더 자세하게 말하면사람의 머리를 자기장이 방출되는 원통형의 장치에 넣고 무선파를 투사하면, 높은 자기장 안에서 특정방향으로 정렬되었던 몸 속 원자들의 회전축이 무선파의 충격으로 일제히 쓰러졌다 일어나는 현상이발생한다. 이때 자기장의 변화가 형성되는데 이 변화를 두개골 주변을 둘러싼 탐지기들을 이용해 탐지한다. 탐지된 변화를 컴퓨터가 감지하고 그 결과를 삼차원 영상으로 구성하면 뇌 절편의 영상을 얻을수 있다.

MRI는 CT보다 정밀하고 정확하며, 뇌의 구조적 변화도 탐지할 수 있다(공간 해상도 1mm 정도). 또한,뇌 구조의 세부 특성을 파악할 수 있을 뿐 아니라 개인의 인지 특성과 뇌 구조의 비정상적 특성의 관련성을 파악할 수 있다. 자기 공명 영상은 뇌의 해부학적 구조에 대한 영상을 제공하지만, 기능적인 방법까지는 제공하지는 못한다.

더 알아두기

자기 공명 영상의 장점(CAT와 비교하여)
• 이온화 방사능을 사용하지 않기 때문에 인체에 무해하다(반복적 촬영 가능).
• 공간해상도가 월등히 높아 개별 회(gyrus) 간의 구별도 가능하다.
• 회백질과 백질 간의 구별이 더 명확하여 어떤 질병의 초기 진단을 가능하게 하고, 인지적 능력의개인차와 관련된 뇌 구조의 일반적인 변화을 탐구하는 데 사용될 수 있다.

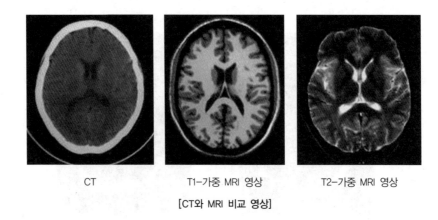

CT   T1-가중 MRI 영상   T2-가중 MRI 영상

[CT와 MRI 비교 영상]

2 두뇌 기능적 영상

구조적 영상이 뇌의 해부학적인 특징을 측정한다면, 기능적 영상은 인지 처리의 변화와 연합된 뇌의 매 순간 변하는 특성을 측정하도록 고안되었다.

(1) 기능 두뇌 영상법

① 양전자 방출 단층 촬영

양전자 방출 단층 촬영(positron emission tomography, PET)은 방사선을 방출하는 무해한 물질을 혈관에 소량 주입하여, 뇌의 각 부분에서 이 화학물질의 흡수 정도와 활용되는 정도를 측정한 뒤 뇌의 각 부분에서 신진대사 양에 대한 영상을 얻어 두뇌 활동을 진단한다. 뇌 활동에 필요한 에너지(포도당)는 혈류의 증가를 통해 공급되는데 뇌의 어떤 부분에서 혈류가 가장 많이 증가했는지를 수분이나 포도당 신진대사의 증가로 측정하는 것이다. 따라서 물이나 포도당에 극소량의 방사선을 방출할 수 있는 처리를 하면 몸 속에 주입되어 방출하는 방사선의 탐지로 뇌의 어느 부분에 혈류가 증가했는지 또는 포도당의 흡수가 증가했는지 알 수 있다. 이렇게 얻은 영상을 컴퓨터를 통해 영상화하여, 어떤 인지적 과제를 수행할 때 뇌의 어떤 부위가 가장 많이 관여해 활동하는가를 파악할 수 있다. 다양한 자극을 제시하여 각종 인지적 과제(例 주의, 의사결정, 독서 등)의 수행 시 뇌의 어느 부분이 가장 많이 활동하는가를 탐지한다. 하지만 비용이 많이 들고 방사성 반응 물질이 빨리 소멸하여 실험 시간이 짧다는 단점이 있다. 그리고 촬영 중에 금속성 기구를 사용할 수 있다는 장점이 있다.

② 기능 자기 공명 영상

기능 자기 공명 영상(functional magnetic resonance imaging, fMRI)은 뇌가 활동할 때 혈류 안의 산소 수준(blood oxygenation level-dependent, BOLD)을 반복 측정하여 기능적으로 활성화된 정도를 측정하는 방법이다. 뇌의 특정 부위에 활동이 많아져 신진대사가 증가하면 그 특정 조직의 모세혈관으로 혈류 공급이 증가하는데, 이때 혈류 속에 산소와 결합한 헤모글로빈의 비율이 과도하게 높아진다. 이 헤모글로빈은 산소를 빼앗긴 주변 조직의 헤모글로빈에 비해 높은 신호 강도를 가지며, 바로 이 차이를 탐지한 신호가 BOLD 신호이다. 이를 이차원 영상으로 구성하고, 다시 삼차원 영상으로 재구성하여 원하는 두뇌 부위의 활성화 양상을 측정한다.

전체 두뇌를 한 번 측정하는 것이 짧은 시간 안에 이루어지므로(약 1~2초), 하나의 인지 과제를 수행하는 동안 여러 번 반복해서 측정할 수 있다. 이 방법은 공간 해상도(뇌의 각 부위의 모습을 더 세부적으로 보여 주는 정도)와 시간 해상도(뇌의 변화 모습을 시간을 더 잘게 쪼개어 보여 주는 정도)가 상대적으로 높은 편이다.

> **더 알아두기**
>
> **양전자 방출 단층 촬영(PET)와 기능 자기 공명 영상(fMRI) 비교**
>
> | PET | fMRI |
> | --- | --- |
> | 혈량(blood volume)에 기초함 | 혈중 산소농도에 기초함 |
> | 방사능을 사용
(신호가 방사성 추적 물질을 필요로 함) | 방사능을 사용하지 않음
(신호는 탈산화 헤모글로빈 수준에 기초함) |
> | 피험자들은 한 번만 촬영 가능 | 피험자들은 여러 번 촬영 가능 |
> | 시간 해상도 = 30초 | 시간 해상도 = 1~4초 |
> | 실질 공간 해상도 = 10mm | 실질 공간 해상도 = 1mm |
> | 모든 뇌 영역을 촬영할 수 있음 | 일부 영역(예 뇌 안의 공간 주변)은 촬영하기 어려움 |
> | 추적 물질로 약물 사용 가능 | – |

> **체크 포인트**
>
> BOLD : 혈중 산소 수준에 의존하는 신호로, 혈중 탄산화 헤모글로빈의 농도와 관련된 fMRI 신호

(2) 전기생리학적 측정법

① 단일세포 측정법

단일세포 측정은 주어진 자극에 대한 단일 뉴런의 반응(초당 활동전위의 수)을 기록하는 것이다. 어느 세포의 기저선 발화율을 일단 설정하고 나면, 연구자들은 그 세포를 기저율을 넘어 최대한으로 발화시키는 자극의 속성이 무엇인지를 발견하고자 하게 된다. 이 기법을 통해 어떤 세포가 단지 하나의 감각 양상의 입력에만 민감한지 아니면 다중 감각양상에 민감성을 가지는지, 또는 그 세포들이 감각계의 특정 위치에서 들어오는 정보에만 반응하게 되는지 등을 조사할 수 있다. 단일세포 측정법은 침습적(invasive) 방법으로 일반적으로 실험용 동물들에 한해서 진행된다.

② 뇌파검사, 뇌전도(EEG)

㉠ 뇌파검사, 뇌전도 작동

뇌파검사(electroencephalography, EEG)의 생리학적 기초는 활동전위와 관련된 신경세포의 활동은 전기적인 활동을 동반한다. 뇌파검사는 뇌에서 발생되는 전기현상을 포착하여 뇌의 기능을 조사하는 것이다. EEG는 뇌에 의해서 발생된 전기적 신호를 두피의 여러 지점에 위치시킨 적극을 통해 기록한다. 이 절차는 비침습적이고 단지 측정만 하는 것이므로(자극을 주는 것이 아님), 방법적으로 완전히 무해하다.

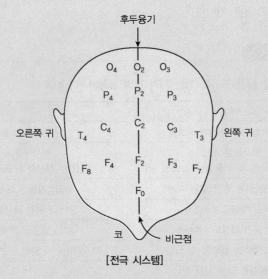

더 알아두기

10-20 전극 시스템

[전극 시스템]

실험용 전극들은 두피의 다양한 위치에 놓이는데, 그 위치는 제스퍼(Jasper, 1958)가 개발한 소위 10-20 시스템을 참고하여 기술된다. 전극은 위치에 따라 명명되며 F=frontal(전두), P=parietal(두정), O=occipital(후두), T=temporal(측두), C=central(중심), 좌우 반구 위치가 부과된다(홀수는 좌측, 짝수는 우측, 'z'는 가운데).

ⓛ 뇌파검사, 뇌전도 리듬 파동

EEG 신호는 시간적으로 충분한 범위로 관찰될 때 어떤 파형 구조를 지닌다. 델타파는 1~4z, 알파파는 7~14Hz 범위의 진동을 반영하며, 베타파는 15~30Hz, 감마파는 30Hz, 그 이상의 진동을 반영한다.

ⓐ 델타파(δ파) : 수면 중에 나타남. 만약 어른의 경우 δ파가 수면 이외의 상태에서 나타난다면 이는 병리적 상태를 의미함

ⓑ 알파파(α파) : 사람이 눈을 감고 이완하고 있을 때, 즉 뇌가 각성하지 않은 상태에서 나타남. 눈을 뜨면 곧바로 β파로 대치됨

ⓒ 베타파(β파) : 깨어 있는 상태로 정신적인 활동이나 긴장하에서 볼 수 있음

ⓓ 감마파(γ파) : 불안, 흥분의 강한 스트레스 상태에서 발생함. 또한, 초월적 마음상태 또는 이완으로 벗어나서 새로운 의식 상태, 신경자원(neural resources)을 활성화시켜 총동원할 때, 즉 정신적으로 총력 집중할 때 발생하기도 함

임상적으로, EEG는 간질을 탐지할 수 있는데, 간질은 두뇌의 전기적 폭풍으로 개념화될 수 있다. 신경세포들은 정상적으로 동시성을 가지고 발화하여, 델타파, 알파파, 베타파를 일으킨다. 그러나 간질에선 동시적 발화를 하기보다는 신경세포가 대량으로 동시에 무선적으로 발화한다(일종의 brust, 또는 스파이크). 이 결과는 EEG 기록에서 보이는 발화의 진폭(amplitude)증가로 나타난다.

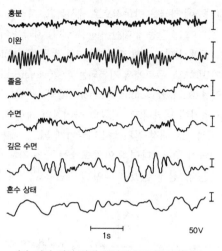

(A) 여러 정신 상태 동안의 EEG활동의 특성

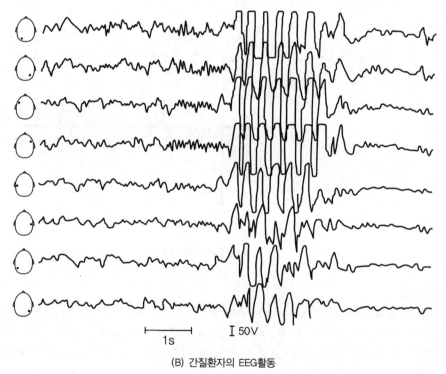

(B) 간질환자의 EEG활동

[EEG 기록의 예]

③ 사건 관련 전위

사건 관련 전위(event-related potential, ERP)는 특정 사건 즉, 자극과 관련 두뇌 활동을 기록하는 것으로 자극이 제시된 후 반응이 일어나기까지 시간 활동을 측정하는 것이다. ERP는 뇌에서 정보를 처리가 '언제' 일어나게 되었는지에 대한 정보를 제시한다.

정해진 일정 기간(예 1초)에 자극을 반복적으로 제시하고, 자극을 제시하면서부터 반응이 일어나기까지의 시간 활동을 측정하여 그 활동에 대한 평균을 낸다. 자극을 제시한 직후에는 상대적 양극과 음극을 가지는 전류가 양 끝에서 나타나게 되는데, 이를 쌍극자(dipole)라 한다. 신경세포들이 활성화되면 쌍극자들의 위치가 변하고, 두피에서 기록되는 파형(waveform)도 변화한다. 이 파형을 두 가지로 나눌 수 있는데, 외인성 요소(exogenous component)와 내인성 요소(endogenous component)이다. 외인성 요소는 파형 초기에 나타나고, 자극의 물리적인 속성과 관련이 있다. 반면 내인성 요소는 자극의 속성과는 독립적으로 내적 인지에서 나타나게 되고, 파형의 뒷부분에 나타난다. 예를 들어, 외부환경에서 소리 자극이 주어졌다면 외인성 요소는 소리 자체라는 것을 아는 것이고, 내인성 요소는 소리 자극이 음악인지, 전에 들었던 적이 있었던 소리인지 등을 인지하는 것을 말한다.

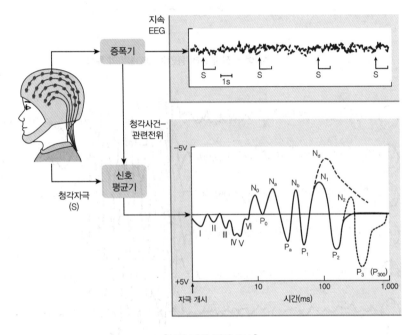

[사건 관련 전위 요소]

④ **뇌자도**

뇌자도(magnetoencephalography)는 두뇌 활동으로 발생되는 자기 전위(magnetic potential)를 측정, 기록하는 방법이다. 두뇌에 의해 발생되는 전류들은 자기장을 가지고 있는데, 이 자기장은 쌍극자의 위치를 알아내는 데 사용될 수 있다(일반적으로 쌍극자의 위치는 자기장 강도가 극히 높은 지점들 사이에 중간지점에 있다).

자기장의 크기가 매우 작기 때문에 뇌자도의 현대 기술 개발이 필요했다. MEG 개발 초기에는 한두 개의 장치로 이루어졌지만 현재에는 200~300개의 장치로 구성되어 있다. MEG는 액상 헬륨을 사용한 초냉방 시스템과 외부 자기를 차단할 수 있는 고립된 방이 필요하다. 따라서 시설비용이 많이 들지만, 높은 공간 해상도를 갖고 있다는 것은 매우 큰 이점이다.

실제예상문제

01 다음 내용에 대한 설명은 무엇인가?

> 사고하기, 지각하기, 상상하기, 말하기, 행동하기, 계획하기
> 와 같이 정보를 획득하고 파지하고 활용하는 다양한 고차
> 원의 정신과정

① 인지
② 마음
③ 정보처리
④ 신경과학

01 • 인지(cognition)란 사고하기, 지각하기, 상상하기, 말하기, 행동하기, 계획하기와 같이 정보를 획득하고 파지하고 활용하는 다양한 고차원의 정신과정을 말한다.
• 인지신경과학(cognitive neuro-science)은 인지과학과 인지심리학을 연결하고, 생물학과 신경학을 연결하는 학문으로 신경과정(neural process)과 관련된 모든 정신기능에 대해 연구하는 분야로 다양한 개념적 견해를 고려해서 뇌(brain)와 마음(mind)의 관계를 이해하고자 하는 분야이다.

02 인지신경과학에 대한 설명으로 옳지 <u>않은</u> 것은?

① 인지과학과 인지심리학을 연결하고, 생물학과 신경과학을 연결하는 학문이다.
② 뇌(brain)와 마음(mind)의 관계를 이해하고자 하는 분야이다.
③ 인간의 정보처리과정이 컴퓨터의 정보처리 과정과 유사하다고 생각한다.
④ 신경심리학자들은 환경적 요인들을 고려하지 않는다.

02 임상신경심리학자들은 뇌 외상 때문에 발생하는 인지적 결손과 기능의 회복 가능성에 대해 연구하고, 교육 수준과 가족 구조 등의 환경적 요인들이 뇌 기능장애에 미치는 영향에 대해서도 연구한다.

정답 (01 ① · 02 ④)

03 19세기 초 골과 스푸르츠하임(Gall & Spurzheim)은 인간의 뇌가 약 35가지의 다른 부분으로 영역화(혹은 국지화, localization)되어 있다고 생각하고, 골상학(phrenology)을 주장하였다.
19세기 중반 폴 브로카(Paul Broca)와 카를 베르니케(Karl Wernicke)는 '언어'와 관련된 영역 즉 '브로카 영역'과 '베르니케 영역'을 발견하였다.

04 축색돌기는 다른 뉴런들로 정보를 운반하는 역할을 하고, 수상돌기는 정보를 전달받는 역할을 한다.

05 ① 뉴런은 적극적인 신호전달체이다.
③ 세포가 외부에서 자극을 받으면 탈분극화(depolarization) 상태가 된다.
④ 뉴런에서 랑비에르 결절(node of Ranvier)은 활동전위가 축색돌기를 따라 빠르게 전파될 수 있도록 기능을 한다.

03 **인지신경과학의 역사에 대한 설명으로 옳지 않은 것은?**

① 그리스 시대부터 중세까지는 주로 마음이 심장에 위치할 것이라고 생각했다.
② 데카르트는 이원론을 주장하였다.
③ 19세기 중반 폴 브로카는 다른 부분이 서로 다른 심리적 기능을 담당한다는 골상학(phrenology)을 주장하였다.
④ 1950년대 후반, 뇌를 컴퓨터에 비유한 정보처리 접근을 하면서 인지심리학의 토대가 되었다.

04 **뉴런에 대한 설명으로 옳지 않은 것은?**

① 신경계는 인간의 감각 기관에서 받아들인 자극을 빠르게 뇌 또는 척수에 전달하고, 그 자극에 대응하는 반응을 생성하는 기관이다.
② 신경계를 구성하고 있는 가장 기본 단위를 뉴런(neuron)이라고 한다.
③ 수상돌기는 다른 뉴런들로 정보를 운반하는 역할을 하고, 축색돌기는 정보를 전달받는 역할을 한다.
④ 연합뉴런은 중추신경계의 정보들을 연합시키는 것으로 감각뉴런과 운동뉴런을 연결시킨다.

05 **뉴런에 대한 설명으로 옳은 것은?**

① 뉴런은 수동적인 신호전달체이다.
② 세포가 휴지기일 때에는 세포 안쪽이 밖에 비하여 $-70mV$의 음전하를 띤다.
③ 세포가 외부에서 자극을 받으면 분극화(polarization) 상태가 되어 안정 전위를 유지하게 된다.
④ 뉴런에서 랑비에르 결절(node of Ranvier)은 활동전위의 전파를 멈추게 하는 역할을 한다.

정답 03 ③ 04 ③ 05 ②

06 중추신경계 조직에 대한 설명으로 옳지 <u>않은</u> 것은?

① 뇌는 굴곡이 심하고 접혀 있는 회백질의 층으로 구성되어 있다.

② 백질섬유 아래에는 기저핵, 변연계, 그리고 간뇌를 포함하는 또 다른 회백질 구조들이 있다.

③ 뇌척수핵은 인간이 움직일 때 발생하는 충격으로부터 뇌를 방지한다.

④ 뇌의 위쪽을 복측(ventral), 아래쪽을 배측(dorsal)이라 한다.

06 뇌의 위쪽을 배측(dorsal), 아래쪽을 복측(ventral)이라 한다.

07 중추신경계의 기준과 단면에 대한 설명으로 옳지 <u>않은</u> 것은?

① 뇌의 앞쪽은 전측(anterior)이라고 하고, 뇌의 뒤쪽은 후측(posterior)이라고 한다.

② 전측과 후측을 분리한 것이고, 좌우 반구 모두를 관통하는 수직면을 관상면(coronal section)이라고 한다.

③ 뇌의 위와 아래가 분리되도록 자른 것을 시상면(sagittal section)이라고 한다.

④ 위쪽과 아래쪽을 가리키는 방향은 각각 상측(superior)과 하측(inferior)이라고 한다.

07 뇌의 위와 아래가 분리되도록 자른 것을 수평면(horizontal section)이라고 한다.

08 중추신경계에 대한 설명으로 옳지 <u>않은</u> 것은?

① 중추신경계는 뇌와 척수로 이루어져 있다.

② 중추신경계는 각 기관과 전기신호를 주고받는 통신망 같은 역할을 한다.

③ 중추신경계는 뼈 안에 싸여 있다.

④ 중추신경계에는 대뇌피질, 간뇌, 연수, 척수, 주뇌 등이 포함된다.

08 중추신경계는 신경정보를 통합하고, 조정하는 중앙처리장치와 같은 역할을 한다.

정답 (06 ④   07 ③   08 ②)

checkpoint 해설 & 정답

09
- ② 대뇌피질의 돌출한 표면을 회(이랑, gyrus, 복수형은 gyri)라고 부른다.
- ③ 중심열의 앞의 부분은 운동처리와 관련되고, 뒷부분은 감각처리와 관련된다.
- ④ 세로열(longitudinal fissure)은 오른쪽과 왼쪽의 대뇌반구를 구분해 준다. 외측열(sylvian fissure, lateral fissure)은 각각의 대뇌반구를 배측과 배측 차원으로 분리해준다.

10 편도체는 공포스러운 자극이나 위협적인 자극을 탐지하는 데 관여한다. 학습과 기억은 해마가 중요한 역할을 한다.

11 배측(등쪽)상의 세포들은 감각정보들을 받아들인다.
- 편도체는 공포스러운 자극이나 위협적인 자극을 탐지하는 데 관여한다.
- 학습과 기억은 해마가 중요한 역할을 한다.

정답 09 ① 10 ③ 11 ③

09 대뇌피질의 기본 구조에 대한 설명으로 옳은 것은?
① 대뇌피질은 2개의 반구로 나누어진 두 장의 접힌 형태의 회백질 시트로 구성된다.
② 대뇌피질의 돌출한 표면을 열(fissure)이라고 부른다.
③ 중심열의 앞의 부분은 감각처리와 관련되고, 뒷부분은 운동처리와 관련된다.
④ 세로열(longitudinal fissure)은 대뇌반구를 배측과 배측 차원으로 분리해준다.

10 피질하부에 대한 설명으로 옳지 않은 것은?
① 기저핵은 뇌의 중심부에 있는 시상을 감싸고 있으며 운동활동 조절, 행동 프로그래밍, 그리고 행동 종료 등에 관여한다.
② 변연계는 다양한 신경계의 정서적인 정보들을 통합하는 데 관여한다.
③ 편도체는 학습과 기억이 관련된다.
④ 시상(thalamus)은 감각정보를 대뇌로 중계하는 역할을 한다.

11 척수에 대한 설명으로 옳지 않은 것은?
① 몸과 뇌 사이의 중추적인 정보를 소통하는 경로 역할을 한다.
② 뇌로 정보를 전달하는 감각뉴런과 뇌로부터 운동명령을 근육으로 전달하는 운동뉴런으로 구성되어 있다.
③ 배측(등쪽)상의 운동명령들을 근육에 전달하는 역할을 한다.
④ 척수의 어느 부위에서 손상이 일어났는지에 따라 신체마비와 감각상실의 정도가 정해진다.

12 중추신경계 주요 하위구조 특징에 대한 설명으로 옳지 <u>않은</u> 것은?

① 뇌교는 기민한 손재주와 부드러운 운동 수행에 중요한 기능을 담당한다.

② 중뇌는 뇌교의 위쪽에 위치하고 있고, 눈 운동, 시각/청각 반사, 동공조절 역할을 한다.

③ 시상하부(hypothalamus)는 항상성을 조절하는 역할을 한다.

④ 연수(medulla)는 호흡, 삼키기, 심장박동, 그리고 수면주기 등과 같은 생존에 필수적인 기능을 조절한다.

12 소뇌는 기민한 손재주와 부드러운 운동 수행에 중요한 기능을 담당한다.

13 다음 기능을 하는 중추신경계 하위구조는 무엇인가?

- 감각 정보를 통합하는 역할을 한다.
- 주위에서 움직이는 큰 물체들을 지각할 수 있도록 해주지만 대상을 명확하게 구별하지는 못한다.
- 시야의 중심에 대상이 위치한 후에야 대상 인지에 특별히 관여하는 다른 뇌 영역에 의해서 그 대상을 명확하게 파악할 수 있다.

① 중뇌
② 소뇌
③ 연수
④ 변연계

13 제시문은 중뇌 중 상구에 대한 설명이다.

② 소뇌는 기민한 손재주와 부드러운 운동 수행에 중요한 기능을 담당한다.

③ 연수는 호흡, 삼키기, 심장박동, 그리고 수면 주기 등과 같은 생존에 필수적인 기능을 조절한다.

④ 변연계는 다양한 신경계의 정서적인 정보들을 통합하는 데 관여한다.

정답 12 ① 13 ①

14 브로드만 지도에서 경계선은 절대적이거나 항상 명확하지 않다. 경계선은 더 융통성 있게 변화할 수 있다. 브로드만 지도에서 뇌 영역간의 구분은 기능과 무관하게 전적으로 해부학적 기초로 만들어졌기 때문에 각 영역별로 기능들이 뚜렷하게 구분되지 않을 수 있다.

14 대뇌피질에 대한 설명으로 옳지 않은 것은?

① 대뇌피질은 고등정신기능, 일반운동, 지각, 행동의 연합 또는 통합 등에 관계된다.

② 대뇌피질을 기능적으로 구분하면 감각영역(sensory area)과 운동영역(motor area), 연합영역(association area)이다.

③ 대뇌반구를 네 개의 주요 영역 또는 엽(전두엽, 외측열, 측두엽, 두정엽)으로 구분할 수 있다.

④ 브로드만 지도에서 경계선은 절대적이거나 항상 명확하다.

15 '지도화(mapping)'는 수용기의 밀도를 반영하였기 때문에 왜곡되어 있다.

15 일차감각영역과 일차운동영역에 대한 설명으로 옳지 않은 것은?

① 모든 뇌 영역은 '지도화(mapping)' 되도록 조직되었다.

② '지도화(mapping)'는 뇌 조직 영역의 크기가 신체 부위의 크기와 비례한다.

③ '지도화(mapping)'는 시각, 촉각, 운동통제에 대해서 상하좌우가 교차되는 방향으로 일어난다.

④ 일차운동피질은 중심열 바로 앞에 위치한다.

16 ① 우측 시야에서 들어온 정보는 좌반구의 일차시각피질로만 전달되고, 좌측 시야에서 들어온 정보는 우반구의 일차시각피질에만 전달된다.
단, 시각상의 먼 가장자리 좌측 부분은 단지 왼쪽 눈에 의해서만 감지가 되고(부분적으로는 코가 오른쪽 눈의 시야를 막기 때문에) 마찬가지로 먼 가장자리의 우측은 단지 오른쪽 눈에 의해서만 감지된다.
② 뇌의 시각상 지도가 좌우로 역전되는 것뿐만 아니라 상하로도 역전된다.
③ 일차시각피질의 손상은 명암대비를 인식하지 못하게 만든다. 동측성 반맹, 사분맹, 암점 등이 나타난다.

16 시각피질에 대한 설명으로 옳은 것은?

① 우측 시야 정보는 좌반구의 일차시각피질로만 전달되고, 좌측 시야 정보는 우반구의 일차시각피질에만 전달된다.

② 뇌의 시각상 지도는 상하로는 역전되지 않는다.

③ 일차시각피질의 손상은 색채를 구별하지 못하지만, 명암대비는 인식이 가능하다.

④ 일차운동피질은 중심열 바로 앞에 위치한다.

정답　14④　15②　16④

17 청각피질에 대한 설명으로 옳지 <u>않은</u> 것은?

① 유모세포는 압력파를 신경신호로 변환해준다.

② 청각계는 시각피질과 마찬가지로, 대측성으로 투사되도록 조직화되어 있다.

③ 일차청각피질은 소리의 주파수대로 조직화되어 있는데 이를 주파수 대응(tonotopic)이라고 한다.

④ 한쪽의 일차청각피질이 손상이 되었다면 소리 인지 능력을 완전히 손상시키는 것은 아니다.

18 대뇌피질 연합영역에 대한 설명으로 옳지 <u>않은</u> 것은?

① 연합영역에서는 중다감각정보가 처리된다.

② 전두엽, 두정엽, 측두엽, 후두엽은 연합기능에 관여한다.

③ 전두엽에 손상이 일어나면 목표지향적인 행동을 조직화하는 데 어려움을 느낀다.

④ 두정엽의 손상으로 실독증, 실서증 등이 나타날 수 있다.

19 다음 결함과 관련 있는 영역은 무엇인가?

> 유년기에 시작된 뇌전증으로 인하여 간질 발작이 있었고, 일상생활을 위협할 정도로 극심해지자 신경외과의사 윌리엄 스코빌이 측두엽을 제거하는 수술을 감행하였다. 수술 후 회복 경과는 좋았고 간질 발작도 없어졌지만 H.M.은 더 이상 새로운 기억을 만들어낼 수가 없었다. 어제 만난 사람, 점심 때 먹은 음식, 방금 나눈 대화, 새로 겪은 모든 것을 기억할 수 없게 되었다. 그 무엇도 30초 이상 머리에 담아둘 수 없게 된 H.M.은 2008년 82세로 사망할 때까지 '영원한 현재'만을 살아야 했다.

① 전두엽 ② 두정엽
③ 측두엽 ④ 후두엽

---

17 청각계는 귀에서 뇌로 동측성(ipsilateral)과 대측성(contralateral)으로 모두 투사하도록 조직화되어서 오른쪽 귀에서 받은 청각 정보는 좌반구와 우반구로 모두 투사된다.

18 전두엽, 두정엽, 측두엽은 연합기능에 관여한다.
연합기능은 전두엽, 두정엽, 측두엽이 관여하고 있고, 후두엽은 주로 시각정보 처리에 관여하기 때문에 연합적인 기능에는 관여하지 않는다.

19 제시문은 측두엽 손상의 대표적인 '환자 H.M.'의 사례이다. 측두엽은 기억, 시각항목(item)의 재인, 청각 처리, 정서와 관련이 있다.
① 전두엽은 상황대처능력, 목표행동의 조직화, 심리적 관성과 관련이 있다.
② 두정엽 손상은 실독증(alexia), 실서증(agraphia), 실행증(apraxia), 공간인지 능력과 관련 있다.
④ 후두엽은 주로 시각정보 처리에 관여하고, 연합적인 기능에는 관여하지 않는다.

정답 17 ② 18 ② 19 ③

20 자기 공명 영상(magnetic resonance imaging, MRI)은 양성자의 움직임 (behavior of proton)을 왜곡(dirsort) 시키기 위해 자기장을 사용하는 기법 이다. 이 양성자가 이 왜곡에서 회복 (recover)하는 데 얼마나 오래 걸리는 가 하는 정보가 두뇌의 해부학적 영상 을 창출하는 데 사용된다.

20 다음 설명에 해당하는 연구방법은 무엇인가?

> - 뇌가 활동할 때 혈류 안의 산소 수준(blood oxygenation leveldependent, BOLD)을 반복 측정하여 기능적으로 활성화된 정도를 측정하는 방법이다.
> - 방사능을 사용하지 않는다.
> - 뇌 안의 공간 주변은 촬영하기 어렵다.

① 컴퓨터 단층 촬영(CAT, CT)
② 자기 공명 영상(MRI)
③ 양전자 방출 단층 촬영(PET)
④ 기능 자기 공명 영상(fMRI)

정답 20 ④

✅ **주관식 문제**

01 뉴런의 역할을 간략하게 쓰시오.

---

01 **정답**

뉴런은 신경계의 세포로서 정보를 운반하는 역할을 한다. 신경계는 수많은 신경 세포로 이루어져 있는데, 그 기본 단위는 뉴런(neuron)으로 신경 세포체와 거기에서 뻗어 나온 신경돌기로 구성되어 있다.

뉴런은 신경계의 세포로서 정보를 운반하는 역할을 한다. 모든 뉴런은 기본적으로 세포체(cell body 또는 soma), 수상돌기(dendrite), 색돌기(axon)

02 감각뉴런, 연합뉴런, 운동뉴런의 역할을 쓰시오.

---

02 **정답**

감각뉴런은 정보를 중추신경으로 전달하고, 연합뉴런은 중추신경계의 정보들을 연합시키는 것으로 감각뉴런과 운동뉴런을 연결시키며, 운동뉴런은 뇌와 척수로부터의 정보를 근육으로 보낸다.

해설

모든 뉴런이 동일한 기본 구성 부분을 가지고 있지만, 그 모양과 크기는 다양하다. 형태상의 차이는 기능적 차이를 반영한다. 감각뉴런들은 정보를 모으고 이를 개재뉴런으로 보낸다. 연합뉴런의 많은 가지는 그것들이 여러 곳으로부터 정보를 수집함을 말해준다. 운동뉴런은 크기가 매우 크고, 여러 뉴런으로부터 정보를 받는다. 운동뉴런들은 이 정보들을 근육으로 보내 신체가 움직이도록 한다.

03 **정답**

대뇌피질은 고등정신기능, 일반운동, 지각, 행동의 연합 또는 통합 등에 관계되고, 인간에게 가장 잘 발달되어 있다.

해설

대뇌피질을 기능적으로 구분하면 감각을 인지하는 감각영역(sensory area)과 운동영역(motor area), 이 두 영역을 연결해주는 연합영역(association area)의 세 부분으로 나눌 수 있으며 각각의 영역은 세부적으로 위치에 따라 다른 기능을 한다.

04 **정답**

① 뇌 조직 위에 '지도화(mapping)'되도록 조직되었다.
② 지도는 왜곡되어 있다.
③ 뇌 조직에서 일어나는 환경에 대한 지도화는 시각, 촉각, 운동 통제에 대해서 상하좌우가 교차되는 방향으로 일어난다.

해설

① 모든 뇌 영역은 물리적 환경의 독특한 특성이 뇌 조직 위에 '지도화(mapping)'되도록 조직되었다. 예를 들어 신체의 특정 영역의 운동 통제는 일차운동피질의 특정 영역에 의해 조절된다.
② 지도는 왜곡되어 있다. 이 지도는 수용기의 밀도를 반영하는 듯하다. 예를 들어 인간은 망막의 외측 부위보다 중심부위인 중심와(fovea)에 수용기가 더 많이 밀집되어 있다. 때문에 일차시각피질이 시각적 환경의 가장자리에서 오는 정보보다 중심 부위에서 오는 정보를 처리하는 데 관여한다.
③ 뇌 조직에서 일어나는 환경에 대한 지도화는 시각, 촉각, 운동 통제에 대해서 상하좌우가 교차되는 방향으로 일어난다. 예를 들어 신체 또는 환경의 오른쪽 상반부 영역에서 들어온 정보는 왼쪽 반구의 복측 일차시각피질 또는 일차운동피질에 의해 처리된다.

03 대뇌피질의 역할을 쓰시오.

04 일차감각영역과 일차운동영역의 조직화 특성을 쓰시오.

05 컴퓨터 단층 촬영(CT)이 무엇인지 쓰시오.

05 **정답**

컴퓨터 단층 촬영(computerized axial tomography, CAT 또는 CT)이란 컴퓨터를 이용하여 살아 있는 뇌의 해부학적 구조를 연구하는 방법으로 두뇌 영상 기법 중 최초로 등장했던 기법이다.

사람의 머리를 원통 안에 위치시키면, 그 주위를 180도 회전하면서 X선이 방출되고, 통과한 X선의 양을 반대편에 있는 감지기가 측정한다. 이런 절차를 뇌의 수평면의 여러 방향에 대해 반복한 후, 감지기에 측정된 결과를 복잡한 수리적 분석을 통해 재구성하여 각각의 수준에서 뇌의 수평면의 영상을 합성하는 방법이다.

해설

컴퓨터 단층 촬영은 서로 다른 종류의 조직이 흡수한 X선의 양에 따라 구성된다. 흡수되는 X선의 양은 조직의 밀도와 관련된다.

뼈 조직이 흡수하는 X선의 양이 가장 많고(따라서 두개골이 가장 밝게 보임), 뇌척수액이 흡수하는 X선의 양이 가장 적으며(따라서 뇌실은 검게 보임), 뇌 조직은 그 중간 정도이다(따라서 회색으로 보임). 컴퓨터 단층 촬영은 X선을 사용하기 때문에 촬영 시 소량의 방사능에 노출된다.

여기서 멈출 거예요? 고지가 바로 눈앞에 있어요.
마지막 한 걸음까지 SD에듀가 함께할게요!

제 **2** 장

감각과 지각

I wish you the best of luck

독학사 심리학과 4단계

제 2 장 감각과 지각

제 1 절 시각체계

인지신경과학을 처음 접하는 학생은 두 눈이 보는 일을 하고 뇌는 망막에 맺힌 이미지를 해석할 뿐이라고 생각할지도 모른다. 그러나 이는 사실과는 다른 이야기다. 두 눈이 시각에서 중요한 역할을 맡고 있는 것은 맞지만, 눈으로 들어온 빛을 그대로 재현하는 것이 아닌, 더 큰 의미로 세상에 관한 모든 시각 표상을 구성하는 데 두뇌가 적극적으로 관여하고 있다. 시각체계는 두뇌활동의 절반 이상을 차지할 정도로 넓은 영역을 차지한다. 색깔, 운동, 형태 등 시각 특질을 어떻게 지각하는지 살펴보고자 한다.

1 망막

망막(retina)은 여러 층의 막으로 이루어진 눈의 가장 안쪽에 있는 막으로 여러 신경세포와 광수용기세포를 포함하고 있어서 빛을 감지하고 시각 정보를 처리 통합하여 시신경을 통해 뇌에 전달한다.

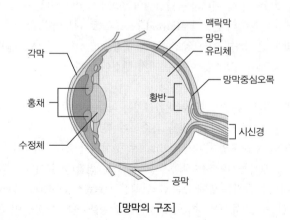

[망막의 구조]

> ### 체크 포인트
>
> **망막** : 눈의 가장 안쪽에 있는 막으로 빛을 감지하고 빛을 신경 신호로 변환하여 뇌에 전달하는 눈의 기관

(1) 광수용기(간상세포와 원추세포)

① 역할

광수용기는 빛 에너지를 전기신호로 전환시켜 빛 정보를 뇌로 전달하는 역할을 한다. 광수용기는 두 종류로 나눌 수 있는데 간상세포(rod cell)와 원추세포(cone cell)가 있다. 간상세포는 빛에 민감하고, 색을 분별하지 못한다. 그리고 원추세포는 각기 다른 파장의 빛을 탐지할 수 있다.

② 위치

망막은 층상구조로 되어 있는데 망막의 가장 바깥층에는 광수용체세포(간상세포, 원추세포)가 있고, 중간층에는 양극세포(bipolar cells), 가장 안쪽에는 신경절 세포(ganglion cells)가 배열되어 있다. 이 배열 안에서 원추세포는 중심와(fovea, 황반)에 밀집되어 있고, 간상세포는 중심와가 아닌 다른 망막에 분포한다. 광수용기세포는 양극세포에서 신경절 세포로 신호가 전달되어 뇌에 신호를 보낸다.

③ 구조

간상세포는 막대 모양의 세포로, 인간의 눈에 약 1억 2천만 개의 인간의 눈에 존재한다. 간상세포는 시냅스 분절(synaptic segment), 내측 분절(inner segment), 외측 분절(outer segment)로 구성되어 있고, 내측 분절에 세포체(cell body)가, 외측 분절에는 막성 원반(membranous disks)이 적층되어 있으며, 이 원반에는 광색소(photopigment)들이 들어있다. 간상세포에 들어있는 광색소는 동일한 종류로 암적응시각에 관여한다.

원추세포는 약 7백만 개 정도 있고, 중심와 부위에 밀집되어 있으며 멀어질수록 밀도가 낮아진다. 원추세포는 수직 방향의 줄무늬 모양을 하고 있으며 외측 분절과 내측 분절로 나눌 수 있다. 외측 분절은 대체로 원뿔 모양이며 끝이 망막의 색소 상피층과 접촉하고 있다. 세포막은 원반 모양의 층을 형성하는 심한 주름을 가지고 있다. 외측 분절이 광민감성을 나타내는 부위이며, 이 부위의 시각 색소가 세포막과 결합되어 빛 에너지를 막전위의 변화로 전환시킨다. 내측 분절은 바깥쪽의 타원부(ellipsoid portion)와 안쪽의 근모양부(myoid portion)로 나누어질 수 있는데, 타원부에는 미토콘드리아가 가장 많이 존재하며, 근모양부에는 단백질을 합성하는 세포, 세포소 기관이 있다. 내측 분절 끝에는 양극세포와 시냅스를 이루는 기저 분절이 있다.

④ 광수용기 기능

간상세포는 빛 에너지를 세포막 전위로 변환시키는 역할을 한다. 간상세포의 막성 원반에는 로돕신(rhodopsin)이라는 광색소가 있고, 빛을 흡수하여 활성화된다. 로돕신은 수용체 단백질인 옵신(opsin)과 비타민A의 유도체인 레티날(retinal)로 구성되어 있다. 레티날은 빛에 노출되면 구조가 변하여 로돕신의 탈색(로돕신이 자주색에서 노란색으로 변함)이 일어난다. 로돕신은 옵신과 레티날로 분해되고, 탈색된 로돕신은 옆에 있는 G-단백질인 트랜스듀신(transducin)을 활성화시킨다. 순차적으로 활성화된 트랜스듀신은 다양한 효소들의 활성을 변화시킨다. 이때 일어나는 화학 반응으로 간상세포에 전기적 변화가 일어나 흥분하게 된다. 이 흥분이 연결세포를 거쳐 시신경에 이르고, 이것이 시각 중추에 전달되면 비로소 빛을 감지하게 된다. 로돕신의 분해로 생긴 레티날은 어두운 곳에서는 옵신과 결합하여 로돕신을 재합성한다.

원추세포는 사람과 같은 주행성 척추동물에서 고도로 예리한 색각을 담당하는 기능을 갖고 있다. 사람의 망막에 있는 3종류의 원추세포는 적색 영역의 긴 파장을 담당하는 L형, 청색 영역의 파장을 담당하는 M형, 녹색 영역의 짧은 파장을 담당하는 S형의 원뿔세포로 나누어지는데, 형태학적으로는 구분할 수 없으나 약간씩 다른 옵신(시각색소) 분자를 갖고 있다. 다른 파장의 빛은 다른 시각색소를 가진 원추세포가 선택적으로 흡수하여 적색, 녹색, 청색을 적절한 비율로 혼합된 색을 나타내는 시각 정보를 제공하며, 뇌는 여러 종류의 원추세포에서 오는 상대적 입력을 전 범위의 색깔로 해석한다.

⑤ 광수용기 연결방식

간상세포와 원추세포는 시신경에 연결되는 방식이 다르다. 간상세포는 여러 개(약 20개 정도)가 하나의 신경절 세포에 연결되어 있지만, 원추세포는 몇 개만이 각각의 신경절세포에 연결되어 있다. 간상세포는 여러 개의 간상세포가 하나의 시신경에 입력이 되고, 외부에서 탐지된 약한 빛도 합쳐져서 시신경의 반응을 일으킨다. 이러한 이유 때문에 간상세포는 밤처럼 낮은 조도하에서 더욱 유용한 것이다(빛의 세기가 약해도 그를 모아서 시신경에 전달할 수 있다). 그러나 빛의 정확한 위치에 대한 정보는 상실되기 때문에 세밀한 것에 대한 민감성은 떨어진다. 반면 원추세포는 세포 하나당 시신경이 하나만 연결되어 있다. 그래서 빛의 세기가 일정 수준이 되어야 신경에서 이를 감지하고 뇌로 전달할 수 있고, 즉 어두운 곳에서는 원추세포가 활성화되지 않고, 빛의 탐지된 것을 더 정밀한 수준에서 보유할 수 있다.

⑥ 광수용기의 중요성

밝은 곳에서 갑자기 어두운 곳에 들어갔을 때, 처음에는 아무것도 안 보이지 않지만, 어둠에 익숙해져서 차차 주위의 물건들이 보이는 현상을 암순응(dark adaptation)이라고 한다. 암순응 과정에서 빛에 대한 민감도는 백만 배 이상 증가한다고 알려져 있는데, 민감도의 증가는 다양한 요인들이 관여한다. 예를 들어 동공이 확장되는 것은 민감도 증가의 대표적인 요인이다. 그러나 동공의 직경 변화는 2~8mm 정도이고, 이에 따른 동공의 최대변화(즉, 동공을 통해 받아들일 수 있는 빛의 양의 변화는) 16배 정도밖에 되지 않기 때문에 동공의 확장은 민감도 증가의 대표적인 요인이지만, 이것만으로는 암순응 과정에 나타나는 빛에 대한 민감도의 증가는 설명이 되지 않는다. 그 이유는 동공의 직경 변화는 2~8mm 정도이고, 이에 따른 동공의 최대 변화(즉, 동공을 통해 받아드릴 수 있는 빛의 양의 변화)는 16배 정도밖에 되지 않기 때문이다. 따라서 암순응의 더 큰 인자는 동공 확장보다는 로돕신 탈색의 회복이나 간상세포가 관여하는 망막의 기능적 회로의 적응이라고 생각할 수 있다. 왜냐하면, 주간에는 원추세포에 의해 이루어지고, 야간에는 간상세포에 의해 전적으로 이루어지기 때문이다.

정상 색각을 가지고 있는 사람은 세 가지 다른 유형의 원추세포에서 시작되는 색 정보를 전달하는 세 가지 독립적인 경로를 갖고 있으며, 삼원색(적색, 녹색, 청색) 모두를 혼합하여 색채의 전체 범위를 지각할 수 있다. 원추세포의 이상은 색맹이라는 결함을 가져올 수 있다.

사람의 색맹(color blindness)은 이색형 색각자(dichromat)로 3가지 원추세포 중 하나에 결함이나 결손이 있는 경우에 발생하며, 남아 있는 두 가지 정상 유형의 원추세포에서 생성되는 정보만을 조합하여 색을 구분한다. 주요 세 유형의 색맹은 다음과 같다.

㉠ 제1색맹(적색맹, protanopia) : 적색을 감지하는 장파장 L형 원추의 결함에 의한 색맹이다. L형 원추세포의 광수용체 단백질을 암호화하는 유전자는 X 염색체에 위치해 있기 때문에 주로 남성에 나타나는 성연관성 질환이다.

㉡ 제2색맹(녹색맹, deuteranopia) : 녹색을 감지하는 중파장 M형 원뿔세포의 결함에 의한 색맹으로 가장 흔한 유형이다. M형 원뿔세포의 광수용체 단백질을 암호화하는 유전자도 X 염색체에

위치해 있기 때문에 제2색맹도 성연관성 질환이다. 가장 흔한 색맹으로 붉은색과 녹색을 구분하지 못하는 적록 색맹(green-red color blindness)은 L형 또는 M형 원뿔세포에 문제가 있는 경우이다.

ⓒ 제3색맹(청색맹, tritanopia)은 청색을 감지하는 단파장 S형 원뿔세포의 결함에 의한 색맹이다. S형 원뿔세포의 광수용체 단백질을 암호화하는 유전자의 돌연변이에 의해 나타나는 매우 드문 유형의 색맹이며, 7번 상염색체에 위치해 있기 때문에 남녀가 동일한 빈도로 나타난다.

간상세포	원추세포
야간 시각	주간 시각
명암 구분	색상 구분
손상 시 야맹증이 됨	손상 시 맹인이 됨
세부적인 것을 보는 것이 떨어짐	세부적인 것을 보는 능력이 좋음
중심화에 존재하지 않음	중심화에 존재
약한 빛을 감지	일정 세기 이상의 빛만 감지
한 개의 종류만 있음	세 개의 원추세포 있음

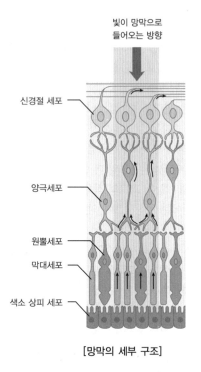

[망막의 세부 구조]

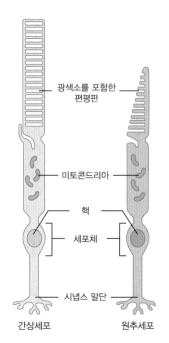

[간상세포와 원추세포]

(2) 신경절 세포

신경절 세포체는 양극 세포로부터 정보를 받아 뇌로 시각정보를 전달하는 세포로서, 신경절 세포의 축색이 뇌로 뻗어 나가면서 시신경(optic nerve)을 형성하고, 이 세포들의 축색은 시신경에서 시상의 외측슬상핵으로 뻗어나가게 된다.

신경절 세포는 M 세포와 P 세포로 구분된다. M 신경절 세포들은 대략적인 형태에 반응하고, 빠른 움직임을 탐지하고, P 세포는 원추세포들에 의해 부호화된 색의 정보를 보존하는 역할을 하며 두뇌의 다른 영역으로 신호를 보낸다. M 세포와 P 세포는 신경절 세포의 약 80%를 차지하고, 가장 연구가 잘 된 신경절 세포이다. 또 다른 유형 중 하나인 소위, 소형 이중층세포(small bistratified cell)라고 불리는 유형인데 독특한 방식으로 시상으로 신호를 전달한다. 이 소형 이중층세포 유형에서 신경절 세포는 약간의 색 정보를 전달하는 것으로 보이는데, 특히 파란색과 노란색 관련 색 정보를 전달한다.

현재까지 연구된 신경절 세포는 10개 이상의 유형의 신경절 세포가 존재하는 것으로 밝혀졌지만, 기능적 차이는 잘 알려지지 않았다. 그러나 이렇게 많은 독특한 신경절 세포 유형이 존재한다는 것 자체가 시각 정보가 눈을 빠져나오기도 전에, 엄청나게 복잡한 정보처리 과정이 일어난다는 것을 보여 준다.

(3) 수용야

수용야(receptive field)란 시공간 상의 특정 영역을 가리키는 것으로, 어느 특정 세포가 바로 이 영역에 대해서만 반응하는 것이다. 즉, 각 세포는 그 특정 위치에 존재하는 빛의 패턴에만 관심을 가지고, 그 위치 밖의 빛은 근본적으로 못 보는 것을 말한다. 시각계의 모든 세포는 세포 개개의 수용야를 갖고 있다. 그러나 수용야는 세포의 한 부분이 아니라, 세포의 발화율에 영향을 미치는 외부 시각 공간의 어느 한 부분을 말한다.

수용야를 이해하기 위해 광수용기 수준에서 생각해보자. 어떤 간상체나 추상체에 빛이 흡수되어야, 그 광수용기가 반응한다. 망막은 수백만 개의 광수용기로 이루어져 있으며, 공간상의 특정 위치의 빛은 아주 특정 일부 간상체나 추상체 집단만을 자극하게 된다. 그리고 한 신경절 세포는 특정 간상체 또는 추상체의 집단으로부터만 입력을 받는다. 즉, 하나의 신경절 세포는 특정 영역으로부터 오는 빛에만 반응하게 된다. 그 특정 영역이 바로 수용야이다.

신경절 세포들의 수용야는 좀 더 복잡하다. 특히 망막의 신경절 세포의 수용야는 소위 중심-주변(center-surround)이라고 부르는 구조로 되어 있다. 이것은 시공간에 한 특정 지점에 도달한 빛이 한 신경절 세포를 자극할 수 있지만, 그 중심점을 싸고 있는 도넛 모양의 영역에 떨어지는 빛은 그 신경절 세포를 억제한다는 뜻이다. 이런 유형의 세포는 '중심 흥분, 주변 억제(on-center, off surround)'라고 알려진 속성을 가진다. 이런 신경절 세포의 중심-주변 구조의 수용야는 그 신경절 세포가 망막의 광수용기와 다른 중간 세포로부터 받게 되는 흥분성 입력과 억제성 입력들의 조합으로 생기는 현상이다.

다음 그림은 어떤 유형의 빛 자극이 전형적인 망막 신경절 세포에서 어떻게 다른 반응을 유발할 수 있는지 보여 주고 있다.

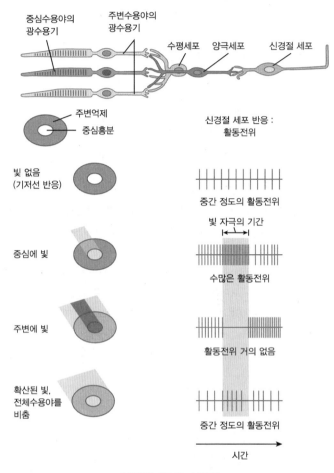

[신경절 세포의 수용야]

✪ 설명 : 수용야의 흥분성 중심에 쪼이는 빛은 이 세포에 강한 발화를 일으키는 반면, 이 세포의 억제성 주변에 떨어진 빛은 그 세포의 기저 발화율보다도 더 느리게 세포가 반응하게 한다. 만일 빛이 중심와 주변을 다 비추면, 흥분 효과와 억제 효과의 조합 때문에 그 세포에 약간의 반응만이 야기될 뿐이다.

망막 신경절 세포 수용야의 이런 중심-주변 구조가 빛의 대비를 더 두드러지게 한다는 것이 밝혀져 있다. 즉 밝은 빛이 비치는 부분과 주변의 어두운 경계가 실제보다 뚜렷하게 보이는 효과를 일으키게 되는 것이다. 신경절 세포가 어두운 주변에 있는 밝은 점에 반응을 더 잘하므로, 이런 세포들은 빛의 대비에 특히 민감하게 반응하게 된다. 이는 망막 신경절 세포의 특별히 유용한 속성 중의 하나이다. 이는 시각적 세상에서 우리가 관심을 가지는 물체나 시각적 사건의 대부분은 모서리나 면으로 정의되기 때문이다. 보다시피, 시각 처리의 아주 초기 단계나, 망막 단계에서조차도, 모서리의 대비를 특히 돋보이게 할 수 있는 장치가 있는 셈이다. 이는 두뇌가 나중에 받게 될 정보가 망막 단계에서부터 이미 부분적 변형이 이루어진다는 사실의 좋은 예가 되겠다.

2 망막에서 두뇌까지

망막으로부터 뇌로 향하는 경로는 대표적으로 두 가지이다. 개시상침경로와 슬상선조경로이다. 개시상침경로는 신경정보를 망막에서 직접 중뇌에 있는 상소구(superior colliculus)라는 영역으로 보내는 것으로 눈깜작할 새 반응, 빠른 시각적 정향의 행동들이 개시상침경로인 것이다. 그러나 우리 인간은 슬상선조경로가 지배적인데, 망막의 전기적 자극은 중계소 역할을 하는 외측 슬상핵(lateral geniculate nucleus, LGN)을 거쳐 뇌의 뒤쪽에 자리 잡은 일차시각피질(primary visual cortex, 선조피질, V1)에 도달한다.

(1) 망막에서 두뇌까지의 경로

① 개시상침경로

이 개시상침경로는 사람들로 하여금 중요한 시각 정보에 빠르게 방향을 정할 수 있게 한다. 예를 들어 저녁에 부엌에서 일하고 있을 때, 주변부 시야에 조그만 검은 형태가 나타난 것을 갑자기 알아차렸다면 즉각 머리와 눈을 그 위치로 돌려서 그것이 박쥐라는 것을 알아차리게 될 것이다. 이는 형체가 무엇이었는지를 확인하기도 전에, 두뇌는 눈, 머리, 그리고 주의를 그 지점으로 이동하게 해서 그것에 의미 반응한 것이다. 이런 유형의 빠른 시각적 정향은 신경 정보를 망막에서 직접 중뇌에 있는 상소구라는 영역, 개(tectum)에 의한 영역으로 보내는 경로에 의해 반응하는 것이다. 이 경로는 매우 신속하게 반응하며, 시각 주변부에 나타난 움직임이나 새로운 물체의 출현에 민감하다. 상소구는 시각 정보와 청각 정보의 통합이 일어나기도 한다. 예를 들어 청각 정보가 시각 정보에 시간적 동시성을 가지고 일어날 때 상소구가 활성화된다. 상소구 심부층 내의 일부 개개 뉴런들은 시각적 입력과 청각적 입력에 상승작용하는 식으로 반응한다. 즉, 이런 세포들은 청각 자극 하나나 시각 정보 하나에 대한 반응에 근거해서 예측할 수 있는 것보다 통합된 시청각 자극에 대한 반응을 훨씬 크게 보인다.

상소구로부터 시작해서, 시상의 시상침(pulvinar) 핵으로 올라간 후 눈과 머리의 운동을 통제하는 피질영역으로 이동한다. 상소구는 뇌간 영역으로도 투사하게 되는데, 이는 눈동자 근육을 통제하는 뇌간 영역에 영향을 받는 것으로 알 수 있다. 이런 연결로 인하여 사람은 처음 보는 물체나 어떠한 일이 발생할 수 있는 공간의 주변을 향해 눈의 방향을 돌리게 된다. 그래서 공간이 중심 시각(central vision)에 들어오게 되는 것이다. 일단 중심 시각에 들어오면, 이 대상은 또 다른 주요 시각 경로인 슬상선조경로를 통해 상세하게 분석하게 된다.

② 슬상선조경로

대략 시신경들의 90%는 이 슬상선조경로(geniculostriatepathway)로 투사되는데, 이 경로를 통해 '본다'는 의식 경험을 하게 된다. 즉, 이 슬상선조경로를 통해서, 사물의 색상, 다른 상세한 특성들을 지각할 수 있게 된다. 시신경(optic nerve)의 슬상선조부분의 축색은 시상의 한 복잡한 구조물인 외측 슬상핵(LGN)에 도착한다. 이곳으로부터 정보가 일차시각피질로 보내지는데, 이 영역은 선조피질(striate cortex)이라고 알려진 영역이다. 이 경로가 외측 슬상핵으로부터 선조피질로 보내지기 때문에 슬상선조경로란 명칭이 나오게 되었다. LGN과 선조피질에 대한 자세한 내용은 다음 내용에서 다루고자 한다.

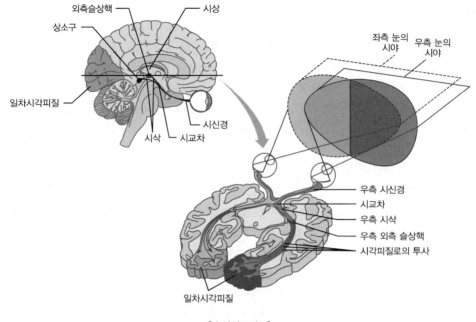

[슬상선조경로]

(2) 외측 슬상핵

① 외측 슬상핵 구조

외측 슬상핵, 즉 LGN은 시상의 일부로서 감각 정보를 처리에 관여한다. LGN은 반구마다 하나씩 있다. 오른쪽 시야의 물체들은 왼편에 있는 망막에 맺혀 좌측 LGN에 투사되고, 왼쪽 시야의 물체들은 오른편에 있는 망막에 맺혀 우측 LGN에 투사된다. 이때 교차되는 지점을 시교차(optic chiasm)라고 부르고, 시신경이 교차하게 되면, 이 시점부터 시신경은 시삭(optic tract)이라고 불린다.

LGN은 6개의 층으로 되어있고 한층 한층 쌓여있다. LGN으로 들어온 시각 정보들이 분리되어 3개의 뉴런층은 왼쪽 눈, 나머지 3개 뉴런층은 오른쪽 눈의 정보를 받게 된다. 또한, 각각의 층들을 다른 역할을 하고 있다. 상위의 4개 층은 작은 세포체들을 가지고 있어서 소세포층 또는 P층(소세포층 : parvocellular layer)이라고 부르고, 하위의 2개층은 큰 세포체들을 포함하여 거대세포층 또는 M층(magnocellular layer)이라고 부른다. 소세포층은 세부 정보, 색 시각에 관여하여 손상되면 색 또는 세부적인 면에서 비슷한 자극들을 구별하는 데 문제가 생기게 된다. 거대세포층은 운동에 더 민감하고 시야의 넓은 영역에 반응기 때문에 손상되면 자극의 움직임을 식별하는 데 어려움을 겪게 된다. 최근에는 K세포층(koinocelluar layer), 즉 과립성 세포층이 발견되는데 이것은 거대세포층과 소세포층 사이에 위치하고 기능적 특이성이 분명하지 않고, 연결 패턴도 다르다.

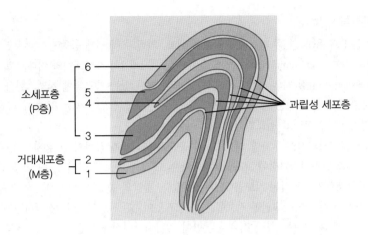

[LGN 층구조]

❂ 설명 : 1번 층과 2번 층은 거대세포층, 3~6번 층은 소세포층, 대측 안구에서 오는 정보는 2, 3, 5번
층에서 처리되며, 동측 안구에서 오는 정보는 1, 4, 6번 층에서 처리된다.

② 망막위상 지도

망막위상 지도(retinotopic map)란, 망막 자체처럼 공간적으로 배열된 지도로, LGN의 주된 층의
각각은 시각 세상의 절반에 대한 망막위상 지도가 있다. LGN층의 근접한 세포들은 망막에서도 근접
해 있는 신경절 세포로부터 입력을 받게 되고, 공간 조직화를 잘 유지한 채로 시각 정보를 부호화하
게 된다. 즉, 망막으로 부호화된 공간적 정보는 LGN에 도달할 때도 뒤죽박죽되지 않고, 조직화되어
있다는 것이다.

③ LGN의 기능

㉠ LGN은 대측의 시야장으로부터만 정보를 받으며, 시야장의 하측과 상측의 정보가 LGN의 상측
부위와 하측 부위를 각각 활성화시킨다.

㉡ LGN이 받는 입력 대부분이 사실은 망막에서 오는 것이 아니라, 두뇌피질에서부터 온다. 피질에
서 LGN으로 들어오는 입력도 잘 분리되어 있으며, 서로 다른 집단의 피질세포 집단들은 LGN의
서로 다른 층으로 입력을 보낸다.

㉢ 두뇌 영역이 직접 간접으로 LGN에 하향성 조율을 행사할 수 있다. 예를 들어 한쪽 시야의 어떤
자극에 주의를 기울이라고 지시하면, 주의를 멀리하라고 할 때에 비해, 주의를 기울인 쪽의 대측
에 있는 LGN 활동이 증가한다. 주의를 기울이라는 '지시'는 상위의 두뇌영역(망막으로부터 오는
것이 아님)으로부터 오는 것일 것이다.

(3) 일차시각피질(V1)

시각 정보는 LGN을 통한 후 피질에 도착하게 되고, 피질의 첫 번째 종착지는 후두엽(occipital lobe)에 있는 일차시각피질(primary visual cortex)이다. 특히 LGN의 소세포체와 거대세포체로부터의 투사는 6층으로 되어있는 피질 내의 4번째 층으로 들어와, 거기 있는 세포들에 시냅스한다. 이 일차피질에는 여러 가지 이름이 붙어 있는데, V1이 그중의 하나이며(시각 정보를 받는 첫 번째 피질이기 때문에), 브로드만 영역 17번, 그리고 선조피질이라는 이름도 있다.

LGN에서 일차시각피질로 투사할 때, LGN의 공간적 조직화가 끝까지 잘 유지된다. 즉 시각 세계의 좌측 절반이 우측 일차시각피질에 표상되며, 우측은 또 그 반대로 표상된다. 이 일차시각피질은 LGN 층처럼, 망막위상적으로 조직된 지도를 포함하고 있다. 망막의 중심부(황반부)는 여러 광세포가 밀집되어 있고, 풍요롭고, 상세하고 정밀한 정보를 제공하고 있어 많은 부분이 일차시각피질에 도달하고, 시야의 주변부로부터 오는 정보는 훨씬 적은 부분만이 일차시각피질에 도달한다. 일차시각피질의 많은 양은 시야의 말초보다 시야의 중심부에서부터 오는 정보처리에 이바지하고 있음을 알 수 있다.

① **일차시각피질의 조직화**

　㉠ 단순세포, 복잡세포, 초복합세포

　　시각 정보는 LGN의 표상과는 다르게 복잡한 형식으로 일차시각피질에 표상된다. 일차시각피질에는 몇 개의 서로 다른 유형의 세포가 있는데, 단순(simple), 복잡(complex), 그리고 초복합(hypercomplex)세포이다. 이 모든 유형의 공통점은 수용야가 더는 LGN 세포 같은 단순한 점 모양의 빛(spot of light)에 조율되지 않는다는 것이다. 대신 이 피질세포는 특정한 방위(orientation)가 있는 막대 모양의 빛에 반응한다.

　　단순세포의 수용야는 막대 모양이며, 흥분성 중심과 억제성 주변 구조로 되어있고, 그 막대가 특정 방위일 때만 세포가 발화한다(다음 왼쪽 그림). 서로 다른 단순세포는 각각 다른 방위의 막대에 반응한다. 복합세포는 특정 선분의 방위에 반응하지만, 선분이 정확히 어디에 있는가에 대해서는 덜 까다로운 편이어서 흥분, 억제 영역이 따로 없으며, 이 세포는 왼쪽에서 오른쪽같이, 특정 방향으로 움직이는 선분에 선호 반응을 보인다(아래 오른쪽 그림). 초복합세포는 단순세포와 비슷하지만, 특정 길이의 선분을 선호한다. 선분의 길이가 점점 늘어나면 어느 한 점에 이르러 이 초복합세포는 그 선분에 덜 흥분하게 된다.

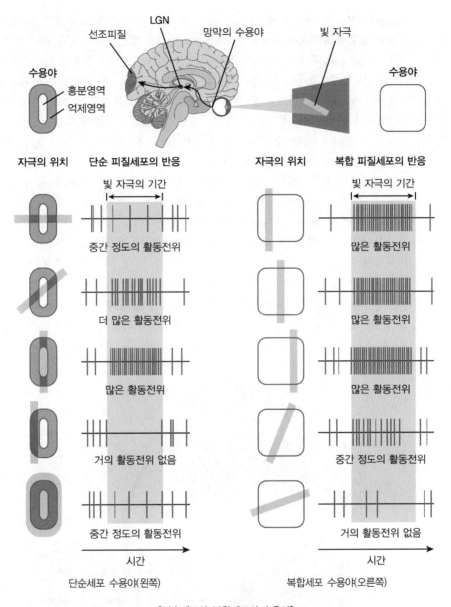

[단순세포와 복합세포의 수용야]

ⓛ 일차시각피질 내의 초기둥

피질의 신경세포들은 방위 선별적 반응으로 보이는데, 허블(Hubel)과 비젤(Wiesel)은 같은 위치 기둥에 속한 신경세포들이 망막 상의 유사한 위치에서 정보를 입력받을 뿐만 아니라 같은 방위선별적 반응을 보인다는 것을 발견하였다. 허블과 비젤은 대뇌피질의 이러한 구조를 '방위 기둥(orientation column)'이라 정의하였다. 방위 기둥 내 신경세포들은 같은 방위에 최적의 반응을 보이고, 특정 방향으로의 움직에 최대한 반응하는 경향이 있다.

세포들은 어느 쪽 눈이 그 세포로 정보를 보내는가에 따라 분리·조직화되었는데 이런 기둥은 그래서 '안구 우세 기둥(ocular dominance column)'이라고 불린다. 안구 우세 기둥을 합쳐 '초기둥(hypercolumn)'이라고 불리는 조직화를 이루게 되고, 이때 각 초기둥은 특정 공간 위치의 자극에 반응하도록 특성화되어 있는 세포들로 이루어져 있다. 즉, 이 초기둥 안에는 특정 방향과 특정 안구의 입력을 선호하는 세포들로 이루어진 하위 기둥들이 있다. 또한 '블럽(blob)'라는 영역은 초기둥을 위아래 수직으로 지나는데, 색채 정보의 부호화에 특별히 관여하는 세포를 포함하고 있다. 전체적 망막위상 지도는 바로 이런 일련의 초기둥들로 이루어져 있는 셈이며, 각 초기둥은 서로 다른 망막 위치에 대응된다.

이 초기둥에 의해 표상되는 속성들(방위, 안구우세, 공간, 색) 이외에도, '공간 주파수(spatial frequency)'라는 속성은 세포들이 변별적으로 반응한다. 여기에서 공간 주파수란 시각 정보가 얼마나 갑작스럽게 밝음에서 어둠으로 변화하는가를 가리키는 것으로, 대략적인 형태는 저주파로, 정밀한 형태는 고주파로 포함하고 있다. 일차시각피질의 일부 세포들은 저주파에 가장 잘 반응하는가 하면, 어떤 세포들은 고주파에 가장 잘 반응한다. 현재, 이런 공간 주파수의 선호 세포들이 시각피질에 어떻게 분포되어 있으며, 이런 세포들의 조직화가 초기둥과 어떤 관계를 이루고 있는지는 잘 알려지지 않았다. 그렇지만 망막의 중심와에서 정보를 받는 세포들은 고주파 공간 정보에 더 민감한 경향이 있으며(중심와에서는 시각 세계에 대한 가장 정밀한 정보를 제공한다), 주변부로부터 오는 정보를 받는 세포들은 저주파 공간 정보에 더 민감한 경향이 있다.

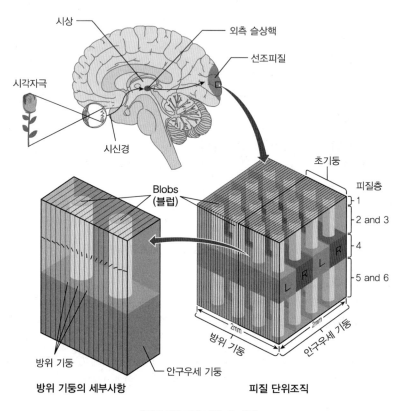

[일차시각피질 내의 초기둥]

② **일차시각피질의 양안 통합**

우리가 물체를 손으로 잡을 때에 물체와의 거리를 알아야 손을 얼마만큼 뻗어야 할지를 알 수 있다. 망막은 2차원 안에서 빛의 형태에 대한 공간 위치만을 기록하기 때문에 깊이는 두뇌에서 계산된다. 깊이 계산화의 가장 중요한 단서들 가운데 하나가 양안부등(binocular disparity)이다. 양안부등이란 두 눈이 약간 다른 위치에 있기 때문에, 양 눈의 망막에 도달한 영상이 약간 서로 다르다는 사실을 말하는 것이다. 어떤 물건이 보는 사람에게 가까이 있을수록 양 눈 망막에 미치는 각각의 영상들이 더 많이 불일치하며, 물건이 멀리 떨어져 있으면 이 불일치가 줄어든다.

일차시각피질의 일부 세포들은 양안부등의 정해진 양에 특히 민감하게 되어있다. 이런 종류의 세포를 양 눈 모두로부터 입력을 받기 때문에 양안세포(binocular cell)라고 한다. 다른 양안세포들이 서로 다른 양의 양안부등을 부호화하기 때문에, 이런 세포들로 이루어진 집단은 한 방위의 선분에 대해 가능한 모든 깊이를 다 표상할 수 있게 된다. 비록 이런 양안부등 정보가 더욱 잘 사용되기 위해서는 더 고차원의 피질 두뇌 영역이 물론 필요하지만, 양안부등 정보는 일차시각피질에서 처음으로 계산된다.

③ **일차시각피질의 맥락 조절**

일차시각피질 세포의 특징 중의 하나는 그 세포의 반응성이 맥락(context)에 따라 조절된다는 것이다. 비록 한 세포의 수용야 밖에 있는 정보가 그 세포를 발화시키지는 못하지만, 그런 정보는 세포가 선호하는 자극과 함께 제시될 때, 그 세포의 반응을 조절할 수 있다.

예를 들어 다음 그림 (A) 중심에 선의 위치와 방향에 최대한 발화하는 세포가 있을 때, 이 선이 그 세포의 수용야에 위치하면, 그 세포는 그 발화율을 증가하는 반응을 보일 것이다. 그러나 그림 (B)처럼 주변 선들이 다 같은 모양이면 훨씬 적게 흥분한다. 그림 (C)처럼 주변의 다른 선들 속에 있을 때 그림 (B)보다 세포가 훨씬 더 강하게 반응할 것이다. 이는 선에 대한 반응의 양이 주변 맥락에 좌우된다는 것을 증명해준다.

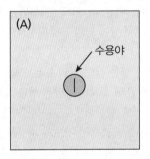 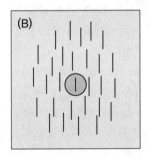 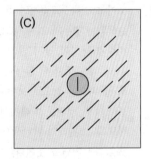

[일차시각피질의 맥락 조절]

일차피질세포의 맥락 조절은 인지지각심리학자들의 전경-배경 분리(figure-ground segregation) 현상을 이해하는 데 도움이 된다. 다음에 나오는 그림 (A)에서는 사각형을 보게 될 텐데, 배경에 대해서 전경을 지각한 것이다. 이 사각형 내에 있는 선들의 방향이 그 사각형 바깥의 선들의 방향과 다르면, 배경에 비하여 사각형 모양이 있는 것 같은 감각을 생성하게 되는 것이다. 그림 바로 중심에 작은 원형으로 표시해 놓은 곳이 수용야인 어떤 세포, 즉 선조피질의 한 세포를 상상해 보자.

그러면 이 세포는 그 위치에 있는 바로 그 방위의 선에 최대한 반응할 것이다. 이 세포들의 반응은 전체 배열이 어떤가에 따라 다르게 반응한다. 특정 방위의 선이 전경의 일부라고 지각될 때, 배경 일부라고 지각될 때보다 세포는 훨씬 강하게 반응한다. 수용야에 있는 정보에 의해 제공되는 자극이 두 경우에 정확히 똑같다. 여기에서 다른 것은 수용야 밖의 주변 배경, 즉 맥락만 다른 것이다.

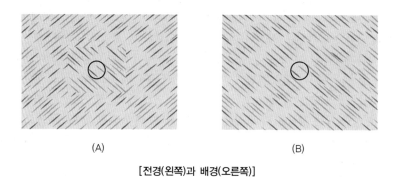

| (A) | (B) |

[전경(왼쪽)과 배경(오른쪽)]

(4) 일차시각피질(V1) 이후의 시각피질

V1은 형태, 색상, 운동에 근거하여 더 복잡한 시각 표상들을 구성하기 위한 주춧돌이 된다. V1 밖에 있는 후두피질은 선조외피질(또는 전선조피질)로 알려져 있다. 선조외피질은 색상(V4 영역)과 움직임(V5 또는 MT 영역)같이 특별한 시각 특질들을 처리하는 영역이다.

① V4 : 뇌의 주요 색상 중추

V4 영역은 인간의 두뇌에서 색 중추라고 알려져 있는데, 이곳에 병변이 생기면 색 시각에 결함이 생겨서 세상이 회색빛 그림자로 보인다. 이러한 증상을 대뇌 완전 색맹이라고 부른다. 하나의 V4 영역이 손상되면 공간의 한쪽 면만 무색으로 보인다. V4가 부분적으로 손상을 입으면 색깔이 바랜 듯이 보인다. 그렇지만 색 지각만 예외인 순수 전색맹은 없다. 이는 뇌 어느 한 부위만 정확하게 손상되는 경우가 거의 없고, 뇌에는 2개의 V4 영역이 있으며 뇌 손상이 양반구에 대칭적으로 영향을 끼칠 가능성이 높지 않기 때문이다.

V4 영역은 또한 색 항등성(color constancy)을 보인다. 색 항등성은 색이 여러 다른 조명 조건에서도 늘 비슷한 색으로 보이는 지각 현상을 말한다. 예를 들어 빨간색 스웨터는 밝은 형광등 아래에서 보나 흐린 백열등 아래에서 보나, 극단적으로 빛의 파장이 달라도 빨간색으로 보인다. 다른 조건에서도 그 스웨터가 빨간색으로 지각이 유지되기 때문에, 두뇌가 주변 조명의 강도와 파장을 고려하여 색을 계산하였을 것이다. 그러나 우리가 기억해야 할 것은 V4가 색에 반응하는 유일한 영역이 아니라는 점이다.

② V5/MT : 뇌의 주요 움직임 중추

V5(또는 MT : middle temporal) 영역의 세포들은 운동에 민감하고, 색깔에 민감하지 않다. V5가 손상되면 시각적 운동을 지각하는 능력을 잃게 되는데, 이러한 상태를 운동맹이라고 한다. 이는 물체의 움직임을 알아차리지 못하고 정지된 것으로 물체가 갑자기 나타나거나 사라지고, 멀리 있던 물체가 갑자기 가깝게 나타나는 현상이다.

제 2 절 **청각체계**

소리는 물체의 진동에 의해 전달되는 파동으로, 물체의 진동이 기체, 액체, 고체 등에 전달되고, 전파된다 (진공 상태에서는 소리가 전달되지 않는다). 즉, 물체가 진동하면 소리가 발생하고 주위의 공기를 진동시켜 귓속으로 전달되어 고막을 진동, 이 진동이 대뇌피질로 전달되면서 우리는 소리를 듣게 되는 것이다. 청각 체계에서의 두뇌피질의 역할은 단순히 작은 진동을 탐지하는 것이 아닌, 외부 세계를 해석하고 행동하는 데 도움이 되는 모델을 생성하는 것이다. 이제 초기 청각체계에서 대뇌피질까지 소리가 어떻게 처리가 되는 지 살펴볼 것이다.

1 소리의 본질

소리 중 가장 단순한 소리를 순음(pure tone)이라고 하고, 이러한 순음이 여러 개가 혼합된 음을 복합음 (complex sound)으로 한다. 순음은 사인곡선으로 나타낼 수 있고, 복합음은 매우 복잡한 형태로 나타낼 수 있다.

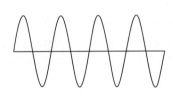 

[순음(왼쪽)과 복합음(오른쪽)]

어떤 특정한 순음을 결정지을 때는 주파수(frequency), 진폭(amplitude), 위상(phase)의 요소들로 결정된 다. 주파수란 소리의 높낮이를 말하며, 초당 진동수인 Hertz로 단위를 사용한다. 주파수가 많을수록 높은 소리로 들리고, 주파수가 적을수록 낮은 소리로 들린다. 진폭은 소리의 크기를 뜻하며 데시벨(dB)의 단위를 사용한다. 진폭이 높을수록 큰 소리를 나타내고 진폭이 낮을수록 작은 소리를 나타낸다. 위상은 주파수가 동일한 두 신호 간의 시간적인 관계를 말한다.

일상생활에서 순음은 거의 듣기 어렵다. 많은 소리는 여러 주파수와 강도, 위상을 지닌 사인 곡선들이 중첩 된 결합물로 표현할 수 있다. 예를 들어, 음악 소리는 일반적으로 규칙적인 사인곡선들을 지니는데, 220Hz 의 소리는 220Hz, 440Hz, 660Hz 등의 사인 곡선들로 표현할 수 있다. 이때 주파수가 가장 낮은 성분(기초 주파수, fundamental frequency, f0)이 대체로 음높이의 지각을 결정하게 되는데, 주파수들의 연쇄(예 440Hz, 660Hz, 880Hz 등으로 만들어진 음 등)에서 기초 주파수가 제외되었을지라도 음높이는 여전히 220Hz와 똑같이 들린다. 이는 음높이 지각의 항상성을 보여주는 예이다.

시각계에서 전경과 배경을 구분하듯이, 청각계도 소리를 전경과 배경으로 구분할 수 있다. 주변 배경 소음으 로부터 단 하나의 소리 흐름을 구별할 수 있고, 공간에서 소리의 위치를 파악하는 것도 가능하다. 이를 공간 국재화(spatial localization)라고 하며 단순 좌우 방향이 아닌 구체적인 위치를 예측할 수 있는 능력이다. 공간 국재화를 위해서는 뇌에서 소리가 계산이 되어야 하고, 뇌의 계산화는 공간 국재화에 매우 필수적이다.

> **체크 포인트**
>
> - **순음(pure tone)** : 소리 중 가장 단순한 소리, 사인곡선으로 나타낼 수 있음
> - **복합음(complex sound)** : 순음이 여러 개가 혼합된 음
> - **주파수(frequency)** : 소리의 높낮이를 말하며, 초당 진동수인 Hertz로 단위를 사용
> - **진폭(amplitude)** : 소리의 크기를 뜻하며 데시벨(dB)의 단위를 사용
> - **위상(phase)** : 주파수가 동일한 두 신호 간의 시간적인 관계

2 귀에서 뇌까지

(1) 청각의 계산화 문제

청각계도 시각계와 마찬가지로 계산화 문제가 있다. 음고(pitch), 소리크기(loudness), 소리의 시차 (timing) 같은 다른 감각 특질이 처리되어야 특정 청각적 사건(예 알람소리, 울음소리)을 재인할 수 있 게 된다. 청각계도 전경과 배경의 구분이 필요하다. 주변 배경 소음으로부터 단 하나의 소리 흐름을 구별해 내는 것이다. 또한, 청·지각에서도 공간의 위치를 파악하는 것은 가능하다. 어떠한 알람소리가 왼쪽에서 들리는지 오른쪽에서 들리는지를 알아차리는 데에 계산화는 유용하다. 귀의 소리 수용기의 초기 배열상 공간을 부호화할 수는 없다. 청각에서의 공간 표상은 뇌에서 계산되어야 한다. 청각계에서 공간국재화는 매우 초기 단계부터 시작된다.

(2) 청각 경로의 조직화

① 귀의 구조

우리의 귀는 크게 외이, 중이, 내이로 나눌 수 있다 이 중에서 외이는 귓바퀴와 외이도까지, 중이는 고막에서 달팽이관까지, 내이는 귀의 가장 안쪽 부분으로 와우관과 전정기관, 세 개의 반고리관으로 이루어져 있다. 외부에서 소리가 들어오면 외이의 귓바퀴가 외부에서 들어오는 소리를 모아 외이도 를 통해 고막에 음파를 전달한다. 소리 음파에 의해 고막이 떨리면, 중이에 있는 소골(망치뼈, 모루 뼈, 등자뼈)이 움직이고, 망치뼈의 진동이 와우관(cochlea, 달팽이관)의 림프액에 전달되어 중이로 부터 내이로 소리가 전달된다.

② 청각경로

와우관에는 림프핵이 가득 차 있어 귓속뼈에서 증폭된 소리가 와우관에서 액체의 파동으로 변한다. 와우관의 중간에는 코르티 기관(corti organ)이 존재하며 이곳에는 소리에 반응하는 유모세포들이 있다. 유모세포 앞쪽 끝에는 섬모(cilia)가 있으며 위쪽에 고정된 덮개막(tectorial membrane)과 접 착되어 있다. 와우관의 림프핵에 소리 진동이 전달될 때마다 기저막이 진동하며, 동시에 유모세포 (hair cells)가 상하로 진동하여 섬모(cilia)가 덮개막과 부딪쳐 구부러지거나 뒤틀려지면서 활동전 위를 방출하게 된다. 이것이 대뇌피질로 전달되면 소리를 인식하게 되는 것이다.

서로 다른 주파수의 소리 진동은 서로 다른 유모세포들을 자극하게 된다. 와우관을 반듯하게 풀어낸 다면 난원창과 가까운 쪽의 기저막은 높은 주파수의 소리에 움직이고, 와우관 중앙에 가까운 쪽은

낮은 주파수에 움직이게 된다. 그러나 다른 공간에서 들어온 소리들은 기저막의 다른 부분들을 자극하지는 않는다.

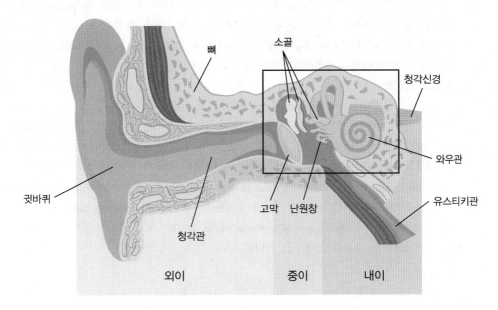

[귀의 해부학]

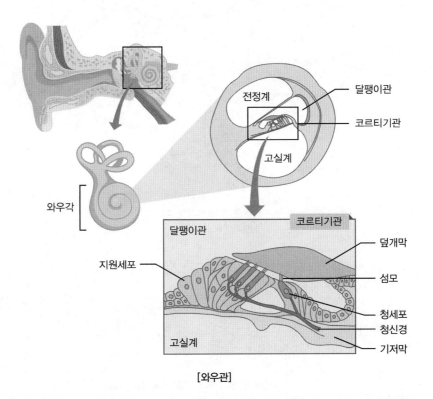

[와우관]

달팽이관에서 나온 청신경은 나선신경절(spiral ganglion cell)을 지나 연수의 와우신경핵(cochlear nucleus)에서 신경접합이 이루어지게 된다. 여기서부터 연수 내의 상올리브핵(superior olivary nucleus)으로 정보를 보내게 된다. 와우핵과 올리브핵들 사이에서, 정보는 동측(ipsilateral)과 대측(contralateral) 모두로 뻗어 나간다. 정보는 이곳으로부터 중뇌의 하소구(inferior colliculus)로, 그리고 거기서 다시 시상의 내측 슬상핵(medial geniculate nucleus, MGN)으로 보내진다. 내측 슬상핵으로부터 마침내 일차청각피질(A1)로 정보가 보내진다.

③ **뇌간의 계산화**

여기에서 우리가 살펴봐야 할 것이, 공간 국재화는 뇌간에서 계산화된다는 것이다. 소리가 귀에 들어오면 입력을 비교하여 소리의 위치를 계산한다. 하나의 소리는 두 귀에, 소리가 어디에 위치하느냐에 따라 다른 효과를 미치게 된다. 머리의 오른쪽에서 오는 소리는 오른쪽 귀에 도착하는 시간이 왼쪽보다 빨리 도달하고, 소리도 약간 크기 마련이다. 그래서 두 귀의 시간차(interaural time difference)와 두 귀의 강도차(interaural intensity difference)를 비교하여 소리의 공간적 위치를 인지할 수 있게 된다. 이러한 차이는 연수의 상올리브핵(superior olivary nucleus)에서 통합되는데, 시간차는 내측 상올리브(medial superior olive, MSO)에서 처리하고, 강도차는 외측 상올리브(lateral superior olive, LSO)에서 처리한다.

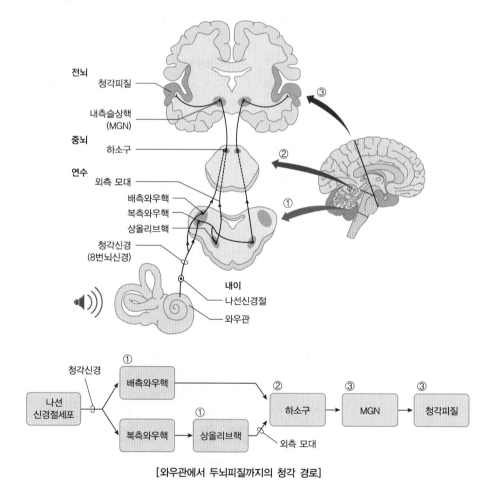

[와우관에서 두뇌피질까지의 청각 경로]

(3) 공간 국재화에 대한 뇌간의 계산화

와우관 자체는 망막과 달리 공간적 위치를 직접 지도화하지 않는다. 따라서 음원(sound source)에 대한 공간 국재화는 청각계에 의해 계산되는 것이다. 인간이 두 개의 귀를 가지고 있다는 사실은 소리를 국재화하는 데는 아주 중요한 역할을 한다. 먼저 청각계는 두 귀의 입력을 비교하여 계산한다. 즉, 귀가 머리의 반대편에 서로 붙어 있기 때문에 하나의 음원은 각각의 귀에, 음원이 위치에 따라 다른 효과를 미치게 된다. 아래 그림에서 보는 것처럼, 머리의 오른쪽에서 오는 소리는 왼쪽 귀에 도착하는 시간보다 오른쪽 귀에 도착하는 시간이 아주 약간 빨라진다. 그리고 오른쪽에서 오는 소리가 왼쪽 귀에 도착하기 전에 머리가 소리를 차단하기 때문에, 왼쪽 귀보다 오른쪽 귀에 도달하는 소리가 약간 클 것이다. 그래서 두 귀 간의 시간 차이와 두 귀 간의 강도 차이를 비교하여, 청각계는 음원의 공간적 위치를 유추할 수 있게 된다. 두 귀 간의 시간 차이가 주로 1ms보다 더 적기 때문에 계산화 과정은 정밀한 시간 계산을 요구한다.

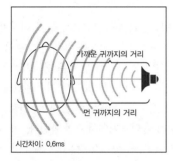

(A) 머리에 직각으로 들어오는 소리

(B) 머리의 앞이나 뒤에서 들리는 소리

(C) 머리에 45도로 들어오는 소리

[두 귀의 시간 차이와 두 귀 간의 강도 차이]

소리는 귀나 머리에 의해 조형된다. 이 말은 즉, 위에서 오는 소리와 아래서 오는 소리는 외이의 구조에 의해 다르게 조형되며, 이런 단서들은 청각계에서 분석되어 수직 차원의 공간적 위치를 결정할 수 있게 된다는 것을 의미한다. 공간 국재화 능력이 뛰어난 올빼미를 예를 들어보자. 올빼미가 밤에 먹잇감을 향해 달려갈 때, 정확하게 위치가 어디 있는지 알고 낚아챈다. 뛰어난 공간 국재화 능력의 올빼미의 두 귀는 하나의 약간 위를, 다른 하나는 약간 아래를 향하고 있으며, 약간 비대칭으로 기울어져 있는데, 이는 소리를 구분하는 데 도움이 된다.

뇌간은 좌우 귀에 다른 소리의 도착 시간을 고려한 소위 '지연선(delay lines)'이라는 것과 '동시 탐지기 (coincidence detector)'라고 불리는 세포들을 사용하여 공간 위치를 계산한다.

기본적 개념은 세포마다 두 귀에서 오는 신호 간의 특정 시간 차이에 선호적으로 반응한다는 것이다. 축색은 지연선이라는 불리는 것으로 중뇌에 도착하면서 그 경로를 따라 줄로 늘어서 있는 세포들과 연접한다고 생각해보자. 더 나아가 각각의 세포들은 이동하는 신호(traveling signal)로 자극되며, 왼쪽 귀와 오른쪽 귀에서 들어오는 신호가 동시에 도달할 때 최대한으로 자극된다. 각 세포는 그래서 동시탐지기라고 불리는데 왜냐하면, 두 귀에서 들어오는 입력의 동시성에 최대한으로 반응하기 때문이다. 이 경로의 정중앙에 있는 세포는 두 귀에서 시작한 신호가 이 경로에서 동시에 만날 때 최대한으로 흥분될 것이다. 왜냐하면, 두 신호가 이 중앙에 있는 세포에서 서로 만날 텐데, 둘 다 동시에 세포를 자극할 것이기 때문이다.

중요한 것은 어느 동시탐지기가 가장 흥분하였는가를 아는 것이 왼쪽 귀와 오른쪽 귀 신호가 이 지연선을 따라 어디서 만났는가를 아는 경우와 같은 것이며, 그것을 아는 것은 어느 쪽 머리에서 신호가 먼저 출발하였는가를 알려주는 셈이다. 이제 먼저 출발한 것이 양 귀의 시간 차이를 표상하는 것으로, 이것이 소리의 위치에 대한 단서가 된다. 이는 지연선을 따라 있는 세포들의 활동이 음원에 공간적 위치를 부호화한다는 것을 의미한다.

이런 동시탐지기는 상올리브핵에 위치한다. 이 곳에서 두 귀로부터 오는 정보가 첫 번째로 비교되는 곳이다. 그래서 뇌간 수준에서, 두 귀의 입력을 비교하여 청각 공간 지도의 계산이 본질에서 이루어진다. 청각 처리 과정 연쇄의 이후 단계들은 이 공간 장소 정보를 계속 사용한다. 예를 들어 하소구도 상소구의 공간에 대한 시각지도와 통합이 이루어지는 청각 공간 지도를 가지고 있다. 청각 사건에 빨리 반응하는 데 공간 위치가 중요하므로, 이것이 정보처리 흐름의 매우 이른 단계에서 부호화된다는 것은 이해하기 쉽다.

지연선 모델은 어떻게 공간 위치가 간단히 부호화되는지를 설명하는 계산화 모델이다. 물론 이것만으로 충분하지 않다. 예를 들어 왼쪽 귀로는 낮은 음을 들었고, 오른쪽에서는 고음을 들었다고 했을 때 청각계가 이 서로 떨어진 두 개의 위치를 어떻게 알아차릴 수 있을까? 하나의 단서는 올리브핵에는 여러 개의 지연선이 있으며, 각각 지연선이 다른 주파수에 대응한다는 것이다. 그래서 저음은 고음과는 다른 동시 탐지기들을 통하여 정보처리되며, 각각의 소리가 별개로 국재화될 수 있다. 추가로, 두 뇌는 두 귀 간의 시간 차이를 처리하는 곳보다는 약간 다른 부위의 올리브핵에서 부호화된다. 마지막으로 소리가 오른쪽 또는 왼쪽 바깥 귀를 되돌아올 때 소리의 변화하는 구성요소 같은 더 복잡한 단서들도 두뇌는 잘 사용한다. 이런 더 복잡한 공간 위치에 대한 신경 부호화는 현재로는 잘 이해되지 않고 있다.

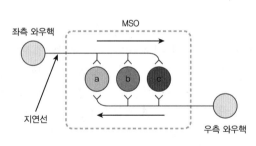 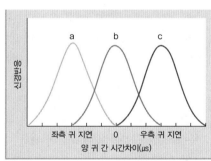

[뇌간에 있는 지연선과 동시탐지기 모델]

(4) 청각피질에서의 특질처리

일차청각피질(A1)은 측두엽의 헤슐회(Heschl's gyrus)에 위치하고 있고, 이차청각피질인 벨트 영역
(belt region)과 벨트 주변 영역(parabelt region)에 의해 둘러싸여 있다. 일차청각피질은 내측 슬상핵
에서 입력을 받고, 벨트 영역은 핵심 영역으로 입력을 받으며, 벨트 주변 영역은 벨트 부분에서 입력을
받는다고 알려져 있다. 그러나 이차청각피질(벨트 영역, 벨트 주변 영역)도 내측 슬상핵으로부터 직접
입력을 받기 때문에 위계적이라고만 할 수 없다. 따라서 일차청각피질이 손상을 입더라도 완전하게 청
각이 상실되지 않고, 소리 재인이나 소리의 위치 지각에 장애가 생긴다.

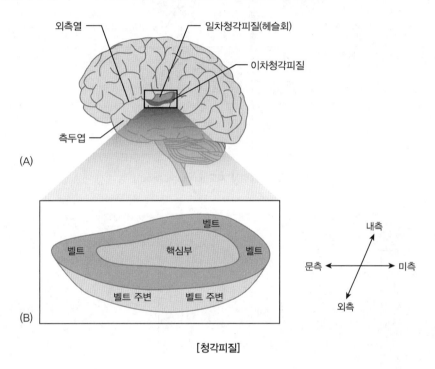

[청각피질]

일차청각피질 안에는 음 주파수 지도라고 할 수 있는 '음위상 지도(tonotopic map)'를 가지고 있다. 음
위상 지도는 감각세계의 어떠한 특질을 체계적인 방식으로 지도해 내고 있다는 점에서 시각피질의 망막
위상 지도와 유사하다. 그렇지만 망막 위상 지도가 근본적으로 공간의 지도(즉 망막의 지도)라면, 음위
상 지도는 공간 지도가 아니라 그보다는 음 주파수의 지도이다. 이 소리의 주파수(frequency)는 음파가
얼마나 빠르게 진동하는가를 말하는 것으로 대략 우리가 음고(pitch)라고 지각적으로 경험하는 것과 대
응된다. 즉, 고주파 소리는 고음으로 저주파 소리는 저음으로 들린다. 일차청각피질에서, 각각의 세포
는 어떤 특정 주파수의 소리에 가장 잘 반응한다. 저주파에 민감한 세포는 전측에 있으며, 고주파에
반응하는 세포들은 미측으로 위치해 있다. 각각의 세포들은 선호하는 소리의 주파수대가 있고, 특정
영역 내의 주파수만이 세포를 흥분시킬 수 있다.

일차청각피질에서 세포들은 특정 주파수에 예리하게 조율되어 있으나, 벨트나 벨트 주변 영역에서는
세포들이 좀 더 광범위하게 조율되어 있어 다양한 범위의 주파수 자극에 반응한다. 즉, 일차청각피질에
서는 순음에 최대한으로 반응하지만, 이차청각피질에서는 복합음에 최대한으로 반응한다. 그리고 이차
청각피질 같은 경우 '무엇' 경로와 '어디' 경로가 분리되기 시작하는 지점이다.

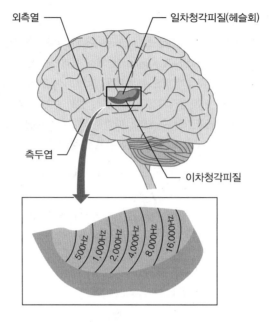

[음위상 지도(tonotopic map)]

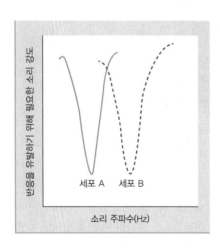

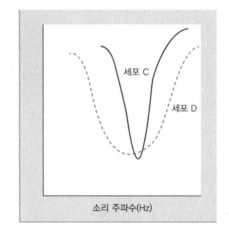

[청각피질의 동조곡선]

❂ 설명 : 이 곡선들은 각각의 세포에 반응을 유발하는 데 필요한 소리 강도를 주파수의 함수로 표현하고
있다. 이 곡선의 가장 낮은 점은 그 세포가 가장 잘 반응하는 특정 소리 주파수를 나타낸다.
세포 A는 세포 B보다 좀 더 낮은 주파수에 더 민감하다. 세포 C는 뾰족한 동조곡선을 보이는
것에 비하여 세포 D가 완만한 동조곡선을 보인다.

청각피질의 다른 부위에 있는 세포들은 다른 동조곡선을 보인다. A1 내에서 세포들은 특정 주파수에
예리하게 조율되어 있으나, 벨트나 벨트 주변 영역에서는 세포들이 좀 더 광범위하게 조율되어 있어
다양한 범위의 주파수 자극에 반응한다. A1에서는, 세포들이 순수 음(하나의 주파수로만 이루어진 음)
들에 최대한으로 반응하지만, 주변 영역들에서는 세포들이 여러 개개 주파수를 통합한 더 복잡한 자극

들에 최대한으로 잘 반응한다. 벨트와 벨트 주변 영역이 손상된 원숭이는 핵심부가 온전하더라도 복잡한 양상의 소리, 예를 들어 일련의 음조 같은 것을 식별하는 데 문제를 보인다.

외측 벨트영역과 벨트 주변 영역은 말소리 지각에 특히 중요한 것으로 알려진 측두평면(planum temporale)에 해당하는 영역이다. 두뇌의 좌측에 있는 측두평면은 말소리에 활성화되며, 좌우 반구 모두에서 이 영역은 음의 패턴, 음악, 환경 소리 같은 다른 복잡한 청각 소리에 활성화된다. 그래서 이 영역은 청각 패턴 재인에 아주 중요하다.

자극의 공간적 위치와 소리 형태 특질이 서로 다른 흐름에서 처리된다. 공간 위치에 대한 정보는 청각피질의 미측/후측 영역에서 더 처리되는 반면, 소리 형태는 청각피질의 문측/전측에서 더 표상되며 이런 조직화는 '무엇'과 '어디'라고 할 수 있다. 미측 청각피질은 공간 국재화에 중요한 것으로 알려진 영역, 즉 두정피질이나 전두안운동야(frontal eye field)같은 영역으로 투사한다. 반면 문측 청각피질은 측두엽의 연합영역이나 안와전두영역(orbitofrontal area)으로 투사한다.

👏 체크 포인트

- **일차청각피질** : 청각 기반의 시상 입력을 받는 주요 피질 영역으로 측두엽의 헤슬회(Heschl's gyrus)에 위치
- **벨트영역** : 일차청각피질로부터 많은 신호를 받는 이차청각피질의 일부분
- **벨트 주변 영역** : 인근에 있는 벨트 영역으로부터 많은 신호를 받는 이차청각피질의 일부분
- **음위상 조직** : 주파수상 가까운 소리들이 뇌에서 공간적으로 가까운 위치에 있는 뉴런들에 의해 표상되는 원리

❗ 더 알아두기 🔍

청각체계와 시각체계의 비교

청각체계	시각체계
내측 슬상핵에서 일차청각피질로 정보 전달	외측 슬상핵에서 일차시각피질로 정보 전달
음위상 조직(주파수 대응, 주파수와 피질에서의 위치가 체계적으로 연결)	망막 위상적 조직(망막상의 위치와 피질상의 위치가 체계적으로 대응)
시간적 민감성	공간적 민감성

제 3 절 기타 감각체계

1 체감각계

(1) 체감각계 구조

대뇌피질은 기둥구조로 되어있고, 신체표면의 각 부위는 체감각피질의 각 영역으로 대표되어 있어서 그 피질 표면에 호문쿨루스(homunculus), 즉 작은 사람을 형성하게 된다. 신체 표면의 각 부위에 대응하는 각 피질의 조그만 영역 내에는 피질 표면에 수직으로 뉴런의 기둥이 있어서 여러 자극에 대해 반응한다. 예를 들어 어떤 기둥은 가벼운 촉각에 대해서만 반응하고, 어떤 기둥은 심부 압각에 대해서만 반응한다. 이런 방식으로 피부감각의 여러 가지 속성은 체감각피질의 기둥 내에 부호화된다.

일차체감각로는 촉각, 압각, 관절 위치에 관한 정보를 전달하고, 피부와 신체에는 특수한 각종 감각수용기가 있다. 파치니소체(pacinian corpuscle)는 압각 정보를 전달해주는 특수 수용기이며, 다른 압각수용기는 관절운동의 정보를 전달한다. 체모의 기저부에는 털의 운동을 탐지하기 위한 압각수용기가 있으며, 피부에는 이외에서 여러 가지 기타 압각수용기와 촉각수용기가 있다.

온도감각은 특정한 수용기로 탐지되지만, 통각은 피부와 기타 신체조직에 있는 자유신경종말에 의해 탐지되는 것으로 알려져 있다. 그러나 피부에 있는 수용기의 종류가 얼마나 많은지, 그리고 우리의 체감각의 여러 종류가 이들 수용기와 어느 정도까지 대응될 수 있는지 등에 관해서는 아직 확실하지 않다. 일차체감각계에 있어서 감각신경은 척수로 들어와 척수후주를 통해 상행하여 뇌간의 후단에 있는 핵에서 일차로 연접한다. 그 핵에서 나온 신경섬유는 교차한 다음 모대(medial lemniscus)를 통해 계속 상행하여 시상의 복측 기저핵에서 이차로 연접한다. 이 시상핵은 대뇌피질의 일차체감각영역으로 투사한다.

대뇌피질에는 실제로 몇 가지 체감각영역이 있다. 일차체감각영역은 다시 몇 개의 하위영역으로 나누어질 수 있으며, 이것은 체감각자극의 각기 다른 측면에 대해 반응한다. 또 이차 체감각영역도 있는데 일차체감각영역에 비해 그 영역이 작다. 일차체감각영역이 대측성으로 반대 신체 부위를 대표하는 데 비해 이차체감각영역은 양측성으로서 좌우 신체부위를 모두 대표한다. 이차체감각영역의 기능적 중요성에 대해서는 아직까지 알려진 것이 별로 없다.

(2) 체감각계의 손상

체감각피질의 손상은 손상된 일차체감각 기질이 반대편 신체 부위의 섬세한 식별능력을 손상시킨다. 예를 들어 체감각피질이 손상된 사람의 손에 천 조각을 쥐어 주면, 그 사람은 무엇인가가 손에 쥐어져 있다는 것은 인식할 수 있지만, 그 천 조각이 벨벳인지 삼베인지를 구분하지 못할 것이다.

게다가 그 사람을 짧은 시간 동안에 여러 번 건드리면 그 사람은 자신이 몇 번 자극을 받았는지 구분하기가 매우 어려울 것이다. 만약에 그 사람이 서로 근접한 두 부위(가령 5mm 떨어져 있는 손등의 두 지점)를 동시에 자극받으면 그 사람은 자극이 다른 두 장소에서 일어났는지를 인식하는 데 어려움을 느낄 것이다. 이러한 종류의 구분을 두 지점 구분(two-point discrimination)이라 하며, 그것에 대한 우리의 민감성은 신체 부위에 따라 다르다. 두 지점을 각기 다른 것으로 인식하는 데 필요한 거리는 손과 손가락(가장 많은 수의 수용기가 분포)에서 가장 가깝고, 어깨, 허벅지, 종아리(가장 적은 수의 수용기가 분포)에서 가장 멀다.

신체의 일차체감각피질의 뇌지도에서 재미있는 점은 사지절단 후에 일반적으로 나타나는 증상인 환상지 통증(phantom limb pain)을 이해할 수 있게 해 준다는 것이다. 환상지의 경우에 사지가 특정 위치에 있는 것으로 지각되고 움직임 또한 지각될 수 있다. 통증은 물론이고 간지러움과 같은 다른 감각역시 감지될 수 있다. 그러나 사지절단 후의 일차체감각영역의 재조직화는 어떤 비정상적인 감각을 초래한다. 예를 들어 손을 잃은 어떤 사람의 경우 얼굴에 자극을 받으면 가상적인 손(phantom hand)의 감각을 느낀다고 보고했다. 이는 손에서부터 들어온 촉각정보를 받는 일차체감각피질은 얼굴에서 들어온 정보를 받는 지역과 근접해 있는 것을 알 수 있다. 이러한 사례를 일차체감각피질의 재조직화를 통해이전에 손으로부터 촉각정보를 받던 영역에 있던 뉴런들이 얼굴로부터 정보를 받는 뉴런과 상호작용하도록 유도될 수 있다는 것을 보여준다.

2 후각계

(1) 후각기관의 구조와 기능

후각은 특정 물질에서 확산되어 나온 분자가 콧속의 후세포를 자극하여 감지하게 되는 감각으로 사람의 후각 수용기는 후상피라고 하여 콧구멍(비강)의 윗부분에 있는 점막에 위치하고 있는 상피세포이다. 일반적으로 공기는 비강의 아래쪽으로 흘러 후상피에 접촉하지 않으나, 후각을 일으키는 물질은 모두 휘발성이며, 어느 정도 물에 녹고, 리포이드(복합지방)에 쉽게 녹는다. 따라서 휘발하여 가스상태로 된 물질이 공기 중에 확산되어 점막에 닿으면, 점막 표면으로 녹아 들어가 후세포를 자극시킨다. 후각의 세기는 냄새를 발산하는 물질의 농도와 후상피 위를 흐르는 속도에 비례한다. 후각은 자극이 오랫동안 계속되면 쉽게 순응(adaptation)하여 소실되지만, 다른 종류의 냄새에 대해서는 다시 반응할 수 있다.
각 수용체는 특정 냄새를 식별해 낼 수 있으며, 뇌는 각 냄새들을 기억해 두었다가 후에 비슷한 냄새가나면 기억을 되살려 냄새들을 구분한다. 인간의 후각 수용체의 수는 약 1,000여 개에 불과하나 실제로 인지하고 기억할 수 있는 냄새는 약 2~4,000가지 정도이며, 적은 후각 수용체의 수로 어떻게 많은 냄새를 식별할 수 있는지에 대한 생리적 기초는 확실히 밝혀져 있지 않다. 냄새가 나는 방향의 식별은 두 콧구멍 속에 후각 물질 분자가 도달하는 시간의 차이에 의하여 결정된다.

(2) 후각 신경전달 경로

후각 신경전달 경로는 다른 감각 경로와 다르게 시상을 거치지 않는다. 기체와 함께 흡입된 물질이 후각피상에 분비된 점액질에 용해되고, 후각 수용 체세포 끝 부분에 있는 섬모를 자극한다. 수상돌기로 전달된 자극은 후신경(후각 수용 체세포의 축색)으로 전달되고, 후신경은 후구로 들어와 후구에 있는 승모세포와 연접하게 된다. 승모세포의 축삭들은 후삭을 이루면서 자극을 두 개의 경로로 전달한다.
측두엽, 전두엽 및 시상하부는 배내측 시상 경로로 후각 영역으로 연결되는 경로를 통해서는 냄새를 해석하게 된다. 또 대뇌의 피질하부에 있는 시상하부, 편도체, 기타 변연계로 통하는 경로는 냄새에 대한 정서적 반응을 유발한다.

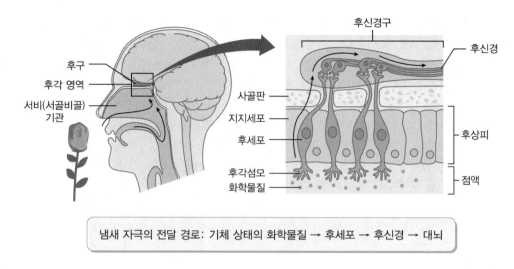

냄새 자극의 전달 경로: 기체 상태의 화학물질 → 후세포 → 후신경 → 대뇌

[사람의 후각 수용기]

3 미각계

미각은 화학적 감각의 하나로서, 미뢰 안에 있는 미세포를 통해 자극을 받아들인다.

(1) 미각기관의 구조와 기능

미각의 수용기는 미뢰로서, 높이 약 $80\mu\text{m}$, 너비 약 $40\mu\text{m}$이고 꽃봉오리 모양을 하고 있다. 미뢰는 혀의 점막 유두 속에 다수가 존재하며, 연구개나 후두의 상피에도 있어서 이곳에서도 맛을 느낄 수 있다. 미뢰 속에는 각각 50~100개의 미세포가 있고, 미뢰의 위쪽에는 미공이라는 구멍이 있어 표면과 통해 있다. 미세융모(미세포의 털 모양의 돌기)는 미공을 통하여 혀 표면에 나와 있으며 이 돌기가 미각을 자극하는 물질에 처음으로 반응한다. 성인의 혀에는 약 1만 개의 미뢰가 존재하며, 미뢰 하단으로부터 는 몇 개의 신경섬유가 들어가 있어서 미세포에 도달하고 있다. 미각수용체는 침에 녹은 화학물질에 의해 자극을 받는 화학수용체이다. 미각자극이 될 수 있는 화학물질이 입 속에서 침에 녹으면, 미공을 통해 미뢰 안으로 들어와 미세포를 자극하게 된다. 미세포는 이러한 자극에 반응하여 세포 내에서 전기적인 변화를 일으켜 화학 신호를 뇌에 전달하게 된다. 따라서 침은 맛을 느끼는데 매우 중요한데 건조한 혀에 가루 상태의 물질을 올려놓으면 즉시 맛을 느끼지 못하는 것은 이와 같은 이유 때문이다.

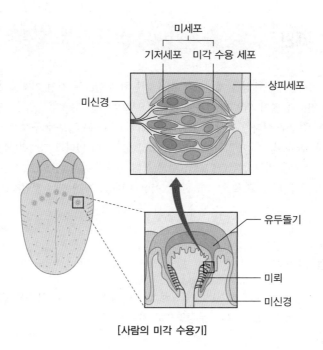

[사람의 미각 수용기]

(2) 미각 신경전달 경로

미각 정보는 뇌신경(cranial nerve) 7번(Facial), 9번(Glossopharyngeal), 10번(Vagus)을 타고 전달된다. 혀의 앞부분을 '고삭신경(chorda tympani)'이라고 하는데, 이 정보는 혀의 앞부분에서 느낀 맛에 대한 정보는 고삭신경(7번 뇌신경의 일부)을 통해 전달되고, 혀의 뒷부분에서 느낀 맛에 대한 정보는 9번 뇌신경을 통해 혀쪽 가지를 타고 전달한다. 10번 뇌신경은 입천장(palate)과 후두개(epiglottis)에서 감지한 맛에 대한 정보를 전달한다.

미각정보는 호속핵(nucleus of solitary trace)에서 시작되는데, 이 호속핵은 연수에 있다. 호속핵은 체내의 내장기관(visceral organ)들과 미각기관에서 오는 정보를 받는 곳이다. 이곳에서 미각 경로를 관여하는 축색은 복측, 후내측, 시상핵으로 뻗어 나간다. 시상의 미각감지 뉴런들은 받아들인 정보를 전두엽 밑에 있는 일차미각피질(primary gustatory cortex)로 전달한다. 이곳의 뉴런들은 이차미각피질(secondary gustatory cortex)로 뻗어 나가는데, 이차미각피질은 하외측 안와 전두피질(caudolateral orbitofrontal cortex)에 있다.

미각피질은 온도 자극(thermal stimuli), 기계적 자극(mechanical stimuli), 통각(nociceptive stimuli) 같은 자극들도 받아들이는데, 음식의 맛을 느끼는 데에 거의 필수적이라고 할 수 있다. 또한 미각 정보는 편도체와 시상하부까지 전달되는데, 이 전달 경로가 단맛, 우마미, 약간의 짠맛을 선호하게 하는 역할을 한다.

제 **4** 절　　재인

이번 절에서는 시각을 통하여 대상을 재인하는 것을 가능하게 만드는 신경 기제를 알아보고자 한다. 시각 대상 재인이 가장 연구가 많이 되었기 때문에 집중적으로 알아볼 것이다.

망막에 맺힌 이차원 정보를 삼차원 표상을 구성하기 위해서 두뇌는 정보를 구성할 것이다. 망막에 떨어진 위치, 범위와 무관하게 그 대상이 재인되어야 한다. 고양이가 앉아 있다고 가정한다면 앞에서 보아도, 뒤에서 보아도 고양이라는 것을 알아야 한다. 또한, 다른 형태(예를 들어, 그림으로 그려진 고양이)로 주어진다 하더라도 그 대상이 고양이라는 것을 알아야 한다. 어떻게 대상을 재인하는 것인지 시각적·청각적 재인에 대해 살펴보자.

1 '무엇' 복측 시각계

일차시각피질을 떠난 정보는 두 개의 처리 흐름으로 나타나게 된다. 첫째, 복측으로 이어져 전측 측두영역으로 가는 경로, 둘째, 배측으로 이어져 두정엽으로 가는 경로이다.

복측 시각처리흐름(ventral visual-processing stream)은 시각적 자극 정보처리에 관여하는 후피질(occipital), 후측두피질(occipitotemporal), 그리고 측두(temporal)영역들로 이루어져 있는데, 이들은 대상 재인을 위해 적응이 되었다고 볼 수 있다. 이러한 특징들을 정리하면 다음과 같다.

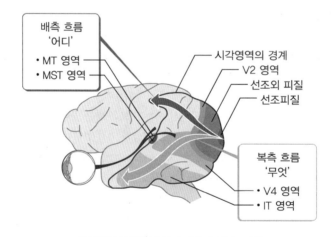

[시각정보의 복측 흐름과 배측 흐름의 도식]

① 후측에 있는 세포들은 주로 단순한 자극들에 발화하지만, 복측 흐름을 따라 더 앞쪽 세포들은 더 복잡하고 특수한 자극들에 발화한다. 그래서 일차시각피질을 지난 영역은 한 두 가지 단순한 자극 속성들(예를 들어 V2 영역 : 색, 질감, 길이, 폭, 방위, 운동의 방향, 공간 주파수)에 반응하는 반면, 하측두영역의 세포들은 훨씬 더 복잡한 시각 자극들에만 발화한다.

② 수용야(receptive field)가 후측 영역보다 전측 영역으로 갈수록 더 크다. 일차시각피질의 세포들은 매우 작은 수용야를 가지고 있지만, 복측 시각정보 흐름을 따라 전측으로 이동할수록, 세포들은 공

간상 더 큰 영역에 반응한다. 수용야 크기가 증가하면 전체 대상을 탐지할 수 있는 능력도 높아진다. 그러나 커다란 수용야를 가진다는 것은 공간상 항목의 위치 정보를 상실하는 결과가 따른다. 이 말은 즉, 복측 흐름에서는 공간 부호화가 일차시각피질만큼 정확하지 못하다는 것이다. 배측 흐름은 공간 정보를 잘 보존하고 있다.

③ 복측 흐름 정보처리 흐름의 세포들은 종종 색에 민감하다. 색은 우리로 하여금 대상을 배경에서 분리하게 하는, 즉 전경-배경 분리라고 불리는 과정을 가능하게 해서, 대상 재인에 도움을 준다.

> **🖐 체크 포인트**
>
> **복측 시각계** : 복측으로 이어져 전측 측두영역으로 가는 경로로 대상 재인에 관여함

2 시각 대상 재인

(1) 물체 인식

대상 재인의 복측 흐름의 역할을 지지하는 가장 초기의 증거는 대상 재인에 결함을 가진 신경심리학적 환자들에게서 왔다. 이들 환자는 피질의 복측 흐름 내에 있는 영역들을 포함하는 손상을 보이고 있다. 시각실인증(visual agnosia)은 시각이라는 감각 양상에서 보이는 대상 재인 장애로서, 감각이나, 지능, 주의력 등의 장애가 보이지 않는데도 자극을 인식하는 못하는 증상이다. 다른 감각 양상으로는 대상이 재인될 수 있기 때문에 감각 양상이 특정적(modality specific)이라고 한다.

예를 들어 시각 실인증을 가진 사람은 어떤 물체를 표현하라고 했을 때 색깔, 형태 등 하나하나들을 기술할 수 있다. 이러한 기술은 원초적인 시각 능력이 손상받지 않았음을 의미한다. 더 나아가 촉감 또는 소리를 통해 그 물체에 대해 알아차리는 것도 가능할 것이다. 즉, 비록 시각 양상으로는 알아차리지 못했을지라도 촉감이나 소리로 그 물체를 알아차릴 수 있다.

시각실인증은 두 가지 유형, 통각실인증(apperceptive agnosia)과 연합실인증(associative agnosia)으로 구분할 수 있다. 이런 구분은 1890년대로 올라가며 리사우어(Lissauer)와 관계가 있다고 본다. 그는 통각실인증을 지각을 형성하는 데 보이는 근본적인 장애라고 제안하였다. 비록 시각 정보가 원초적인 수준으로 처리된다 하더라도(즉, 명암의 구분은 가능하다), 이런 시각 정보는 유의미한 전체가 지각될 수 있도록 통합되지 않는다. 반면 연합실인증에서는 기본적 시각 정보는 유의미한 지각적 전체를 형성할 수 있게 통합될 수 있지만, 여전히 특정 지각적 전체가 저장된 지식과 연결될 수 없다.

① 통각실인증

통각실인증은 시각 정보가 원초적인 수준(예를 들어, 명암, 색, 선의 방향, 운동 등의 구분)은 가능하다고 하더라도, 전체를 지각하지 못하는 장애를 말한다. 통각실인증을 가진 사람들은 얼굴, 대상, 글자 등 형태 간의 구별이 불가능하고 카피(copy)나 도형을 짝짓는 것도 불가능하다. 이는 대상의 부분적인 특성을 지각하지만, 전체로 통합하는 능력이 없는 것이다.

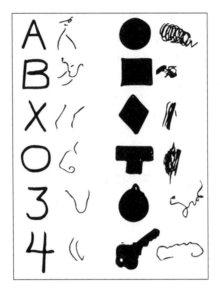

[통각실인증의 예]

✪ 설명 : 환자가 카피하라고 요구된 대상은 열의 좌측에, 환자가 카피한 것은 오른쪽에 있음

통각실인증 환자들은 전반적으로 대상의 부분적 특성은 정확하게 지각하지만, 이들 부분을 전체적 대상의 지각으로 통합하는 능력이 없다. 이런 장애의 예는 아래 그림에 나타나 있다. 통각실인증 환자는 아래 그림에서 T와 H의 부분 간의 불연속성 때문에 this로 지각하지 못할 것이다. 그런 환자는 이를 숫자 7415라고 읽을 수도 있는데, 이는 이런 능력이 시각의 가장 기본적인 특질 중의 하나인 선택 방위에 대한 지각에 의존하기 때문이다. 일반적으로 이렇게 대상을 지각하는 능력의 심한 결함을 보이는 환자들은 후엽과 주변 조직의 확산된 손상을 보이며 일산화탄소 중독으로 가장 자주 발생하는 형태의 손상이다.

[통각실인증 환자가 국소적 형태 지각의 한계 예시]

✪ 설명 : 이 환자는 이 형태를 'this'라는 단어로 읽지 못하고, '7415'라고 읽을 수 있다.

통각실인증은 일반적으로 복측 정보처리 흐름에 손상을 입은 경우 적용되는 것으로 알려져 있지만, 우측 두정엽 손상을 입은 사람에게도 적용된다. 우측 두정엽은 공간 정보처리에 중요한 곳으로 우측 두정엽 손상을 입은 통각실인증 환자들은 평소와 다른 위치에 물체가 있는 경우 대상 재인을 하지 못한다.

② **연합실인증**

연합실인증은 지각적 집단화(perceptual grouping), 즉 통합능력을 보유하고 있으나, 자신이 지각한 것을 지각과 연결할 수 없는 장애를 말한다. 예를 들어 그림을 따라 그릴 수 있지만, 자신이 본 것이 무엇인지 알아보지 못하는 것이다.

연합실인증의 이런 문제가 일반적 기억장애로 야기되는 것은 아니다. 왜냐하면, 예를 들어 닻이 무엇이냐고 물으면, 연합실인증 환자는 '배를 위한 브레이크'같이 상식적인 정의를 대답할 수 있기 때문이다. 어떤 경우, 연합실인증 환자들은 시각적으로 제시된 항목으로부터 충분한 정보를 축출하여 이 항목의 상위 범주(예 포유류, 곤충, 새)가 무엇인지는 답할 수 있어도 다른 특질들(예 길들일 수 있게 순한가 아니면 위험한가?)은 답할 수 없는 예도 있다.

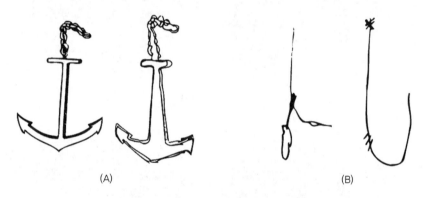

(A)　　　　　　　　　　　　　　(B)

[연합실인증 환자의 모사(copy) 능력]

❂ 설명 : (A) 오른쪽 그림은 왼쪽 그림을 카피하여 그림

　　　　 (B) 닻을 그리라는 요청에 환자가 보여준 반응. 환자는 기억으로부터 정확한 시각 형태를 인출하지 못함

이 외에도 연합실인증 증상은 다음과 같다.

㉠ 카피(copy), 도형 짝짓기(match)를 하면서 점, 선, 면 등의 비교를 통해 극도로 느리게 과제를 수행한다. 이는 전체적인 형태를 지각하지 못한다는 것을 의미한다.

㉡ 실제 대상일 경우 카피나 도형 짝짓기가 빠른 편이지만, 선 그림의 경우 속도가 엄청 느리다. 이는 시각 정보 입력이 빈약할수록 속도가 느림을 의미한다.

㉢ 시각적으로 유사한 것들은 구별이 어렵다. 예를 들면 방망이가 아니라 칼, 온도계로 잘못 보는 경우이다.

㉣ 의미상 관련이 없는 대상들은 도형을 짝짓기하는 데 어려움이 있다.

③ **통각실인증과 연합실인증 간의 차이**

통각실인증과 연합실인증의 주요한 차이는 정보처리할 수 있는 시각 정보의 유형이다. 고전적인 통각실인증 환자는 선의 방향이나 색과 같은 대략적인 시각 정보를 처리할 수 있으나, 윤곽 같은 혀에 정보를 추출하는데 필요한 더 복잡한 시각정보를 끌어내는 능력이 결여되어 있다. 반면, 연합실인증 환자는 대상을 짝짓기하거나 그림을 꽤 정확하게 복사할 수 있는 능력에서 알 수 있듯이 통각실인증 환자들보다는 훨씬 더 정교한 정보를 지각할 수 있다. 추가로 그들은 일반적인 형태 정보를 일부 추출할 수 있으며, 혹시 잘못 알아차렸을 때도 그 대상과 형태가 비슷한 다른 대상으로 잘못 생각한 다(예 돼지를 양으로 잘못 알아차림).

통각실인증 환자와 연합실인증 환자들의 정보처리 능력의 차이는 뇌 손상 위치에서도 차이가 있음을 아래 그림을 보면 알 수 있다. 통각실인증 환자들은 주로 후엽(occipital lobe)과 주변 영역에 광범위한 손상이 있는 반면, 연합실인증 환자의 손상 위치가 다양하지만 주로 양 반구의 후측두영역 (occipototemporal region)을 포함하고 있다. 그리고 이 두 증세의 공통점은 시각 정보를 의미와 연결하는 능력의 손실이다.

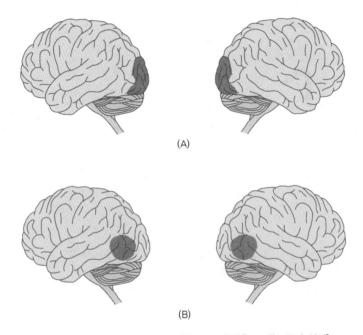

(A)

(B)

[통각실인증과 연합실인증에서 전형적으로 손상을 보이는 두뇌 영역]

➕ 설명 : (A) 통각실인증 손상 : 후뇌 영역들에 걸쳐 존재함
　　　　 (B) 연합실인증 손상 : 후측두 경계에 양측성으로 존재함

🖑 체크 포인트

- **시각실인증** : 시각이라는 감각 양상에서 보이는 대상 재인 장애로서, 감각, 지능, 주의력 등의 장애가 보이지 않는데도 자극을 인식하는 못하는 증상
- **통각실인증** : 시각 정보가 원초적인 수준(예를 들어, 명암, 색, 선의 방향, 운동 등의 구분)은 가능하다고 하더라도, 전체를 지각하지 못하는 장애
- **연합실인증** : 통합능력을 보유하고 있으나, 자신이 지각한 것을 지각과 연결할 수 없는 장애

! 더 알아두기 Q

부분과 전체 : 게슈탈트 군집화 원리

1930년대 게슈탈트 심리학자들은 시각특징들이 합쳐져서 지각적인 전체를 이루는 여러 원리를
제시하였다. 이 원리는 대상 재인에 중요한 개념으로 단순 세부 특징을 3차원적으로 전환하는
핵심 단계를 구성한다.
• 근접성 법칙 : 시각 요소들은 서로 가까울수록 결합될 가능성이 높다.
• 유사성 법칙 : 시각 특질(예 색이나 모양)을 공유하는 요소들이 집단을 이룬다.
• 연속성 법칙 : 경계선이 변화와 단절을 피하는 방향으로 집단을 이룬다.
• 폐쇄성 법칙 : 소실된 부분들은 '채워진다.'
• 공통의 법칙 : 함께 움직이는 요소들은 서로 집단을 이루는 경향이 있다.

④ **대상 항등성**

대상 재인에서 중요하게 다루어지고 있는 것은 서로 다른 관점과 조건에서도 물체를 알아볼 수 있는
것인데, 이를 대상 항등성(object constancy)이라 한다. 일반적으로 시각 표상하여 기억 속 물체(불
변 속성 정보를 담고 있는)와 맞대응시킴으로써 생겨난다. 이것은 일상적이거나 주축이 보이는 규범
적인 관점에서 얻게 된 표상만을 뇌가 저장한다는 것을 의미한다. 실제로 일상적인 관점에서 제시된
물체를 명명할 때 걸리는 시간이 더 빠르다. 대상 항등성에 관한 임상 검사들은 대체로 서로 다른
각도에서 그린 물체들을 알아보거나(즉 이름을 대거나) 동일한 물체의 다른 사례들을 맞대응시키게
한다.

어떤 연합실인증 환자는 일상적인 시점에서 물체를 알아보고 명명할 수 있지만, 일상적이지 않은
시점으로 물체가 제시되면 알아보지 못하는 경우가 있다. 그러나 이러한 환자들은 다른 경로에 의해
대상 항등성을 달성하여 물체를 인식한다. 전형적으로 이러한 증상은 우측 두정엽이 손상된 후에
발생하는데, 우측 두정엽은 공간 정보처리에 특히 중요하다. 두정엽에는 물체에서 주요 축을 추출한
후에 물체를 기준 관점으로 회전시켜서 맞대응을 촉진시키는 메커니즘이 있을 것이다. 이 과정에
손상을 입은 환자들은 물체가 제시된 방식과 상관없는 메커니즘에 의존해야만 할 것이다. 그러므로
이 환자들에서는 다음 그림에 있는 모형의 오른쪽 경로가 손상되고 왼쪽 경로는 보존되어 있다. 다
른 환자들은 이 경로에 더 미묘한 손상을 입을 수 있어서, 물체들을 명명하거나 대응시키는 과제에
서는 시각실인증이 아닌 것 같지만, 여전히 물체의 방향을 판단하지 못하거나 동시에 제시된 두 물
체의 방향이 같은지 결정할 수 없다. 이처럼 물체를 충분히 알아볼 수 있지만, 지향을 추출하지 못하
는 놀라운 사례를 '대상 지향 실인증(object orientation agnosia)'이라 부른다. 이러한 환자들은 물
체의 지향(또는 주요 축)을 추출하지 않는 관점에서 독립적인 경로에 의해 대상 항등성을 달성하는
것 같다.

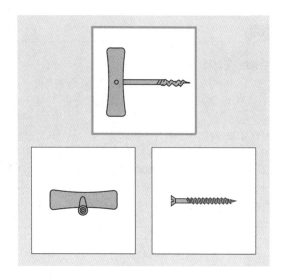

[물체를 비일상적인 시점으로 맞대응시켜야 하는 대상 인식 과제]

⑤ 대상 재인에서 범주-특정적 결함

감각양상 내에서 재인하는 능력은 있지만, 어떤 특정 범주의 대상만을 알아차리지 못하는 장애를 범주-특정적 장애(category-specific deficit)라고 한다. 예를 들어 과일과 채소를 알아보는 데 장애를 보이지만 인공물에 대해서는 그렇지 않을 수 있다. 이러한 범주-특정적 장애는 기본적 감각처리 과정의 근본 장애에서 비롯된 것이 아니라 지각을 형성하거나 지각을 의미와 연결하는 능력의 장애이다. 범주-특정적 결함은 다음과 같다.

㉠ 특정 범주 외의 대상들은 재인될 수 있기 때문에 표상을 형성하는 능력은 온전하다. 예를 들어 비록 사과와 오렌지를 재인할 수 없는 사람도 자동차와 기차는 재인할 수 있다.

㉡ 영향받지 않는 범주의 항목은 잘 재인되기 때문에, 지각 표상이 의미와 연결될 수 있음을 의미한다.

> **체크 포인트**
>
> • **대상 항등성** : 대상 재인에서 중요하게 다루어지고 있는 것은 서로 다른 관점과 조건에서도 물체를 알아볼 수 있는 능력
> • **범주-특정적 장애** : 감각 양상 내에서 재인하는 능력은 있지만, 어떤 특정 범주의 대상만을 알아차리지 못하는 장애

(2) 얼굴 인식

① 얼굴처리모형

브루스와 영(Bruce&Young, 1986)은 얼굴 인식에 관한 인지 모형을 제안하였는데, 얼굴을 인식할 때 초기 수준의 정보처리는 관점에 의존하는 구조적 서술을 계산하는 것이다. 그 다음, 친숙한 얼굴과 친숙하지 않은 얼굴이 다르게 처리되는데, 친숙한 얼굴을 저장된 얼굴에 기초한 시각표상(얼굴인식단위, face recognition units, FRUs)에 맞대응되어 인식된다. 그 다음 개인정체노드(person identity nodes, PINs)라고 하는 더 추상적인 수준의 표상이 그 사람에 관한 의미 정보와 이름 정보에 도달한다. 친숙하지 않은 얼굴은 다른 경로에서 담당한다고 가정한다. 여러 가지 서로 다른 얼굴 처리 경로들이 있는데, 이 경로들은 친숙한 사람들을 알아보는데 관여하는 경로와 동시에 작동한다. 정서적 표정, 연령대, 성별을 인식하는 것은 친숙한 얼굴을 인식하는 것과는 별개의 독립적인 과정이다.

핵스비(Hexby et al., 2000) 등의 모형은 신경해부학적 원리에서 영감을 얻어 얼굴 지각 모형을 제시하였다. 핵스비 등은 얼굴 지각에 관여하는 핵심 영역(영장류의 하측두피질에 해당하는)은 인간의 방추회에 있다고 보았다. 이 영역을 소위 '방추형 얼굴 영역(fusiform face area, FFA)'이라 하는데, 친숙한 얼굴을 알아보는 데 관여한다. FFA는 범주적 지각을 하는 것으로 알려져 있다. 상측 두구(superior temporal sulcus, STS)는 친숙하거나 낯선 얼굴 모두에게서 공통적으로 찾아볼 수 있는 역동적인 특징(표정이나 입술과 눈동자의 움직임)을 처리한다고 가정한다. 핵스비 등은 핵심 얼굴 인식 시스템으로부터 입력을 받지만, 얼굴을 지각하는 데 꼭 필요한 것은 아닌 나머지 뇌 영역들을 확장 시스템으로 구분하였다(예 사람들에 관한 의미적 지식을 지원하는 영역).

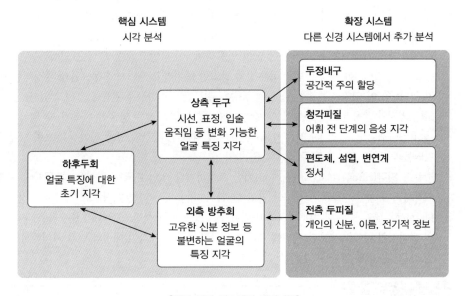

[얼굴 처리 시스템의 메커니즘]

② **안면실인증**

안면실인증(prosopagnosia)은 물체를 재인하는 것은 문제가 없으나 얼굴을 재인하거나 얼굴을 구별하는 능력에 대한 장애를 말한다. 얼굴의 성별이나 나이 구별, 감정적 표정을 구별하는 것은 가능하지만, 특정 얼굴이 어떤 개인인지 파악하는 능력이 상실된 것이다. 안면실인증을 가진 사람은 가족들도 알아보지 못하고, 심지어 자신의 얼굴을 알아보지 못할 수 있다. 안면실인증 환자들도 대상 재인과 마찬가지로 기억에 대한 결함은 없고, 특정 개인에 대한 정보를 기억할 수 있으며, 다른 감각 양상(목소리, 자세 등)을 통해 누구인지 알아볼 수 있다. 안면실인증은 대부분 후천적인 경우이고, 명백한 두뇌 손상이 없음에도 얼굴 재인 기제가 잘못되었다고 추측하고 있다.

③ 얼굴이 특별하다는 증거

브루스와 영의 모형은 '통각적' 단계와 '연합적' 단계를 구분하거나 시점 독립적 부호와 시점 의존적 부호를 구분한다는 면에서 대상 재인 모형과 여러 면에서 유사하다. 그러나 그 밖의 측면에서 얼굴은 다른 물체들과 다르다. 대략 두 종류의 증거가 이 주장을 뒷받침한다.

> ㉠ 얼굴 인식은 독특한 신경 기반을 가지고 있다.
> ㉡ (그러므로) 얼굴 인식은 선택적으로 손상될 수 있다.

초기 시각 분석에서는 전혀 문제가 없는데 얼굴 처리만 못하는 경우를 안면실인증이라 한다. 때때로 안면실인증이라는 용어는 이전에 친숙했던 얼굴을 못 알아보는 경우를 지칭하기도 한다. 드렌지(DeRenzi, 1986)가 보고한 사례에서 환자는 가족을 포함하여 가까운 사람들의 얼굴을 알아보지는 못했지만, 목소리 또는 다른 얼굴 외 정보를 활용하여 누구인지 알 수 있었다. 한번은 환자가 아내에게 이렇게 말한 적이 있었다. "당신 맞지? 집에 당신 말고 다른 여자는 없으니까 당신일 거 같긴 한데 그래도 확인해보는 거야." 그럼에도 불구하고 이 환자는 얼굴을 지각적으로 맞대응시키는 과제를 정상적으로 수행할 수 있었다. 브루스와 영(1986)의 모형에 따르면 이 환자의 문제는 얼굴 인식 단위 단계에 있다. 다른 물체를 알아보고 이름을 대는 능력은 정상이었다.

FFA는 다른 자극들보다 얼굴에 더 많이 반응하며, 이미 알고 있는 얼굴을 인식하는 데 특별히 더 중요한 것 같다. 이 영역이 범주 특수성의 강력한 증거라고 캔위셔와 동료들이 주장하는 이유가 여기 있다(즉, 이 영역은 특정한 한 가지 종류의 정보만 처리하는 뉴런들을 가지고 있다). FFA는 양반구에 있지만 보통은 우반구에서 더 강한 반응을 보인다. 같은 얼굴이 반복될 때 얼굴의 물리적인 특성이 바뀌어도 이 영역에서는 fMRI 순응이 일어난다. 약간의 얼굴 특이성을 보이는 후두회 초기 영역들과 달리, FFA는 범주적 지각을 한다.

범주적 지각(categorical perception)이란 모호하거나 섞인 자극을 접했을 때 동시에 여러 가지를 지각하거나 섞인 정보를 지각하지 않고 한 가지 대상 또는 다른 대상으로 지각하는 경향성을 뜻한다. 로트시테인 등은 마가렛 대처와 마릴린 먼로를 몰핑한 사진으로 fMRI 순응을 연구하였다. 사진의 물리적인 차이는 모호한 사진에 대해 참가자가 가지는 지각이 대처와 먼로 사이에서 전환된 때에만 fMRI 순응에 영향을 끼쳤다.

체크 포인트

- **안면실인증** : 물체를 재인에는 문제가 없으나 얼굴을 재인하거나 얼굴을 구별하는 능력에 대한 장애
- **범주적 지각** : 모호하거나 섞인 자극을 접했을 때 동시에 여러 가지 물체를 인식하거나 물체들이 섞인 것으로 인식하지 않고, 한 가지 물체 또는 다른 물로만 지각하는 경향

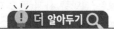 더 알아두기

대처 착시

이 착시 현상은 '대처 착시'라 한다. 얼굴을 거꾸로 보면 눈과 입이 뒤집힌 것 같은 부분적인 오류를 탐지하는 능력을 얼굴의 전체 형태가 방해한다. 이 착시 효과는 얼굴 인식 체계의 두 가지 특성에 근거한다. 첫째, 일반적으로 얼굴은 뇌에 똑바로 저장되어 있어서 사진을 거꾸로 보면 무엇이 잘못되었는지 바로 알 수 있다. 둘째, 얼굴을 대체로 조각조각 처리되기보다는 표면의 세부 특징과 전체적인 형태에 근거하여 처리된다.

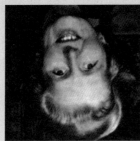

[톰슨(Thompson) 착시]

④ **얼굴은 왜 특별한가?**

㉠ 과제 난이도

얼굴은 복잡한 시각 자극이고 서로 상당히 유사하다(예 모든 얼굴은 입, 코, 눈 등으로 구성된다). 그렇다면 얼굴 인식이 특별한 이유는 단순히 다른 종류의 물체를 알아보는 것보다 어렵기 때문일까? 안면실인증 없이 시각실인증을 겪는 환자의 사례가 많다는 점은 이러한 견해를 반박한다. 파라 등(Farah et al., 1995a)은 과제 난이도라는 문제에 직접 답하기 위해 얼굴 인식 과제와 난이도가 같은 물체(안경테) 인식 과제를 만들었다(정상인들은 두 과제 모두에서 85% 정확률을 보였다). 연구자들은 안면실인증 환자인 LH가 얼굴 과제를 수행하지 못했지만 안경테 과제를 잘 수행했다는 결과(각 62%와 92%)를 근거로 과제 난이도가 적절한 설명이 아니라고 결론 내렸다.

㉡ 부분에 기초한 지각처리 vs 전체적인 지각처리

어쩌면 얼굴은 얼굴이라서 특별한 것이 아니라 특별한 유형의 정보처리를 요구하기 때문에 다른 물체들과 다른 취급을 받을지 모른다. 파라(1990; farahet al., 1998)는 모든 대상 재인이 연속선상에 위치하며, 이 연속선의 양극단은 부분에 근거한 재인과 전체에 근거한 재인이라고 주장하였다. 얼굴 인식이 전체적인 처리에 더 많이 의존한다면, 글자 인식은 부분에 기초한 처리에 더 많이 의존한다(예 단어를 구성하는 철자열을 구별하기). 파라의 초기 증거는 시각실인증, 안면실인증, 시각적 단어 재인 장애의 사례를 모은 메타분석에서 나왔다. 파라는 안면실인증이나 실독증 증상이 없는 물체실인증 사례가 없고, 물체실인증 증상이 없이 얼굴실인증과 실독증을 동시에 겪는 사례도 없다는 사실을 발견하였다. 이는 이러한 실인증들이 연속선상에 위치한다는 주장을 뒷받침한다.

이 연구 이후에 안면실인증과 실독증 증상이 없이 물체만 못 알아보는 실인증 사례 두 건과 얼굴 실인증 없이 물체실인증과 실독증을 겪는 사례 한 건, 그리고 물체실인증 없이 얼굴실인증과 실 독증을 동시에 겪는 사례 한 건이 보고되었다. 이러한 사례들은 두 유형의 기저 지각처리를 연속 선의 양극단으로 보는 견해를 지지하기보다는, 물체와 얼굴과 단어들에 대한 구조적 서술이 개 별적으로 저장되어 있다는 대안적인 견해를 뒷받침한다.

ⓒ 범주 내 식별 시각적 전문성

파라와 다소 차이가 있는 설명이 고티어와 동료들(Diamond & Carey, 1986; Gauthier & Logothetis, 2000; Gauthier & Tarr, 1977; Gauthieret al., 1999)에 의해 제시되었다. 이들의 설명은 두 가지 주요 요소로 생각해볼 수 있다. 먼저 얼굴 인식은 범주 내 식별(한 얼굴과 다른 얼굴을 구 분)에 의존하는 데 비해, 대부분의 다른 대상 재인은 상위범주 수준의 식별에 의존한다(예 컵과 빗을 구분). 따라서 우리는 오랜 경험을 통해 수천여 개의 얼굴 사례들에 대해 세밀한 범주 내 식별을 할 수 있도록 '시각적 전문가'가 된다. 파라의 설명과 마찬가지로, 이 설명에 따르면 얼굴 을 특별한 정보처리를 요구하기 때문에 특별한 것이지 그 범주 자체로 특별한 것은 아니다.

ⓔ 얼굴은 독특한 범주이다.

비록 다른 부류의 자극들에 비해 얼굴이 특정 지각 기제에 의존하는 정보처리를 요구한다고 해 도, 지금까지의 설명들이 얼굴 인식을 모두 설명할 만큼 충분하지 않다는 증거가 있다. 어떤 연 구자들은 얼굴이 정말로 독특한 범주이며 성인의 뇌에 그렇게 표상되어 있다고 가정할 필요가 있다고 주장해왔다. 예를 들어, 얼굴과 다른 전문 범주 간의 해리를 보여주는 증거들인 ERP와 인간 신경심리학 연구에서 보고되었다. 세르장과 시뇨레(1992)는 5,000개가 넘는 자동차 모형 컬렉션을 가진 안면실인증 환자를 보고하였다. 이 환자는 300명의 유명인 얼굴과 자기 자신 그 리고 부인의 얼굴을 전혀 알아보지 못했고, 낯선 얼굴의 경우에는 시점이 바뀌면 다른 얼굴이라 고 판단하였다. 그럼에도 불구하고 환자는 210개의 자동차 미니어처 사진을 보고 제작사의 이름 을 댈 수 있었고, 172개의 사진에 대해서는 모델명과 대략적인 제작 연도까지 맞추었다. 따라서 FFA가 범주 내 사례들을 표상할 수도 있겠지만, 더 세밀한 수준에서는 범주적 해리가 존재할 수 있다. 맥닐과 워링턴은 사전에 친숙했던 얼굴과 낯선 얼굴을 구분하지 못하는 환자를 보고하 였다. 이 환자는 뇌졸중을 겪은 후에 36마리의 양을 얻었는데, 검사를 해보니 이 양들과 낯선 양들을 구분할 수 있었다. 이 사례는 얼굴이 지각처리 유형에 상관없이 특별하다는 견해는 지지 하는 것처럼 보인다. 그러나 회의론자들은 양을 인식하는 과제가 얼굴 인식 과제와 다른 방식으 로 수행되었거나(예 전체 형태가 아니라 양에 새겨진 표시를 인식) 또는 과제가 요구하는 전문성 수준이 같지 않았을 가능성(예 36마리의 양과 수천 명의 얼굴)을 들어 반박한다.

3 청각/촉각 대상 재인

(1) 청각실인증과 그 유형

청각실인증(auditory agnosia)이란 주의, 기억, 그리고 언어 등의 인지 기능, 기본 청각 정보의 정보처리 능력은 정상처럼 보이지만, 청각 감각 정보를 의미화로 연결하는 능력의 장애를 말한다. 청각실인증을 가진 사람은 순수 음을 지각할 수 있고, 소리의 크기에 대한 것도 일반적인 정상인 사람들과 유사하게 지각할 수 있으나, 복합적인 소리를 들을 때, 그것이 무엇인지 알아차리지 못한다.

① 언어적 청각실인증

언어적 청각실인증(verbal auditory agnosia, 순수-언어 농 ; pure-word deafness)이란 비언어적 소리에 의미를 붙이는 것은 온전하지만, 단어를 이해하지 못하는 장애를 말한다. 언어적 청각실인증 환자는 소음이 들렸다는 것을 인지는 하지만, 그 소리가 '아무런 리듬 없이 구별도 할 수 없는, 계속 들려오는 윙윙거리는 잡음'처럼 들린다고 하거나 '멀리서 외국인이 말하는 것'처럼 들린다고 말한다.

② 비언어적 청각실어증

비언어적 청각실어증(nonverbal auditory agnosia)이란 단어에 의미를 부여하는 능력은 정상이지만, 비언어적 소리에 의미를 부여하지 못하는 장애를 말한다. 이런 환자들은 소리가 들렸다는 것은 아는데, 그 소리가 무엇인지 알아차리지 못한다.

③ 혼합성 청각실인증

혼합성 청각실인증(mixed auditory agnosia)이란 소리는 구별할 수 있으나(동일 소리 여부, 소리 크기 여부 등), 언어적 소리와 비언어적 소리 모두에 대해 의미를 부여하는 능력에 장애를 보이는 것이다.

(2) 촉각실인증(체감각 실인증)과 그 유형

촉각실인증(tactile agnosia, 체감각 실인증 ; somatosensory agnosia)이란 만져서는 알아차리지 못하지만 다른 감각 양상으로는 대상을 재인할 수 있는 장애를 말한다. 두 가지 유형이 존재하는데, 촉각 정보를 이용하여 지각을 생성하는 능력의 장애와 지각은 어느 정도 온전하지만, 의미와 연합을 하지 못하는 것이다.

> **체크 포인트**
>
> - **청각실인증** : 주의, 기억, 그리고 언어 등의 인지 기능, 기본 청각 정보의 정보처리 능력은 정상처럼 보이지만, 청각 감각정보를 의미화로 연결하는 능력의 장애
> - **촉각실인증** : 만져서는 알아차리지 못하지만 다른 감각 양상으로는 대상을 재인할 수 있는 장애

(3) 다중 양상 재인의 주요 포인트

① 촉각과 시각은 청각 정보는 부여할 수 없는, 삼차원 모양에 대한 정보를 부여한다. 예를 들어, 자명종을 만졌을 때, 모양과 크기는 대략 알 수 있지만, 소리만 듣게 된다면 크기나 모양에 대한 정보를 알 수 없다.

② 외측 후피질이 시각 정보뿐만 아니라 촉각 정보에도 민감하다. 그리고 손으로 흔히 접할 수 있는 물건들을 만질 때 외측 후피질(LOC)의 하위 영역이 활성화된다.

③ 청각 대상 재인과 시각 대상 재인은 서로 상승작용을 한다. 즉, 시각 단서와 청각 단서가 함께 제시될 때 더 빠르게 재인한다.

제 5 절 다중감각연합

청각 정보처리와 시각 정보처리가 두뇌 안에 있는 크게 구별되는 흐름으로 일어난다고 생각하지만, 어떤 경우에는 소리와 시각 장면이 서로 연합되어 나타날 때도 있다.

전통적인 위계 모델에서는 이런 다중감각연합(multisensory integration)이 두뇌의 측두엽이나 두정엽에 있는 고차 연합 영역에서 일어난다고 생각하였다. 즉, 청각 입력과 시각 입력은 처음에는 각각 다른 피질 영역에서 처리되다가, 이 두 개가 고차 연합영역으로 수렴되는 것으로 보았다. 최근 연구들에 의하면 청각과 시각 정보처리의 상호작용이 훨씬 이른 단계에서 일어날 수 있음을 말해주고 있다.

원숭이의 발성에 대한 반응성을 조사한 연구를 통해 청각피질의 다중감각 정보처리를 살펴볼 수 있다. 원숭이들이 다른 원숭이의 컹컹대는 소리를 듣거나, 다른 원숭이가 컹컹대는 소리를 내는 장면에 대한 소리 없는 비디오를 보거나, 또는 컹컹대는 소리가 들어간 비디오를 보는 동안 연구자들은 원숭이 청각피질의 핵심부 영역과 벨트 영역에 있는 세포집단으로부터 신호를 기록하였다. 소리 없는 비디오는 청각피질을 활성화하지 않았으나, 비디오 없는 소리는 청각피질에 있는 세포를 활성화했다. 청각피질의 소리에 대한 반응이 비디오와 동시에 제시되는 것에 의해 달라진다는 것을 확인하였다. 일부 세포 집단은 컹컹대는 소리가 비디오랑 함께 제시될 때 더 흥분하였고, 어떤 집단은 억제되는 반응을 보였다. 즉 청각피질에 있는 세포들이 시각 정보의 영향을 받는다. 청각 정보처리에 미치는 시각 영향이 시각과 청각 단일양상(unimodel) 피질 영역 간의 직접적 연결에 의한 것인지, 아니면(측두엽과 두정연합영역 같은) 다중양상(multimodel) 영역에서부터 오는 하향 투사 때문인지를 결정하는 데는 후속 연구가 필요할 것이다.

청각 정보가 시각 정보처리에 영향을 미치는 것 또한 가능하다. 최근 연구에 의하면 일차시각피질(V1), 특히 주변 시야를 표상하는 부위가 청각피질로부터 해부학적 투사를 받음을 보였다. 덧붙여 V1 세포는 적어도 어떤 상황에서는 청각 정보에 반응하는 것처럼 보인다. 원숭이가 시야 주변이 있는 자극을 응시하기 위해 시선을 움직여야 하는 과제 중에 V1 세포 활동을 기록한 연구가 있다. V1에 있는 세포들은 자극이 시각 자극만 제시될 때보다 시청각 복합자극에 제시될 때 더 빨리 반응하였다. 그렇지만 원숭이가 응시를 위해 주의를 기울여야 할 때가 아니라, 과제 중에 수동적으로 가만히 앉아 있어야 할 때는 청각 정보가 V1 반응에 아무런 영향을 미치지 않았다. 이런 결과들은 다중양상 통합이 기능적으로 과제 수행을 위해 유용할 때만 V1 시청각 통합이 일어날 가능성을 시사한다.

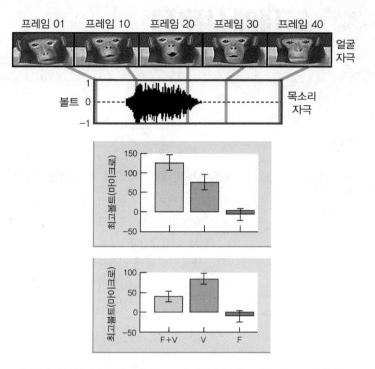

[다중감각 영역 실험(원숭이의 청각피질 반응에 미치는 시청각 자극의 효과)]

01 원추세포는 중심와(fovea, 황반)에 밀집되어 있고, 간상세포는 중심와가 아닌 다른 망막에 분포한다.

02 광수용기는 빛 에너지를 전기신호로 전환시켜 빛 정보를 뇌로 전달하는 역할을 한다. 광수용기는 간상세포(rod cell)와 원추세포(cone cell)가 있다.
간상세포는 빛에 민감하고, 색을 분별하지 못한다. 원추세포는 각기 다른 파장의 빛을 탐지할 수 있고, 심와(fovea, 황반)에 밀집되어 있지만 간상세포는 중심와가 아닌 다른 망막에 분포한다. 광수용기세포는 양극세포에서 신경절 세포로 신호가 전달되어 뇌에 신호를 보낸다.

정답   01 ④   02 ①

01 시각체계에 대한 설명으로 옳지 <u>않은</u> 것은?

① 망막은 여러 신경세포와 광수용기세포를 포함하고 있다.
② 망막은 빛을 감지하고 시각정보를 처리 통합하여 시신경을 통해 뇌에 전달한다.
③ 간상세포는 빛에 민감하고, 색을 분별하지 못한다.
④ 원추세포는 중심와가 아닌 다른 망막에 분포한다.

02 다음 설명하는 세포는 무엇인가?

- 망막(retina) 내에 약 7백만 개 정도 분포되어 있다.
- 중심와(fovea, 황반) 부위에 밀집되어 있으며 멀어질수록 밀도가 낮아진다.
- 수직 방향의 줄무늬 모양을 하고 있고, 바깥 분절과 안쪽 분절로 나눌 수 있다.
- 각기 다른 파장의 빛을 탐지할 수 있다.

① 원추세포
② 간상세포
③ 시신경
④ 수용야

03 시각 정보 경로에 대한 설명으로 옳지 **않은** 것은?

① 망막으로부터 두뇌로 가는 경로는 개시상침경로와 슬상선조 경로이다.

② 눈 깜작할 새 반응, 빠른 시각적 정향의 행동들은 슬상선조경 로이다.

③ 우시야의 물체들은 왼편에 있는 망막에 맺혀 좌측 LGN에 투 사되고, 좌시야의 물체들은 오른편에 있는 망막에 맺혀 우측 LGN에 투사된다.

④ 선조외피질 V4는 색상을 처리하고, V5는 움직임을 처리한다.

03 개시상침경로는 신경정보를 망막에 서 직접 중뇌에 있는 상소구(superior colliculus)라는 영역으로 보내는 것 이다. 이는 눈 깜작할 새 반응, 빠른 시각적 정향의 행동들이 이 개시상침 경로인 것이다. 이 개시상침 경로는 사람들로 하여금 중요한 시각 정보 에 빠르게 정향할 수 있게 한다. 빠른 시각적 정향은 신경정보를 망막에서 직접 중뇌에 있는 상소구(superior colliculus)라는 영역, 개(tectum)에 의한 영역으로 보내는 경로에 의해 반응하는 것이다. 이 경로는 매우 신 속하게 반응하며, 시각 주변부에 나 타난 움직임이나 새로운 물체의 출 현에 민감하다.

04 외측 슬상핵(lateral geniculate nucleus, LGN)에 대한 설명으로 옳지 **않은** 것은?

① 외측 슬상핵은 시상의 일부로서 감각 정보를 처리에 관여한다.

② 우시야의 물체들은 좌측 LGN에 투사되고, 좌시야의 물체들 은 우측 LGN에 투사된다. 이때 교차되는 지점을 시삭(optic tract)이라고 불린다.

③ LGN은 6개의 층으로 되어있는데, 소세포층은 세부 정보, 색 시각에 관여한다.

④ 거대세포층이 손상되면 자극의 움직임을 식별하는 데 어려움 을 겪게 된다.

04 우시야의 물체들은 왼편에 있는 망 막에 맺혀 좌측 LGN에 투사되고, 좌 시야의 물체들은 오른편에 있는 망 막에 맺혀 우측 LGN에 투사된다. 이 때 교차되는 지점을 시교차(optic chiasm)라고 부르고, 시신경이 교차 하게 되면, 이 시점부터 시신경은 시 삭(optic tract)이라고 불린다.

05 청각체계에 대한 설명으로 옳지 **않은** 것은?

① 소리 중 가장 단순한 소리를 순음(pure tone)이라고 하고, 이 러한 순음이 여러 개가 혼합된 음을 복합음으로 한다.

② 주변 배경 소음으로부터 단 하나의 소리 흐름을 구별하여, 공 간에서 소리의 위치를 파악하는 것을 공간 국재화라고 한다.

③ 와우관에 있는 코르티관의 유모세포들이 진동을 통해 방출한 활동전위가 대뇌로 전달되어 소리를 인식하게 된다.

④ 서로 다른 주파수의 소리 진동은 같은 유모세포들을 자극한다.

05 서로 다른 주파수의 소리 진동은 서 로 다른 유모세포들을 자극하게 된 다. 와우관을 반듯하게 풀어낸다면 난원창과 가까운 쪽의 기저막은 높 은 주파수의 소리에 움직이고, 와우 관 중앙에 가까운 쪽은 낮은 주파수 에 움직이게 된다.

정답 03 ② 04 ② 05 ④

06 청각체계는 시간적 민감성을 통해 정보를 인식하고, 시각체계는 공간적 민감성을 통해 정보를 인식한다.

06 청각체계와 시각체계에 대한 설명 중 옳지 <u>않은</u> 것은?

① 청각체계는 내측 슬상핵에서 정보를 전달하고, 시각체계는 외측 슬상핵에서 정보를 전달한다.

② 청각체계와 시각체계는 시간적 민감성을 통해 정보를 인식한다.

③ 청각체계는 주파수와 피질에서의 위치가 체계적으로 연결되는 음위상 조직이 작동한다.

④ 시각체계는 망막상의 위치와 피질상의 위치가 체계적으로 대응하는 망막 위상적 조직이 작동한다.

07 혀 앞부분의 느낀 맛에 대한 정보는 7번 뇌신경의 일부를 통해 전달되는데, 그 신경을 고삭신경(chorda tympani)이라고 한다. 9번 뇌신경은 혀의 뒷부분으로 느낀 맛에 대한 정보로 혀쪽 가지를 타고 전달한다. 10번 뇌신경은 천장(palate)과 후두개(epiglottis)에서 감지한 맛에 대한 정보를 전달한다.

07 다음 중 미각 정보를 전달하는 뇌신경이 <u>아닌</u> 것은?

① 7번

② 8번

③ 9번

④ 10번

08 서로 다른 주파수의 소리 진동은 서로 다른 유모세포들을 자극하게 된다. 와우관을 반듯하게 풀어낸다면 난원창과 가까운 쪽의 기저막은 높은 주파수의 소리에 움직이고, 와우관 중앙에 가까운 쪽은 낮은 주파수에 움직이게 된다. 그러나 다른 공간에서 들어온 소리들은 기저막의 다른 부분들을 자극하지는 않는다.

08 청각피질에 대한 설명으로 옳지 <u>않은</u> 것은?

① 와우 세포들은 모든 주파수의 소리에 잘 반응한다.

② 소리 공간 위치에 대한 정보와 소리 형태에 대한 정보를 처리하는 경로가 다르다.

③ 소리가 귀에 들어오면 입력을 비교하여 소리의 위치를 계산하고, 이를 뇌간의 계산화라 한다.

④ 두 귀의 시간 차이, 강도 차이는 연수의 상올리브핵에서 통합된다.

정답 06 ② 07 ② 08 ①

09 체감각체계에 대한 설명으로 옳은 것은?

① 일차체감각영역이 양측성이다.

② 체감각피질의 손상은 손상된 일차체감각 기질의 동측 신체 부위의 섬세한 식별능력을 손상시킨다.

③ 파치니소체(Pacinian corpuscle)는 압각 정보를 전달해주는 특수 수용기이다.

④ 손에서부터 들어온 촉각정보는 얼굴 촉각정보와 가장 멀리 떨어져 있다.

09 ① 일차체감각영역이 대측성으로 반대 신체 부위를 대표하는 데 비해 이차체감각영역은 양측성으로서 좌우 신체 부위를 모두 대표한다.
② 체감각피질의 손상은 손상된 일차체감각 기질의 반대측 신체 부위의 섬세한 식별능력을 손상시킨다.
④ 손에서부터 들어온 촉각정보를 받는 일차체감각피질은 얼굴에서 들어온 정보를 받는 지역과 근접해 있다. 이는 환상지 통증을 이해할 수 있게 해준다.

10 후각체계에 대한 설명으로 옳지 <u>않은</u> 것은?

① 시상을 거치지 않은 유일한 감각신경 경로이다.

② 후각은 자극이 오랫동안 계속되면 쉽게 순응(adaptation)하여 소실되지만, 다른 종류의 냄새에 대해서는 다시 반응할 수 있다.

③ 각 수용체는 특정 냄새를 식별해 낼 수 있지만, 하루가 지나서 비슷한 냄새가 났을 때는 기억하지 못한다.

④ 대뇌의 피질하부에 있는 시상하부, 편도체, 기타 변연계로 통하는 경로를 통해서는 냄새에 대한 정서적 반응을 유발한다.

10 각 수용체는 특정 냄새를 식별해 낼 수 있으며, 뇌는 각 냄새들을 기억해 두었다가 후에 비슷한 냄새가 나면 기억을 되살려 냄새들을 구분한다.

11 복측 시각계에 대한 설명으로 옳지 <u>않은</u> 것은?

① 복측으로 이어져 전측 측두영역으로 가는 경로와 배측으로 이어져 두정엽으로 가는 경로이다.

② 복측 흐름의 정보처리 흐름 세포들은 종종 색에 민감하다.

③ 수용야(receptive field)가 후측 영역보다 전측 영역으로 갈수록 작다.

④ 복측 흐름에서는 공간 부호화가 일차시각피질만큼 정확하지 못하다.

11 수용야(receptive field)가 후측 영역보다 전측 영역으로 갈수록 더 크다. 일차시각피질의 세포들은 매우 작은 수용야를 가지고 있지만, 복측 시각정보 흐름을 따라 전측으로 이동할수록, 세포들은 공간상더 큰 영역에 반응한다. 수용야 크기가 증가하면 전체 대상을 탐지할 수 있는 능력도 높아진다.

정답 09 ③ 10 ③ 11 ③

12 환상지 통증은 사지절단 후에 일반적으로 나타나는 증상으로 사지가 특정 위치에 있는 것으로 지각되고 움직임 또한 지각될 수 있다. 통증은 물론이고 간지러움과 같은 다른 감각 역시 감지될 수 있다. 그러나 사지절단 후의 일차체감각영역의 재조직화는 어떤 비정상적인 감각을 초래한다. 이는 체감각계 손상에 대한 증상이라고 볼 수 있다.

13 ② 연합실인증(associative agnosia)은 통합능력을 보유하고 있으나, 자신이 지각한 것을 지각과 연결할 수 없는 장애
③ 안면실인증(prosopagnosia)은 물체를 재인하는 데는 문제가 없으나 얼굴을 재인하거나 얼굴을 구별하는 능력에 대한 장애
④ 청각실인증(auditory agnosia)이란 주의, 기억, 그리고 언어 등의 인지 기능, 기본 청각 정보의 정보처리 능력은 정상처럼 보이지만, 청각 감각정보를 의미화하여 연결하는 능력의 장애

14 비언어적 청각실인증(nonverbal auditory agnosia)이란 단어에 의미를 부여하는 능력은 정상이지만, 비언어적 소리에 의미를 부여하지 못하는 장애를 말한다. 이런 환자들은 소리가 들렸다는 것은 아는데, 그 소리가 무엇인지 알아차리지 못한다. 예를 들어, 자동차 경적 소리가 울렸을 때, 청각실인증을 가진 사람은 이 잡음을 듣기는 하지만, 이 소리가 마치 전화기에서 들리는 잡음이나 귀뚜라미 울음소리처럼 의미를 알 수 없는 소리로 들릴 수 있다.

정답 12 ① 13 ① 14 ④

12 시각 정보를 의미와 연결하는 능력의 손상이 <u>아닌</u> 것은?

① 환상지 통증
② 안면실인증
③ 연합실인증
④ 통각실인증

13 다음 설명에 해당하는 것은 무엇인가?

- 시각 정보가 원초적인 수준(예를 들어, 명암, 색, 선의 방향, 운동 등의 구분)은 가능하다고 하더라도, 전체를 지각하지 못하는 장애를 말한다.
- 얼굴, 대상, 글자 등 형태 간의 구별과 카피(copy)나 도형을 짝짓는(match) 것이 불가능하다.
- 우측 두정엽 손상을 입은 사람들에도 적용된다.

① 통각실인증
② 연합실인증
③ 안면실인증
④ 청각실인증

14 청각실인증에 대한 설명으로 옳지 <u>않은</u> 것은?

① 청각실인증을 가진 사람은 순수 음과 크기를 지각할 수 있다.
② 청각실인증 사람은 복합적인 소리를 들을 때, 그것이 무엇인지 알아차리지 못한다.
③ 소리는 구별할 수 있으나, 언어적 소리와 비언어적 소리 모두에 대해 의미를 부여하는 능력에 장애를 보이는 것을 혼합성 청각실인증이라고 한다.
④ 비언어적 소리에 의미를 붙이는 것은 온전하지만, 단어를 이해하지 못하는 장애를 비언어적 청각실어증이라고 한다.

15 대상에 대한 시각, 청각, 후각 등을 총체적으로 결합하여 하나의
    전체를 형성하는 영역은 무엇인가?

① 일차감각영역

② 이차감각영역

③ 연합감각영역

④ 다중감각연합영역

15 다중감각연합영역에서 상호작용 모
    델에 의하면, 한 감각 양상(예 시각)
    은 다른 감각 양상(예 청각)에서 동
    시에 처리되고 있는 정보에 영향을
    미칠 수 있다.

✔ **주관식 문제**

01 시각의 망막 위상 지도와 청각피질의 음위상 지도의 공통점이
    무엇인지 쓰시오.

01 **정답**
    시각체계와 청각체계의 경로가 조직
    화되어 있다.
    [문제 하단의 표 참고]

>>>〇

청각체계	시각체계
내측 슬상핵에서 일차청각피질로 정보 전달	외측 슬상핵에서 일차시각피질로 정보 전달
음위상 조직(주파수 대응, 주파수와 피질에서의 위치가 체계적으로 연결)	망막 위상적 조직(망막상의 위치와 피질상의 위치가 체계적으로 대응)
시간적 민감성	공간적 민감성

정답 (15 ④)

02 **정답**

주변 배경 소음으로부터 단 하나의 소리 흐름을 구별할 수 있고, 공간에서 소리의 위치를 파악하는 것을 공간 국재화라 한다. 공간 국재화는 단순 좌우 방향이 아닌 구체적인 위치를 예측할 수 있는 능력이다.

해설

와우관 자체는 망막과 달리 공간적 위치를 직접 지도화하지 않는다. 따라서 음원(sound source)에 대한 공간 국재화(spatial localization)는 청각계에 의해 계산되는 것이다.

03 **정답**

소리 음파에 의해 고막이 떨리면, 중이에 있는 소골(망치뼈, 모루뼈, 등자뼈)이 움직이고, 망치뼈의 진동이 와우관(cochlea, 달팽이관)의 림프액에 전달되어 중이로부터 내이로 소리가 전달된다.

와우관에는 림프핵이 가득차 있어 귓속뼈에서 증폭된 소리가 와우관에서 액체의 파동으로 변한다. 와우관의 림프핵에 소리 진동이 전달될 때마다 기저막이 진동하며, 동시에 유모세포(hair cells)가 상하로 진동하여 섬모(cilia)가 덮개막과 부딪쳐 구부러지거나 뒤틀려지면서 활동전위를 방출하게 된다. 이것이 대뇌피질로 전달되면 소리를 인식하게 되는 것이다.

해설

청각피질의 음위상 지도화(tonotopic mapping)는 동일 주파수에 가장 최대한으로 반응하는 세포는 비슷한 영역에 있다. 저주파에 최대한으로 민감한 세포는 전추에 더 있으며, 고주파에 더 반응하는 세포들은 미측으로 더 자리 잡고 있다.

02 공간 국재화에 대하여 간략하게 기술하시오.

03 청각경로에 대하여 약술하시오.

제 **3** 장

주의

합격의 공식
온라인 강의

잠깐!

혼자 공부하기 힘드시다면 방법이 있습니다.
SD에듀의 동영상강의를 이용하시면 됩니다.
www.sdedu.co.kr ➔ 회원가입(로그인) ➔ 강의 살펴보기

제3장 주의

제1절 선택적 주의

많은 심리학자가 주의를 정의하고자 했지만, 일반적으로 받아들여지는 주의의 정의는 없다. 그러나 일반적으로 주의(attention)는 더 처리할 필요가 있는 정보를 선택하고 그렇지 않은 정보는 버리는 선택적 · 집중적 활동 상태를 말한다. 뇌는 처리할 수 있는 정보의 양이 제한되어 있다. 외부에서 들어오는 많은 정보 중에서 특정 정보만 선택하여 더 깊이 처리하는 기제가 있다면 뇌는 효율적으로 기능할 수 있을 것이다. 이와 같은 정보의 선택 과정이 바로 '주의'이다.

1 선택(적) 주의 모형

(1) 주의의 병목이론

병목(bottleneck)이란 한순간에 한 가지 일만 처리할 수 있는 단계로, 정보를 처리하는 과정은 병행적으로 수행되는 것이 아니라 순차적으로 수행되며, 정보처리가 과부하가 걸릴 때 바로 그 지점(병목)에서 정보처리 지연이 발생한다는 이론이 병목이론(bottleneck theory)이다. 인지심리학에서는 정보가 한 수준에서 다음으로 통과하는 과정에서 선택적으로 이를 차단하거나 약화시킨다고 하였다.

> **더 알아두기**
>
> **[재미있는 이야기] 우리 가운데 있는 고릴라**
> 주의력 실험에서 참가자들에게 패스가 몇 번 오고 가는지 세어보라고 요구한 후 하나의 영상을 보여주었다. 영상 속에서는 학생들이 서로 농구공을 주고 받고 있었다. 실험 참가자들은 영상에서 패스 횟수를 물었다. 패스 횟수는 서른 네 번이다. 그러나 횟수는 중요하지 않다. 패스 횟수는 움직임에 집중하도록 보여준 것이기 때문이고, 중요한 것은 동영상 중간에 고릴라 의상을 입은 학생이 약 9초간 나와서 무대 한가운데 멈춰 카메라를 향해 가슴을 치고 난 후 걸어나간 장면이다. 실험을 마친 후 참가자들에게 '고릴라를 봤느냐'에 대한 질문에 놀랍게도 약 절반이 고릴라를 의식하지 못한 것이다. 그때부터 여러 가지 조건에서 다양한 실험 대상자에게 여러 나라에 걸쳐 반복 실험을 했지만 결과는 늘 같았다. 이는 패스 횟수를 세는 데 집중한 나머지 바로 눈앞에 있는 고릴라에는 '눈이 먼' 것이다.
> 이러한 결과는 기대하지 못한 사물에 대한 주의력 부족의 결과이며 이를 우리는 '무주의 맹시(inattentioanal blindness) 또는 무주의맹'이라고 한다. 이 용어는 시각 체계의 손상인 '맹시'와 다르게 눈에 어떤 문제가 있기 때문은 아니다.

(2) 선택(적) 주의 모형

① 초기 선택 모형

㉠ 양분 청취법 실험

콜린 체리(Colin Cherry)는 사람들이 시끄러운 장소에서도 자신과 관련된 대화를 할 수 있는지에 의문을 품고 실험을 하였는데 이 실험의 이름은 양분 청취법(dichotic listening)이다. 양분(dichotic)이란 왼쪽과 오른쪽 귀에 다른 자극들을 제시하는 것을 의미한다. 이 실험에서 참가자들은 헤드폰을 통해 양쪽 귀에 다른 메시지를 동시에 듣고, 한쪽 귀에 제시된 메시지에 주의 깊게 들을 후 큰 소리로 따라 말하게 하였다(shadowing). 동시에 다른 쪽 귀에 제시된 메시지는 방치되게 하였고, 방치된 귀에 대한 메시지를 물었을 때, 남자인지 여자인지 정도만 대답하고, 메시지 내용에 대해서는 답하지 못하였다. 양분 청취 실험은 듣는 사람이 오직 하나의 메시지에 주의를 집중할 수 있다는 것을 밝혀내었다. 이후 실험들도 사람들이 방치된 귀 쪽에 제시된 정보들을 거의 인식하지 못한다는 것을 보여주었다. 예를 들어, 네빌 모레이(Nevile Moray, 1959)는 한 단어가 35회나 반복되어도 방치된 귀 쪽에 제시되었다면 참가자들이 그것을 인식하지 못한다는 것을 보여주었다. 이처럼 다른 자극들을 무시하고 한 자극에만 주의를 기울일 수 있는 능력을 '칵테일 파티 효과(cocktail party effect)'라고 한다. 파티 장소에선 아무리 시끄럽고 여러 대화가 오고 가고 있더라도 한 사람의 대화에 집중할 수 있기 때문이다. 브로드벤트(Broadbent)는 이 실험 내용을 주의 모델을 통해 설명하였다.

[체리(Cherry)의 양분 청취법]

ⓛ 브로드벤트의 여과기 모형

브로드벤트의 여과기 모형(Broadbent's filter model, 1958)은 선택적 주의를 '여과기(filter, 필터)'라는 기제로 설명하였다. 이 모형은 하나의 메시지에 집중하는 것이 가능하고, 다른 쪽에서 들어오는 정보들은 왜 수용되지 않는지 설명하기 위해 고안했다. 모든 정보가 감각 등록기(sensory register : 감각정보를 아주 짧은 시간 동안 저장하는 장소)를 통해 들어오고, 이 정보들은 다음 단계인 여과기로 보내지는데, 이때 주의 여부에 따라 정보가 걸러지게 된다. 즉, 주의를 기울인 정보는 여과기를 통과한 후 정보처리 단계로 보내지고, 주의를 기울이지 않은 정보는 버려진다.

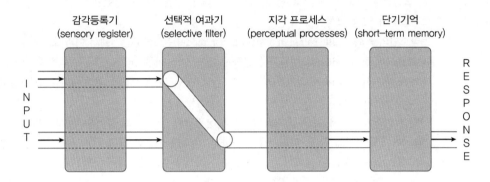

[브로드벤트의 여과기 모형(Broadbent's filter model)]

여과 과정을 설명하면 다음과 같다.

ⓐ 감각 등록기(sensory register)에서는 외부로부터 들어온 모든 정보(감각정보, sensory memory)를 약 0.5초~1초 정도 보관 후 모두 여과기로 전송된다.

ⓑ 선택적 여과기(selective filter) 또는 여과기(filter)는 화자의 음색, 음높이 속도, 억양 등과 같은 정보의 물리적 특징 등을 기반으로 집중하고 있는 메시지들을 식별하고, 주의를 기울인 메시지만을 다음 단계의 탐지기로 통과시킨다.

ⓒ 지각 프로세스(perceptual processes) 또는 탐지기(detector)는 주의를 집중한 메시지의 정보를 처리하여 고차원적 속성을 파악하는 역할을 하며, 탐지기에 전달받은 모든 정보를 처리한다.

ⓓ 탐지기가 처리한 정보들은 10초에서 15초 동안 정보들을 저장하는 단기기억(short-term memory)으로 보내지고, 이어서 정보들을 무기한 저장할 수 있는 장기기억(long-term memory)으로 전송된다.

ⓒ 브로드벤트의 여과기 모형의 한계

ⓐ 네빌 모레이(Neville Moray) 실험 : 모레이(1959)가 수행한 실험에서 체리(Cherry) 실험을 동일하게 수행했다. 그러나 방치했던 귀에 참가자들의 이름을 제시하였더니, 30%가 이를 탐지하게 되었다. 브로드벤트(Broadbent) 모델이 설명되려면 자신의 이름이어도 탐지를 못 해야 한다. 그러나 모레이 실험에서는 주의하지 않은 정보가 걸러지지 않았고, 자신의 이름이라는 것까지 알아냈다.

ⓑ 그레이와 위더범(J.A.Gray & A.I.Wedderbum) 실험 : 그레이와 위더범은 영국 옥스퍼드 대학교 학생들을 대상으로 'Dear Aunt Jane'이라는 실험을 하였다. 이 실험에서는 체리(Cherry)의 실험에서처럼 참가자들에게 한쪽에 제시된 메시지는 따라 말하게 하고 다른 쪽에 제시된 메시지는 방치하라고 지시했다. 참가자들은 집중한 귀에 제시된 메시지는 'Dear 7 Jane'이었고, 방치한 귀에 제시된 메시지는 '9 Aunt 6'였다. 참가자들에게 집중한 귀에 제시된 메시지를 말하라고 했을 때 참가자들은 'Dear Aunt Jane'을 들었다고 말했다. 이는 방치된 쪽에 제시된 'Aunt'라는 단어를 처리한 것은 주의가 이동했다가 돌아왔음을 보여주는 것이고, 사람들이 단어의 의미를 중요하게 고려했음을 알 수 있다. 이러한 결과를 바탕으로 앤 트리스먼(Anne Treisman)은 브로드벤트 모형 수정안을 제시했다.

ⓛ 트리스먼의 약화 모형

트리스먼의 약화 모형(Treisman's attenuator model)은 초기 단계에서 여과기로 처리되기 때문에 브로드벤트(Broadbent) 이론과 동일하게 초기 선택 이론이라고 한다. 트리스먼(Treisman)의 약화 모형에서는 선택적 주의가 여과기가 아닌 약화기(attenuator)에 의해 나타나며 두 단계에 걸쳐 나타난다고 보았다.

- 1단계 약화기 : 먼저, 주의를 기울였는지와 상관없이 양쪽 귀로 들어온 두 개의 메시지는 모두 약화기에 들어가게 된다. 약화기를 통과하면, 주의를 기울인 메시지는 강한 강도를 띠게 되고 주의를 기울이지 않은 메시지는 약한 강도를 띠게 된다. 여기에서 약화된 것은 없어지는 것이 아닌 약한 상태로 메시지가 존재하는 것이다.

- 2단계 사전 단위 : 약화기를 통과한 메시지들은 '사전 단위(dictionary unit)'에 들어간다. 사전 단위에는 활성화 역치(threshold ; 탐지 가능한 가장 작은 신호 강도)를 지닌 단어들이 저장되어 있는데, 이 각 단어들은 다른 역치를 가지고 있다. 이름처럼 중요한 단어들은 역치가 낮아서 방치된 귀에 미세하게 제시해도 감지될 수 있고 중요하지 않은 단어들은 역치가 높아서 강한 신호가 주어져야 탐지를 할 수 있다. 또한, 듣는 사람의 기대에 따라 역치는 달라질 수 있다.

트리스먼의 약화 모형에서 주요 쟁점은 다음과 같다.

ⓐ 약화기는 물리적 특징, 언어, 단어의 연속성이 어떻게 의미를 만들어내는지를 기준으로 수집되는 정보를 분석하고, 언어와 의미 등으로 메시지를 분별할 수 있다.

ⓑ 메시지에 대한 분석은 집중된 메시지를 확인하는 데 필요한 수준까지만 진행된다. 예를 들어, 남성의 목소리와 여성의 목소리로 구성된 두 메시지가 제시되면, 브로드벤트(Broadbent)가 강조한 물리적 수준에서의 분석만으로도 남성의 낮은 목소리와 여성의 높은 목소리를 구분할 수 있다. 하지만 목소리가 비슷하다면 두 메시지를 구분하기 위해 의미에 대한 분석이 필요할 것이다.

ⓒ 집중된 메시지들은 온전히 유지되는 반면 방치된 정보들은 집중된 메시지보다는 약화되지만 없어지지는 않는다. 방치된 메시지 일부라도 여과기를 통과한다. 방치된 메시지 일부라도 여과기를 통과하기 때문에 트리스먼(Treisman)의 모형은 '새는 여과기(leaky filter)' 모형이라고도 불린다.

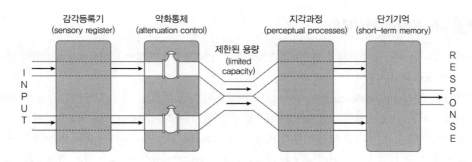

[트리스먼의 약화 모형(Treisman's attenuator model)]

트리스먼(Treisman)에 따르면 청취자의 이름처럼 흔하거나 특히 중요한 단어들은 역치가 낮아서 방치된 채널에 미세하게 제시해도 감지될 수 있다. 이 때문에 누군가 시끄러운 방 건너편에서 우리의 이름을 불러도 반응할 수 있는 것이다. 반면 흔하지 않거나 중요하지 않은 단어들은 역치가 높기 때문에 활성화되기 위해서는 집중된 채널에서 강한 세기로 제시될 필요가 있다. 따라서 트리스먼(Treisman)에 의하면 집중된 메시지와 더불어 방치되고 약한 메시지들의 일부가 함께 처리된다고 할 수 있다.

② 후기 선택 모형

후기 선택 모형은 정보처리의 후기 단계에서 의미를 기반으로 한 선택이 일어난다고 제시한다. 예를 들어, 도널드 맥케이(Donald MacKay, 1973)는 실험에서 '그들은 bank에서 돌을 던지고 있었다.'처럼 중의적인 문장들을 참가자에게 들려주었다(여기서 bank는 강기슭 혹은 은행을 의미할 수 있다). 이 문장들은 집중된 귀에 제시하였고, 'river'나 'money' 등의 편향적 단어를 방치된 귀에 제시하였다. 참가자들은 이와 같은 애매한 문장을 여러 가지로 들은 후, "어제 그들은 강가에서 돌을 던졌다."와 "어제 그들은 상호저축은행에서 돌을 던졌다." 중 어느 것이 전에 들은 문장과 의미가 가까운지 선택하라고 했다. 맥케이(MacKay)는 이때 방치된 귀에 제시된 단어가 답변에 편향을 일으킨다는 것을 발견했다. 예를 들어, 'money'라는 편향적 단어를 들은 참가자들은 후자의 문장을 선택했다. 이러한 경향은 사람들이 편향된 단어들을 방치된 귀를 통해 듣지 못했다고 보고되었음에도 불구하고 나타났다.

맥케이(MacKay)는 편향된 단어들이 정보의 의미 판단에 영향을 미쳤기 때문에, 이 단어들에 주의를 기울이지 않았음에도 불구하고 단어가 의미 수준까지 처리가 된다고 결론을 내렸다. 이와 같은 결과들에 입각해 맥케이(MacKay)와 여러 이론가는 주의의 후기 선택 모형(late selection models of attention)들을 개발하게 되었다. 이 모형들은 선택이 일어나기 전에 모든 정보가 의미 수준까지 처리된다고 가정한다.

지금까지 살펴본 주의 연구들은 선택적 주의가 언제(초기 또는 후기) 일어나는지, 선택에 어떤 정보(물리적 특성 또는 의미)들이 근거로 사용되는지에 초점이 맞춰 있었다. 그러나 선택 주의 연구가 진전되면서 연구자들은 '초기-후기' 논쟁의 정답은 없다고 결론을 내렸다. 과제와 자극에 따라 어떤 조건과 상황에서는 초기 선택이 일어나고, 다른 조건에서는 후기 선택이 일어나기 때문이다. 그 이후 연구자들은 주의를 통제하는 여러 요인을 이해하는 데 집중하였다.

2 처리용량과 지각부하

라비(Lavie)는 사람들이 과제에 집중하려고 노력할 때 방해물들을 어떻게 무시하는지에 대하여 연구하였고 두 가지 요인을 제시했다.

첫 번째는 처리용량(processing capacity)으로 사람들이 다룰 수 있는 정보의 양을 지칭하며, 처리용량은 동시에 처리할 수 있는 용량의 한계를 의미한다. 두 번째는 지각부하(perceptual load)로 과제의 난이도와 관련이 있는데 쉽고, 익숙한 과제(저부하 과제 ; low-load task)는 지각부하가 낮아 적은 양의 처리용량이 필요하다. 반면 어렵고 낯선 과제(고부하 과제 ; high-load task)들은 더 많은 양의 처리용량이 필요하다. 처리용량과 지각부하는 주의 방해에도 영향을 미친다.

예를 들어 그림 (a)와 같이 X와 N을 식별하라고 했을 때, 왼쪽은 동일한 글자(O)가 방해물로 제시되어 과제 난이도는 낮기 때문에 빠르게 반응할 수 있고, 오른쪽처럼 서로 다른 글자들과 함께 제시되면 난이도가 올라가 자극을 탐지하는 것이 어려워지기 때문에 반응시간도 길어진다. 즉, 난이도 차이는 반응시간에 반영된다. 그런데 그림 (b)와 같이 만화 캐릭터 같은 '과제 무관련 자극(task-irrelevant stimulus)'이 화면 옆에 같이 제시되면 어려운 과제일 때보다 과제가 쉬울 때 반응시간이 상대적으로 더 크게 증가하였다. 라비(Lavie)는 이 현상을 '주의의 부하이론(load theory of attention)'으로 설명했다.

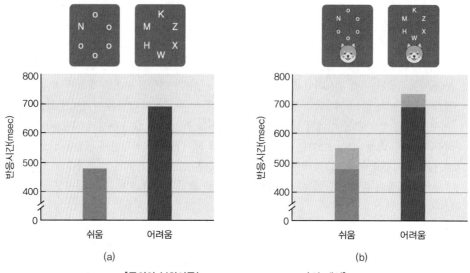

[주의의 부하이론(load theory of attention)의 예시]

다음 그림에서처럼 원 전체가 처리용량을 나타낸다면 명암은 과제를 수행하면서 사용된 처리용량을 말한다. 그림 (a)는 저부하 과제를 할 때의 처리용량으로 여분의 용량이 많이 남는다. 이는 무관련 자극을 처리할 수 있는 용량이 남아 있다는 것을 의미한다. 그림 (b)는 고부하 과제를 할 때의 처리용량을 나타낸다. 과제가 어려우면 다른 자극들을 처리할 여분의 용량이 남아 있지 않다. 따라서 어렵고 부하가 큰 과제를 하게 되면 다른 자극이 처리되지 않기 때문에 방해를 받지 않게 되는 것이다. 그러나 쉽고 부하가 적은 과제를 수행할 때면 과제 무관련 자극을 처리할 용량이 남아 있기 때문에 방해를 받게 된다.

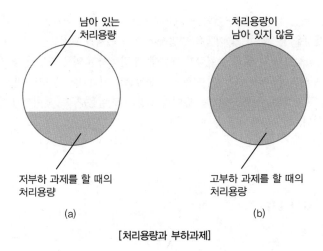

[처리용량과 부하과제]

무관련 자극의 처리 여부는 강도에 따라서도 결정되며, 스트룹(stroop) 효과를 통해 알 수 있다. 예를 들어, 고부하 과제를 수행할 때 주변의 대화 소리를 무시할 수 있지만, 화재경보기가 울린다면 주의를 빼앗을 것이다. 이 스트룹 효과는 무관련 자극이 얼마나 강력한지를 보여주는 실험이다.

스트룹 효과(stroop effect)는 1935년 J.R. Stroop에 의해 처음 발견되었는데 단어의 의미가 경쟁 반응을 유발하기 때문에 목표물(단어의 색깔)에 대한 반응이 느려지는 현상을 지칭한다. 이 효과는 사람들에게 예를 들어 다음 두 개의 자극판을 제시한다.

- **통제 자극판**: 빨간색 사각형, 파란색 사각형, 초록색 사각형
- **실험 자극판**: 빨간색으로 칠해진 파랑, 파란색으로 칠해진 초록, 초록색으로 칠해진 검정

두 개의 자극판은 배열된 색들은 똑같은데, 실험 자극판의 경우 색과 색이름 단어가 일치하지 않는 반면(예 파랑이란 단어가 빨간색으로 칠해져 있음), 통제 자극판의 경우 색 이름 단어가 아니라 각 사각형이 어떤 색으로 칠해져 있다. 이 과제에서 실험 자극판의 색들의 이름을 빨리 말하려면 단어의 형태는 무시하고 그 색들을 '선택 주의'해야 한다. 사람들에게 자극판을 제시하고, 처음부터 끝까지 색깔의 이름을 말하는 데 걸린 시간을 측정한다.

사람들이 실험 자극판의 색들을 명명하는 데 걸린 시간에서 통제 자극판의 색 명명 시간을 뺀 것을 '스트룹 간섭 효과(stroop interference effect)'라 한다. 무관련 자극, 즉 단어 모양이 색에 대한 선택 주의를 간섭한다. 스트룹 간섭 효과는 주의해야 하는 대상의 속성인 색을 처리하고, 단어 모양과 같은 속성을 여과할 때 사람들이 겪는 어려움을 시간 차이로 나타낸 것이다.

이 과제는 인지 과정 중 '자동적 처리 과정(automatic information processing)'과 '의식적 처리 과정(conscious information processing)'의 차이를 잘 나타내준다.

자동적 처리 과정이란 자극과 반응의 처리에 의식이나 주의가 거의 필요 없는 인지 과정이다. 예를 들어, 다른 사람의 말소리를 빨리 알아차리거나, 어떤 사물을 1~2초 내에 쉽게 알아보는 것은 자동적 처리 과정 때문이다. 의식적 처리 과정은 어떤 행동을 할 때 의식이나 의도가 개입되어 주의의 관여를 필요로 하는 인지 과정이다. 예를 들어, 낯선 물체를 보거나 그 내용을 학습하려면 그 면들의 구조를 분석하고, 내용들의 연상에 주의가 필요하다. 스트룹 간섭 효과에 대해 여러 설명이 있는데, 그중 하나가 질적으로 다른 정보처

리 과정의 경쟁 때문이라는 설명이다. 단어의 모양을 분석하고, 그 뜻과 이름을 생각하는 자동적 처리 과정이 색의 밝기와 그 색상을 분석하여 그 이름을 명명하는 의식적 처리 과정보다 더 빠르게 진행된다. 단어 처리 과정이 색 처리 과정보다 더 빨리 수행되기 때문에 색 반응에 주의를 기울일 때 간섭이 있는 것이다. 스트룹 간섭 효과는 무시되어야 하는 단어의 모양이 자동적으로 처리되어 색 명명 반응을 간섭함을 시사한다. 이 효과는 주의를 받지 않은 정보(여기서는 단어의 모양과 그 발음)가 그 의미까지 처리된다고 주장하는 후기 선택론을 지지한다.

3 선택 주의의 시간 경과

주의는 한순간에 일어나지 않고, 감각 자극 처리부터 반응이 일어나기까지 지속적으로 작용한다. 이는 많은 뇌 영역들이 선택 주의에 관여할 수밖에 없는지를 알게 해준다. 즉 서로 다른 뇌 영역들은 자극 처리 과정 중 서로 다른 시간에 작용한다.

'주의'와 관련한 연구들은 두 가지 견해로 나누어진다. 주의 선택이 정보처리 과정의 초기 단계, 즉 그 정보가 무엇인지 확인되기 전에 일어난다고 주장하는 '초기 선택 관점(early-selection viewpoint)'과 감각 처리가 완수되고 정보가 무엇인지 확인되고 분류된 이후에 주의 선택이 일어난다는 '후기 선택 관점(late-selection viewpoint)'이다.

이 두 관점에 관한 논쟁은 언제 처리가 일어나는지 확인할 수 있는 사건관련전위(event-related potential, ERP)로 밝혀진 내용에 의하면 두 견해 중 어느 하나의 견해만이 옳은 것이 아닌, 주의는 처리 과정의 초기와 후기 단계 모두에서 일어난다고 보고하였다.

ERP와 MEG 연구들에 의하면 감각정보의 비교적 자동적인 여과는 정보의 수용 직후에 일어난다고 한다. 감각 여과를 측정하기 위해 청각 자극 후 500밀리 초에 동일한 청각 자극이 제시한다. 여과 측정은 첫 번째 자극에 비해 두 번째 자극이 얼마나 반응이 감소하는가이다. 첫 번째 자극에 뇌가 정보를 이미 처리했기 때문에 여과는 적응적이다. 즉, 더이상 그 정보에 많은 주의를 줄 필요 없다는 것을 의미한다. 두 번째 자극에 대한 반응 감소는 P_{50}으로 청각 정보의 수용 후 35~85밀리 초 정도에 관찰되는 ERP 요소에 반영된다. 주의의 효과는 자극 제시 후 대략 80~100밀리 초 정도에서 관찰된다. 이는 다음의 실험에서 살펴볼 수 있다. 한 조건에서는 제시된 자극에 피검자가 주의를 주도록 요구하고, 다른 조건에서는 피검자가 제시된 자극을 무시하는 것을 요구하며 두 조건에 제시된 자극은 동일하다. 이 조건에서 ERP 반응을 통해 주의의 차이를 알 수 있다. 그 결과, 주의를 준 자극에 대한 ERP는 주의를 주지 않은 자극에 대한 ERP보다 자극 제시 후 80밀리 초 정도에서부터 더 큰 부적 전위를 띠며, 이러한 진폭 차이는 이후까지 지속된다는 것이 밝혀졌다. 주의를 받은 자극의 ERP에서 관찰되는 이러한 부적 전위의 상승을 N_d(negative difference)라고 부른다.

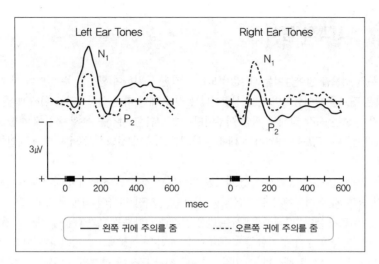

[주의를 받은 자극과 받지 못한 자극에 대한 청각 ERP]

✪ 설명 : (a) 왼쪽 귀에 소리를 들려주었을 경우, 피험자가 오른쪽 귀에 주의를 기울일 때보다 왼쪽 귀에 주의를 기울일 때 N_1의 진폭이 더 크게 나타난다.

(b) 소리를 오른쪽 귀에 들려주었을 경우 반대의 결과가 나타나는 것으로 보아 이는 청각 민감도에 의한 차이가 아니다.

두 파형의 차이(검게 칠한 영역)가 N_d 요소이다. 이 효과는 자극 제시 후 비교적 빨리 일어나기 시작한다. 즉, 자극 제시 후 100밀리 초 내에 일어난다.

부적 전위의 변화는 청각 자극, 시각 자극, 체감각 자극에서도 동일하게 나타난다. 이는 ERP의 초기 부적 전위가 자극 유형과는 무관하게 일반적인 주의 과정을 반영한다는 것을 알려준다. N_d의 시작이 자극 제시 후 80밀리 초 정도에서부터 일어난다는 것은 선택 주의에 관여하는 뇌 체계가 피질이 정보를 수용한 직후는 아니라는 것이다. 그러나 정보처리 과정은 비교적 초기 단계부터 영향력을 발휘한다는 것을 알 수 있다. 주의의 효과는 후기 단계에서도 나타날 수 있는데, 이는 주의 조작이 ERP 후기 요소에 영향을 미치는 과정을 통해 알 수 있다. 자극 제시 후 180~280밀리 초 정도에서 N_{2pc}가 관찰되는데, 이 ERP 요소는 목표 자극에 대한 주의 초점을 반영한다고 여겨지고 있다. 이 ERP 요소에 'pc'를 붙이는 이유는 이 요소가 목표 자극의 대측성(contralateral) 위치와 두정엽(parietal) 영역에서 가장 큰 진폭을 보이기 때문이다. P_{300}은 개인이 목표 자극에 주의를 주고 모니터할 때에만 관찰된다. P_{300}은 주의를 받은 자극이 과제 수행에 적합한 정보를 제공하는 정도, 작업의 기억 최신화를 요구하는 정도 혹은 과제에 주어진 주의의 정도를 반영하는 것으로 여겨지고 있다.

여러 연구의 결과를 종합하면 주의의 관여하는 다양한 뇌 영역들이 선택 과정에서 서로 다른 역할을 하는 것뿐만 아니라 서로 다른 시간에 작용한다. 선택은 한 뇌 영역에서 일어나거나 한 시간대에서만 일어나지 않고 뇌의 서로 다른 영역들과 서로 다른 시간대에서 일어난다.

제 2 절 ▸ 시각적 탐색

인간은 외부로부터 정보를 받아들이는 데 있어 모든 감각을 동원하여 활용할 수 있어야 한다. 그중 시각을 통해서 가장 많은 정보를 받아들이며 운동 상황이나 동작에 대한 빠른 의사결정을 위해 매우 중요하게 여겨지고 있다. 시각 정보는 시각 탐색에 의해 이루어지는데 인간은 시각을 통해 동시에 수만 가지의 정보를 볼 수 있다. 하지만 모든 정보를 처리하는 데에는 한계가 있으며 선택적 주의에 의해 개인이 얻고자 하는 정보를 얻는다.

시각 탐색은 흩어져 있는 것들 중에서 특정 항목을 찾아내는 것이다. 전통적인 시각 탐색에서 관찰되는 배열된 여러 가지 방해 자극 사이에서 표적 자극을 찾으면 정해진 하나의 키를 누르고 표적 자극이 없으면 정해진 다른 키를 누르게 된다. 탐색과제에서는 반응 시간과 정확률을 보기 때문에 빠르고 정확하게 반응하는 것이 중요하다. 자극의 수가 증가함에 따라서 반응 시간은 선형적으로 증가하게 되고, 이것은 주의가 탐색과정에 관여한다는 증거로 해석될 수 있다. 이처럼 시각 탐색에 영향을 요인들을 다양한 이론을 통해 알아보고자 한다.

1 세부 특징 통합이론

주의는 사물들을 지각하는 것을 돕고, 이에 반응할 수 있는 능력을 강화시킨다. 또한, 주의의 주요 기능은 결속(binding)이다. 결속이란 색깔, 모양, 움직임, 위치 등과 같은 정보들을 하나로 통합하여 우리의 지각에 하나의 사물로 제시하는 것을 의미한다.

뇌의 여러 영역은 각기 다른 지각 요소들을 담당한다. 예를 들어, 아래 그림에서 움직이는 공을 보는 사람의 머릿속에서는 움직임에 반응하는 부위, 깊이에 반응하는 부위, 색깔에 반응하는 부위들이 각자 활성화되고 있을 것이다. 비록 이 모든 것이 다른 뇌 부위에서 처리되고 있지만, 공을 보는 사람은 공의 시각적 속성들을 개별적인 것으로 인식하지 않는다는 것이다. 그의 지각체계는 공의 모든 특징을 통합하여 일관적인 지각을 형성한다. 이 속성들의 통합이 어떻게 이루어지는지에 대한 문제를 '결속 문제(binding problem)'라고 부른다. 결속 문제는 앤 트리스먼(Anne Treisman, 1986, 1988, 1999)의 세부 특징 통합이론(feature integration theory ; FIT)에 의해 소개되었다.

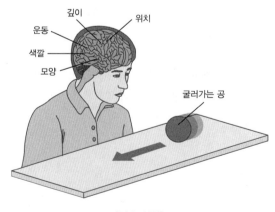

[결속 실험]

(1) 세부 특징 통합의 단계

트리스먼(Treisman)은 세부 특징 통합이론을 두 단계로 제시하여 사물의 개별적 특징들을 어떻게 하나의 사물로 인식하는지 설명하였다.

① 전주의 단계

전주의 단계(preattentive stage)에서는 사물에 대한 시각적 처리가 시작되는 단계로, 사물의 특징들이 따로따로 처리된다. 예를 들어, 굴러가는 공의 색깔(회색), 모양(원), 움직임(오른쪽 방향) 등이 따로 분석된다. 전주의 단계에서 각 특징들은 뇌의 다른 영역에서 개별적으로 처리된다. 사람들이 사물 특징에 대한 개별적 분석을 인식하지 못하는 이유는 우리가 사물을 의식하기 전에 빨리 지각을 처리하기 때문이다.

트리스먼(Treisman, 1982)은 사물의 특징을 개별적으로 분석한다는 것을 증명하기 위해 실험을 하였다. 실험에서는 네 가지의 자극이 두 개의 검은색 숫자와 함께 0.2초 동안 화면에 제시되었다. 그리고 잔상을 제거하기 위하여 점들을 이어서 무작위로 제시되었다. 참가자들은 숫자들을 이야기하고, 각 위치에 어떤 자극을 제시되었는지 답하였다.

참가자들은 전체 시행 중 18%에서 다른 두 자극의 특징들을 통합한 자극을 보았다고 응답했다. 예를 들어, 작은 보라색 삼각형과 작은 회색 원이 제시된 그림을 보여주었을 때, 참가자들은 작은 보라색 원이나 작은 회색 삼각형을 보았다고 응답했다. 이처럼 다른 자극들의 특징을 잘못 통합하는 것을 '착각적 결합(illusory conjunction)'이라고 한다. 착각적 결합은 모양과 크기가 많이 달라도 나타날 수 있다. 예를 들어, 작은 보라색 원과 큰 회색 사각형이 제시되었을 때 큰 보라색 사각형과 작은 회색 원을 보았다고 생각할 수 있다.

트리스먼(Treisman)은 착각적 결합이 전주의 단계에서 각 특징들이 독립적으로 존재하기 때문에 나타난다고 말했다. 보라색, 곡선, 대각선 등과 같은 특징들은 전주의 단계에서 결합되어 있는 것이 아닌 개별적으로 존재한다. 따라서 하나 이상의 사물이 있다면 잘못된 결합이 생길 수 있다고 말한다.

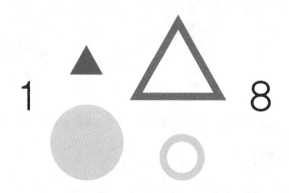

[착각적 결합 실험에서 사용된 자극들]

'자유롭게 떠다니는' 특징들

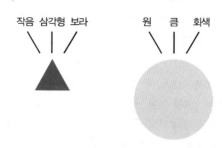

[전주의 단계에서 자유롭게 떠다니는 사물 특징들의 예시]

② **집중 주의 단계**

집중 주의 단계(focused attention stage)에서는 독립적이고 개별적인 각 특징들이 합쳐진다. 즉 이 단계에서 하나의 사물로 인식하게 되는 것이다. 각 특징들을 결합하기 위해서는 '주의'가 필요하다. 트리스먼(Treisman)은 집중 주의 단계에서 특징 통합을 위한 주의의 역할을 보여주기 위해 착각적 결합 실험을 재현하였다. 이 실험에서는 숫자들은 무시하고 목표물에만 주의를 집중하라고 지시했다. 목표물에 주의를 기울였을 때 착각적 결합이 사라졌다. 즉, 참가자들은 제시된 모양과 색깔을 정확히 통합하여 기억했다.

특징 분석은 사전 지식을 필요로 하지 않기 때문에 주로 상향적으로 처리된다. 그러나 경우에 따라서는 하향적으로 처리가 되는 경우도 있다. 예를 들어, 어떤 자극을 보았는지 말하게 했을 때 착각적 결합을 나타날 수 있다. 그러나 참가자들에게 당근, 호수, 타이어를 보여줄 것이라고 말하면 착각적 결합이 훨씬 덜 일어나게 된다. 삼각형이 당근처럼 주황색이라고 인식할 확률이 더 높아지기 때문이다. 사물에 대한 기존 지식이 특징들을 정확하게 통합하도록 유도한 것이다. 우리가 익숙한 사물들을 지각할 때도 하향처리가 사물들을 정확하게 결합하여 지각하도록 도와준다.

[하향처리가 착각적 결합을 감소시킬 수 있음을 보여주기 위해 사용된 자극들]

> 🔔 **더 알아두기** 🔍
>
> **방해 자극 개수와 주의**
> 시각 탐색 실험의 전형적인 결과가 아래 그래프에 제시되어 있다. 종속 측정치는 표적을 찾는 데 소요된 시간이다. 조작된 변수는 방해 자극의 개수와 유형이다. 세부 특징을 결합해야만 표적을 찾을 수 있을 때는 방해 자극 개수가 많을수록 탐색이 느려진다. 이는 각각의 후보 물체를 차례대로 하나씩 점검해야 한다는 생각과 일치한다. 단 하나의 세부 특징만으로도 표적을 찾을 수 있다면, 표적이 '돌출'하기 때문에 방해 자극의 개수가 달라도 반응시간의 차이는 거의 생기지 않는다. 만약 적절하게

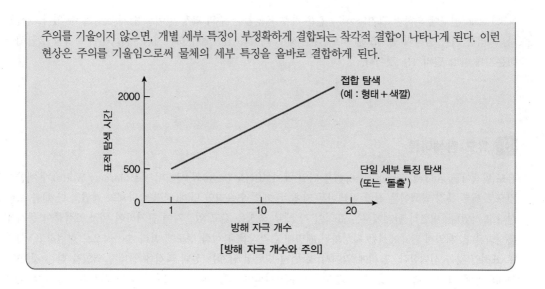

주의를 기울이지 않으면, 개별 세부 특징이 부정확하게 결합되는 착각적 결합이 나타나게 된다. 이런 현상은 주의를 기울임으로써 물체의 세부 특징을 올바로 결합하게 된다.

[방해 자극 개수와 주의]

2 유사성이론

던컨 & 험프리스(Duncan & Humphreys)는 세부 특징 통합이론에서 '세부 특징'을 정의할 방법이 없는 것에 대한 문제점을 지적하였다. 따라서 세부 특징은 돌출(pop-up)된 형태를 보고 사후 해석을 통해 정의된다고 하였다. 일반적으로 세부 특징은 철자(예 선분의 군집)보다는 선분들(수평선이나 수직선)로 구성되지만, 모든 세부 특징이 이러하지 않다. 예를 들어, 여러 개의 'T' 중에서 'L'을 찾는 것은 'T'들이 180도나 270도 회전되어 있을 때는 어렵지만, 0도나 90도 회전되어 있을 때는 쉽다. 이렇게 기본 세부 특징(수평 및 수직선)이 두 사례에 똑같이 존재하는 데도 그렇다. 던컨 & 험프리스(Duncan & Humphrey)에 따르면 세부 특징 통합이론이 설명하고자 하는 대부분 자료들은 병렬적 세부 특징 지각과 이를 뒤따르는 계열 탐색보다는 얼마나 쉽게 물체들이 군집화될 수 있는지에 따라 설명된다고 하였다. 던컨 & 험프리스(Duncan & Humphreys)는 표적과 방해 자극의 유사성뿐만 아니라 여러 방해 자극들 간의 유사성도 중요하다는 점을 발견하였다. 이는 주의를 기울이기 전에 세부 특징들이 어느 정도 결합되고 있음을 의미하며 세부 특징 통합이론의 기본 가정이 위배되는 것이다.

유사성이론(similarity theory)에 따르면 방해 자극과 유사한 표적은 탐지하기가 어렵고, 방해 자극과 상이한 표적은 탐지하기가 쉽다. 즉 표적과 방해 자극 간의 유사성이 증가할수록 표적 자극을 탐지하는 것이 더 어려워진다. 따라서 표적 탐색을 용이하게 하기 위해서는 방해 자극과 상이한 표적을 제시해야 한다. 표적 자극 탐색을 용이하게 하는 또 다른 요인은 방해 자극들 간의 유사성(획일성)이다. 상대적으로 단조로운 방해 자극들 가운데에서 표적을 탐색하는 것은 쉬운 반면에, 다양한 모습을 띠고 있는 방해 자극들 사이에서 표적을 탐색하는 일은 어렵다. 탐색 과제의 난이도는 표적과 방해 자극 간의 유사성 정도와 방해 자극 간의 상이성 정도에 의해 결정되는 것이며, 통합해야 하는 세부 특징의 수에 의해 결정되는 것이 아니다.

Nakayama 연구에 의하면 크기와 색과 같은 세부 특징들은 주의 과정 없이도 쉽게 결합될 수 있다고 하였다. 따라서 시각 탐색의 난이도는 서로 다른 세부 특징을 결합해야 하는지와 어떤 세부 특징을 결합해야 하는지에 따라 달라지는 것이다.

3 유도 탐색이론

유도 탐색이론(guided search theory)은 카일 케이브(Kyle Cave)와 제레미 울프(Jeremy Wolfe)가 제안한 것으로 세부 특징 탐색이든 결합 탐색이든 간에 두 개의 연속적인 단계(병렬적 단계와 계열적 단계)를 포함한다고 하였다. 병렬적 단계에서는 표적이 각 세부 특징을 갖고 있는지에 근거하여 내적 표상들이 동시에 활성화된다. 계열적 단계에서는 활성화된 개별대상 각각을 활성화 정도에 따라 순차적으로 점검하고, 실제로 표적인 것을 선택한다. 탐색에 있어서 첫 번째 병렬적 단계는 선택 과정에 안내자 역할을 하는 것이다. 아래의 왼쪽 그림은 하얀 원을 찾는 과정에서 유도 탐색이 적용된다. 이 경우는 하얀 원의 표적을 모두 찾아야 하고, 방해 자극은 모든 검정 사각형이다. 병렬적 단계에서는 모든 원을 활성화시키고, 사각형을 비활성화시킨다. 따라서 계열적 단계에서는 표적을 빠르게 선택할 수 있는 것이다. 반면에 오른쪽 그림에서 검은 원의 표적을 찾아야 할 때 방해 자극은 하얀 사각형과 하얀 원, 검은 사각형이다. 병렬적 단계는 표적인 검은 원과 방해 자극인 검은 사각형, 하얀 원에 대한 내적 배치도를 활성화시킬 것이다. 계열적 단계에서는 검은 원을 처음에 점검하거나 혹은 검은 사각형이나 하얀 원을 점검하여 그것이 방해 자극일 경우 지각하게 된다. 유도 탐색 모형은 같은 결합 탐색이라도 어떤 것은 다른 것보다 더 쉬울 수 있음을 예측해 준다는 것을 시사하게 된다.

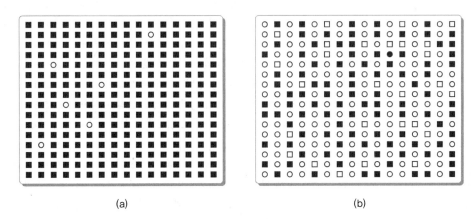

(a)   (b)

[시각 탐색 유형]

4 운동 여과기이론

피터 맥레오드(Peter McLeod)와 존 드라이버(Jon Driver)는 운동(movement)이 다른 세부 특징들과 결합할 때 상반된 효과를 보인다고 하였다. 운동이 어떤 세부 특징과 결합할 경우 그 세부 특징 하나만을 탐색하는 경우보다 탐색이 쉽고 빠를 수 있다. 그러나 미묘한 차이를 탐지해야 하는 경우에는 운동이 결합이 되면 시각 탐색이 더 느려지게 된다. 운동은 때때로 시각 탐색을 더 쉽고 빠르게 만들 수도 있고, 반대로 시각 탐색을 억제하기도 한다.

맥레오드(McLeod)는 인간에게 '운동 여과기(movement-filter)'라는 기제가 있어 다른 시각적 세부 특징들과는 독립적으로 '공통된 운동특성'을 지닌 자극에 주의가 향한다고 말한다. 맥레오드(McLeod)와 그의 동료들은 운동 여과기 담당 영역이 중앙 측두피질 영역임을 밝혀내어 깊이와 운동을 탐지하는 특정한 신경 경로가 있음을 발견했다. 또한, 동일한 속도로 진행되는 운동은 착각적 결합의 가능성을 증가시킨다. 착각적 결합은 관찰자가 제한된 주의 자원을 갖게 될 때, 또는 제한된 정보를 갖게 될 때 발생할 가능성이 높다. 또 형태와 패턴지각에도 관여하고 주변의 맥락이나 사전지식과 도식 등에 의해서도 영향을 받는다.

제 3 절   주의의 통제

주의 통제(attentional control)란 과제를 수행할 때 어떠한 정보에 집중하고 무시할 것인지 결정하는 능력을 의미한다. 주의 통제 모델을 살펴봄으로써 복잡한 주의를 이해하고, 어떻게 상호작용하여 주의 통제가 가능한 것인지 살펴보고자 한다.

1 주의 통제 모델

(1) 분산되어 있는 동시에 서로 중복되는 네트워크

메슬램(Mesulam, 1981)이 제안한 주의에 관여하는 신경체계에 관한 한 모델은 주의가 광범위한 대뇌피질 영역들로 구성된 한 네트워크에 의해 통제되며, 네트워크에 포함되는 피질 영역들의 기능은 전문화되어 있고, 중복되어 있다고 한다. 이 모델에서 네트워크에 포함된 피질 영역의 기능이 전문화되어 있다고 생각한 이유는 각 영역의 역할들이 다른 영역의 역할과 완전히 동일하지 않기 때문이다. 그러나 각 영역이 가지는 고유의 기능이 절대적이지 않다. 그 이유는 서로 다른 영역들에 손상을 입게 되면 서로 유사한 손상 효과가 관찰되기 때문이다. 따라서 이 모델은 엄격한 국재화 입장이나 엄격한 질량작용(mass action)의 입장을 취하지 않는다.

이 모델에서는 네 가지 주요 영역들이 주의의 특정 측면을 통제하는데 더 우세하지만, 완전히 독점적이지 않다고 말한다. RAS의 주요 역할은 ① 경계와 각성을 유지하는 것, ② 대상피질의 주요 역할은 정보에 동기적 중요성을 부여하는 것, ③ 후측 두정엽의 주요 역할은 세상에 관한 감각 지도를 제공하는 것, ④ 전두엽의 기능은 운동 프로그램을 제공하는 것이다.

이 모델은 주의가 상호 관련된 대뇌 네트워크에 의해 통제된다고 여기기 때문에 '뇌손상이 어떻게 주의에 영향을 미치는가'에 관한 시사점을 제공한다. 첫째, 뇌 손상이 단일의 뇌 영역에 제안되어 일어난다고 하여도 주의 행동뿐만 아니라 다른 행동에도 영향을 미칠 수 있다. 예를 들어 비록 전두엽이 주의 통제에 관여하여 네트워크에 포함되지만 집행 기능에도 관여한다. 둘째, 이 모델은 엄격한 국재화 입장이 아니기 때문에 서로 다른 부위의 손상으로 동일한 기능이 장애를 입을 수 있다. 예를 들어 신체의 측면에서 발생하는 자극에 대한 주의가 완전히 결여된 편측 무시증은 뇌의 매우 다양한 부위의 손상으로 말미암아 초래된다. 셋째, 가장 심각한 정도의 주의 장애는 네트워크에 포함된 뇌 영역 중 하나 이상의 영역에 손상을 입을 때 관찰된다. 따라서 두정엽에만 손상을 입은 경우보다 전두엽과 두정엽 모두에 손상을 입으면 더 심각한 정도의 무시증을 초래하게 된다.

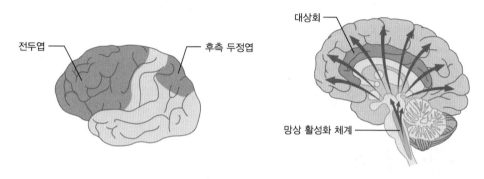

[주의 네트워크에 포함되는 피질영역]

(2) 각성, 정위와 집행적 주의

주의 통제의 두 번째 주요 모델은 주의 네트워크가 각성, 정위와 집행적 주의로 분리될 수 있다고 주장한다. 뇌의 하위 체계 중 하나인 각성에 관여하여 민감도를 유지함으로써 곧 있을 사건에 대한 경고 신호에 대해서는 재빨리 반응하게 한다. 각성 체계에는 청반(locus coeruleus), 두정피질과 우반구 전두피질이 포함되며 신경전달물질인 노르에피네프린과 밀접하게 관련되어 있다.

두 번째 하위 체계는 정위에 관여하는 것인데 이 하위 체계는 감각 신호의 출처로 주의를 향하게 하고 다양한 감각 입력 중에서 선택하게 한다. 이 하위 체계에는 상구, 상두정 영역, 측두-두정 경계와 전두 시야장이 포함되고 신경전달물질 아세틸콜린과 밀접하게 관련되어 있다.

세 번째 하위 체계는 집행적 주의를 관여하는데 즉 개인의 목표와 희망에 맞게 주의가 일어날 수 있도록 통제하고, 갈등의 탐지와 해결도 포함된다. 이 체계에는 기저핵, 복외측 전전두영역과 전대상피질이 포함되고 도파민과 밀접하게 관련되어 있다고 한다. 일부 최근 연구들은 이 체계들이 완전히 독립적으로 기능하지 않고 한 체계의 처리가 다른 체계에 영향을 미칠 수 있다고 한다.

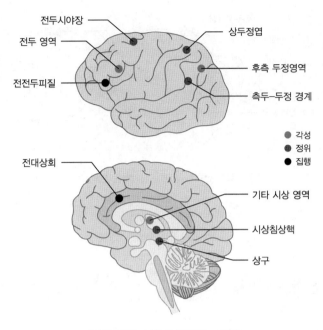

[각성, 정위, 집행에 관여하는 영역]

(3) 목표 선택 반응 대 적절한 자극 탐지

이 모델은 두 가지로 분리된 네트워크가 서로 다른 주의 기능에 관여한다고 주장한다. 두정내구와 상전 두피질 일부로 구성된 배측 하위 체계는 목표에 맞게(하향) 자극과 반응을 선택하게 한다. 주로 우반구 의 측두–두정피질과 하전두피질이 포함된 복측 하위 체계는 반응에 적절한 자극을 탐지하는 데 전문화 되어 있는데 특히 눈에 두드러지거나 예기치 않은 자극의 경우에 그러하다. 배측 체계는 하향 주의 통제 에 더 관여하고 복측 체계는 상향 주의 통제에 더 관여한다.

두 체계가 존재하는 이유는 상향 방식에 따라 선택한 목표, 장소 혹은 대상에만 주의를 줄 경우 우리가 예상하지 못한 눈에 띄는 환경 자극을 놓칠 수 있기 때문이다. 만약 복측 전두두정 네트워크는 중요한 새로운 사건이 일어날 경우 주의를 재세팅함으로써 배측 체계에 대한 '회로 차단기'처럼 작용하는 것이 다. 청반이 복측 주의 체계에 중요한 역할을 하는 것으로 미루어 노르에피네프린이 재세팅 과정에 작용 하는 것으로 보인다. 예를 들어 사람들에게 역치하 수준으로 얼굴 사진을 보여주어 얼굴을 의식적으로 탐지하지 못하게 할 경우, 보여준 얼굴이 정서적으로 중립적인 표정을 가지고 있을 때보다 두려운 표정 을 짓고 있을 때 상구, 시상침, 청반과 편도체의 활성화가 증가한다. 연구자들은 편도체와 연결되는 상 구 시상침 경로를 통해 역치하 두려움 신호가 처리되고 나아가 회로 차단기의 역할을 하는 청반을 활성 화시킨다고 말한다. 이 연구는 어떻게 복측 체계가 주의의 방향을 다시 바꾸게 하여 우리로 하여금 현재 목표와 목적에만 근거한 터널 시각(좁은 시각)을 가지지 않게 하는가를 설명해준다.

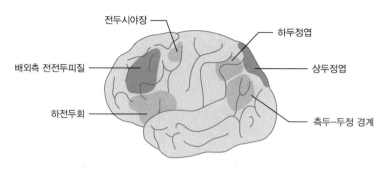

[목표 선택과 반응에 관여하는 영역]

제 **4** 절 **신경조절기제**

주의는 운동을 계획하고, 형태를 구분하며, 이름을 기억하는 것과 다르게 특정 유형의 정보처리 능력을 제공하지 않는다. 대신에 모든 뇌 기능영역에 걸쳐 현재 진행되고 있는 처리 과정을 조율하거나 수정하는 역할을 한다. 여기서는 다양한 주의 유형(각성, 경계, 선택 주의, 분리주의)의 뇌 구조를 살펴보고자 한다.

1 주의의 유형

(1) 각성

가장 기초적 수준의 주의이다. 각성(alertness and arousal)이 없으면 개인은 환경으로부터 정보를 받을 수 없거나 특정 반응을 선택할 수 없게 된다. 우리가 피곤하거나 졸리면 각성 수준이 낮아지는데, 이러한 경우 중요한 정보를 놓치거나 정확한 행동을 선택하지 못한다. 혼수상태와 같은 경우, 각성이 지나치게 낮기 때문에 개인은 외부 세계에 대한 반응을 거의 못하게 되고, 자신의 반응도 거의 통제하지 못하게 된다.

(2) 경계

경계(vigilance)는 '지속 주의(sustained attention)'라고도 하는데 각성상태를 일정 시간 동안 유지할 수 있는 능력을 말한다. 경계는 어떤 과제를 쉬지 않고 수행해야 할 때 중요하다.

(3) 선택 주의

선택 주의(selective attention)는 많은 양의 정보 중에서 중요한 정보에 집중하게 하는 여과 과정으로 꼭 필요한 정보를 선택하는 능력을 말한다. 이 선택 과정은 현재 유입되는 감각정보나 마음속으로 생각하고 있는 정보 혹은 가능한 반응들을 대상으로 이루어진다. 예를 들어 현재 책을 이해하고자 한다면 노래나 주변 사람들의 움직임 관찰을 동시에 할 수 없을 것이다.

(4) 분리 주의

분리 주의(divided attention)는 두 가지 이상의 과제에 주의를 분산하는 것으로, 분리 주의의 핵심적 개념은 정보를 처리하는 데 필요한 자원(resource) 혹은 노력(effort)이다. 예를 들어 옆 사람과 대화를 하면서 동시에 음악을 들으며 끝나고 무엇을 해야 할 지 생각한다. 여기에서 주의할 것은 과제들이 동일한 자원을 사용하기보다 서로 다른 자원들을 사용할 경우 뇌의 처리 능력은 더 커진다는 것이다. 두 개의 시각 과제를 동시에 수행하는 것보다 하나의 시각 과제와 하나의 청각 과제를 동시에 수행하는 것이 훨씬 더 용이하다.

2 주의의 신경조절기제

(1) 각성의 신경조절기제

주의에서 가장 기본적인 수준인 각성은 신경계가 자극에 반영하는 데 필요한 주의를 주는 능력을 말한다. 각성에 중요한 역할을 하는 뇌 구조가 뇌간에 위치해 있는 망상 활성화 체계(reticular activating system, RAS)이다. 이 체계는 흥분성 신경전달물질인 글루타메이트에 의존하며, 수면-깸 주기(sleep-wake cycles)에도 관여한다. RAS는 대부분의 대뇌피질 영역과 광범위하게 연결되어 있고, 상향 경로를 가지고 있다. 이를 통해 뇌 전체의 각성 수준을 조율한다. 피질과의 연결은 시상을 거쳐 대뇌피질로 가는 배측 체계와 시상하부에서 기저전뇌를 거쳐 대뇌로 가는 복측 경로, 두 가지 경로를 통해 일어난다.

각성에서 RAS는 매우 중요한 역할을 담당하기 때문에 RAS에 손상을 입거나 기능이 방해를 받으면 혼수(coma)상태가 초래된다. 혼수상태에 있는 사람은 눈을 감을 채 외부 자극에 반응하지 않거나 외부 자극을 인식하지 못한다. 극심한 경우에는 해로운 자극이나 고통스러운 자극에 대해서조차 방어적 움직임을 보이지 않는다. 뇌막염(meningitis), 종양, 뇌출혈, 두부 외상 및 발작 등과 같은 원인들은 신체가 아닌 뇌에 영향을 미쳐 혼수상태를 초래하기도 한다. 때에 따라서 신진대사장애, 비정상적인 혈중 가스 수준(일산화탄소), 특정 비타민 부족(티아민) 혹은 독성물질(알코올, 중금속) 등이 뇌뿐만 아니라 신체에도 영향을 미치기도 한다.

콜린계와 노르아드레날린계 신경전달물질 체계가 전반적 각성에 관여한다. 뇌간에 세포체가 있는 콜린계의 한 부류는 RAS의 상향 경로와 평행하는 경로를 구성한다. RAS의 상향 경로처럼 이 뉴런들은 시상과 기저전뇌로 축색을 보내어 피질의 활성화가 초래된다.

세포체가 뇌간의 청반(locus coeruleus)에 위치하는 노르아드레날린계도 각성에 매우 중요한 역할을 하는데, 노르아드레날린계 뉴런들은 광범위한 뇌 영역으로 축색을 보낸다. 단일세포기록법을 사용한 연구들은 청반에 위치하는 세포들이 규칙적으로 느린 비율로 활성화하지만(대략 1Hz), 각성 자극에 대해서는 발화율이 증가하고 졸거나 수면을 취하는 동안에는 발화율이 감소하는 것을 확인하였다. 청반의 활성화가 수면을 방해하는 것이다. 그리고 각성 수준이 높거나 과제에서 요구하는 것이 많은 경우 과제 수행이 저하되는데, 이는 청반의 병변은 인지 과제 수행을 저하시킨다. 노르아드레날린계는 지나친 각성상태가 특징인 외상 후 스트레스 증후군과 같은 정신 질환에도 관여한다.

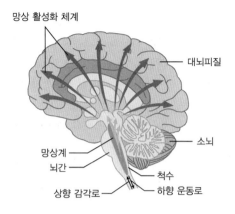

[각성에 관여하는 망상 활성화 체계]

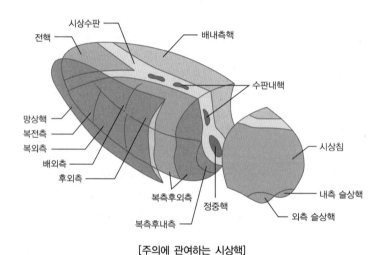

[주의에 관여하는 시상핵]

이 뇌간의 핵들은 시상과 연결되어 있기 때문에 시상이 대뇌피질의 각성 수준을 조율한다. 이러한 기능은 시상 부위 중 배내측핵, 수판내핵(interlaminar nucleus), 망상핵이 관여한다. 이 시상핵들만 손상을 입어도 혼수상태가 초래된다. 신경 영상 연구들도 시각 혹은 체감각 자극에 대해 빨리 반응할 경우 수판내핵의 활성화가 증가하는 것을 관찰하였다. 이 모든 연구 결과는 시상 영역이 각성에 중요한 역할을 하는 것을 보여준다.

(2) 경계와 지속 주의의 신경조절기제

콜린계와 노르아드레날린계가 경계와 지속 주의에도 중요한 역할을 한다. RAS는 뇌간의 콜린계 세포들은 기저전뇌(중격핵, 브로카 대각띠, 전뇌기저핵을 포함하여)로 축색을 보낸다. 여기에는 지속 주의와 경계에 중요한 역할을 하는 것으로 보이는 다른 콜린계 경로의 세포체가 위치한다. 이 영역의 콜린계 경로를 화학적으로 손상시키면 지속 주의가 상실된다.

노르아드레날린계는 뇌를 각성시켜 뇌로 하여금 정보를 받아들이거나 반응을 하도록 준비시키는 것으로 여겨진다. 예를 들어 약물을 통해 노르아드레날린계의 기능을 조율하면 다가올 과제에 관한 정보를 제공하는 단서를 사용하는 개인의 능력이 영향을 받는다.

기저전뇌와 노르아드레날린계의 뉴런들은 시상의 중앙핵으로 축색을 보낸다. 만약 60분 동안의 청각 경계 과제 동안에 수행이 저하되면 시상 중앙 부위의 활성화도 감소한다. 주의 상태를 일정하게 유지하기 위해서는 일정한 수준의 지속적인 각성이 요구된다.

피질 영역들도 각성과 경계에 관여하며, 우반구가 좌반구보다 더 우세한 역할을 한다는 연구결과가 있다. 예를 들어 뇌 손상을 입을 경우 자극에 대한 반응이 거의 항상 느려지지만 우반구 손상이 더 느린 반응을 초래하는데, 이는 자극이 청각 혹은 시각일 경우와 무관하다.

(3) 선택(적) 주의

① 상구

ⓐ 도약안구운동

주의를 한 위치나 물체에서 다른 위치나 물체로 돌리는 것은 중뇌에 위치하는 상구(superior colliculus) 혹은 상소구의 역할이다. 비록 주의의 초점이 항상 눈의 위치와 동일할 필요는 없지만 일반적으로 눈이 고정하는 부위와 주의의 초점 부위가 대개 일치한다. 상구는 주변 시야에 있는 자극들을 빠르게 중심 시야로 오게 하는 함으로써(눈 움직임 통제) 새로운 위치나 물체가 주의가 옮겨 가도록 한다. 이 과정을 도약안구운동(saccade)에 의해 이루어진다.

도약안구운동이란 눈 운동이 천천히 일어나는 것이 아니라 한 위치에서 다음 위치로 건너뛰듯이 운동하는 것이다. 도약안구운동은 두 가지 유형이 있다. 하나는 '표현성 도약안구운동(express saccade)'이고 다른 하나는 '규칙성 도약안구운동(regular saccade)'이다. 표현성 도약안구운동은 120밀리 초 정도 걸리고 반사적 속성을 가지며 새로운 시각 자극이 주변 시야에 제시될 때 나타나며 상구에 의해 프로그램된다. 규칙성 도약안구운동은 수의적 통제를 받으며 200~300밀리 초 정도 걸린다. 이 유형의 안구 운동은 상구의 손상에 영향을 받지 않는다. 그러나 전두시야장 (frontal eye field)이 손상될 경우 장애를 보인다.

ⓑ 상향 주의

단일세포기록법을 사용한 연구들은 상구가 상향 주의에 도움이 된다고 보고하고 있다. 상구 세포들은 특정 시각 특징(예를 들어 특정 선 방향, 특정 방향의 움직임)에 대해 선택적으로 반응하지 않는다. 대신 이 세포들은 어떤 특징이 시각 자극을 두드러지게 만드는가와 상관없이 자극의 전반적 특징에 민감한 것으로 여겨진다.

② 시상

ⓐ 정보의 중계소

시상 영역은 감각 수용기로부터 전달되는 정보는 시상을 통하여 뇌로 연결하는 역할을 한다. 즉, 시상이 중계소, 문지기(gatekeeper) 역할을 하는 것이다. 시각정보는 시상의 외측슬상핵에서 중계되고, 각 시야로부터 오는 정보가 대측의 외측슬상핵으로 전달된다. 주의가 한 시야로 향하면 이 시야의 대측 슬상핵의 활성화가 증가하는데 이는 주의가 피질에 도착할 정보를 조율한다는 것을 의미한다.

ⓛ 특정 위치로의 주의

시상의 또 다른 구조인 시상침(pulvinar)도 주의에 중요한 역할을 한다. 시상에 손상을 입게 되면 특정 위치로 주의를 향하는 능력과 다른 위치에 관한 정보를 여과시키는 데 장애가 초래된다. 시상침의 손상은 목표 자극의 방향을 구분하는 것을 방해하기도 한다. 양전자 방출 단층 촬영술(PET) 연구들은 정보의 여과가 요구될 때 시상침의 활성화가 증가하는 것을 보고하고 있다. 예를 들어 한 자극이 제시되었을 때보다 8개의 자극 중에서 한 자극을 탐지해야 할 때 시상침의 활성화가 증가한다.

③ **두정엽**

두정엽은 특정 자극 혹은 과제에 주의 자원을 할당하는 기능뿐만 아니라 주의 선택을 더 정확하게 통제한다. 두정엽이 주의 통제에 관여하는 방법 중 하나가 하향 통제이다. 즉, 개인에 의해 일어나는 주의에 관여한다는 것이다. 좀 더 상세하게 주의에 관한 두정엽의 기능에 대해 살펴보자.

㉠ 시각 주의에 관한 역할

두정엽에 위치한 세포들이 시각 자극으로 향할 때 발화율이 증가하고, 이 발화율 증가는 자극을 향한 눈과 팔의 움직임과는 무관하다. 또한, 단일세포 기록 연구들은 두정엽의 일부 영역인 외측 두정내영역(lateral intraparietal region)이 주의를 주거나 눈에 띄는 공간 위치의 표상에 중요한 역할을 담당한다. 이 영역에 위치하는 세포들은 주의를 준 위치에 특히 민감하게 반응하고, 이 세포들은 위치에 관한 정보가 청각 혹은 시각과는 무관하게 반응한다.

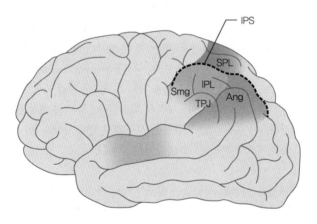

[두정영역에서 주의의 역할]

점선으로 표시된 두정내구(IPS)는 상두정엽(SPL)과 하두정엽(IPL)을 구분하는데, 하두정엽에는 연상회(Smg)와 이보다 후측에 위치하는 각회(Ang)가 포함된다. 하두정엽 하측 부위가 측두두정 접합(TPJ)이다.

㉡ 상향 요인과 하향 요인

두정내 영역에 위치하는 세포들의 발화율이 상향과 하향 요인 모두의 영향을 받는다. 하나의 목표 자극을 찾아야 하는 시각 탐색과제를 수행하고, 이를 방해하는 자극들을 주는 동안 단일세포의 활성화를 기록한 연구를 보면 두정엽이 상향과 하향 요인의 영향을 모두 받고 있다는 것을 확인할 수 있다. 상향 요인의 영향을 보여주는 연구 결과는 방해 자극의 수에 따라 세포 발화율이 변하는 연구에서 방해 자극의 수가 적을수록 목표 자극이 더 눈에 띄는 것을 확인할 수 있었고, 이는 상향 요인의 영향을 보여주는 결과이다. 자극의 위치에 관한 정보를 제공하지 않을 때보다 위치에 관한 정보를 제공할 때 세포의 발화율이 증가하는 것으로 보아 세포들은 하향 요인의 영향도 받음을 알 수 있다.

ⓒ 목표 자극의 선택(특정 위치로 주의를 향하게 함)

인간의 경우 두정내구가 경쟁적인 시각 자극 중에서 목표 자극을 선택하는 것에 중요한 역할을 한다. 시각 주의가 요구되는 과제를 수행하는 동안 두정내구의 활성화가 증가된다(특정 공간 위치 또는 대상으로 주의를 줄 때, 여러 시각적 속성으로 동시에 주의를 줄 때 두정내구의 활성화가 증가). 그러나 선택 과정을 요구되지 않는 과제의 수행 동안은 관찰되지 않는다. 단순한 언어 과제(예 철자를 찾는 것)에 비하여 어려운 언어 과제(예 의미 범주 과제)를 수행할 때 이 영역의 활성화가 더 증가하지 않는다. 일부 연구들은 이 영역이 반구 편재화를 가진다는 결과를 보고하는데, 즉 우반구 두정엽이 시각 주의에 중요한 역할을 하는 한편 좌반구 두정엽이 특정 순간에 주의를 향하게 하는 데 관여한다고 한다.

공간 내의 특정 위치로 주의를 향하게 하는 것이 방해 자극들 가운데서 목표 자극을 찾는 것에 도움이 되는데 왜냐하면 주의를 줌으로써 색채와 방향 등과 같은 목표 자극의 특징들이 서로 결합되게 하기 때문이다. 이와 같은 결합 기능이 어떤 정보가 선택되어 더 깊이 처리되어야 하는지를 결정하는 데 도움이 된다(세부 특징 통합이론).

ⓔ 세부 특징의 결합

두정엽이 이러한 결합 과정에 중추적인 역할을 하는 것으로 여겨지는데, 왜냐하면 양반구 두정엽에 손상을 입으면 특징들을 서로 결합하는 능력이 장해를 받게 된다. 이러한 장애를 가진 사람들은 결합된 특징들을 탐지하지 못하게 되는 반면 단일 특징을 탐지하는 능력은 유지한다.

ⓜ 공간 주의의 전환

공간 주의의 전환이 요구되는 과제 수행 동안 상두정 영역이 활성화하는 것이 여러 신경 영상 연구들에서 보고되고 있다. 주의의 전환에는 적어도 두 단계가 요구되는데, 첫 번째 단계는 현재 위치에서 주의를 이탈해서 새로운 위치(현재 고정점에서 주변 부위)로 옮기는 것이다. 최근의 연구들은 고정점으로부터 주의를 이탈하는 데 관여하는 상두정 영역과 주변 시야에 있는 새로운 위치로 주의를 이동하는 데 관여하는 영역이 서로 다르다고 한다. 그리고 상두정엽이 다른 공간 위치로 주의를 돌리는 것뿐만 아니라 일반적 주의 전환에도 관여한다. 예를 들어 이 영역은 주의를 남성 목소리에서 여성 목소리로 전환하거나 얼굴과 집이 그려져 있는 그림들이 중복되어 제시될 때 주의를 얼굴에서 집으로 전환할 때도 활성화한다.

ⓗ (주의를 주지 않은) 자극의 탐지

우반구 하두정 영역은 상향 주의 통제에 관여한다. 예를 들어 단서가 곧 제시될 목표 자극에 대한 정보를 제공할 경우 이 영역들의 활성화가 증가하지 않는데, 이는 이 영역들이 하향 주의 통제에 비교적 관여하지 않는다는 것을 의미한다. 그리고 주의를 주지 않은 위치에 목표 자극이 제시되어 개인이 목표 자극 위치로 주의를 전환해야 하는 조건에서 연상회와 상측두회의 일부 영역(때로 측두–두정연결부위라고 불림)이 매우 큰 활성화를 보인다. 이 영역은 자극 유형과는 무관하게 드문 자극이나 자극 특징이 제시될 경우에도 활성화된다. 이 모든 연구 결과는 이 영역이 주의를 주지 않은 자극 혹은 자주 제시되지 않은 자극의 탐지에 관여한다는 것을 추측하게 한다. 하두정엽 병변을 가진 편측무시증 환자에서 관찰되는 결함 양상이 이러한 추측을 지지한다. 이 환자들에게 병변 대측성 공간에 제시되는 단서, 다시 말하면 하향 정보에 주의를 주게 하면 자신들이 무시하는 면에 있는 자극을 탐지할 수 있다. 그러나 만약 단서가 제시되지 않으면 자극을 탐지하지 못하는데 이는 주의를 주지 않은 정보에 대한 민감성이 감소하기 때문이다.

ⓧ **주의 자원의 할당**

주의에 있어서 두정엽이 가지는 또 다른 주요 역할은 주의 자원을 할당하는 것이다. 우반구 두정영역이 지속 주의에 관여하기 때문에 만약 개인이 주의를 일정 시간 동안 유지하고자 할 때 주의 자원은 반드시 할당되어야 한다. 그리고 서로 다른 유형의 주의는 두정엽의 서로 다른 부위들을 활성화시키지만 주의가 특정 공간 영역이나 특정 시간대로 향하든지, 혹은 특정 위치나 사물로 향하든지 상관없이 공통적으로 활성화하는 영역들이 있다. 예를 들어 주의가 특정 공간으로 향하는 것이 요구되는 과제의 수행에는 우반구 하두정엽의 활성화가 두드러지는 한편, 특정 시간에 주의를 주는 것이 요구되는 과제에서는 좌반구 두정내구의 활성화가 증가된다. 그러나 이 두 영역을 제외한 하두정엽과 두정내구의 다른 영역들은 두 과제 모두에서 활성화를 보인다.

두정엽과 측두엽의 경계 부위는 손상을 입었으나 전두엽을 비롯한 다른 영역들은 손상되지 않을 경우 P_{300}이 관찰되지 않는다. 이 사실은 매우 중요한데, 왜냐하면 P_{300}은 개인이 특정 자극이나 과제에 수의적으로 할당하는 주의 자원의 정도를 반영하는 지표로 여겨지고 있기 때문이다. 예를 들어 두 과제를 동시에 수행하고자 할 때 두 과제에 주의가 동등하게 할당되거나(예 과제 A에 50%, 과제 B에 50%) 동등하지 않게 할당될 수 있다(예 과제 A에 80%, 과제 B에 20%). 개인이 특정 과제에 더 많은 주의를 줄 경우 P_{300}의 진폭이 더 증가한다. 따라서 만약 주의의 80%가 과제 A에 할당된 반면 20%만이 과제 B에 할당된다면 과제 A에서 관찰된 P_{300}이 과제 B에서 관찰된 P_{300}보다 진폭이 더 크다. P_{300}이 주의 자원의 할당을 반영하고 측두-두정연결 부위의 손상에 영향을 받기 때문에 이 영역이 주의 할당에 중요한 역할을 한다는 것을 추측할 수 있다.

④ **내측 전전두피질**

뇌가 각성하고, 주의를 전환하고, 감각정보가 정보처리 초기 단계에 여과되고, 감각정보를 선택한 후에는 반응을 선택해야 한다. 반응 선택에 중요한 역할을 하는 부위가 전대상피질(anterior cingulate cortex)과 보조운동영역을 포함하는 전전두피질의 내측 부위이다.

전두영역은 행동의 선택에 관여한다. 예를 들어 전두엽 병변은 공간의 무시면으로 향하는 움직임이 일어나지 못하기 때문에 운동 무시증을 초래한다. 이 결함은 주의 장애인데, 이는 이와 같은 움직임을 방해하는 운동마비가 관찰되지 않기 때문이다. 더욱이 이 장애는 전형적으로 두정엽의 손상과 관련되는 감각정보의 무시와도 구분된다.

특히 정확한 반응의 선택이 어려울 경우 전대상피질이 특히 중요한 역할을 한다. 새로운 반응을 해야할 때('A'에 대해 'B'로 반응하고, 'L'에 대해 'M'으로 반응하는 경우보다 'A'에 대해 'L'로 반응하고 'B'에 대해 'M'으로 반응하는 경우) 전대상피질의 활성화가 특히 두드러진다. 적절한 반응을 하기 위해서는 전형적이고 자동적인 반응을 억제하는 노력이 필요하기 때문에 이 과제에서 반응을 선택할 때 주의 통제가 요구된다.

정확한 반응을 선택하는 것이 요구되는 경우에도 대상피질의 활성화가 관찰된다. 예를 들어 가능한 반응이 여러 개 있을 때 대상피질의 활성화가 관찰된다. 한 예로 명사(예 나무)를 제시한 후 일련의 동사 중에서 이 명사와 관련이 있는 동사(예 베다)를 선택할 경우 (혹은 방해 정보가 하나의 반응을 시사할 경우) 대상피질이 활성화된다. 또한, 한 가지 속성보다는(예 색채) 여러 속성에 근거하여(예 색채, 형태, 속도) 반응해야 하는 복잡한 상황에서 대상피질의 활성화가 증가한다.

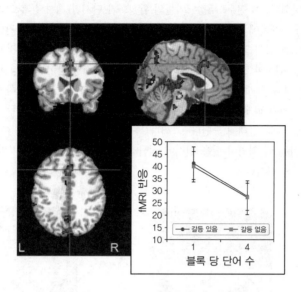

[반응 선택에 관여하는 내측 전전두피질 영역]

전대상피질의 이 영역은 반응 선택이 쉬울 경우(오른쪽), 예를 들어 한 자극이 하나의 반응과 관련되어 있는 경우보다 반응 선택이 어려울 경우(왼쪽), 즉 한 자극이 네 개의 서로 다른 반응과 연관되어 있을 경우 더 활성화된다. 이 활성화 패턴이 선택의 다른 측면, 예를 들어 자극이 갈등을 일으키는 지각적 혹은 의미적 정보를 가지고 있는가의 영향을 받지 않는다.

⑤ **외측 전전두피질**

전전두피질은 행동을 가이드하는 데 매우 중요한 역할을 한다. 전전두피질은 주의를 주어야만 하는 목표 세팅에 중요한 역할을 한다. 이 영역은 어떤 자극에 주의를 주어야 하는가 혹은 어떤 운동 반응을 선택해야 하는가보다는 좀 더 추상적인 특징에 근거하여 우리의 주의를 가이드한다. 예를 들어 전전두영역은 개인이 주의를 주어야만 하는 정보 범주를 가이드하는데 중요한 역할을 한다. 예를 들어 스트룹 과제에서 전전두영역은 단어의 의미보다는 단어의 잉크색에 주의를 향하게 한다.

전전두피질 영역에서의 한 역할은 '주의 통제의 출처(source of attentional control)'라고 불린다. 이 영역들은 다른 영역들에 신호를 보내며 이 신호를 통해 특정 정보에 주의 편향이 일어나게 한다. 전전두영역들이 주의 통제의 출처로 여겨진다. 이와 반대로 '주의 통제의 부위(site of attentional control)'는 특정 속성, 위치, 자극 혹은 눈에 띄는 차원에 대해 주의가 증가하는 것을 조율하는 뇌 영역이다.

이 구분을 한 신경영상 연구의 결과에 근거하여 설명하는데 이 연구에서 연구참여자는 두 가지 조건에서 목표 자극을 탐지하는 것을 요구받았다. 한 조건에서 연구참여자들에게 중앙 고정점에 주의를 유치하는 것이 요구되었다. 다른 조건에서는 더 많은 주의 통제가 요구되었는데, 즉 주변 시야의 어느 곳에 주의를 주어야만 하는가에 관한 단서가 제시되었다. 이 조건에서 단서가 제시되었지만 아직 목표자극이 제시되기 전 동안 전두영역과 상두정엽의 활성화가 매우 크게 증가하는 것이 관찰되었다. 그러나 시각 자극이 제시되면 이 영역들의 활성화가 거의 증가되지 않았는데, 이 결과는 목표 자극의 탐지가 어렵거나(목표 자극이 방해 자극들 사이에 묻혀 제시), 쉽거나(목표 자극만 제시)와 무관하였다. 이 전두–두정영역들의 활성화가 단서가 제시된 후 그러나 목표 자극이 제시되기 전에 증가하기 때문에 이 영역들이 주의 통제의 출처, 즉 추후 과정에 관한 편향을 세팅하는 것으로 여겨진다. 그러나 이 영역들이 자극 제시 후의 선택이 실제 일어나는 것에는 관여하지 않는 것으로 여겨지는데, 이는 이 영역들의 활성화가 실제 선택 과정의 난이도의 영향을 받지 않았기 때문이다. 이와 상반되게 후측 시각 영역(V4)의 활성화는 단서가 제시된 후 증가하였지만 전두 영역과 상두정 영역에 비해 훨씬 적게 증가하였다. 후측 시각 영역은 전두 영역과 상두정 영역으로부터 오는 편향 신호에 의해 '각성' 상태에 놓인다. 그러나 목표 자극이 제시된 후에는 이 영역의 활성화가 매우 증가되는데, 이는 이 영역이 반응 선택에 적극적으로 관여하는 것, 다시 말하면 주의 통제의 부위로 활동하는 것을 시사한다.

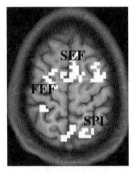 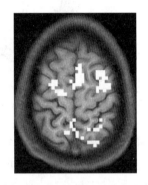

(A) 시각 자극과 주의   (B) 시각 자극이 없는 동안의 주의

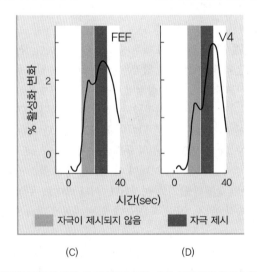

(C)   (D)

[전전두피질의 하향 주의통제를 통한 후측 뇌영역의 활성 조율]

보조시야장(supplementary eye field, SEF)과 전두시야장(fronal eye field, FEF)을 포함하여 전두 영역은 개인이 주의를 한 위치로 향할 때 활성화한다. 즉, (A) 자극이 제시될 때와 (B) 자극이

제시될 것이라고 기대할 때 모두 활성화한다. (C)는 fMRI로 측정한 FEF의 활성화를 보여준다. 자극이 제시되기 전에 주의가 목표 위치로 향할 때 활성화가 증가되고(회색 막대), 자극이 실제 제시되면 단지 약간 활성화가 증가된다(보라색 막대). (D)는 이와 상반되게 시각피질영역의 경우 자극이 제시되기 전에는 약간의 활성화 증가만이 있고(회색 막대), 자극이 제시되면 활성화가 많이 증가한다(보라색 막대).

⑥ **선택 주의에 의한 특정 피질 영역의 활성화 조율**

㉠ 공간 위치/특정 대상의 속성(색채, 형태)/대상 전체에 근거한 선택

친구를 학교 안에 있는 특정 지점에서 만나기로 했다. 학교에 도착하여 친구를 찾기 시작할 때 친구와 만나기로 한 지점에만 주의를 주고 다른 지점에는 주의를 주지 않을 수 있다. 이를 '주의의 공간 근거 관점(space-based viewpoint of attention)'이라고 한다. 혹은 만약 친구가 핑크색 후드티를 입고 있다는 것을 알고 있다면 친구를 찾을 때 핑크색 후드티에만 주의를 주고 다른 지점에는 주의를 주지 않을 수 있다. 이를 '주의의 대상 근거 관점(object-based viewpoint of attention)'이라고 한다. 이처럼 하향 신호가 다른 뇌 영역들에서 처리 과정의 편향이 일어나게 한다.

ⓐ 주의의 공간 근거 관점

시각피질영역들은 공간에 근거한 주의 효과를 매개하고 있다. 공간의 특정 영역으로부터 오는 시각정보는 대측 시각피질의 특정 영역에서 처리된다. 한 시야의 정보에 주의를 주면 반대편 대뇌반구의 선조외영역(V2~V4)의 활성화가 증가하는데, 이는 주의가 공간에 근거하는 속성을 가지고 있다는 것을 시사한다. ERP 연구들은 공간에 근거한 주의 조율이 정보처리과정 중 비교적 초기 단계, 즉 자극 제시 후 100밀리 초 정도에서 나타나는 것을 밝히고 있다. 목표자극이 주의를 받지 않는 공간에 제시될 때보다 주의를 받는 공간에 제시될 때 시각적 목표자극에 의해 초래되는 P_1의 진폭이 더 증가한다. PET, 쌍극자 모델(dipole model)과 fMRI 연구들은 P_1 출처가 이차시각 영역(선조외 영역)이라고 보고하고 있다. 선조외 영역은 공간에 근거한 주의 조율 부위인 한편 두정피질은 앞서 살펴본 바와 같이 주의 통제의 출처로서 공간에 근거한 선택에 중요한 역할을 한다.

ⓑ 주의의 대상근거 관점

또 다른 연구들은 정보가 대상의 속성에 근거하여 선택된다는 것을 보여준다. 한 고전적 신경영상 연구에서 연속적으로 제시되는 두 개의 움직이는 유채색 물체가 동일한 것인지 혹은 동일한 것이 아닌지를 판단하는 과제를 실시하였다. 연구참여자들에게 물체의 한 속성(예 색채)에 근거하여 반응하고 물체의 다른 속성(예 속도와 형태)은 무시하도록 지시하였다. 따라서 실험 조건들에서 지각정보는 동일하고 단지 어떤 속성에 주의를 주는가만 달랐다. 연구참여자가 색채에 주의를 주는 동안에는 V4와 같이 색채에 민감한 복측 시각 경로에 있는 영역들이 가장 큰 활성화를 보였다. 또한, 연구참여자가 형태에 주의를 주는 동안에는 복측 시각 경로에 있는 다른 일부 영역들에서 증가된 활성화가 관찰되었다. 이에 덧붙여서 참여자가 물체의 움직이는 속도에 주의를 주는 동안에는 움직임에 민감한 배측 시각 경로의 MT 부위가 가장 큰 활성화를 보였다.

ERP 연구들은 색채와 형태 등과 같이 대상의 속성에 근거하는 정보의 선택이 공간 위치에 근거하는 선택보다 다소 늦게, 즉 자극 제시 후 250~300밀리 초 정도에서 일어난다고 보고

하고 있다. 그러나 최근 연구에 의하면 색채에 근거한 주의가 자극 제시 후 100밀리 초 정도로 빨리 일어날 수 있다고 한다. 이 연구들에서 반시야에 빨간 점과 초록 점이 서로 섞여 제시되었고 연구 참여자들에게 한 색채(예 빨강)에만 주의를 주도록 지시하였다. 다른 반시야에는 단일 색채의 점들만 제시되었고 이 점들을 무시하도록 지시하였는데, 이 점들 모두가 주의를 준 색채(예 빨강) 혹은 주의를 주지 않은 색채(예 초록)를 띠었다. 주의를 주지 않은 점의 색채가 초록일 경우보다 빨강일 경우 P_1의 진폭이 더 컸다. 이 결과는 공간적 선택 주의 때문에 초래된 것이 아닌데, 이는 주의를 주지 않은 위치에 있는 점들의 색채에 따라 반응의 차이가 났기 때문이다. 대신 이 결과는 뇌가 특정 속성이 어느 위치에 제시되었는가와 상관없이 특정 속성에 주의 편향되어 있다는 것을 시사한다.

ⓒ 주의의 대상 전체에 근거한 관점

주의 선택이 대상 전체에 근거하여 일어날 수도 있다. 대상 전체에 근거하여 일어나는 주의를 측정하기 위해서는 대상의 공간 위치를 일정하게 유지하여 공간에 근거한 주의 선택이 일어나지 못하게 하는 실험방안이 필요하다. 전형적으로 대상에 근거하는 주의를 측정하는 실험에서는 중복된 도형들이 사용되는데, 한 도형에는 주의를 주고 다른 도형은 무시하는 것이 요구된다. 한 연구에서 연구 참여자에게 사람 얼굴과 집의 그림을 제시하였다. 사람 얼굴에 주의를 줄 경우에는 방추상회의 활성화가 증가되었다. 이와 상반되게 집에 주의를 주는 동안에는 해마방의 장소 영역에서 증가된 활성화가 관찰되었다. 이러한 주의에 의한 조율은 비교적 초기단계에 일어나는 것으로 보이는데, 즉 시각 특징들이 서로 결합하여 특정 대상으로 인식되자마자 주의 효과가 일어나는 것으로 여겨진다. 주의는 뇌의 한 특정 영역에만 위치하지 않는다. 대신 여러 뇌 영역들의 활성화가 원활하게 일어날 수 있도록 한다. 따라서 주의는 조율과정이라고 할 수 있다.

ⓛ 주의가 방해 정보의 영향 감소

이에 관한 설명이 원숭이를 대상으로 한 단일세포 기록 연구에 제시되어 있다. 이 연구들에서 연구자들은 세포의 수용장 내에 하나씩 제시되는 일련의 자극들에 대한 세포의 반응을 먼저 기록하였다. 예를 들어 자극 A(단독으로 제시)에 대한 발화율이 중간 정도이고, 자극 B(단독으로 제시)에 대해서는 낮은 발화율을 보였다. 만약 세포가 수용장 내에 제시되는 모든 자극의 추가적 효과(A에 대한 반응 + B에 대한 반응)에 반응한다면 각각의 자극이 단독으로 제시되었을 때보다 자극 모두가 수용장에 제시될 때의 세포의 발화율이 더 크다. 실제 두 자극 모두가 수용장에 제시될 경우 세포의 반응은 각 자극에 대한 반응의 평균이다. 세포가 잘 반응하지 않는 자극 B의 제시가 자극 A에 대한 세포반응을 억제한다. 따라서 수용장 내에 제시되는 자극들 사이에 경쟁적 상호작용이 있다. 가장 중요한 점은 한 자극의 위치에 대한 공간 주의가 시야 내에 있는 다른 자극이 억제적 효과를 감소시킬 수 있다는 것이다. 이와 유사한 기제가 인간에서도 관찰되는데, 즉 특정 위치로 공간 주의를 줄 경우 시야에 존재하는 다른 자극의 억제적 효과가 제거된다. 이와 같이 주의는 정보의 영향을 감소시킨다.

한 이론에 의하면, 이 억제적 기제가 전반적인 주의 요구가 높을 경우 일어난다고 한다. 주의 요구가 높은 경우 방해 정보를 처리할 수 있는 자원이 거의 남지 않기 때문에 방해 자극이 억제된다. 이에 반하여 주의 요구가 낮을 경우에는 방해 정보를 처리할 수 있는 자원이 충분하다.

ⓒ 상향과 하향 방식의 경쟁

주의에 관한 계산 모델(computational model)은 상향과 하향 방식의 경쟁을 입증하였다. 예를 들어 시각 선택 주의에 관한 계산 모델은 승리자가 모든 것을 차지하는 연결망(winner-take-all networks) 개념을 도입하였다. 이러한 연결망에서는 승리자가 가장 높은 수준의 활성화를 통해 나머지(방해 자극)의 활성화를 모두 획득하게 되고 더 부가적으로 처리된다고 한다. 이 모델에서의 각 단위의 활성화 수준은 자극의 두드러짐, 즉 상향 요인과 공간 주의, 즉 하향 요인 모두의 영향을 받는다. 이와 유사하게 경쟁이 주의 통제의 하향 모델에서도 중요한 역할을 한다. 예를 들어 계산 모델은 스트룹 효과를 다음과 같이 설명한다. 단어가 인쇄된 잉크색의 확인에 비해 단어 읽기가 자동적 과정이기 때문에 이 두 과정 사이의 경쟁이 단어 읽기에 편향된다는 것이다. 전전두엽으로부터의 하향 통제가 이 본능적 편향을 수정하기 때문에 주의가 단어 읽기보다 잉크색 확인으로 향한다. 주의 통제의 출처인 전두엽으로부터 제공되는 이 편향이 잉크색의 처리(V4)와 단어 읽기(각회)에 관여하는 후측 영역들의 활성화를 조율한다.

(4) 분리(적) 주의

분리 주의는 서로 다른 정보 출처 혹은 서로 다른 과제들 사이에 주의를 분산해야 할 때 일어난다. 스트룹 실험처럼, 한 가지 과제에 집중하고자 할 때조차 가끔 의도하지 않게 과제-무관련 자극들로부터 정보를 받아들이는 경우가 있다. 반대로 의도적으로 동시에 주의를 여러 과제에 분배한다면 어떻게 될까? 양분 청취법 실험에서 한 번에 두 가지 대화를 듣는 것이 어렵다는 것을 보았기 때문에 불가능하다고 생각할 수 있지만, 동시에 두 가지 이상의 과제에 주의를 분산하는 것, 즉 분리 주의를 할당하는 것이 가능한 경우가 꽤 많다. 예를 들어, 옆 사람들의 대화를 들으면서도 컴퓨터 게임을 하거나, 운전하면서 옆 사람과 대화를 하고, 동시에 음악을 들으며 저녁에 무엇을 할지 생각하는 것들이다. 분리 주의는 연습과 과제 난이도 같은 여러 요인들에 의해 영향을 받는다.

① 연습으로 형성된 분리 주의: 자동처리

워터 슈나이더와 로버트 시프린((Water Schneider & Robert Shiffrin, 1977)은 사람들에게 동시에 두 과제를 시키는 분리 주의 실험을 했다. 참가자들에게 주어진 과제는 ㉠ 목표물에 대한 정보를 기억하는 과제와 ㉡ 여러 개의 '방해물' 중 목표물이 있는지 알아보는 과제였다.

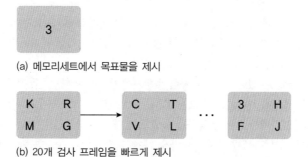

(a) 메모리세트에서 목표물을 제시

(b) 20개 검사 프레임을 빠르게 제시

[분리주의 실험]

참가자에게 처음에는 한 개 혹은 네 개의 자극, 즉 목표물들로 구성된 메모리세트가 제시되었고, 메모리세트에 이어서 각각 방해물을 내포하고 있는 20개의 '검사 프레임'들이 빠르게 제시되었다. 또한, 검사 프레임의 절반에는 메모리세트에서 제시된 목표물이 포함되어 있다. 메모리세트에서 제시된 목표물은 매 시행마다 새롭게 제시되었고, 검사 프레임들도 마찬가지로 새롭게 제시되었다. 실험 초반의 정답률은 55%밖에 되지 않았지만, 시행이 900회가 넘어가자 정답률이 90%로 증가했다. 참가자들은 초반 600회까지는 목표물을 기억하기 위해 목표물을 반복해서 되뇌어야 했다고 보고했다. 여기에서 목표물은 항상 숫자이고 방해물은 글자였으며, 매 시행마다 새로 바뀌었다. 반복적으로 과제를 수행하고 어느 순간 자동으로 과제를 수행하게 되었다고 보고했다. 즉, 목표물이 나타나면 의식적으로 생각하지 않고 반응했다는 것이다.

슈나이더(Schneider)와 시프린(Shiffrin)에 따르면, 참가자들은 연습을 통해 목표물과 방해물에 동시에 주의를 기울일 수 있게 되었다. 이처럼, 여러 시행에 걸친 연습을 통해 자동처리를 할 수 있게 되는데, 자동처리(automatic processing)란 의도와는 관계없이, 극히 소량의 인지적 자원을 소모하는 정보처리 양상이라 할 수 있다. 일상생활에서도 자동처리의 예시를 많이 찾아볼 수 있다. 예를 들어, 집을 나선 후 문이 잠겼는지 보러 다시 돌아온 경우(대부분의 사람들에게 문을 잠그는 것은 자동적인 일이 되었기 때문에 주의를 기울이지 않더라도 하게 된다), 다른 곳에 정신이 뺏겨 운전하면, 목적지에 도착한 다음에 그곳에서 어떻게 도달하게 되었는지 기억하지 못한다는 것이다. 집중하지 않았음에도 불구하고 운전이 자동적이 되었기 때문에 가능한 일이다.

② 과제 난이도와 분리 주의

슈나이더(Schneider)와 시프린(Shiffrin)의 실험에서는 과제를 많이 연습했을 때 분리 주의가 나타났다. 그러나 그들은 다른 실험에서도 과제 난이도가 증가하면 아무리 연습을 해도 분리 주의가 불가능하다는 것을 발견했다. 예를 들어 목표물과 방해물이 모두 글자이고, 전 시행의 목표물을 현 시행의 방해물로 제시하여 과제를 어렵게 만든 경우가 분리 주의가 나타나지 않았다.

과제 난이도가 증가하면 분리 주의가 일어나지 않는다는 것은 운전의 예시에서도 볼 수 있다. 익숙한 도로를 원활히 달리고 있을 때는 운전을 하면서 동시에 대화를 나누는 것이 어렵지 않다. 그러나 교통 체증이 증가하거나, 도로가 공사 중이거나, 길의 포장상태가 나빠진다면 대화를 멈추고 운전하는 데 온 신경을 집중해야 한다.

③ 서로 다른 정보 출처, 다른 과제일 경우의 분리 주의

분리 주의는 서로 다른 정보 출처 혹은 서로 다른 과제들 사이에 주의를 분산해야 할 때 일어난다. 때로는 주의는 두 개의 서로 다른 정보 출처 사이에 분리되어야만 하는데, 이 두 출처가 동일하거나 서로 다른 감각 유형일 수 있다. 동일한 감각 유형에서 주의를 분리하는 예로는 한 친구는 전화로 여러분과 통화하고 있고 다른 친구는 옆에 앉아 있는데, 이 중 누구에게 주의를 주어야 하는가를 결정할 때 발생할 수 있다. 만약 두 사람이 동시에 대화를 한다면, 두 청각 정보 출처에 주의를 분리해야만 두 사람이 얘기하는 것 모두를 이해할 수 있다. 또 다른 경우는 서로 다른 감각정보에 주의를 분리하는 것인데, 예를 들어 운전하는 동안 누군가와 대화를 하는 경우이다. 이 경우 자신의 시각 주의를 도로로 향하기를 원하지만 이와 동시에 청각 주의를 동승하는 사람의 대화에 주어야 한다.

④ 분리 주의의 실험연구

현재로는 주의가 분리되는 각각의 과제에 관여하는 뇌 영역들 외의 뇌 영역들이 분리 주의에 관여하는가에 관한 일치된 견해는 없다. 일부 연구자들은 두 개의 서로 다른 감각 유형의 과제들에 주의가 분리될 경우 전전두영역 내의 활성화가 증가한다고 주장한다. 한 연구에서 배외측 전전두영역에만 $rTMS$를 적용한 결과 동시에 제시되는 청각과 시각 과제에 주의를 분리하는 능력이 방해를 받았다. 더욱이 $rTMS$를 받은 일부 연구 참여자들의 경우 $rTMS$를 받기 전에 분리주의 과제를 수행하였고 이 수행 동안 fMRI를 사용하여 이들의 뇌 활성화가 측정되었다. 이 분리주의 과제에서 배외측 전전 두피질이 더 활성화할수록 이 영역에 적용된 $rTMS$의 효과가 더 컸다(즉 과제 수행이 더 방해를 받았다). 따라서 배외측 전전두영역이 과제들 사이에 주의 자원을 할당하는 데 하향 통제 혹은 가이던스를 제공하는 것으로 여겨진다.

그러나 일부 연구자들은 전전두영역의 활성화가 주의가 분리되기 때문보다는 단일 과제 조건보다 분리 과제에서의 요구가 더 크기 때문에 일어난다고 주장한다. 이 가설을 검증하기 위해 단일 과제 조건에서의 활성화와 단일 과제 조건과 난이도에서 유사한 이중 과제 조건에서의 활성화를 서로 비교하였다. 두 조건에서 활성화를 보인 뇌 영역들이 매우 중복되었는데, 이 뇌 영역들에 전전두피질도 포함되어 있었다. 따라서 분리주의에 전전두영역이 어느 정도 관여하는가는 아직 확실하지 않다.

제 5 절 디폴트 상태

1 디폴트 상태

깨어있지만 아무것도 하지 않는 뇌의 기본상태를 '기본상태 네트워크(default network)'라고 한다. 일반적으로 외부에서 들어오는 정보를 처리할 때 많은 에너지를 쏟고 있다고 느끼지만 실제로는 무자극 상태에 있을 때도 많은 에너지가 소비되고 있다. 최근 연구에 따르면 기본상태 네트워크를 기능하는 뇌 체계가 존재한다고 한다.

이 모델에 의하면 기본상태 네트워크가 내측 안와전두영역, 후대상태피질과 하두정엽의 일부 영역을 포함하는 영역들로 구성된다고 한다. 배외측 전전두피질, SMA, 하두정엽의 또 다른 영역들, 전두시야장과 두정내구를 포함하는 영역들의 활성화가 증가하면 이 네트워크의 활성화는 감소한다. 다시 말하면 기본상태 네트워크의 활성화는 주의 통제에 관여하는 뇌 구조들의 활성화와 관계를 가지고 있는 것으로 여겨진다.

이에 관한 더 나은 증거가 주의의 실수에 관한 연구들로부터 제공된다. 사람들이 주의 실수를 하지 않을 때보다 주의의 실수를 하면(예를 들어 특정 시행에서 더 긴 반응 시간과 더 많은 오류율을 보임) 기본상태 네트워크가 더 활성화된다. 따라서 주의 능력은 주의 체계가 관여하는 것뿐만 아니라 기본상태 네트워크가 관여하지 않은 것에도 달려있다. 현재, 기본상태 네트워크가 많이 연구되고 있지만, 이 네트워크의 정확한 기능에 관해서는 일관된 연구 결과가 없다.

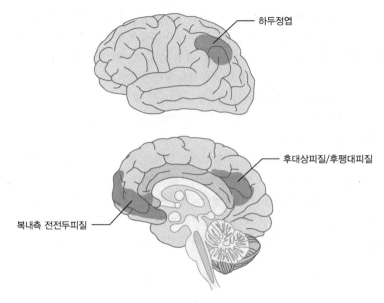

[기본상태 네트워크(default network) 영역]

2 무주의맹

눈에 똑똑히 보임에도 불구하고 주의를 기울이지 않아 보이지 않는 것을 무주의맹(inattentional blindness)이라고 한다. 1998년 아리엔 맥(Arien Mack)과 어빈 록(Irvin Rock)이 발간한 『무주의맹』이라는 책에서는 주의를 기울이지 않았을 때 시야 안에 들어와 있는 사물들도 지각하지 못하는 것을 보여주는 실험들을 소개했다. 울라 카트라이트 핀치와 닐리 라비(Ula Cartwright-Finch & Nilli Lavie, 2007)가 맥(Mack)과 록(Rock)의 실험에 기반을 두어 고안한 새로운 실험에서는 십자 모양이 자극으로 제시된다. 십자 모양은 다섯 번의 시행에 걸쳐 제시되었고 참가자의 과제는 빠르게 제시된 십자 모양 가로선과 세로선 중 무엇이 더 길었는지 판단하는 것이었다. 제시 속도가 빠르고 선의 길이가 거의 비슷하기 때문에 과제의 난이도는 높은 축에 속한다. 여섯 번째 시행에서는 작은 상자가 화면 안에 함께 제시되었다. 여섯 번째 시행 직후 참가자들에게 이전과 다른 점을 눈치챘는지 물어보았다. 그 결과 20명의 참가자 중 단 두 명만 상자를 보았다고 보고했다. 대부분의 참가자들은 상자가 십자 모양 바로 옆에 제시되었음에도 불구하고 상자를 인식하지 못했다.

(a) 다섯 번째까지의 시행   (b) 여섯 번째의 시행

[무주의맹 실험]

주의가 역동적인 장면에서도 지각에 영향을 미칠 수 있다는 것은 다니엘 사이몬과 크리스토퍼 차브리스 (Daniel Simon & Christopher Chabris, 1999) 실험에서도 잘 반영되어 있다. 그들은 세 명으로 구성된 두 팀이 공놀이하는 75초짜리 실험 영상 자극물을 만들었다. 참가자들은 이 영상을 보며 패스의 개수를 세는 과제를 수행하였고, 그들은 농구공을 패스하는 흰옷 팀에 쏠리게 되었다. 영상의 45초 즈음에 고릴라 탈을 쓴 사람이 두 팀 사이를 약 5초에 걸쳐 가로질러 갔다. 영상을 다 본 뒤 참가자들에게 영상에 이상한 점이나 6명의 선수 이외에 특이 사항을 보지 못했는지 물었을 때 46%의 참가자들이 여성이나 고릴라를 보지 못했다고 답변했다. 이 실험은 관찰자들이 한 사건에 주의를 기울이고 있으면 바로 눈앞에서 다른 사건이 일어나도 지각하지 못한다는 것을 보여준다.

3 변화탐지

변화를 감지하지 못하는 것을 변화맹(change blindness)이라고 부른다. 장면의 어느 부분이 변화했는지 알려주는 단서를 제시했을 때는 사람들이 더 빨리 변화를 감지했다. 이는 변화 감지에서 주의를 기울이는 여부가 중요한 역할을 담당하고 있다는 것을 말해준다.

01 ① 각성 : 가장 기초적 수준의 주의
로, 신경이 깨어 있는 상태를 가
리킴
③ 지속 주의 : 각성 상태를 일정시
간 동안 유지할 수 있는 능력
④ 분리 주의 : 두 가지 이상의 과제
에 주의를 분산하는 것

01 많은 양의 정보 중에서 중요한 정보에 집중하게 하는 여과 과정
으로 꼭 필요한 정보를 선택하는 능력을 무엇이라고 하는가?

① 각성
② 선택적 주의
③ 지속 주의
④ 분리 주의

02 분리 주의는 두 가지 이상의 과제에
주의를 분산하는 것으로, 분리 주의
의 핵심적 개념은 정보를 처리하는
데 필요한 자원(resource) 혹은 노
력(effort)이다.

02 주의에 대한 설명으로 옳지 <u>않은</u> 것은?

① 모든 뇌 기능영역에 걸쳐 현재 진행되고 있는 처리 과정을 조
율하거나 수정하는 역할을 한다.
② 우리가 피곤하거나 졸리면 각성 수준이 낮아지는데, 이러한 경
우 중요한 정보를 놓치거나 정확한 행동을 선택하지 못한다.
③ 많은 양의 정보 중에서 중요한 정보에 집중하게 하는 여과 과
정으로 꼭 필요한 정보를 선택하는 능력을 선택(적) 주의라고
한다.
④ 두 가지 이상에 주의를 분산하는 것은 노력에 따라 달라지는
것이 아니다.

정답   01 ②   02 ④

03 선택적 주의에 대한 설명으로 옳은 것은?

① 양분청취법 실험은 선택(적) 주의가 처리 과정의 후기 단계에서 일어난다는 것을 알려준다.

② 선택적 주의는 처리과정의 초기와 후기 단계에서 모두 일어난다.

③ Donald MacKay는 선택적 주의를 '여과기(filter, 필터)'라는 기제로 설명하였다.

④ Treisman의 약화 모형은 후기 선택 모형이다.

04 선택적 주의 모형에 대한 설명으로 옳지 <u>않은</u> 것은?

① Broadbent는 주의를 기울인 정보는 여과기를 통과한 후 정보처리 단계로 보내지고, 주의를 기울이지 않은 정보는 버려진다고 하였다.

② Broadbent의 여과기 모형에서 탐지기(detector)는 주의를 집중한 메시지의 모든 정보를 처리하여 고차원적 속성을 파악하는 역할을 한다.

③ Moray는 주의하지 않은 정보가 걸러지지 않았고, 의미있거나 매우 강력한 메시지는 여과기를 통해 걸러지지 않는다고 하였다.

④ Treisman 모형에 의하면 모든 정보가 약화기를 통과하는데, 여기에서 약화된 메시지는 없어지는 것을 의미한다.

03 ① 양분청취법 실험은 선택(적) 주의가 처리 과정의 초기 단계에서 일어난다는 것을 알려준다.
③ Broadbent는 선택적 주의를 '여과기(filter, 필터)'라는 기제로 설명하였다. Donald MacKay는 후기 선택 모형을 제안하였다.
④ Treisman의 약화모형은 초기 선택 모형이다.

04 주의를 기울였는지 여부와 상관없이 양쪽 귀로 들어온 두 개의 메시지는 모두 약화기에 들어가게 된다. 약화기를 통과하면, 주의를 기울인 메시지는 강한 강도를 띠게 되고 주의를 기울이지 않은 메시지는 약한 강도를 띠게 된다. 여기에서 약화된 것은 없어지는 것이 아닌 약한 상태로 메시지가 존재하는 것이다.

정답 03 ② 04 ④

05 주의는 한순간에 일어나지 않고, 감각 자극 처리부터 반응이 일어나기까지 지속적으로 작용한다. 이는 많은 뇌 영역들이 선택주의에 관여할 수밖에 없는지를 알게해준다. 즉, 서로 다른 뇌 영역들은 자극처리 과정 중 서로 다른 시간에 작용한다. 그림의 실험결과를 보면 주의를 준 자극에 대한 ERP는 주의를 주지 않은 자극에 대한 ERP보다 자극 제시 후 80밀리초 정도에서부터 더 큰 부적 전위를 띠며, 이러한 진폭 차이는 이후까지 지속된다는 것이 밝혀졌다. 주의를 받은 자극의 ERP에서 관찰되는 이러한 부적 전위의 상승을 N_d(negative difference)라고 부른다.

05 다음은 무엇에 대한 연구결과인가?

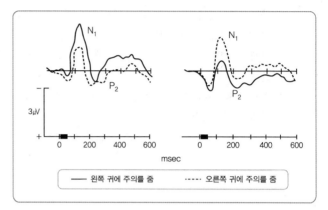

① 선택적 주의
② 각성
③ 주의 통제
④ 분리 주의

06 라비(Lavie)는 사람들이 과제에 집중하려고 노력할 때 방해물들을 어떻게 무시하는 지에 대하여 연구하였고 두 가지 요인을 제시했다. 첫 번째는 처리용량(processing capacity)으로 사람들이 다룰 수 있는 정보의 양을 지칭하며, 처리용량은 동시에 처리할 수 있는 용량의 한계를 의미한다. 두 번째는 지각부하(perceptual load)로 과제의 난이도와 관련이 있는데 쉽고, 익숙한 과제(저부하 과제 ; low-load task)는 지각부하가 낮아 적은 양의 처리용량이 필요하다. 반면 어렵고 낯선 과제(고부하 과제 ; highload task)들은 더 많은 양의 처리용량이 필요하다. 처리용량과 지각부하는 주의 방해에도 영향을 미친다.

06 다음 설명은 무엇에 대한 설명인가?

• 수학 문제를 하고 있을 때는 사람들의 대화를 무시할 수 있었지만, 휴대전화로 게임을 할 때는 그럴 수 없었다.
• 방해물과 과제의 종류에 의해 특정 과제에 대한 선택적 주의를 할당하는 능력이 달라진다.

① 주의 통제
② 분리 주의
③ 처리용량과 지각부하
④ 단기기억

정답 05 ① 06 ③

07 시각적 탐색에 대한 설명으로 옳지 <u>않은</u> 것은?

① 시각적 탐색은 흩어져 있는 것 중에서 특정 항목을 찾아내는 것이다.

② 사물의 특징들을 뇌에서 개별적 분석보다는 통합적으로 처리한다.

③ 다른 자극들의 특징을 잘못 통합하는 것을 착각적 결합(illusory conjunction)이라고 한다.

④ 유사성이론에 따르면 방해 자극과 유사한 표적은 탐지하기가 어렵고, 방해 자극과 상이한 표적은 탐지하기가 쉽다.

> **07** 세부 특징 통합이론의 전주의 단계에서 각 특징들은 뇌의 다른 영역에서 개별적으로 처리된다고 말한다. 사람들이 사물 특징에 대한 개별적 분석을 인식하지 못하는 이유는 우리가 사물을 의식하기 전에 빨리 지각을 처리하기 때문이다.

08 시각적 탐색 이론에 대한 설명으로 옳지 <u>않은</u> 것은?

① 세부 특징 통합이론 중 집중 주의 단계에서는 독립적이고 개별적인 각 특징들이 합쳐진다.

② 운동 여과기이론에서는 운동이 어떤 세부 특징과 결합할 경우 탐색이 쉽고 빠를 수 있다고 말한다.

③ 유사성이론에 따르면 표적과 방해 자극의 유사성뿐만 아니라 여러 방해 자극들 간의 유사성도 중요하다는 점을 발견하였다.

④ 병렬적 단계에서는 활성화된 개별대상 각각을 활성화정도에 따라 순차적으로 점검하고, 실제로 표적인 것을 선택한다.

> **08** 계열적 단계에서는 활성화된 개별대상 각각을 활성화 정도에 따라 순차적으로 점검하고, 실제로 표적인 것을 선택한다.

09 세부 특징 통합이론에 대한 설명으로 옳지 <u>않은</u> 것은?

① 집중 주의 단계에서 각 특징은 뇌의 다른 영역에서 개별적으로 처리된다.

② 전주의 단계에서 하나 이상의 사물이 있다면 잘못된 결합이 생길 수 있다고 말한다.

③ 집중 주의 단계에서는 독립적이고 개별적인 각 특징들이 합쳐진다.

④ 특징 분석은 일반적으로 상향적으로 처리되나, 경우에 따라 하향적으로 처리되는 경우도 있다.

> **09** 전주의 단계에서 각 특징들은 뇌의 다른 영역에서 개별적으로 처리된다.

정답 07② 08④ 09①

10 망상 활성화 체계, 대뇌피질, 후측 두
정엽, 전두엽은 주의의 특정 측면을
통제하는 데 더 우세하지만 완전히
독점적이지 않다.

10 주의 통제에 대한 설명으로 옳지 <u>않은</u> 것은?

① 과제를 수행할 때 어떠한 정보에 집중하고 무시할 것인지 결
정하는 능력을 의미한다.
② 작업기억 정보 중 어떤 정보가 가장 적합한 것인지에 대한 판
단에 필요하다.
③ 망상 활성화 체계, 대뇌피질, 후측 두정엽, 전두엽은 주의의
특정 측면을 독점하여 통제한다.
④ 작업기억에서 파지해야 할 정보를 선택할 때 필요하다.

11 ② 엄격한 국재화 입장이나 엄격한
질량 작용(mass action)의 입장
을 취하지 않는다.
③ 뇌 손상이 단일의 뇌 영역에 제안
되어 일어난다고 하여도 주의 행
동뿐만 아니라 다른 행동에도 영
향을 미칠 수 있다.
④ 가장 심각한 정도의 주의 장애는
네트워크에 포함된 뇌 영역 중 하
나 이상의 영역에 손상을 입을 경
우 관찰된다.

11 주의 통제 모델에 대한 설명으로 옳은 것은?

① 주의 통제는 분산되어 있는 동시에 서로 중복되는 네트워크에
의해 통제된다.
② 주의 통제 모델은 엄격한 국재화 입장을 취한다.
③ 뇌 손상이 단일의 뇌 영역에 제안되어 일어난다.
④ 가장 심각한 정도의 주의 장애는 특정 뇌 영역에 심한 손상을
입을 경우 관찰된다.

12 각성, 정위, 집행적 주의 체계는 완전
히 독립적으로 기능하지 않고 한 체
계의 처리가 다른 체계에 영향을 미
칠 수 있다고 한다.

12 주의 통제 모델에 대한 설명으로 옳지 <u>않은</u> 것은?

① 각성 체계에는 청반, 두정피질과 우반구 전두피질이 포함된다.
② 배측 위 체계는 목표에 맞게 자극과 반응을 선택하게 한다.
③ 집행적 주의는 개인의 목표와 희망에 맞게 주의가 일어날 수
있도록 통제한다.
④ 각성, 정위, 집행적 주의는 완전히 독립적으로 기능한다.

정답 (10 ③ 11 ① 12 ④)

13 주의의 신경조절기제에 대한 설명으로 옳지 <u>않은</u> 것은?

① 망상 활성화 체계(reticular activating system, RAS)는 각성에서 중요한 역할을 한다.

② RAS에 손상을 입거나 기능이 방해를 받으면 혼수상태가 초래된다.

③ 시상핵은 대뇌피질의 각성 수준을 조율한다.

④ 시상핵에 손상을 입더라도 혼수상태는 초래하지 않는다.

13 시상핵들만이 손상을 입어도 혼수상태가 초래된다. 신경영상 연구들도 시각 혹은 체감각자극에 대해 빨리 반응할 경우 수판내핵의 활성화가 증가하는 것을 관찰하였다. 이 모든 연구 결과는 시상 영역이 각성에 중요한 역할을 하는 것을 보여준다.

14 주의의 신경조절기제에 대한 설명으로 옳은 것은?

① 콜린계와 노르아드레날린계는 경계와 지속 주의에도 중요한 역할을 한다.

② 선택 주의에 관여하는 뇌 영역은 하(소)구이다.

③ 상구는 하향 주의에 도움이 된다.

④ 두정엽은 주의 선택을 더 정확하게 통제하고, 시상은 주의 자원을 할당하는 기능을 한다.

14 ② 선택 주의는 중뇌의 상(소)구와 관련이 있다.
③ 단일세포기록법을 사용한 연구들은 상구가 상향 주의에 도움이 된다고 보고하고 있다.
④ 두정엽은 특정 자극 혹은 과제에 주의 자원을 할당하는 기능뿐만 아니라 주의 선택을 더 정확하게 통제한다.

15 깨어있지만 아무것도 하지 않는 뇌의 기본상태를 무엇이라고 하는가?

① 무주의맹

② 기본상태 네트워크

③ 망상 활성화 체계

④ 노르아드레날린계

15 깨어있지만 아무것도 하지 않는 뇌의 기본 상태를 '기본상태 네트워크(default network)'라고 한다. 일반적으로 외부에서 들어오는 정보를 처리할 때 많은 에너지를 쏟고 있다고 느끼지만 실제로는 무자극 상태에 있을 때도 많은 에너지가 소비되고 있다. 최근 연구에 따르면 기본상태 네트워크를 기능하는 뇌 체계가 존재한다고 한다.

정답   13 ④   14 ①   15 ②

16 주의의 실수를 하면 기본상태 네트 워크가 더 활성화된다.

16 디폴트 상태에 대한 설명으로 옳지 않은 것은?

① 디폴트 상태는 주의 통제에 관여하는 뇌 구조들의 활성화와 관계가 있다.

② 주의의 실수가 있을 때 디폴트 상태가 감소된다.

③ 디폴트 상태는 멍한 상태에 있을 때 작동한다.

④ 무자극 상태에 있을 때도 작동할 수 있다.

17 Treisman의 약화 모형은 초기 단계 에서 여과기로 처리된다. Treisman 의 약화 모형에서는 선택적 주의가 여과기가 아닌 약화기에 의해 나타 난다고 하였다.

17 선택적 주의 모형에 대한 설명으로 옳지 않은 것은?

① Broadbent 모형은 초기 선택 주의 모형이다.

② Treisman의 약화 모형은 후기 단계에서 여과기로 처리된다.

③ Treisman의 약화 모형에서 사전단위에 저장되어 각 단어들 은 다른 역치를 가지고 있다.

④ Donald MacKay는 후기 선택 모형에서 선택이 일어나기 전에 모든 정보가 의미 수준까지 처리된다고 가정한다.

정답 16 ② 17 ②

✅ 주관식 문제

01 칵테일 효과에서 설명하는 주의 유형이 무엇인지 쓰시오.

01 정답
선택(적) 주의

해설
파티 장소에선 아무리 시끄럽고 여러 대화가 오고 가고 있더라도 한 사람의 대화에 집중할 수 있는 것을 칵테일 파티 효과라 한다. 다른 자극들을 무시하고 한 자극에만 주의를 기울일 수 있는 능력을 말한다. Broadbent는 주의 모델을 통해 설명하였다.

02 주의의 4가지 유형에 대하여 간략하게 기술하시오.

02 정답
- 각성 : 신경이 활동하는 상태로, 가장 기초적인 수준의 주의
- 경계 : 각성상태를 일정 시간 동안 유지할 수 있는 능력
- 선택 주의 : 많은 양의 정보 중에서 중요한 정보에 집중하게 하는 여과 과정으로 꼭 필요한 정보를 선택하는 능력
- 분리 주의 : 두 가지 이상의 과제에 주의를 분산하는 것

해설
주의는 운동을 계획하고, 형태를 구분하며, 이름을 기억하는 것과 다르게 특정 유형의 정보 처리 능력을 제공하지 않는다. 대신에 모든 뇌 기능 영역에 걸쳐 현재 진행되고 있는 처리 과정을 조율하거나 수정하는 역할을 한다. 주의의 유형은 4가지(각성, 경계, 선택 주의, 분리 주의)로 구분할 수 있다.

03 정답

과제를 수행함에 있어서 어떤 정보에 집중하고 어떤 정보를 무시할 것인지에 대해 결정하는 능력

해설

주의통제모델

• 분산되어 있는 동시에 서로 중복되는 네트워크 : 주의가 광범위한 대뇌피질 영역들로 구성된 한 네트워크에 의해 통제되며, 네트워크에 포함되는 피질 영역들의 기능은 전문화되어 있고, 중복되어 있음

• 각성, 정위와 집행적 주의 : 주의 네트워크가 각성, 정위와 집행적 주의로 분리될 수 있음. 뇌의 하위 체계 중 하나가 각성에 관여하여 민감도를 유지함으로써 곧 있을 사건에 대한 경고 신호에 대해서는 재빨리 반응하게 함

• 목표 선택 대 반응에 적절한 자극 탐지 : 두 가지 분리되어 있는 네트워크가 서로 다른 주의 기능에 관여함. 두정내구와 상전두피질 일부로 구성되어 있는 배측하위 체계는 목표에 맞게(하향) 자극과 반응을 선택하게 함. 복측 하위 체계는 반응에 적절한 자극을 탐지하는 데 전문화되어 있음. 배측 체계는 하향 주의 통제에 더 관여하고 복측 체계는 상향 주의 통제에 더 관여함

03 주의 통제가 무엇인지 간략하게 기술하시오.

제 **4** 장

학습과 기억

I wish you the best of luck

독학사 심리학과 4단계

혼자 공부하기 힘드시다면 방법이 있습니다.
SD에듀의 동영상강의를 이용하시면 됩니다.
www.sdedu.co.kr → 회원가입(로그인) → 강의 살펴보기

제 **4** 장

학습과 기억

제 1 절　학습의 신경학적 기제

우리는 흔히 '단기기억'과 '장기기억'을 며칠 전에 일어난 일과 몇 년 전에 일어난 일이 따로 저장된다고 생각하는 것 같다. 그러나 이것은 틀린 이야기이다. 단기기억(short-term memory, STM)은 현재 마음속에 떠올리고 있는 정보에 대한 기억을 말하며 장기기억(long-term memory, LTM)은 저장된 기억이며, 현재 의식적으로 접근하지 않았거나 아예 접근할 수 없는 기억이다. 심리학자들은 단기기억은 용량이 제한되어 있고, 장기기억은 뇌가 거의 무제한의 장기 저장 용량을 타고났다고 본다. 즉, 몇 시간, 며칠, 또는 몇 년 전에 일어났다 하더라도 모든 기억은 장기기억 속에 저장된다는 것을 이 정의에서는 말하고 있다. 이번 절에서는 기억의 종류와 그 신경학적 기제를 살펴볼 것이다.

1　기억의 유형

(1) 다중저장고 유형

마음이 어떻게 작동하는지를 설명하는 모형들은 인지심리학의 많은 연구에서 중요하게 다루어져 왔다. 우리는 도날드 브로드벤트(Donald Broadnent, 1958)가 제시한 주의의 여과기 모형(filter model)을 통해 모형이 얼마나 중요한지 알 수 있다. 주의의 여과기 모형은 인지에 대한 정보처리 접근에서 정보처리를 안내하는 흐름도를 소개한다.

브로드벤트(Broadbent)가 주의의 여과기 모형(filter model)을 소개한 지 10년 후에 리차드 앳킨슨(Richard Atkinson)과 리차드 시프린(Richard Shiffrin, 1968)은 다중 저장고 모형(modal model of memory)을 소개하였다. 이 모형은 다음과 같은 세 가지 종류의 기억을 제시한다.

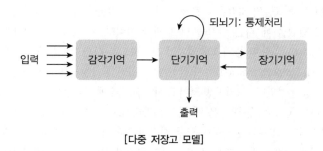

[다중 저장고 모델]

제1절 학습의 신경학적 기제　**147**

> **체크 포인트**
>
> • **감각기억** : 몇 초 혹은 아주 짧은 시간 동안 모든 입력 정보를 유지시키는 초기 단계
> • **단기기억(STM)** : 15~20초 정도 동안 5~7개 정도의 항목을 유지할 수 있는 기억
> • **장기기억(LTM)** : 아주 많은 양의 정보를 몇 년 혹은 심지어 수십 년 동안 유지할 수 있는 기억

앳킨슨(Atkinson)과 시프린(Shiffrin)은 이 각 기억의 종류들을 구조특질(structural features)이라고 불렀고, 구조적 특성과 연합되어 있는 역동적 처리과정인 통제처리(control process)를 제안했다. 단기기억에서 작동하는 통제처리의 한 예가 자극을 계속해서 반복하는 되뇌기(rehearsal)이다. 예를 들면, 내 친구의 전화번호를 기억하기 위해서 반복하는 과정을 말한다. 통제처리의 또 다른 예는 전화번호를 더 잘 기억하기 위해서 친숙한 날짜와 관련짓는 것, 집중할 수 있도록 하는 주의 전략들이 있다. 단기기억에 유지하기 위해 되뇌기를 하고, 장기기억에 번호를 저장한다. 전화를 걸기 위해서 장기기억으로부터 전화번호를 인출하고, 전화번호는 단기기억으로 돌아가 숫자를 기억하게 된다. 이러한 과정은 기억의 각 요소들이 독립적으로 활동하지 않는 것을 보여준다.

(2) 감각기억

① 감각기억의 정의

감각기억(sensory memory)은 감각 자극의 효과를 짧은 시간 동안 유지하는 것이다. 예를 들어, 촛불을 들고 흔들면 빛의 자국이 만들어지지만, 실제로 빛은 아니다. 빛 자국은 아주 짧은 시간 동안 촛불의 빛에 대한 사람 지각의 마음이 남아있기 때문에 만들어진 것이다. 이렇게 마음속에 남겨진 빛은 잔상(persistence of vision)이라고 부르고, 아주 짧은 시간 동안만 지속된다. 그래서 물체가 오랫동안 나타나는 일상 경험에서는 드러나지 않는다.

② 감각 저장고의 용량과 지속시간(스펄링의 실험)

㉠ 조지 스펄링(Geroge Sperling, 1960)은 사람들이 짧게 나타나는 자극으로부터 얼마나 많은 정보를 수용할 수 있는지에 대한 연구를 하였다. 그는 글자들의 배열을 50ms(50/100초) 동안 잠깐 보여주고, 가능한 많은 글자를 보고하라고 제시하였다. 실험 참가자들에게 전체의 12개의 글자가 있는 화면에서 가능한 많은 글자를 보고하도록 요청하였다(전체 보고법, whole report method). 실험 참가자들은 주어진 과제에서, 12개의 글자 중에서 평균적으로 4.5개의 글자를 보고하였다.

이 결과를 통해 스펄링(Sperling)은 실험 참가자들 중 몇 명은 모든 글자를 다 보았지만 글자를 보고하는 도중 그들의 지각은 빠르게 사라졌다고 결론을 내렸다. 실험 참가자들은 4개나 5개의 글자를 응답했을 때 다른 글자를 더 보거나 기억할 수 없었던 것이다.

㉡ 스펄링(Sperling)은 한 줄의 4개 글자만 보고하도록 하면 더 잘 해낼 것으로 추론하고, 부분 보고법(partial report method)을 고안하였다. 실험 참가자들은 12개의 글자 화면을 이전 실험처럼 50ms 동안 보았다. 하지만 번쩍이고 사라진 직후에, 그들은 어느 줄을 보고해야 하는지 알려주는 소리를 들었다. 높은 음은 맨 윗줄을 가리키고, 중간 음은 중간 줄을, 낮은 음은 가장 아랫줄을 가리킨다. 12개의 글자들이 모두 사라진 직후에 음이 제시되었기 때문에 실험 참가자들의 주의는 실제 글자에 바로 가는 것이 아니라 글자가 사라진 후 참가자들의 마음속에 남아있는 흔

적에 주의가 가는 것이다. 글자 줄들 중 하나에 그들의 주의를 고정시킬 때, 그들은 한 줄에 4개 중 평균적으로 3.3개를 보고할 수 있었다(82%). 이런 현상은 어느 줄을 보고하는지와 관계없이 항상 나타났고, 스펄링(Sperling)은 12개의 글자 화면이 나타난 직후에 실험 참가자들은 모든 글자 중 평균 82%를 보는데, 글자들을 보고하는 동안 다른 글자들이 빠르게 쇠퇴하기 때문에 보았던 모든 글자를 보고하지 못하는 것이다.

③ 감각기억이 쇠퇴하는 데 걸리는 시간(스펄링의 실험)

스펄링(Sperling)은 기억이 쇠퇴하는 데 걸리는 시간을 알아보기 위해 추가적으로 실험을 진행하였고, 지연 부분 보고법(delayed partial report method)을 사용했다. 지연 부분 보고법은 글자들이 잠깐 나타났다 사라지고 단서 음이 짧은 지연 이후에 제시되는 방식이다. 이 실험의 결과는 글자가 사라지고 1초의 지연 후에 단서 음이 제시되었을 때 실험 참가자들은 그 줄에서 평균적으로 단지 1개 조금 넘는 글자를 응답할 수 있었다. 자극이 제시된 직후에는 거의 모든 자극에 대한 지각이 가용되는데 이것이 감각기억이고, 몇 초가 지나면 사라진다.

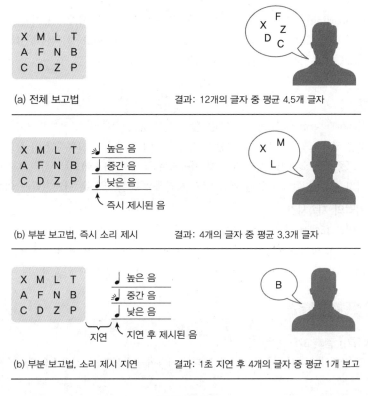

[스펄링 실험]

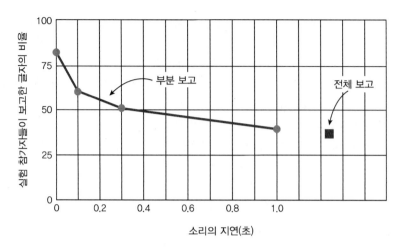

[감각기억이 쇠퇴하는 시간]

스펄링(Sperling)은 이러한 실험들을 통해 감각기억은 우리의 시각 수용기에 들어오는 대부분 정보를 입력한다고 하였고, 감각기억 정보는 1초 이내에 사라진다고 결론을 내렸다. 즉, 감각기억은 용량이 크고, 지속시간이 짧다는 결론을 내렸다.

(3) 단기기억

단기기억(short-term memory : STM)은 짧은 시간 동안 적은 양의 정보를 저장하는 기제이다. 만약 지금 무엇을 생각하고 있다면 그 정보는 단기기억 속에 존재한다. 그렇지만 이 정보들의 대부분이 결국 사라지고 그중에서 오직 몇 개만 더 오래 지속되는 장기기억(LTM)으로 넘어간다. 단기기억은 현재를 보는 창이기 때문에 우리가 현재 지금 알고 생각하는 모든 것들은 단기기억에 의해 좌우된다.

① 단기기억의 지속시간

단기기억은 15에서 20초 또는 그보다 적게 유지된다. 이러한 사실은 단기기억의 지속시간을 확인하기 위해 회상 방법을 사용한 영국의 존 브라운(John Brown, 1958)과 미국의 로이드 피터슨(Lloyd Peterson)과 마가렛 피터슨(Margaret Peterson, 1959)에 의해 입증되었다.

> **❗ 더 알아두기 🔍**
>
> **[실험하기] 글자 3개 기억하기**
> 이 실험을 하기 위해서 실험 참가자가 될 다른 사람이 필요하다. 그 사람에게 아래의 지시를 읽어보게 한다.
>
> > 나는 몇 개의 글자를 말하고 나서 한 개의 숫자를 말할 것이다. 여러분의 과제는 그 글자들을 기억하는 것이다. 내가 숫자를 말했을 때, 여러분이 할 일은 그것을 따라 말하고 그 숫자에서 3씩 거꾸로 세는 것이다. 만약 내가 'ABC 309'라고 말하면, 여러분은 '309, 306, 303' 등으로 내가 회상이라고 말할 때까지 계속해서 소리 내어 숫자를 3씩 거꾸로 세어라. 내가 회상이라고 말하면, 즉시 세는 것을 멈추고 여러분이 숫자 바로 전에 들었던 3개의 글자를 말하면 된다.

아래의 시행 1에 있는 글자와 숫자로 시작해 보자. 사람들이 글자들을 되뇌는 것을 막기 위해 소리를
내서 숫자를 세도록 하는 것이 중요하다. 그 사람이 숫자를 세기 시작하고 20초가 지나면, '회상'이라
고 말하라. 그 사람이 3개의 글자 묶음을 얼마나 정확하게 회상했는지를 기록하고 각각의 정확도를
적으면서 다음 시행을 계속하라.

시행 1 : FZL   42
시행 2 : BHM   98
시행 3 : XCG   65
시행 4 : YNF   32
시행 5 : MJT   83
시행 6 : QBS   65
시행 7 : KDP   23
시행 8 : RXM   66
시행 9 : BYN   58
시행 10 : NTL   29

㉠ 로이드 피터슨(Lloyd Peterson)과 마가렛 피터슨(Margaret Peterson)의 연구

연구 참가자들이 3초 동안 숫자를 센 후에 회상을 시작하면 약 80%의 3개 글자 묶음을 기억할
수 있지만 18초 동안 세고 난 후에는 단 12%의 3개 글자 묶음만을 기억할 수 있음을 발견하였다.
로이드 피터슨과 마가렛 피터슨은 참가자들이 글자 묶음을 들은 후 18초의 시간이 지나는 동안
기억이 쇠잔(decay)하였고 그 결과 글자 묶음들을 잊어버리게 되었다고 결론을 내렸다. 즉, 참가
자들의 기억 흔적이 글자들을 들은 후 시간이 지나감에 따라 쇠잔해서 사라졌다는 것이다.

㉡ 제프리 케펠(Geoffrey Keppel)과 벤튼 언더우드(Benton Underwood)의 연구

제프리 케펠과 벤튼 언더우드(1962)는 로이드 피터슨과 마가렛 피터슨의 결과를 보고, 첫 번째
시행에서는 18초의 지연이 있은 이후에도 기억 수행이 높다는 것을 발견했다. 그러나 몇 회의
시행을 한 이후에 그들의 수행은 떨어지기 시작했고, 이후 시행에서 18초의 지연이 있으면 수행
은 매우 나빴다는 것을 발견했다. 왜 몇 개의 시행을 수행한 이후에 기억 수행이 저하되는가?
케펠(Keppel)과 언더우드(Underwood)는 기억 수행의 하락에 대하여 기억 흔적이 쇠잔해서가
아니라 이전에 배운 정보가 새로운 정보의 학습을 간섭해서 생기는 순행간섭(proactive
interference) 때문이라고 주장했다. 즉, 첫 번째 몇 시행에서 글자들을 회상하는 것이 이후 시
행에 있는 글자들을 기억하는 것을 방해하기 때문에 글자들의 회상을 어렵게 만든다고 설명했다.
순행간섭은 이전에 학습한 것이 새로 학습한 것을 간섭할 때 발생하는 것으로 영어 단어를 공부
하고 난 후 프랑스어 단어를 공부하면 영어 단어가 프랑스 단어를 방해하는 현상이다.

이와 반대는 역행간섭(retroactive interference)인데, 새로 학습한 것이 이전에 학습한 것을 기
억해내는 것을 방해할 때 발생한다. 예를 들어, 역행간섭은 프랑스어에 대한 학습이 이전에 배웠
던 영어를 기억해내는 것을 어렵게 할 때 발생한다. 이 실험을 일상생활로 가져와 본다면, 우리
는 여러 가지 다른 일들이 계속 벌어지고, 주의를 계속 이동시키기 때문에 간섭이 계속 일어난다
는 것을 알 수 있다. 이러한 지속적인 간섭 때문에 되뇌기를 하지 못하게 되고, 이 때문에 단기기
억의 지속시간은 15초에서 20초 이내인 것이다.

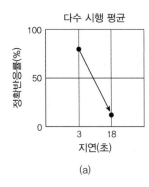

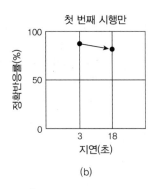

[기억수행 하락과 간섭]

② 단기기억의 용량은 얼마나 많은 항목을 저장할 수 있을까?

단기기억에서 정보들이 빠르게 사라질 뿐만 아니라, 단기기억에 저장할 수 있는 정보의 양도 제한이 있다. 일반적으로 4개에서 9개 정도의 항목들이 단기기억에 저장될 수 있다고 추정한다.

㉠ 숫자 폭

단기기억의 용량을 측정하는 한 가지 방법은 사람이 기억할 수 있는 숫자의 개수로 숫자 폭(digit span)을 측정하는 것이다. 숫자 폭 측정에서 단기기억의 평균 용량이 전화번호의 길이 정도인 약 5개에서 9개의 항목임을 알 수 있다. 단기기억의 한계가 약 5에서 9 정도 된다는 견해는 조지 밀러(George Miller, 1956)의 「마법의 수 7±2 : 정보처리 용량의 몇 가지 한계」를 통해 제시한 바 있다.

㉡ 변화탐지

최근에는 단기기억의 용량이 약 4개의 항목이라고 주장한다. 이러한 결론은 스티븐 럭(Steven Luck)과 에드워드 보겔(Edward Vogel, 1997)이 변화탐지(change detection) 절차를 사용하여 단기기억의 용량을 측정한 결과로 나오게 되었다.

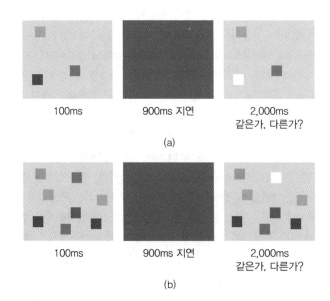

럭(Luck)과 보겔(Vogel)은 왼쪽에 있는 화면을 100ms 동안 보여주고 난 후 900ms 동안 어두운 화면이 나타나고 다시 오른쪽에 있는 새로운 화면이 나오게 하였다. 실험 참가자에게 주어진 과제는 두 번째 화면이 처음 화면과 같은지 다른지를 판단하여 보고하는 것이다(두 번째 화면에서 색이 하나 달라진다). 이 과제는 화면에 나타난 항목의 수가 단기기억 용량 내에 있으면 쉽지만 (a) 화면에 제시된 항목의 수가 단기기억 용량보다 많아지면 어려워진다(b). 럭과 보겔의 실험 결과는 화면에 1개에서 3개의 사각형이 있으면 거의 완벽한 수행을 보였지만, 4개 이상의 사각형이 있을 때는 수행 수준이 떨어진 것을 확인하게 되었다. 이를 통해 단기기억에 4개의 항목을 저장할 수 있다고 결론을 내렸다.

ⓒ 청크화

밀러(Miller, 1956)는 청크화(chunking)의 개념을 통해 단어와 같은 작은 단위가 문장, 단락, 또는 이야기와 같은 더 큰 의미가 있는 단위로 결합할 수 있다는 사실을 기술하였다. 예를 들어, '강아지, 어린이, 제멋대로, 놀이공원, 뛰다, 도시, 복슬복슬 털, 어리다'와 같은 단어들을 기억해야 한다고 생각해 보자. 이 목록에 몇 개의 단위가 있는가? 8개의 단어들이 있다. 하지만 이들을 다르게 묶어 본다면 '복슬복슬 털-강아지, 제멋대로-뛰다, 어린이-어리다, 도시-놀이공원'과 같이 4개 쌍으로 묶을 수 있다. 한 단계 더 나아가 이 단어들을 한 개의 문장으로 정렬할 수 있다. "복슬복슬 털이 달린 강아지가 도시에 있는 놀이공원에서 어린아이를 위해 제멋대로 뛰어다녔다." 청크는 청크 내의 구성 요소들끼리 강하게 연합되어 있지만 다른 청크의 구성 요소들과는 약하게 연합되어 있어 구성 요소들의 모음으로 정의된다. 예시에서 '복슬복슬 털'이라는 단어와 '강아지'라는 단어는 강하게 연합되어 있지만, '어린이'나 '도시' 같은 다른 단어들과는 강하게 연합되어 있지 않다. 그러므로 청크화는 의미라는 관점에서 단기기억에서 정보를 저장하는 능력을 증가시킨다. 서로 관련이 없는 5~8개의 단어를 회상할 수 있지만, 단어들을 의미 있게 배열한다면(단어 간의 연합을 강화) 기억 폭을 20개 단어 이상으로 늘릴 수 있다.

③ 단기기억의 용량은 얼마나 많은 양의 '정보'를 저장할 수 있을까?

일부 연구자들은 기억의 용량을 '항목의 수'보다는 '정보의 양'으로 묘사하여야 한다고 주장했다. 조지 알바레즈(George Alvarez)와 패트릭 카바노프(Patrick Cavanagh, 2004)는 럭(Luck)과 보겔(Vogel)이 사용한 변화탐지 절차를 사용하여 실험을 실시하였다. 하지만 색이 있는 사각형에 추가로 더 복잡한 물체들도 자극으로 사용했다. 실험 결과는 제시된 화면들이 같은 것인지 다른 것인지를 판단할 수 있는 능력은 자극의 복잡성에 의해 영향을 받는다는 것을 알려주었다. 색이 있는 사각형의 경우 기억 용량은 4.4개이지만 정육면체의 경우 기억 용량이 1.6개밖에 되지 않는다. 이 결과에 기초해서 알바레즈(Alvarez)와 카바노프(Cavanagh)는 하나의 이미지 안에 더 많은 정보가 있을수록 더 적은 정보가 시각 단기기억에 들어간다고 결론을 내렸다. 단기기억의 용량을 항목의 수로 측정해야 할지, 혹은 세부적인 정보의 양으로 측정해야 하는지는 지지하는 실험들이 각각 존재하고, 논의는 꾸준히 계속되고 있다. 그러나 항목의 수를 고려하든, 정보의 양을 고려하든, 단기기억 용량의 한계는 약 4개 항목이라는 점은 모두가 동의한다.

단기기억의 역할은 저장소 그 이상이다. 그 역할은 정보를 장기기억으로 이동시키는 것과 장기기억에서 정보를 인출하는 것을 포함한다. 단기기억이 정보의 이동과 같은 역동적인 처리과정과 관련이 있다는 생각은 단기기억의 본질에 대해서 다시 생각해 보게 만들었고, 단기기억 대신 작업기억이라는 개념이 제안되었다.

(4) 장기기억

장기기억(long-term memory : LTM)은 오랜 기간 동안 정보의 저장을 담당하는 체계이다. 장기기억은 몇 분 전부터 먼 과거까지 저장되어 있다. 만약 한 학생이 강의실에 앉는다고 했을 때, 강의실에 앉자마자 처음 회상해 낸 것은 30초 이내에 일어났기 때문에 단기기억(short-term memory : STM)/작업기억(working memory : WM)에 있는 것이다. 그러나 그 이전의 모든 것은 장기기억에 속한다. 장기기억은 어떠한 자극에 대하여 이해하고 의미하는 바를 해석하는 데 보태진다. 따라서 장기기억은 자신이 경험한 과거의 사건들을 기억하거나 해내고자 할 때 참조할 수 있는 저장고를 제공하며, 어떤 특정 순간에 접근하기 위해서, 작업기억을 사용할 때 지속적으로 참조하고 있는 풍부한 배경 정보를 제공한다.

현재 발생하고 있는 것과 과거 정보 사이의 상호작용은, 단기기억/작업기억과 장기기억 사이의 구분에 근거한다. 1960년대부터 단기처리와 장기처리를 구분하기 위해 수많은 연구가 수행되었다. 이 실험들을 기술하는 데 있어 단기처리를, 그 용어를 사용했던 초기 실험들의 경우에 단기기억이라고 부르지만, 작업기억에 초점을 둔 더 최근 실험들의 경우에는 작업기억이라고 부를 것이다. 머독(B.B. Murdoch, Jr)의 고전적 실험(1962)은 다음 방법을 사용하여 계열 위치 곡선이라고 부르는 함수를 측정함으로써 단기기억과 장기기억의 구분을 연구하였다.

① 단기기억과 장기기억의 구분(계열 위치 곡선)

기억은 나열된 단어목록 중 중간에 있는 단어보다 더 서두에 있는 단어와 말미에 있는 단어가 더 우수하다. 이는 계열 위치 곡선에서 확인할 수 있는데, 서두에 제시된 단어들을 더 잘 기억하는 것을 초두효과(primacy effect)라고 부른다. 초두효과에서는 단어열의 초두에 있는 단어들이 되뇌기를 할 때 더 충분한 시간을 가지기 때문에 이 단어들이 장기기억으로 잘 전이된다고 말한다. 다시 말하면 첫 번째 단어가 제시된 직후 참가자들은 되뇌기를 시작하는데, 다른 단어들이 제시되지 않았기 때문에 첫 번째 단어는 참가자의 주의를 100% 받는다. 두 번째 단어가 제시될 때 주의는 두 단어에 확산되며, 새로운 단어들이 제시될 때마다 이 후속 단어에 대해 되뇌기가 점점 덜 가능해진다.

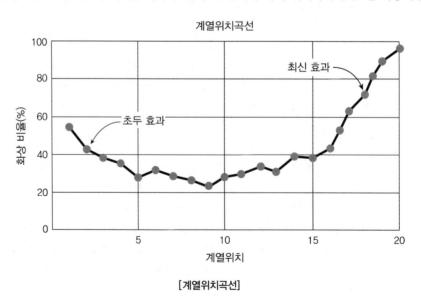

[계열위치곡선]

글자열의 말미에 제시된 자극들이 더 우수한 기억을 최신효과(recency effect)라고 부른다. 최신효과에 대한 설명에 따르면, 가장 최근 제시된 단어들은 여전히 단기기억에 있고 따라서 기억해내기 쉽다. 이러한 생각을 검증하기 위해 머레이 글랜저(Murray Glanzer)와 아니타 코니츠(Anita Cunitz, 1966)는 먼저 통상적 방식으로 계열위치 함수를 구했다(아래 그림의 검은색 곡선). 그 후 다른 실험에서 참가자들로 하여금 목록의 마지막 단어를 들은 직후 30초 동안 숫자를 거꾸로 세게 한 후 단어들을 회상해내도록 하였다. 이러한 숫자 세기는 되뇌기를 방해하였고 단기기억에서 정보가 상실될 수 있는 시간을 허용하였다. 그 결과가 아래 그림의 회색 점선에 나와 있는데, 우리가 예상한 것처럼 숫자 세기가 야기한 지연에 의해 최신효과가 사라졌다. 따라서 글랜저(Glanzer)와 코니츠(Cunitz)는, 최신효과가 최근 제시된 항목들이 단기기억에 저장된 데 기인한다고 결론을 내렸다.

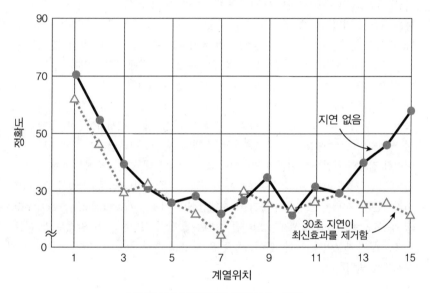

[최신효과가 단기기억에 기인한다는 증거]

② 단기기억과 장기기억의 부호화

단기기억과 장기기억은 정보를 어떻게 부호화하는지에 따라 구분할 수 있다. 부호화(coding)란 자극이 표상되는 형태를 지칭한다. 예를 들어 사람의 얼굴은 수많은 뉴런의 발화 패턴으로 표상될 수 있는데, 뉴런의 발화에 의해 자극이 표상되는 방식을 밝히는 것을 부호화라고 할 수 있다. 이 부호화는 세 가지로 구분된다. 시각적 심상 형태로 마음에 부호화(시각적 부호화)하는 것, 소리 형태로 마음에 부호화하는 것(청각적 부호화), 의미에 따라 마음에 부호화하기(의미적 부호화)이다.

㉠ 시각적 부호화

어떠한 물체를 회상해야 할 때, 그 모양을 마음속에서 시각적으로 표상함으로써 기억했다면 시각적 부호화이다. 시각적 부호화는 과거 경험으로부터 사람이나 장소의 시각적 속성을 떠올릴 때 장기기억에서 시각적 부호화를 사용하는 것이다. 예를 들어, 과거의 친구 얼굴을 기억해낸다면 시각적 부호화를 사용하고 있는 것이다.

ⓛ 청각적 부호화

단기기억에서 청각적 부호화는 '음운 유사성 효과'에서 찾아볼 수 있는데, 이 효과에 따르면 사람들은 흔히 표적글자를 그것과 소리가 유사한 다른 글자로 오인한다는 것이다(예 'F'와 'S'를 혼동하는데 이들은 생김새는 비슷하지 않지만, 소리는 비슷하다). 청각적 부호화는 마음속으로 노래를 '부를' 때 장기기억에서 발생한다. 또 자주 들었던 음악에서 곡과 곡 사이의 침묵 기간 동안 다음 음악의 서두가 '들린다'라고 보고된다. 이것은 이전 음악이 끝날 때 장기기억에서 청각적 표상이 촉발되기 때문에 일어나는 현상이다.

③ **단기기억의 의미적 부호화 : 위켄스(Wickens) 실험**

딜로스 위켄스(Delos Wickens)와 동료(1976)의 실험은 단기기억의 의미적 부호화의 사례를 제공한다. 다음 내용에 그 실험 설계가 나와 있다. 각 시행마다 참가자들은 (A) 과일('과일집단') 또는 (B) 직업('직업집단') 가운데 하나와 관련된 단어들을 제시받았다. 각 집단의 참가자들은 세 개 단어를 들은 다음(예 과일 집단의 경우 바나나, 복숭아, 사과), 15초 후에 세 개 단어들을 회상해내고자 하였다. 참가자들은 총 네 번의 시행 동안 이를 실행하였는데, 각 시행마다 상이한 단어들이 제시되었다. 참가자들은 단어를 들은 직후 그것들을 회상해냈기 때문에 단기기억을 사용하였다.

이 실험 배후의 기본 생각은 일련의 시행들에서 동일 범주의 단어들을 제시함으로써 순행간섭(이전에 학습한 정보가 새로운 정보의 학습을 간섭할 때 발생하는 기억의 감소)을 생성하는 것이다. 예를 들어, 과일 집단의 경우 바나나, 복숭아, 사과를 시행 1에서 제시하고, 자두, 살구, 라임을 시행 2에서 제시하였다. 순행간섭은 각 시행에서 수행의 저하로 나타난다.

이러한 간섭의 원인을 단어들의 의미에서 찾을 수 있는데, 그림 (b)에서 시행 1, 2, 3은 직업의 이름을 대었고, 시행 4에서는 과일 이름들이 제시되었는데(상이한 범주) 수행이 증가하였고, 순행간섭도 사라졌는데, 이러한 수행상의 증가를 '순행간섭의 해제(release from, proactive interference)'라고 부른다. 순행간섭의 해제는 단어들의 범주에 달려 있다는 것을 알려주고, 이는 단어의 의미에 기초를 두기 때문이다. 또한, 단어들을 들은 지 15초 후 이들을 회상했기 때문에, 단기기억의 의미적 부호화를 반영한다.

[위켄스 등(1976) 실험에 사용된 자극들]

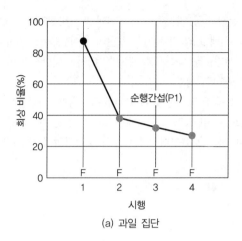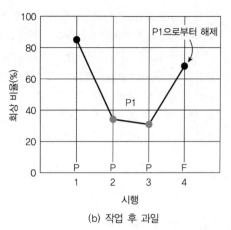

[위켄스 등(1976)의 순행간섭 실험 결과]

④ 장기기억의 의미적 부호화 : 삭스(Sachs) 실험

장기기억의 의미적 부호화는 재클린 삭스(Jacqueline Sachs)의 연구(1967)를 통해 알 수 있다. 삭스(Sachs)는 참가자들에게 글을 읽고 있는 소리를 테이프에 녹음한 것을 들려준 후 글 안의 문장의 정확한 어구를 기억해내는지 아니면 글의 일반적 의미만을 기억해내는지 밝히는 재인기억(recognition memory : 과거에 접했던 자극을 식별해 내는 것)을 측정하였다. 재인기억의 측정 절차는 학습기간 동안 자극을 제시하고 나중에 동일한 자극을 다른 자극과 함께 제시한다. 그 후 참가자의 과제는 앞서 제시된 단어의 경우 '예'라고, 제시되지 않은 단어의 경우 '아니요'라고 답하는 것이다. 삭스(Sachs)가 장기기억의 부호화 연구에 재인을 적용한 방식을 알아보기 위해 다음 글을 읽어보자.

> 망원경에 관해 흥미로운 이야기가 있다. 네덜란드에 리페르셰이라는 안경 제조업자가 있었다. 어느날 그의 아이들이 렌즈 몇 개를 갖고 놀고 있었다. 그들은 두 개 렌즈를 약 30cm 정도 떨어뜨렸을 때 사물이 매우 가깝게 보인다는 사실을 발견하였다. 리페르셰이는 실험을 시작하였는데 그의 '스파이 안경'은 많은 주목을 끌었다. 그는 그것에 관한 편지를 이탈리아의 위대한 과학자인 갈릴레오에게 보냈다. 갈릴레오는 이 발견의 중요성을 바로 알아차리고서 스스로 기구 제작에 착수하였다.

아래 문장들 가운데, 앞의 글 안의 문장과 동일한지, 어떠한 문장이 바뀌었는지 살펴보자.

> 선택 1) 그는 그것에 관한 편지를 이탈리아의 위대한 과학자인 갈릴레오에게 보냈다.
> 선택 2) 이탈리아의 위대한 과학자인 갈릴레오는 그것에 관한 편지를 그에게 보냈다.
> 선택 3) 그것에 관한 편지가 이탈리아의 위대한 과학자인 갈릴레오에게 보내졌다.
> 선택 4) 그는 이탈리아의 위대한 과학자인 갈릴레오에게 그것에 관한 편지를 보냈다.

어떤 문장을 선택하였는가? 선택 1)은 글 안의 문장과 동일한 문장이고, 선택 2)는 바뀌었다고 정확하게 식별하였다. 그러나 많은 사람이 선택 3)과 선택 4)의 경우 자구 표현이 상이했음에도 불구하고 이 문장들이 글의 문장과 동일한 것으로 판단하였다. 특정 자구 표현은 망각되지만 일반적 의미는 오랫동안 기억하고 있다는 것을 여러 실험에서 확증되었다.

다른 사례를 살펴보면, 지난주 독서를 마치고서 지금 그 내용을 기억해내려고 할 때, 사람들은 동일한 형태의 자구 표현을 기억해낼 가능성은 별로 없지만, 그 스토리에서 발생한 것을 기억해낼 가능성은 높다. 발생했던 것을 기억하는 것은 의미적 부호화인데, 이는 흔히 장기기억에서 일어난다.

2 학습의 신경학적 기제

(1) 사례로 살펴본 기억에 관여하는 주요 구조

인지신경과학에서 이루어지는 기억 연구들은 기억장애, 즉 기억상실증에 초점을 맞추어 진행되었다. 기억상실증에 관한 연구들을 통해 뇌가 기억과정을 어떻게 통제하는지를 확인하게 된다. 기억상실증에 관한 연구 결과를 통해 신경학적 기제를 살펴보자.

1953년 헨리 몰래슨(Henry Molaison, 앞으로 H.M 환자로 기술하겠다)은 심각한 간질 발작을 제거하기 위해 뇌 양편에 있는 해마(hippocampus)의 제거를 포함한 실험적 수술을 받았다. 이 수술은 그의 발작을 감소시키는 데는 성공적이었지만, 새로운 장기기억을 형성하지 못하는 부작용을 가져왔다. H.M의 단기기억은 손상되지 않았기 때문에 그는 방금 발생했던 것을 기억할 수 있었지만, 이 정보 가운데 어느 것도 장기기억으로 전이시킬 수 없었다. 비록 H.M 당사자에게는 매우 비극적인 일이지만 새로운 장기기억 형성에 있어 해마의 역할을 이해할 수 있도록 하였다. 또한, H.M이 단기기억이 손상되지 않고 유지되었다는 것은 단기기억과 장기기억에 별도의 뇌 영역이 기여한다는 것을 시사한다.

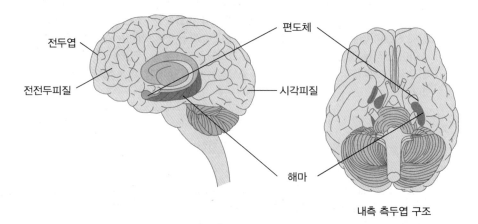

[기억에 관여하는 주요 구조들]

기억에 관한 또 다른 사례는 클라이브 웨어링(Clive Wearing)의 사례이다. 웨어링(Wearing)은 영국의 음악가였는데, 40대에 바이러스성 뇌염에 감염되어 측두엽의 해마, 편도체, 그리고 다른 구조를 포함한 뇌 측두엽의 상당 부분이 파괴되었다. 뇌 손상 때문에 웨어링(Wearing)은 가장 최근의 1분 또는 2분만 기억하고, 다른 모든 것을 망각한다. 웨어링(Wearing)이 어떤 사람을 만난다면 그 사람이 잠시 자리를 비운 후 3분 후 돌아오면, 웨어링(Wearing)은 그 사람을 만난 적이 없었던 것처럼 행동한다. 새로운 기억을 형성할 수 없기 때문에 그는 항상 방금 깨어난 것으로 생각하는 것이다. 웨어링(Wearing) 사례를 통해서도 장기기억과 단기기억이 분리되어 있음을 알 수 있다.

앞의 예들과 달리 장기기억은 정상이지만 단기기억에 문제가 있는 K.F 환자를 들 수 있다. 그는 오토바이 사고로 인해 두정엽이 손상되었다. 그 후 K.F는 단기기억에 이상이 보였는데, 이는 숫자 폭의 감소, 즉 기억할 수 있는 숫자들 수의 감소로 알 수 있었다. 일반적인 사람들은 숫자 폭이 5개에서 9개 사이이지만 K.F의 숫자 폭은 2개였다. 그리고 그의 계열위치곡선에서 최신효과가 감소하였는데 이는 단기기억과 관련이 있다. K.F의 단기기억이 손상되었음에도 불구하고 그의 장기기억은 잘 작동하였는데, 이는 생활하면서 경험한 사건들에 대해 새로운 기억을 형성하고 유지할 수 있는 능력으로 알 수 있다.

(2) 기억의 신경학적 기제

기억의 신경학적 기제의 세부내용을 H.M의 기억상실증을 기준으로 살펴보고자 한다. H.M의 사례는 절제 수술로 인해서 어느 뇌 구조에 병변이 있는가를 분명히 알 수 있었다. 또한, H.M은 기억상실증을 초래한 수술 이전부터 신경심리적 평가를 받아왔기 때문에, 정확하게 기억의 어떤 부분이 손상되었는지를 알 수 있었다.

① 해마의 손상과 기억상실증

H.M의 사례는 기억상실증이 해마, 치상회(dentate gyrus), 해마지각(subiculum), 편도체와 인접한 영역[해마방 영역(parahippocampal area), 비내(entorhinal) 및 비주위피질(perirhinal cortices)]을 포함한 내측두엽에 손상을 입을 경우 초래된다는 것을 처음으로 제시하였다. 추후 연구에서는 해마가 수술에 의해 절제 되든지, 공급되는 혈류량이 감소하든지(뇌졸중 또는 무산소증의 경우), 질환을 앓게 되어 손상을 입든지(예 단순포진 뇌염 ; herpes simplex encephalitis) 등 어떻게 손상되었는지 상관없이 해마의 손상 자체만으로도 기억상실증을 초래한다는 것이 입증되었다.

② 해마 인근 부위 손상과 기억상실증

해마와 매우 가까이에 위치하는 중앙 간뇌 영역(midline diencephalic region), 즉 시상의 배내측핵(dorsomedial nucleus)과 시상하부의 유두체(mammillary bodies)에 손상을 입을 경우에도 기억상실증이 초래된다는 것이 관찰되었다. 이 부위의 손상은 만성 알코올 남용으로 코르사코프병(Korsakolff disease)이 발병되거나 사고를 입을 때에도 이 영역의 손상이 일어날 수 있다.

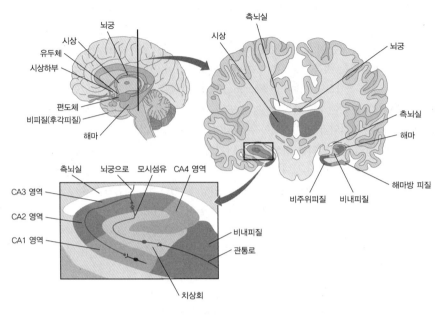

[해마 인근 부위의 손상]

③ **단기기억과 해마**

차란 랑가나스(Charan Ranganath)와 마크 데스포지토(Mark D'Esposito, 2001)는 해마(새로운 장기기억 형성 결정적 관여하는)가 단기적으로 정보를 유지하는 데 있어서도 역할을 수행하는지 연구하였다. 표본 얼굴이 1초 동안 제시된 후 7초의 지연 기간 후 검사 얼굴이 제시되었고, 표본 얼굴과 검사 얼굴이 동일한지 여부를 판단하도록 하였다. 참가자에게 처한 조건이 두 가지가 있었는데, 하나는 '낯선 얼굴' 조건에서 참가자들이 본 얼굴은 처음 본 얼굴들이었고, '친숙한 얼굴' 조건에서 참가자들은 실험 이전에 이미 알고 있었던 얼굴들을 보았다.

결과는, 7초 지연기간 동안 낯선 얼굴을 기억에 보유하고 있을 때는 해마의 활동이 증가하지만 친숙한 얼굴의 경우에는 그 활동이 약간만 변화하였다. 이 결과를 통하여 랑가나스(Ranganath)와 데스포지토(D'Esposito)는 짧은 지연기간 동안 새로운 정보를 기억에 유지하는 데 해마가 관여한다고 결론을 내렸다. 이 결과는 해마가 장기기억에만 관여한다고 생각했는데, 해마와 다른 뇌측두엽 구조들이 단기기억에도 어느 정도의 역할을 수행한다는 것을 보여준다.

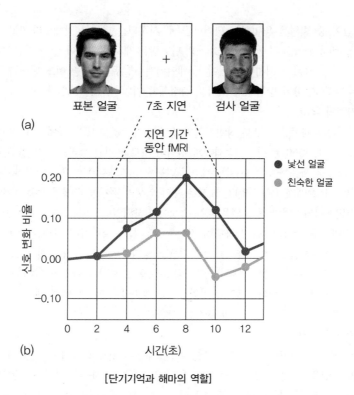

표본 얼굴　　　7초 지연　　　검사 얼굴

(a)

지연 기간
동안 fMRI

● 낯선 얼굴
● 친숙한 얼굴

(b)　시간(초)

[단기기억과 해마의 역할]

④ 피질영역 손상과 기억상실증

기억상실증은 자극의 감각 유형(modality)이나 자료 유형에 상관없이 일어난다. H.M의 경우 자극
이 청각, 시각, 체감각 혹은 후각으로 제시되어도 기억 장애를 보였는데, 즉 자극의 감각유형과 상관
없이 기억 장애를 보였다. 그리고 자료의 유형과 상관없이, 즉 자료가 언어적/비언어적, 공간적/비
공간적, 유의미한/무의미한 정보인가와 상관없이 기억 장애를 보였다.

언어, 시지각, 운동 순서 등의 처리에 관여하는 피질 영역에 손상을 입을 경우에도 기억 장애가 초래
되는데, 이 기억 장애는 항상 특정 감각유형의 자극이나 특정 유형의 자료에 국한되어 나타난다.
예를 들어 시각 실인증인 경우 시각적으로 제시되는 사물은 인식하지 못하지만 동일한 사물을 촉각
이나 청각으로 인식할 경우에는 장애를 보이지 않는다. 한 대뇌 반구의 해마체계에만 손상을 입을
경우, 특정 자료 유형에 국한된 장애(material-specific memory disorder)가 초래된다. 즉 좌반구
에 손상을 입으면 언어 자료에 국한되어 기억 장애가 나타나는 반면, 우반구에 손상을 입으면 비언
어적 자료에 국한되어 기억 장애가 나타난다. H.M처럼 양반구 해마 모두에 손상을 입을 경우에만
기억 장애가 모든 자료에 일반화되어 나타난다.

⑤ 기억상실증의 특성

기억상실증의 감각 유형 및 자료 유형 일반화 특성은 기억을 어떤 방식으로 평가하느냐와 상관없이
관찰된다. 환자에게 15개의 단어목록을 불러 준 다음 이를 기억하게 하고(예 motel, cathedral,
broker, bowl, cyclone… 등), 30분 후에 기억검사를 실시할 때, 해마에 손상을 입은 환자는 어떤
방식으로 기억을 검사하는가와 상관없이 기억장애를 보인다. 즉, 자유 회상(free recall ; 개인에게
'학습목록에 있던 단어 모두를 말해 보라'라고 지시), 단서 회상(cued recall ; 개인에게 '학습목록에

있던 단어 중 빌딩을 의미하는 단어나 'b'로 시작되는 단어를 말해보라'라고 지시) 혹은 재인기억 (recognition memory ; 개인에게 15개의 단어쌍을 제시하는데 이 쌍 중 한 단어는 학습목록에 있었고 한 단어는 새로이 제시된 단어이다. 개인에게 '이 두 단어 중 어느 단어가 학습목록에 있었는지 말하라'라고 지시)의 방법으로 기억을 측정해도 기억 장애를 보인다.

⑥ **작업기억의 유지**

기억상실증 환자들은 대부분 장기기억의 장애이고, 작업기억은 유지된다. 드라치맨(Drachman)과 아비트(Arbit, 1966)는 장기기억과 작업기억이 서로 분리될 수 있다는 것을 숫자 외우기 검사(digit span task)를 사용하여 보여주었는데, 이 연구에서 연구자가 불러준 일련의 숫자를 거꾸로 따라 말하는 것이 H.M에게 요구되었다. H.M은 숫자 외우기 검사에서 정상 수준의 수행(5개~9개)을 보였다. 그러나 작업기억의 폭을 넘을 때는 수행이 저하되었다. 이는 그가 이 과제의 수행에 작업기억만을 사용하였고 장기기억을 사용하여 작업기억의 폭을 확대하지 못하는 것을 알려준다.

기억상실증 환자들은 어떤 사건을 반복적으로 경험하더라도 축적된 학습(cumulative learning)을 거의 보이지 않는다. 예를 들어 보통 사람들은 현재 보이는 단락을 이해하고, 이전에 기술되었던 단락과도 통합할 수 있다. 그러나 기억상실증 환자들은 자신들에게 제시된 단락을 읽고 해석하는 것이 어렵다. 즉, 새로운 사실과 정보를 학습할 수 없는 것이다.

⑦ **기술학습의 유지**

H.M은 심각한 기억장애를 가지고 있었지만, 새로운 것을 학습할 수 있었다. 그러나 정작 본인은 학습하고 있음에도 불구하고, 새로운 것을 배우고 있다는 사실은 인식하지 못하는 것처럼 행동했다. 이처럼 기억상실증 환자들이 학습 가능한 것 중 하나는 기술학습(skill learning)이다. 기술학습은 수행을 도와주는 운동, 지각 및 인지적 조작과 절차를 반복을 통하여 점차 습득하는 것을 말한다. 기술학습이 가능하다는 것을 보여주는 예는 거울추적과제(mirror tracing task)이다. 이 과제는 거울을 통해 도형(예 별)을 보면서 이 도형의 윤곽을 추적하는 것이다. 환자들은 시행을 거듭할수록 윤곽 밖으로 추적을 하는 오류와 과제 수행에 걸린 시간이 감소하였다. 이 과제들에서는 동일한 과제를 여러 번 반복 실시한다. 연구자들은 기억상실증 환자들이 특정 과제에 필요한 기술만을 습득하는지(예 거울을 통하여 별 모양을 보면서 별 모양의 윤곽을 추적하는 것) 혹은 일반적 기술(다른 상황에서도 적용되는)을 습득하는지를 알아보고자 하였고, 이를 확인하기 위해 거울읽기과제 (mirror-reading task)를 실시하였다. 이 과제에서는 단어 세 개의 한 벌이 거울상의 방향으로 제시되며 피검자는 가능한 한 빠르고 정확하게 큰 소리로 읽어야 한다(그림 A). 이 과제에서 중요한 점은 단어 세 개의 한 벌 중 반은 여러 번 제시되는 반면(그림 B의 좌측 패널), 나머지 반은 실험 동안 단지 한 번만 제시된다(그림 B의 우측 패널). 연습을 거듭하는 동안 신경계의 손상이 없는 사람과 기억상실증 환자 모두 이전에 제시된 거울상의 단어와 새로 제시된 거울상의 단어들도 빠르고 정확하게 읽는다. 이 결과는 이들이 거울상의 글을 읽는 기술을 습득하였다는 것을 시사한다.

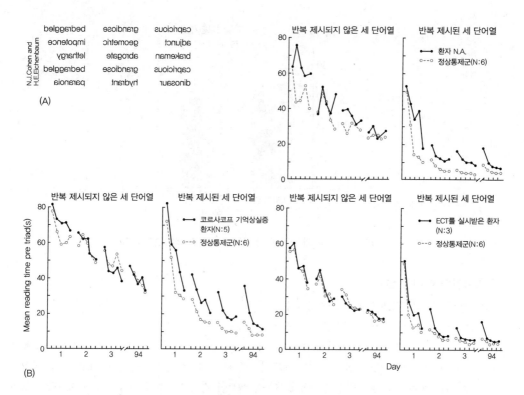

[기억상실증 환자에서 유지되는 지각 기술]

반복점화는 이전에 한 번 제시되었던 자극이 다시 제시되어 개인의 수행을 높이거나 한쪽으로 치우치는 경우이다. 이 반복점화는 기억상실증 환자들에게 유지된다. 반복점화를 조사한 초기 연구들은 기억상실증 환자들을 대상으로 골린(Gollin)의 미완성 그림 검사의 도형들을 사용하였다. 이 과제에서는 환자들에게 미완성 대상 그림을 희미하게 제시하면서 대상을 이름을 말하도록 했다. 환자들이 대상의 이름을 말하고, 말하지 못하면 처음보다 분명하게 보이는 도형을 제시한다. 환자가 대상을 말할 때까지 반복하며 소요되는 시행 수를 기록하고, 일정 시간이 흐른 후 같은 절차를 1회 반복한다. 실험 결과 시행이 반복될수록 불완전하고, 희미한 그림을 보아도 대상의 이름을 맞출 수 있었다. 더 놀라운 것은 기억상실증 환자들이 자신들의 수행이 향상되었다는 것을 인식하지 못함에도 새로운 학습이 일어난다는 것이다. 이는 단어-어간 완성검사(word-stem completion task)를 통하여 설명할 수 있다. 피검자에게 학습할 단어목록을 제시한다. 피검자에게 세 개의 철자(예 mot, cyc)를 제시하고 두 가지 방법을 사용하여 기억을 검사한다. 첫 번째 방법은 단서회상 조건으로, 피검자들에게 이전 제시된 세 개의 철자로 시작되는 단어들을 회상하도록 하였다. 여기에서 기억상실증 환자는 일반 사람들에 비하여 저하된 수행을 보인다. 두 번째 방법은 단어-어간을 완성하도록 하여 피검자들에게 '가장 처음 떠오르는 단어'로 단어 어간을 완성하도록 하였다. 피검자들에게 학습목록에 없었던 단어와 비교하여 학습목록에 있었던 단어들로 단어 어간을 많이 완성하는지를 평가하도록 했다. 기억상실증 환자들은 정상적으로 수행한 모습을 보였다. 즉, 일반 사람들처럼 학습목록에 있었던 단어들로 어간을 완성하는 경향을 보였다.

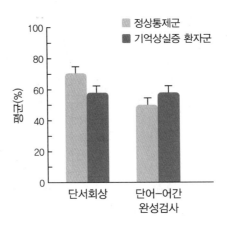

[단서회상 검사와 단어-어간 검사를 통한 기억상실증의 해리]

(3) 기억상실증의 시간 범위

① 순행성 기억상실증과 역행성 기억상실증

기억장애는 순행성 기억상실증과 역행성 기억상실증으로 구분된다.

순행성 기억상실증(anterograde amnesia)은 기억상실증의 발병 이후 습득한 정보를 기억하지 못하는 것이다. 순행성 기억상실증은 어느 정도의 역행성 기억상실증과 동반된다. 역행성 기억상실증(retrograde amnesia)은 발병되기 전에 습득한 정보를 기억하지 못하는 경우로, 환자마다 역행성 기억상실증이 나타나는 정도가 다르다. 예를 들어, 어떤 환자는 발병하기 1~2주 전에 경험한 것을 기억하지 못하는 경우도 있고, 어떤 경우는 수십 년 전에 경험한 것을 기억하지 못하기도 한다. 역행성 기억상실증이 심각한 수준이 보이는 경우는 퇴행성 질환에서 자주 나타난다(코르사코프 증후군, 알츠하이머병, 파킨슨병, 헌팅톤병 등). 그리고 심각한 역행성 기억상실증은 측두 내측 영역만 손상만으로 나타나기보다는 외측까지 손상을 입을 경우에 초래되는 경우가 많다.

[역행성 기억상실과 순행성 기억상실]

② 기억상실증 발병 정도

뇌의 손상이 해마 체계에만 국한되고 신피질 영역까지 확대되지 않을 때는 기억상실증 발병 이전에 습득한 지각, 운동, 언어 및 지적 능력에 관한 기억이 유지된다. 또한, 어린 시절에 습득한 언어, 대상 및 세상에 관한 정보도 유지된다. 이러한 정보를 유지하는 능력과 특정 사건을 기억하지 못하는 능력이 서로 분리된다는 것을 알 수 있다.

역행성 기억상실증이 발병할 경우 기억하는 정도는 일반적으로 발병 시점으로부터 가까운 시기에 경험한 사건을 더 먼 시기에 경험한 사건보다 더 기억하지 못한다. 이러한 현상을 역행성 기억상실 증의 시간 기울기(temporal gradient)라고 부르며 19세기 과학자인 테오도르 리보(Theodule Ribot)가 처음으로 이에 관해 언급하였다는 점에서 리보의 법칙(Ribot's Law)이라고도 부른다. 역행성 기억상실증이 매우 심각하여 발병 전 수십 년 동안에 경험한 사건들을 기억하지 못하는 코르사 코프병 환자와 알츠하이머병 환자에서도 시간 기울기가 관찰된다. 이 환자들에게 수십 년 전부터 유명하였던 사람들의 얼굴 사진을 보여주고 재인시킬 경우 유명인들의 오래전 사진을 근래의 사진 보다 더 정확하게 재인하였다.

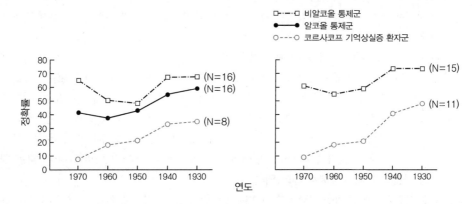

[코츠사코프 증후군 환자에서 관찰되는 역행성 기억상실증]

모든 유형의 기억상실증에서 시간 기울기가 관찰되는 것은 아니다. 즉 어떤 기억상실증은 발병 전의 모든 시기에 대해 균등하게 역행성 기억상실을 보인다. 이러한 '균등' 기울기(flat gradient)는 중앙 간뇌 영역에 손상을 입은 환자와 헌팅톤병 환자 또는 특정 원인으로 인해 해마 체계에 손상을 입은 결과 초래되는 기억상실증에서 관찰된다. 역행성 기억상실증의 시간 기울기는 학습이 일어난 이후 에도 기억이 변화를 거듭한다는 것을 시사한다.

3 기억에 관여하는 해마 외 영역

이제까지 이 기억체계 중 한 체계, 즉 해마에 의존하는 기억체계를 살펴보았다. 이제 다른 뇌 영역들이 기억 에 어떤 역할을 하는가를 살펴보자.

(1) 신피질 영역

① 시각기능과 기억기능에 관여

정보는 처음 처리된 영역 내에 저장된다. 이를 지지하는 연구 결과를 살펴보자. 원숭이의 하측두피 질(TE 영역)과 인간의 방추상회 영역은 시각 대상 재인에 관여하는 복측 시각 처리 경로로써 해마체계와 연결된다. 이 영역은 시각 대상 정보를 처리하고 장기기억으로 저장하는 역할을 한다. 이 영역에 손상을 입으면 시각실인증이 초래된다. 이 말은 즉, 이 영역의 손상은 시각 대상의 지각과 기억 모두 영향을 미친다는 것을 의미한다.

시각 처리과 시각 기억이 서로 밀접하게 관련된 증거는 시각 복측 경로(특히, 방추상회)가 시각 자극 없이 시각적 형태를 회상할 때 활성화되는 것을 통해 알 수 있다. 한 연구에서 실험 참가자들은 단어들을 특정 그림과 소리를 함께 짝지어 학습하게 한 후 그 단어가 시각 형태와 짝지어졌는지를 판단하게 하였다. 참가자들은 단어와 짝지어졌던 그림을 회상할 때 방추상회가 활성화되었고, 이는 그림이 처음 제시되었을 때 관찰되었던 활성화와 유사하였다. 그리고 소리를 회상할 경우, 상측두회의 청각 영역의 활성화가 관찰되었는데, 이 활성화는 단어가 처음 제시되었을 때 관찰되었던 활성화와 유사하였다. 이 연구결과들을 종합해보면 지각 정보를 처음 처리할 때와 그 정보를 회상할 때 동일한 영역이 활성화되며 이는 이 신피질 영역들이 지각기능과 기억기능 모두에 관여함을 시사한다.

② 특정 정보 처리기능과 기억기능에 관여

얼굴 재인 혹은 구어의 이해 등과 지식에 관한 영역에 영향을 미치는 장애를 가진 환자들은 이전에 습득한 그 영역의 지식뿐만 아니라 그 영역과 관련된 새로운 정보도 학습할 수 없다. 이는 신피질의 특정 영역이 특정 정보를 처리하고 이와 동시에 그 정보를 기억하는데 관여한다는 것을 시사한다. 여기에서 중요한 것은 각 영역은 기억의 특정 요소만 관여한다는 것이다. 이 말은 즉, 시각에 관한 기억은 시각-처리 영역에 저장되고 언어에 관한 기억은 언어-처리 영역에 저장된다는 것이다.

③ 특정 사건의 기억 저장에서 해마 역할

특정 사건에 관한 기억을 저장할 때, 해마는 한 영역 내에서 처리된 정보를 결합하기도 하지만, 각기 다른 피질 영역에서 처리된 정보를 결합하는 데 비중 있는 역할을 하고 있다. 즉, 다른 피질 영역이 해마체계와 상호작용하여 하나의 일관된 사건이 된다는 것이다. 이러한 정보가 인출되면 해마는 특성 사건의 단편들이 어디에 정보가 저장되어 있는지 정보를 제공한다. 그러나 실제 기억 단편들의 정보는 처음 처리되었던 피질 영역에 저장되어 있다.

④ 연합·기술학습이 이루어질 경우의 신피질처리 영역 변화

일정 시간 동안 한 영역 내에서의 연합을 학습하거나 기술을 점진적으로 학습하는 경우는 특정 신피질처리 영역 내의 변화를 통해 학습이 일어난다. 하측두 영역에 위치하는 뉴런들은 특정 시각 대상에 따라 다르게 반응한다. 즉, 각 뉴런이 최대한 발화하는 시각 대상이 신경원마다 다르다.

ⓐ 원숭이를 대상으로 한 연구에서 다양한 시각 형태에 대한 뉴런들의 반응을 측정하였다. 이를 통해 뉴런의 선호 반응과 선호하지 않는 반응이 무엇인지 알 수 있었다.

ⓑ 그 후 원숭이들에게 선호 대상과 그렇지 않은 대상을 짝짓는 훈련을 시행하였다.

ⓒ 훈련 후 원숭이들에게 훈련 시 사용되었던 대상들을 제시하였는데, 뉴런들은 이전에는 선호하지 않았지만 짝짓기 훈련 동안 제시되었던 대상들에 대해 매우 강한 반응을 보였다. 새로운 훈련 대상(즉, 훈련 이전에는 뉴런들이 반응을 보이지 않았던 대상)들이 훈련기간 동안 짝지어졌던 선호 대상들을 회상하는 단서로 작용하였기 때문에 이 결과가 초래된 것으로 추측된다. 이 결과는 경험이 특정 유형의 정보를 처리하는 영역 내에 있는 뉴런들의 반응을 변화시킬 수 있다는 것을 의미한다.

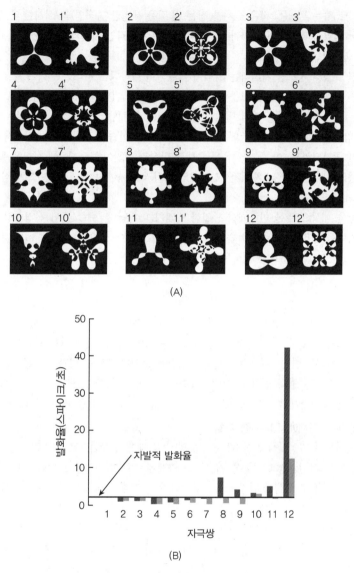

(A)

(B)

[시각 대상의 기억에 관여하는 하측두피질]

⑤ **경험이 지각에 관여하는 네트워크의 변화에 관여**

　　동물을 대상으로 한 전기생리적 연구와 해부학 연구들은 기본적인 지각 및 운동 처리에 관여하는 네트워크를 경험이 어떻게 변화시키는가에 관한 부가적인 정보를 제공한다. 예를 들어 리캔존과 동료들(Recanzone & Schreiner & Merzenich, 1993)은 원숭이에게 특정 주파수의 소리를 구분하는 훈련을 시킨 결과 청각피질 내에서 이 주파수에 반응하는 영역이 더 확대된 것을 관찰하였다. 더욱이 이 변화가 행동 수행의 향상과 상관을 보였다. 경험으로 인한 변화가 체감각피질과 운동 영역에서도 관찰되었다. 촉각에서도 마찬가지이다. 원숭이에게 촉각 구분 훈련을 실시한 결과 훈련이 주어진 신체 표면의 촉각을 담당하는 뉴런들의 수용장이 확대되었다. 더 나아가 손가락의 숙련된 움직임을 강조하는 훈련(예 작은 물체를 집는 것 같은 세밀한 움직임)을 실시한 후 일차운동피질의 손가락 담당 영역이 확대되는 결과가 나타났다. 이는 기본적인 지각과정에 관여하는 네트워크가 경험에 의해 변한다는 것이다.

특정 유형의 정보를 처리하는 영역에 국한되어 나타나는 이러한 변화가 구조적 변화, 즉 뇌의 재배치를 통해 일어난다는 정보를 제공하고, 암묵/절차 기억을 지지하는 것으로 나타났다. 이러한 변화에는 운동피질과 같은 영역 내에서 새로운 시냅스(시냅스 생성)가 형성되는 것이 포함된다. 예를 들어 방해물 코스를 건너가는데 필요한 운동기술을 학습한 쥐가 운동피질에서 뉴런이 맺는 시냅스의 수가 증가되었고, 이 증가는 운동 수행의 향상과 상관이 보였다. 이 실험을 통해서도 주어진 과제를 수행하는데 필요한 뇌 체계가 그 과제의 경험과 더불어 변하고, 이 변화는 절차 기억의 근거가 된다는 것을 보여준다.

사람을 대상으로 한 연구에서 동일한 결과가 나타난다. 예를 들어 신경영상 연구들은 특정 순서로 손가락을 움직이는 것을 학습하면 이 기술의 수행에 중요한 운동 체계의 여러 부위들(운동피질과 소뇌)의 활성화 분포가 변하는 것을 관찰하였다.

(2) 기저핵

기저핵은 암묵/절차 기억에 관여한다는 것을 파킨슨병이나 헌팅톤병을 앓는 환자들의 연구들로 알 수 있다. 이 환자들은 해마 손상을 가진 환자와는 상반되는 결함 양상을 보인다. 다시 말하면 외현/서술 기억은 유지되는 반면 암묵/절차 기억의 결함을 보인다. 파킨슨병과 헌팅톤병은 선조체의 기능 이상으로 초래되고 이는 암묵/절차 학습에 중요하다는 것을 의미한다. 또한, 이 환자들은 학습과 기억 결함과 매우 다른 운동장애를 가지고 있다. 이러한 양상은 기술학습을 평가하는데 복잡한 요소로 작용한다.

① 기술학습 과제에서의 수행 저하

일반적으로 기억상실증 환자들은 기술학습 과제에 정상적으로 수행하는 것을 보이는 데에 반해 헌팅톤병과 파킨슨병 환자들은 기술학습 과제에 수행의 저하를 보인다. 그중 하나가 습관학습(habit learning)으로 수행이 점진적으로 향상되지만, 수행의 향상이 다른 과제에까지 일반화될 필요가 없는 경우를 말한다. 원을 그리면서 움직이는 목표 자극을 침필을 사용하여 추적하는 회전 추적 검사를 시행했을 때 파킨슨병이나 헌팅톤병을 앓은 환자들에게서는 과제 수행 향상이 관찰되지 않았다. 그러나 신경계의 손상이 없는 사람들에서는 선조체의 활성화 변화가 이 과제의 학습과 상관된 것이 관찰되었다.

이 환자들이 습관 학습의 장애를 가지고 있다는 것은 순차적 반응시간 과제[serial reaction time(SRT) task]에서도 알 수 있다. 각 시행마다 컴퓨터 스크린의 여러 위치 중 한 위치에 불이 들어오며 피검자는 불이 들어온 위치에 따라 버튼을 누르는 것이 요구된다. 피검자가 알아차리지 못하더라도 불이 들어오는 위치는 일정 순서로 반복된다. 이 과제는 두 가지 방법을 통해 학습여부를 관찰할 수 있다.

㉠ 반복 순서로 제시되는 자극에 대한 반응시간이 진행될수록 점진적으로 감소하는 것
㉡ 자극이 무선적인 순서로 제시되는 시행 블록에서는 반응시간이 증가되는 것

자극이 일정 순서로 반복 제시된다는 것을 피검자가 알지 못함에도 불구하고 수행이 점진적으로 향상된다는 점은 학습이 암묵적으로 이루어졌음을 알 수 있다. 이와 관련한 여러 연구에서 파킨슨병 환자나 헌팅톤병 환자가 이 과제의 학습에 어려움을 보인다고 하였다. 기능 신경 영상 연구 역시

이 사실을 지지하는 결과를 보고하고 있는데, 즉 이 과제 혹은 이 과제와 유사한 손가락 순서 과제의 학습과 관련하여 선조체가 활성화하는 것을 보고하고 있다.

② 운동 영역에 국한된 것이 아닌 광범위한 선조체의 역할

많은 연구는 운동 산출(반응)을 요구하였다. 회전 추적 과제에서는 목표물 추적을 위해 몸을 통제해야 하고, 순차적 반응시간 과제에서는 일련의 버튼을 누르는 등 운동 산출을 요구하는 과제들이었다. 이러한 과제와 연구 결과들로 봤을 때, 기저핵이 운동 처리에 중요한 역할을 하기 때문이라고 여길 수 있다. 그러나 운동 산출을 요구하지 않는 다른 과제나 훈련받은 영역 내의 다양한 예들에서도 일반화되는 연구 결과들이 있다. 더 나아가 기능 신경 영상 연구들은 거울상으로 제시되는 글을 읽는 동안 선조체, 좌반구전전두 영역, 측두엽과 소뇌에서 활성화를 관찰하였다.

또 다른 연구에서도 선조체의 역할이 운동 영역에 국한되지 않았음을 보여준다. 파킨슨병과 헌팅톤병을 포함하여 기저핵의 손상을 가지는 환자들은 단서가 일대일 방식이 아닌 확률로 결과를 예상하게 하는 과제, 즉 확률학습 과제(probabilistic learning tasks)에 수행 저하를 보인다. 이러한 과제 중 하나인 날씨예상 과제(weather prediction task)는 카드에 제시된 단서를 근거로 하여 두 날씨(비 혹은 맑음) 중 하나를 예상하는 것을 요구한다. 각 시행마다 네 개의 카드 중 1~3개의 카드를 제시한다. 각 카드는 맑음 예상과 단지 확률적으로 관련되어 있는데, 즉 75%, 57%, 43%, 25%의 확률과 관련되어 있다. 여러 카드가 제시될 경우는 각 카드의 확률 합을 고려하여 날씨를 예상해야 한다. 각 시행에서 카드가 제시되면 피검자는 비와 맑음 중 하나를 예상하며, 이에 대한 피드백이 피검자에게 주어진다. 확률적 특성을 가지는 이 과제의 수행 동안 만약 피검자가 이전 시행을 회상하려고 노력하면 이 과제의 수행이 저하될 수 있는데 왜냐하면 특정 단서들이 반복 제시된다고 하여도 이전과 다른 결과를 초래할 수 있기 때문이다. 이 과제에서 활용될 수 있는 가장 유용한 정보는 특정 단서 혹은 단서들과 관련된 확률을 학습하는 것인데, 이 학습은 시행을 거듭함으로써 점진적으로 습득된다.

50 시행의 블록을 실시하는 동안 신경 손상 없는 정상인들에게는 날씨를 예상하는 수행작업이 점차 향상되었으나 파킨슨 환자들에게는 관찰되지 않았다. 더욱이 기억상실증 환자들도 정상인만큼 수행을 잘 하였다. 이처럼 확률 과제의 학습에 선조체가 중요한 역할을 한다는 것이 다시 입증되고 있다. 즉, 선조체가 암묵학습·기억(절차기억·학습)에 중요하다는 것을 시사한다.

위 연구 결과들을 보면 기저핵이 학습에서 정확하게 어떤 역할을 하는지에 대한 의문이 들 수 있다. 일부 이론은 기저핵이 특정 자극과 그 자극에 대한 반응 사이의 연합을 학습하는 데 중요한 역할을 한다고 말한다. 또 다른 이론에서는 기저핵이 피질의 서로 다른 영역들로부터 받은 자극 입력에 근거하여 다양한 가능한 반응 중에서 반응을 선택하는 것을 도와주는 역할을 한다고 제안하고 있다. 여기서 중요한 것은 해마에 의한 연합과 서로 다르다는 것에 주목해야 한다. 일반적으로 기저핵은 자극과 반응을 연합하게 하는 한편 해마는 다양한 신피질처리 영역들이 서로 연합하게 한다.

(3) 편도체

편도체는 정서에 대한 정보 분석과 정서 표현에 중요한 역할을 한다. 그래서 편도체는 '기억과 정서 사이의 매개체 역할'을 한다고 볼 수 있다.

① 내적 상태의 분석 능력

편도체 역할에 대한 증거는 H.M 환자 사례를 통해 알 수 있다. 양반구 편도체의 절제를 포함한 수술을 받은 후 H.M은 자신의 내적 상태에 관한 정보에 접근 능력이 감소하였다. 통증과 배고픔에 대한 그의 반응을 체계적으로 연구한 결과 자극들이 얼마나 강한 통증을 초래하는지와 상관없이 통증 반응을 보이지 않았다(편도체가 정상적으로 기능하는 기억상실증 환자나 신경계의 손상 없는 사람들은 통증 반응을 보임). 실제로 H.M은 배고픔을 0~100 사이에서 평정하는 척도에서 식사 전후의 배고픔을 50이라고 동일하게 평정하였다. 실험자와 대화 후 H.M에게 식사가 다시 제공되었지만, 방금 전에 식사 사실을 기억하지 못하였고, 배고픔 평정에서도 50으로 평정하였다.

② **정서적 반응 학습과 표현에서의 편도체 역할**

편도체는 정서 기억과 정서 반응의 학습에 매우 중요한 역할을 한다. 파블로프의 공포 조건화(fear conditioning)는 중립적 자극인 혐오 사건과 짝지어진 결과로 추후 그 자극이 공포를 유발하게 되는 것을 말한다. 예를 들어 쥐를 작은 케이지에 가둔 후 소리(10초 정도 지속하는)를 여러 번 제시했는데, 소리가 끝날 때 즈음 바닥에 전기쇼크를 가하여 쥐에게 쇼크를 제시하였다. 쥐는 소리가 들리면 점차 조건화된 공포를 보인다. 왜냐하면, 소리와 전기쇼크가 짝지어져서 제시되었기 때문이다. 그리고 나서 쥐는 공포 반응을 표현하였다(자율신경계의 변화, 몸을 웅크리거나, 설탕물을 마시는 등). 외측 편도체에 선택적 병변을 가지고 있는 동물에서는 자율신경계 반응과 운동 반응이 감소한 것을 확인하였다.

뇌 병변을 갖지 않은 정상적인 쥐는 '맥락적 공포 조건화(contextual rear conditioning)'를 보인다. 이는 조건화가 일어나는 환경에서 선택적으로 공포감이 나타난다는 것을 말한다. 정상 쥐는 조건화 환경에 노출된 이후에 그 방에만 있게 되면 소리가 나기 전부터 공포반응을 보이기 시작한다. 이는 쥐의 반응이 소리뿐만 아니라 함께 제시되었던 전기쇼크의 환경 맥락에도 조건화되었다는 것을 의미한다. 만약 쥐가 다른 환경에 놓이게 되면 소리가 제시되지 않는 한 얼어붙은 듯한 행동을 보이지 않는다. 편도체 병변은 파블로프의 공포 조건화뿐만 아니라 맥락적 공포 조건화가 일어나는 것도 방해한다. 이와 반대로 해마의 병변은 맥락적 공포 조건화만을 선택적으로 봉쇄하는데, 이는 맥락적 공포 조건화에는 조건화와 특정 맥락 혹은 환경 사이의 관련성에 관한 기억이 요구되기 때문이다.

여러 연구는 편도체가 자극-보상 연합의 학습에 매우 중요하다는 것을 알려준다. 대표적인 예는 화이트와 맥도날드(White & McDonald, 1993)가 실시한 '쥐의 방사형 미로 수행' 연구이다. 편도체 손상을 입은 동물은 보상과 관련된 미로찾기에 실패하였다. 그러나 방사형 미로 과제를 변형한 'win-shift' 과제에서는 정상적으로 수행한 모습을 보였다. 이 과제에서 동물은 8개의 방사형 미로에서 하나의 미로를 찾기 전에 8개 모든 미로를 탐색하는 것이 허락되었다. 또한, 이 동물은 'win-stay' 과제에서도 정상적으로 수행하는 모습을 보였다. 이 과제에서는 불빛이 있는 미로를 찾고 어두웠던 미로는 돌아가는 것이 학습되었다. 반대로 해마 또는 선조체에 손상을 입은 동물은 보상과 관련 있는 미로 찾기 과제에 어려움을 보이지 않았고, 오히려 'win-stay'와 'win-shift' 과제 학습에 어려움을 보였다. 따라서 편도체 손상은 자극과 보상이 연합하는 학습을 방해하지만, 이 학습은 보상이 있는 미로 하나를 찾는 과제에는 필요하다.

③ **정서 경험을 통하여 기억을 조율**

편도체는 정서 경험을 통하여 기억을 조율하는 역할을 한다. 케이힐(Cahill)과 동료들은 피검자에게 과제를 제시하였는데, 이 과제는 일련의 슬라이드와 두 개의 이야기이다. 하나의 이야기에는 정서적인 내용(예 친구가 교통사고를 당하는 이야기)이고 다른 이야기는 정서적 내용이 아닌 이야기(예 안전 운전에 관한 이야기)이다. 추후에 실시된 지연기억 검사에서 신경계의 손상이 없는 사람은 중립적인 이야기보다 정서적인 내용의 이야기를 더 잘 회상하였다. 그러나 편도체 손상을 입은 사람은 정서적인 이야기를 중립적 이야기보다 더 잘 회상하는 현상을 보이지 않았다. 대표적인 병변으로 공포를 느끼지 못하는 우르바하–비테 신드롬(Urbach–Wiethe syndrome)이 있다. 이는 뇌의 편도체에서 칼슘 대사에 이상이 생겨 발생하는 희귀 유전질환이다.

기억에서의 편도체 역할은 해마, 선조체 등과 같이 다른 많은 뇌 구조와 상호작용을 하며 일어난다. 편도체는 특히 매우 강한 각성을 일으키는 정서적 상황에 반응하는데, 편도체가 활성화되면 차례로 뇌의 기억 회로 중 일부분에 영향을 준다. 이를 통해 편도체는 기억 회로의 활성화를 조율하는 것을 알 수 있다.

(4) 전측 측두 영역

의미기억(semantic memory)은 사실, 개념, 범주와 단어 의미에 관한 정보를 파지하는 기억이다. 일화기억(episodic memory)은 특정한 시간적·공간적 맥락에서 개인이 사적으로 경험한 자서전적 기억을 의미한다. 일화기억은 개인이 경험한 사건을 재경험하는 것을 가능하게 하고 이전 시간으로 되돌아가는 경험을 가능하게 한다. 전측 측두 영역의 역할을 위해 이 두 개념이 매우 중요하다.

내측두엽에 손상을 입은 사람들은 새롭게 경험한 기억(에피소드)을 형성할 수 없다. 그러나 손상 후에도 어느 정도 새로운 의미 정보의 습득은 가능하다. 이는 의미기억이 내측두 영역에 완전히 의존하지 않는다는 것을 의미한다. 대표적인 예 중 아동기(출생 시, 4세와 9세) 때 해마 일부에 손상을 입은 세 아동이 생활에서 경험한 일상 에피소드에 관한 심각한 기억상실을 보였지만, 학교에서 익히는 언어 기술을 배울 수 있었다. 또한, 평균 범위에 속하는 지적 수준을 보인 것이다. 이러한 결과를 통해 의미기억에는 해마가 요구되지 않는다는 것을 알려준다.

제 2 절 ▶ 보상과 동기

긍정적인 정서는 쾌락과 보상에 대한 동기에 초점을 맞추어 연구되었다. 1950년대에 올즈(Olds)와 밀너(Milner)는 쥐의 뇌 부위에 전기자극을 한 후 '보상'이 되는 것을 실험하였다. 올즈와 밀너는 쥐가 뇌의 특정 부위에 전류를 흘려보내기 위해서 지렛대를 수백 번 누르는 것을 발견하였다. 이는 자극이 '보상'이 된다는 것을 쥐가 알았다는 것을 추론할 수 있다.

자극이 보상되는 영역은 도파민 경로로 중뇌의 복측 피개 영역에서부터 측좌핵(nucleus accumbens)까지 뻗쳐있다. 이 영역을 복측 선조체(ventral striatum)로 불린다. 여기에서 주목해야 할 것은 보상경로를 쾌락을 위한 중추로 보기는 어렵다는 것이다. '원하는 것'과 '좋아하는 것'은 다르다. 예를 들어 코카인 중독자가 약을 얻기 위해서 먼 길을 간다. 이는 원하는 것을 얻기 위한 행동이다. 그러나 약을 얻고 나면 즐거움을 느끼지 않는 것을 보고 보상과 쾌락을 연결짓기 어렵다는 것이다. 일부 연구자들은 도파민 경로가 보상 관련 행동과 관련된다고 주장하기도 한다. 이와는 반대로 측좌핵의 어떤 영역[특히, 측좌핵껍질(nucleus accumbens shell)이라고 불리는 측좌핵을 둘러싸고 있는 세포층]은 바라던 목적을 성취한 것에 대한 즐거움, 즉 '좋아함(liking)'에 기저하는 것으로 생각된다.

인간의 측좌핵이 활성화되는 신경 영상 연구들을 보면, 보상경로 연구는 동물에 초점을 두고 연구해왔지만, 신경 영상 연구는 인간을 대상으로 측좌핵이 활성화되는 조건들을 연구하였다. 단, 사람들을 대상으로 한 연구에서는 측좌핵의 중심부(core)와 껍질을 구분할 수 없는데, 이는 영상기법의 공간 해상도의 한계 때문에 나타난다. 사람의 경우 측좌핵은 보상(특히 기대하지 않았던 보상)을 받을 때 활성화된다. 측좌핵에서의 도파민 반응은 그런 조건하에서 가장 큰 것으로 나타났다. 더 나아가 보상이 예상되는 상황일 때 실제로 보상이 주어지기도 전에(보상을 기대할 때) 측좌핵은 활성화된다. 이 결과는 측좌핵이 처음에 기대하지 않은 보상에 예민했지만, 보상의 패턴을 겪고 나서 보상을 예상한다는 것을 말한다. 측좌핵은 달콤한 주스, 돈, 매력적인 얼굴 등과 같이 보상으로 간주될 수 있는 많은 자극에 의해서 활성화된다는 연구 결과들이 있다. 이 영역은 또한 중독되는 보상물에 의해서도 활성화된다. 예를 들어 담배를 피우는 사람들은 담배를 피우지 않는 사람들보다 담배와 관련된 영상에 대해서 측좌핵이 더 큰 반응을 보인다. 이러한 연구 결과는 중독에 있어서 측좌핵의 역할이 주요 역할을 한다는 것을 알 수 있다.

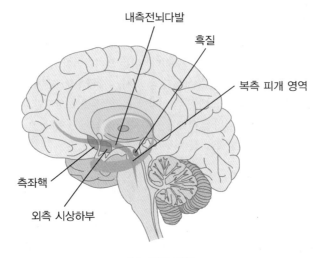

[측좌핵의 위치]

제 3 절   일화적 기억

일화기억(경험에 관한 기억)과 의미기억(사실에 관한 기억)을 상이한 두 유형으로 구분하는 이유는 일화
기억과 의미기억이 연합된 경험의 유형이 다르고, 뇌 손상이 두 기억의 각각에 미치는 방식이 다르며 각
각에 대한 fMRI 반응이 다르기 때문이다. 이와 관련하여 상세하게 살펴보도록 하자.

(1) 일화기억과 의미기억

① 일화기억과 의미기억의 구분 – 경험 차이에 따른 구분

일화기억이 경험에 관한 기억이며 의미기억이 사실에 관한 기억이라고 말하며, 기억한 정보의 유형
에 근거하여 두 유형의 기억을 구분한 것이다. 엔델 툴빙(Endel Tulving, 1985)은 일화기억과 의미
기억이 상이한 유형의 정보를 다룬다고 처음 제안했는데, 그는 두 기억이 각자 연합된 경험유형에
근거하여 구분될 수 있다고 제안했다.

툴빙(Tulving)에 따르면, 일화기억의 경험은 과거에 발생한 사건과 재연결하기 위해 거꾸로 여행하
는 경험이라고 할 수 있다. 즉, 그 시간을 기억할 때 다시 체험하는 것처럼 느끼는 것이다. 툴빙
(Tulving)은 이러한 일화기억 경험을 '자기 자각' 또는 '기억해내기'라고 기술하였다.

의미기억 경험은 세상에 관한 지식에 접근하는 것을 말하는데, 개인적 경험의 기억과 결부될 필요가
없다. 이러한 지식은 사실, 어휘, 숫자, 개념과 같은 것들일 수 있다. 즉, 과거 특정 사건으로 돌아
가는 것이 아니라, 우리가 알고 있는 것들에 접근하는 것이다. 예를 들어, 태평양에 관한 많은 사실
들(위치, 크기, 샌프란시스코에서 서쪽으로 가면 일본에 당도한다는 사실)을 알고 있지만 이러한 사
실들을 언제 학습했는지는 정확하게 기억할 수 없다. 태평양에 관해 내가 알고 있는 다양한 것들은
의미기억인 것이다.

② 일화기억과 의미기억의 상호작용

㉠ 경험에 영향을 미치는 지식

사람들은 많은 지식을 나중에 기억해야 할 경험을 하는 도중에 사용한다. 예를 들어, 야구 경기
를 보았을 때, 1루에 주자가 있을 때 땅볼이 미치는 영향, 타자가 3루 방향으로 땅볼을 쳤을 때
즉각적으로 2루를 보고 경기를 예측해가는 모습 등 경기에 대한 지식은 경기를 경험하는 방식에
영향을 미친다. 즉, 지식(의미기억)이 사람의 경험을 안내하며, 차례대로 이 경험을 뒤따르는 일
화기억에 영향을 미친다.

㉡ 의미적 성분과 일화적 성분을 모두 포함하는 자전적 기억

자전적 기억(autobiographical memory)은 삶의 특정 경험에 관한 기억으로서 일화적 성분과
의미적 성분을 모두 포함할 수 있다. 예를 들어, '내가 A 카페에서 소영을 만났을 때 우리가 좋아
하는 테이블에 앉아 있는데, 이 테이블은 창가에 있지만, 아침에 붐빌 때는 차지하기 어렵다.'
이 서술은 일화적 성분(소영을 만난 것)과 의미적 성분(A 카페, 창가 테이블은 좋아하는 자리,
아침에는 차지하기 어렵다는 것)을 포함한다. 이 서술의 의미적 성분을 '개인적 의미기억
(personal semantic memory)'이라고 부르는데, 그 이유는 이들이 개인적 경험과 관련된 사실들
이기 때문이다.

③ 시간 경과에 따른 일화기억과 의미기억

일반적으로 망각은 시간 간격이 길어질수록 증가한다. 그러나 망각 과정을 더 상세하게 살펴보면 망각이 항상 '실무율적' 과정은 아니다. 예를 들어, 어떤 친구가 카페에서 A를 소개해줬고, 짤막하게 A와 날씨에 대한 이야기를 나누고, 그 후 주말에 길에서 A를 보았다. A를 보았을 때 몇 가지 반응을 예상할 수 있다.

> 사례 1) 저 사람은 낯이 익다. 어디서 그를 만났을까?
> 사례 2) 저기 A가 있다. 어디서 그를 만났을까?
> 사례 3) 저기 A가 있는데, 그를 지난주 카페에서 만난 적이 있다. 그때 날씨에 대해 이야기를 나누었다.

이 사례를 보면 망각과 기억의 정도가 분명히 상이하다. 사례 1)과 2)는 친숙성(familiarity)을 보여주는데, 그 사람이 낯이 익고 그의 이름을 기억할 수 있지만, 그 사람과 관련된 특정 경험의 세부사항들을 전혀 기억해낼 수 없다. 사례 3)은 기억 재생(recollection)을 보여주는데, 그 사람과 관련된 특정 경험들을 기억해낸다. 친숙성은 지식이 획득된 상황과 연합되어 있지 않으므로 의미기억과 관련되어 있다. 기억 재생은 지식이 획득될 때 발생한 것에 관한 세부사항들을 포함하고 과거에 경험할 때처럼 그 사건에 관한 자각을 포함하고 있으므로 일화기억과 관련되어 있다. 이 두 방식의 기억 행위를 기억/앎 절차(remember/know procedure)를 사용하여 측정해왔다.

기억/앎 절차에서는 참가자들에게 이전에 접했던 자극을 제시하고서 다음 중으로 반응하도록 요구한다.

㉠ 자극이 낯익으며 아울러 그것을 원래 접할 때의 상황이 기억난다면 기억

㉡ 자극이 낯익지만, 그것에 대한 이전 경험이 기억나지 않으면 앎

㉢ 자극이 전혀 기억나지 않으면 모름

이 절차는 참가자에게 자극 목록을 기억하도록 요구하는 실험실에서 사용되었을 뿐만 아니라 과거의 실제 사건에 관한 사람들의 기억을 측정하는 데에도 사용되었다. 이 절차를 통해 기억의 일화적 성분(기억)과 의미적 성분(앎)을 구분할 수 있다.

라루카 패트리칸과 동료들(Raluca Petrican, 2010)은 대중적 사건에 관한 사람들의 기억이 시간 경과에 따라 어떻게 변화하는지를 알아보기 위해, 나이 든 성인(평균 연령 63세)에게 50년 기간에 걸쳐 발생했던 사건들에 관한 기술을 제시하고서 그 사건과 관련된 개인적 경험을 가지고 있거나 TV 또는 신문에서 그 사건에 관한 세부사항을 보았던 것이 기억나면 기억으로 반응하도록 요구했다. 그 사건이 낯이 익기는 하지만 개인적 경험이나 그 사건에 관한 미디어 보도와 관련된 세부사항이 기억나지 않으면 앎으로 반응해야 했다. 그 사건을 전혀 기억할 수 없다면 모름으로 반응해야 했다. 이 실험의 경과가 아래처럼 나와 있는데, 여기에는 가장 최근의 20년 이내에 발생했던 대중적 사건에 관한 기억, 그리고 40년 전부터 50년 전까지 발생했던 사건에 관한 기억이 표시되었다. 그 사이의 지연 기간 역시 실험에서 검사하였는데 여기서는 극단 기간에만 초점을 맞춘다. 예상처럼 완전한 망각이 시간 경과에 따라 증가했다(보라색 막대). 그러나 흥미로운 결과는 기억 반응이 앎 반응보다 더 많이 감소하였다는 점인데, 이는 40년 전부터 50년 전 사이에 관한 기억이 일화적 속성을 많이 상실했다는 것을 의미한다. 이 결과는 옛날 기억의 의미화, 즉 오랜 과거 사건에 관한 기억에서 일화적 세부사항의 상실을 보여준다.

이러한 일화적 세부사항의 상실은 패트리칸(Petrican) 실험에서처럼 먼 옛날 사건뿐만 아니라 1주일 전과 같이 가까운 기간의 사건에서도 일어난다는 것이 밝혀졌다. 이처럼 짧은 기간의 의미화는 개인적 경험을 고려할 때 이치에 맞다. 오늘 일찍 또는 어제 했던 것의 세부사항은 기억할 수 있겠지만, 1주일 전에 발생한 것에 관해서는 매우 중요하지 않는 한 훨씬 적은 세부사항만 기억할 수 있을 것이다. 의미기억을 구성하는 지식은 처음에는 일화기억의 기초가 되는 개인적 경험을 통해 획득되지만, 이러한 경험은 흔히 사라지고 의미기억만 남게 된다.

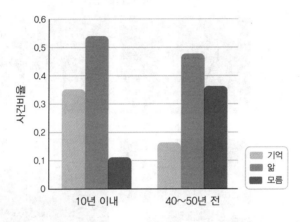

[나이 든 참가자의 50년 기간에 걸친 사건들에 관한 기억을 검증한 기억/앎 실험의 결과]

(2) 자전적 기억

자전적 기억(autobiographical memory : AM)은 일화적 성분과 의미적 성분을 포함하는 기억으로 삶의 특정 경험에 관한 기억을 말한다. 예를 들어, 어렸을 때 생일파티에 관한 자전적 기억은 케이크, 파티에 참석한 친구들, 게임할 때의 심상(일화기억)을 포함할 수 있고, 파티를 했던 시기와 장소, 생일파티에서 일어날 수 있는 일반적인 지식(의미기억)을 포함할 수 있다.

① 자전적 기억의 특성

ㄱ) 다차원적 속성

자전적 기억은 공간적, 정서적, 감각적 성분으로 구성된 다차원적 속성을 가지고 있어 다른 기억보다 더 복잡하다. 다니엘 그린버그(Daniel Greenberg)와 데이브 루빈(David Rubin, 2003)은 피질의 시각 영역의 손상으로 인해 대상을 인식하는 능력이나 대상을 시각화하는 능력을 상실한 환자들이 자전적 기억 역시 상실한 것을 발견하였다. 이는 시각적 자극이 기억의 인출 단서로 기여할 수 없기 때문에 일어난 것으로 보인다. 그러나 시각적 정보에 근거하지 않는 기억조차 이 환자들에게서 상실된다. 명백히, 시각적 경험은 자전적 기억에서 중요한 역할을 수행한다. 자전적 기억과 실험실 기억 사이의 차이를 밝힌 뇌 스캔 연구를 로베르토 카베사와 동료들 (Roberto Cabeza, 2004)이 수행하였다. 카베사(Cabeza)는 두 개의 자극 사진 세트에 의해 야기된 뇌 활성화를 측정했는데, 한 세트는 참가자가 촬영한 것(자신의 사진)이었고 다른 세트는 다른 사람이 촬영한 것(실험실 사진)이었다.

자신의 사진	실험실 사진

공작 예배당 전면

볼드윈 강당 전면

비들 뮤직 빌딩의 로비

[카베사와 동료들(2004) 실험의 사진들]

12명의 듀크 대학 학생들에게 디지털 카메라를 주고서 10일 동안 40개의 지정된 캠퍼스 장소의 사진을 촬영하도록 함으로써 사진을 구했다. 사진 촬영 후 참가자들에게 각 장소에 대한 자신의 사진과 실험실 사진을 보여주었다. 며칠 후 참가자들은 이전에 본 적이 없는 새로운 실험실 사진과 이전에 보았던 자신의 사진과 실험실 사진을 함께 보았다. 참가자들이 각 자극에 대해 자신의 사진인지, 이전에 본 적이 있는 실험실 사진인지, 또는 새로운 실험실 사진인지를 지적하는 동안 뇌 활성화를 fMRI 스캐너에서 측정하였다.

뇌 스캔에 따르면, 자신의 사진과 실험실 사진은 뇌의 여러 동일 구조들을 활성화시켰는데, 주로 일화기억과 관련된 내측 측두엽(medial temporal lobe : MTL) 그리고 장면 처리에 관여하는 두정피질 영역과 같은 구조들이었다(a). 더 나아가, 자신의 사진은 전전두피질에서 더 큰 활성화를 유발하였는데, 이 영역은 자신에 관한 정보처리와 관련되어 있으며(b), 또한 해마에서 더 큰 활성화를 유발하였는데 이 영역은 기억 회상('정신적 시간여행'과 관련된 기억)과 관련되어 있다(c).

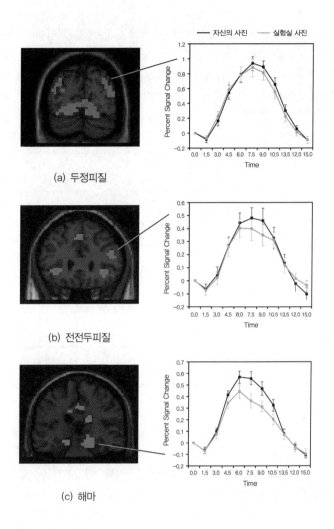

(a) 두정피질

(b) 전전두피질

(c) 해마

따라서 직접 촬영한 특정 장소의 사진들도 아마도 사진을 촬영했던 것과 관련된 기억을 촉발하며, 따라서 타인이 촬영했던 동일 장소의 사진보다 더 광범위한 뇌 영역 네트워크를 활성화시킨다. 이러한 활성화는 자전적 기억 경험하기의 풍부함을 반영한다. 한편 다른 연구는 자전적 기억이 정서를 촉발할 수 있다는 사실을 발견했는데, 정서는 편도체라고 부르는 다른 뇌 영역을 활성화시킨다.

ⓛ 평생에 걸친 기억

우리가 어떤 사건을 기억할 때는 대학 입학, 결혼 등과 같은 중대한 사건이거나 매우 정서적인 사건들이 영향을 미친다. 즉, 삶에서 중요하게 생각되는 사건들은 잘 기억되는 경향이 있다. 특히 삶의 전환점은 더 잘 기억된다. 웨슬리 대학생 3학년과 4학년 학생들에게 1학년 시절 가장 영향력 있었던 사건을 회상하도록 요구했을 때 대부분 9월(미국은 9월에 학년이 시작되므로)에 일어났던 사건들이었고, 졸업생들에게 동일한 질문을 했을 때, 그들은 1학년 시절의 9월 그리고 4학년 시절의 말미(또 다른 전환점)에 일어났던 사건들을 가장 잘 기억했다(Pillemer et al., 1996).

특히 흥미로운 결과는 40세 이상 참가자들에게 생활사들을 기억해내도록 요구했을 때 드러난다. 55세의 경우, 5~55세의 모든 연령기의 사건들이 기억되었지만, 최근 사건 그리고 대략 10~30세에 발생한 사건에 관한 기억이 우수하다(Conway, 1996 ; Rubin et al., 1998). 40세 이상의 사람들에게서 발견된 청소년기와 젊은 성인기에 관한 우수한 기억을 '회고 절정(reminiscence bump)'이라고 부른다.

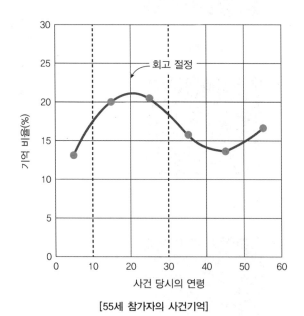

[55세 참가자의 사건기억]

청소년기와 젊은 성인기가 기억 부호화에 있어 특수한 시기라는 것은 세 가지 가설이 있다. 첫 번째 클레어 래스본과 동료들(Clare Rathbone, 2008)이 제안한 '자기 이미지 가설(self-image hypothesis)'에 따르면, 개인의 자기 이미지나 삶의 정체성이 형성될 때 일어난 사건에 대한 기억이 고양된다. 이러한 생각의 근거가 된 실험에서 평균 연령 54세의 참가자들이 자신을 정의하는 '나는……이다.' 진술문(예 '나는 어머니이다.' 또는 '나는 심리학자이다.')을 완성하였다. 그다음, 그들은 각 진술문이 자신의 정체성의 중요한 부분이 되었던 시기를 표시하였는데, 이 진술문들의 기원으로 부과한 평균 연령이 25세였고 이는 회고 절정 기간 내에 있는 연령이다. 참가자들은 또한 각 진술문과 연결된 사건들의 목록을 작성했는데(예 '첫 아이를 출산했다.', '심리학과 대학원에 입학했다.'), 대부분 사건들이 회고 절정과 관련된 기간 동안 발생한 것들이었다. 따라서 자기 이미지의 발전은 수많은 기억할 만한 사건들을 동반하며, 그 사건들의 대부분은 청소년기 또는 젊은 성인기 도중 일어난다.

두 번째 회고 절정에 관한 또 다른 설명으로 '인지 가설(cognitive hypothesis)'에 따르면, 안정성이 뒤따르는 급속한 변화 시기는 기억의 강한 부호화를 초래한다. 청소년기와 젊은 성인기는 이러한 설명에 부합되는데, 그 이유는 객지에서 학교 다니기, 결혼하기, 직장생활 시작하기와 같은 급속한 변화들이 이 기간 동안 일어나고 그다음 상대적으로 안정된 성인기 삶이 뒤따르기 때문이다. 이 가설을 검증하는 한 가지 방법은, 청소년기나 젊은 성인기보다 나중 시기에 삶의 급속한 변화를 경험한 사람을 찾아 조사하는 것이다. 인지 가설의 예측에 따르면 이러한 사람들의 경우 회고 절정이 더 나중에 일어나야 한다. 이 생각을 검증하기 위해 로버트 슈로프(Robert Schrauf)와 데이브 루빈(David Rubin, 1998)은 20대 또는 30대 가운데 어느 한 연령대에 미국으로 이민 온 사람들의 기억을 조사했다. 다음 그림에 두 집단 이민자의 기억 곡선이 나와 있는데, 이에 따르면 20~24세에 이민 온 사람들의 경우 회고 절정이 정상 연령에서 일어나지만, 34~35세에 이민 온 사람들의 경우에는 회고 절정이 더 나중으로 이동하였다.

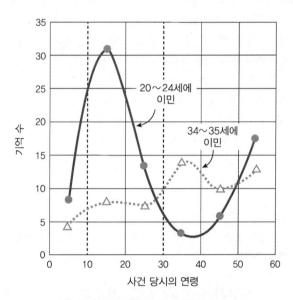

[늦은 이민에 기인한 회고 절정의 이동]

더 나중에 이민 온 사람들의 경우 정상적 회고 절정이 상실된다는 사실에 주목하라. 슈로프(Schrauf)와 루빈(Rubin)은 초기 성인기 동안 통상 일어나는 안정적 시기를 늦은 이민이 제거한다는 사실에 주목함으로써 이를 설명한다. 초기 성인기에 안정적 시기가 뒤따르지 않기 때문에 아무런 회고 절정도 일어나지 않는데, 이는 인지 가설이 예측한 바와 같다.

마지막으로 세 번째 '문화적 라이프 스크립트 가설(cultural life script hypothesis)'은 개인의 라이프 스토리와 문화적 라이프 스크립트를 구분하는데, 전자는 개인의 생애에서 일어나는 모든 사건인 반면, 후자는 평생의 특정 시기에 일어나는 문화적으로 예상된 사건들이다. 예를 들어, 도르테 베른트센(Dorthe Berntsen)과 데이브 루빈(David Rubin, 2004)은 사람들에게 전형적인 개인의 생애에서 중요한 사건들이 통상 일어나는 시기의 목록을 작성하도록 요구하였는데, 가장 흔한 반응으로서 사랑에 빠지기(16세), 대학 졸업(22세), 결혼(27세), 자녀 갖기(28세)를 들 수 있다. 흥미롭게도, 가장 흔히 언급된 사건들 대다수가 회고 절정과 관련된 시기 도중 일어난다. 그렇다고 해서 특정한 개인 삶의 사건들이 항상 그 시기에 일어난다는 뜻은 아니며, 문화적 라이프 스크립트 가설에 따르면 개인의 라이프 스토리의 사건들은 그 개인이 속한 문화의 문화적 라이프 스크립트에 부합될 때 더 쉽게 회상된다.

1   작업기억

작업기억(working memory)은 배들리(Baddely)와 히치(Hitch, 1974)가 소개한 개념으로 '이해, 학습, 추론과 같은 복잡한 과제를 수행하기 위해 정보를 조작하고 잠시 저장하기 위한 제한된 용량의 기제'이다. 정의에서 '복잡한 과제를 수행하기 위해 정보를 조작'하는 것은 다중저장고 모형의 단기기억 개념에 비교하여 구별되는 개념이다. 단기기억과 기억의 다중 저장고 모형이 시간이 지나면서 밝혀진 역동적인 처리 과정을 설명하지 못하기 때문에 배들리(Beddely)와 히치(Hitch)는 단기적인 기억과정을 설명하기 위해 단기기억 대신 작업기억이라는 이름을 제안하였다.

배들리(Baddeley)는 특정한 조건하에서 2개의 과제를 동시해 수행할 수 있다고 하였다. 다중저장고 모형에서는 여러 개의 과제 중 단기기억의 용량 전체를 다 차지하는 단 한 개의 과제를 수행하는 것만이 가능해야 하지만, 배들리(Beddely)는 숫자들을 기억하는 동시에 글을 읽을 수 있다는 것을 발견했으며, 작업기억은 반드시 역동적이어야 하고 독립적으로 기능하는 많은 요소로 구성되어 있어야 한다고 결론을 내렸다. 그리고 다음 세 가지의 구성 요소를 제안했다.

- 음운 루프(phonological loop) : '음운 저장소'와 '조음 되뇌기' 처리로 이루어져 있다. 음운 저장소는 제한된 용량을 가지고 있고 몇 초 동안만 정보를 유지하고 있는 것이고, 조음 되뇌기는 정보의 쇠잔을 막고 음은 저장소에 계속 저장할 수 있도록 되뇌기 시키는 것을 말한다.
- 시공간 잡기장(visuospatial sketch pad) : 시각 정보와 공간 정보를 담고 있다. 우리 마음속에 그림을 떠올리거나 퍼즐을 풀거나 캠퍼스에서 길을 찾는 과제를 할 때 우리는 시공간 잡기장을 사용한다.
- 중앙집행기(central executive) : 대부분 작업기억의 작업이 일어나는 곳으로 장기기억에서 정보를 인출하거나 과제의 특정한 부분에 집중하거나, 주의를 분산시킬 것을 결정하고, 음운 루프와 시공간 잡기장의 활동을 조정한다.

---

(1) 음운 루프

음운 루프와 관련된 세 가지 현상들을 설명하고자 한다.

① 음운 유사성 효과

음운 유사성 효과(phonological similarity effect)는 소리가 유사한 글자나 단어들의 혼동을 말한다. 이 효과를 초기에 입증한 콘래드(R.Conrad, 1964)는 화면에서 연속적인 글자들을 보여주고, 제시된 순서대로 글자를 적으라고 했을 때, 표적글자와 음운적으로 유사한 다른 글자를 표적글자로 오인하는 경향이 있음을 발견하였다. 예를 들어, 'F'는 종종 'S'나 'X'로 오인되는데, 이 두 개의 글자는 'F'와 비슷하게 들린다. 하지만 'F'와 비슷하게 생긴 'E'와는 혼동이 일어나지 않는다. 실험 참가자가 글자들을 보았지만, 실수는 글자의 소리 때문에 일어난다는 것을 알 수 있다.

② 단어 길이 효과

단어 길이 효과(word length effect)는 단어의 목록에 대한 기억에서 긴 단어보다 짧은 단어를 더 잘 기억하면서 발생한다. 배들리(Badeley)와 동료들(1984)은 단어 길이 효과 실험을 통해 짧은 단어들의 약 77%를 기억하지만 긴 단어의 약 60%밖에 기억하지 못하였다. 긴 단어를 되뇌는 것과 회상하기 위해 긴 단어를 만들어내는 과정에서 더 많은 시간이 필요하기 때문에 단어 길이 효과가 발생한다.

언어적 자료에 대한 기억 연구를 통해서 사람들이 1.5~2초 동안 발음할 수 있는 만큼의 항목의 수를 기억할 수 있다는 것을 발견했다. 2초 동안 가능한 한 빨리 소리 내어 숫자를 세었을 때, 배들리 (Baddeley)에 따르면 말할 수 있는 단어 수는 그 사람의 숫자 폭에 가깝다. 하지만 일부 연구자들은 단어 길이 효과가 어떤 조건하에서는 일어나지 않는다고 제안했다.

③ 조음 억제 효과

음운 저장소의 작동을 연구하는 한 가지 방법은 음운 저장소의 작동이 방해받을 때 어떤 일이 일어나는지 알아보는 것이다. 조음 억제는 사람이 기억해야 하는 항목들의 되뇌기를 할 수 없도록 과제와 관계없는 소리인 'the the the' 같은 소리를 반복해서 낼 때 일어난다. 의미 없는 소리를 반복해서 내면 되뇌기를 방해하기 때문에 기억력을 감소시키는 조음 억제(articulatory suppression)라는 현상이 나타난다.

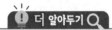

[실험하기] 조음 억제 효과
- 과제 1) 아래 목록을 읽어보라. 그리고 돌아서서 가능한 한 많은 단어를 회상하라.
  – 세탁기, 고양이, 엔지니어, 백화점, 노숙자, 추리
- 과제 2) 아래의 목록을 읽으면서 'the the the'를 소리내서 반복하면서 아래의 목록을 읽어보라. 그리고 돌아서서 가능한 한 많은 단어를 떠올려 보라.
  – 비행기, 빌딩, 배구, 영어, 체육관, 대학교
- 'the the the'를 반복하는 것이 음운 루프에 부담을 주고 따라서 두 번째 목록을 기억하는 것이 어려워지기 때문에 조음 억제 현상이 발생한다.

위 실험을 통해 'the the the'를 반복하는 것이 단어 길이 효과도 없앴다는 것을 발견하였다. 짧은 단어들이 되뇌기를 하기 위한 더 넓은 공간을 음운 루프에 남기기 때문에 긴 단어목록보다 회상하기가 쉽다. 하지만 'the the the'를 말함으로써 되뇌기를 막았을 때 짧은 단어와 긴 단어 모두 음운 저장소에서 사라지고 짧은 단어의 이점도 사라지게 된다.

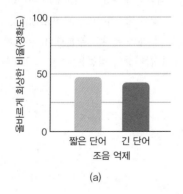

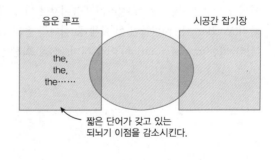

짧은 단어가 갖고 있는
되뇌기 이점을 감소시킨다.

(a)   (b)

[조음 억제 효과]

(2) 시공간 잡기장

시공간 잡기장은 시각 정보와 공간 정보를 다루므로 물리적인 시각 자극 없이 시각 이미지를 만드는 시각 심상(visual image)의 처리에 관련된다. 로저 셰퍼드(Roger Shepard)와 재클린 메츨러(Jacqueline Metzler, 1971)는 두 개의 물체를 보여주고, 이 두 개의 그림이 다른 각도에서 보았을 때 같은 물체인지 다른 물체인지 결정하도록 했다.

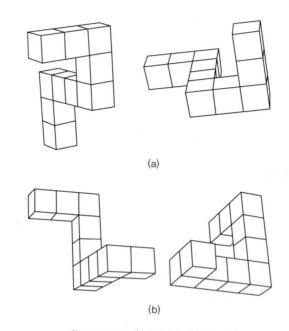

(a)

(b)

['물체 비교하기' 예시에서 사용한 자극]

✚ 설명 : (a) 오른쪽 물체의 모양이 왼쪽 모양에 비해 40도 돌아가 있을 때
　　　　 (b) 오른쪽 물체의 모양이 왼쪽 모양에 비해 140도 돌아가 있을 때

실험 참가자들이 물체가 같은지 다른지 판단하는 반응속도를 측정했을 때, 한 물체의 모양이 다른 모양에 비해 40도 돌아가 있을 때(a), 이들이 같은 모양이라는 것이라고 결정하는 데 2초가 걸린다는 것을 알 수 있다. 하지만 140도 회전함으로써 더 큰 차이가 났을 경우(b), 결정하는 데 4초가 걸린다. 방향의 차이가 클수록 판단하는 데 걸리는 반응시간이 더 길어진다는 것을 발견하였고, 셰퍼드(Shepard)와 메츨러(Metzlerk)는 사람들이 두 물체 중 하나를 돌려 봄으로써 문제를 푼다고 추론했다. 이러한 현상을 '심적 회전(mental rotation)'이라 하며, 심적 회전은 시공간 잡기장의 작동을 보여주는 예시이다.

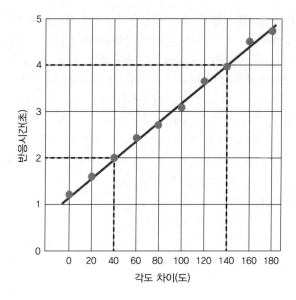

[셰퍼드(Shepard)와 메츨러(Metzler, 1971)의 심적 회전 실험의 결과]

(3) 중앙집행기

중앙집행기는 작업기억이 '작업'을 하게 만드는 요소로서 정보를 저장하는 것이 아니라 음운 루프와 시공간 잡기장의 정보 사용 방법을 조정하는 것이다. 배들리(Baddeley)는 중앙집행기를 주의 통제기(attention controller)라고 말한다. 특정 과제에 주의가 어떻게 집중되는지, 주의가 분산되는지, 그리고 어떻게 전환하는지 등을 결정한다. 중앙집행기는 음운 루프 처리과정과 시각 잡기장 처리과정을 통제하기 때문에 운전을 하면서(시각 잡기장) 대화를 하는 것(음운 루프)이 가능한 것이다.

중앙집행기는 전두엽과 관련이 깊기 때문에 뇌에 손상을 입은 환자들의 행동을 통해 연구가 이루어진다. 전두엽 손상을 입은 환자들은 주의를 통제하는 데에 어려움이 있는데, 전두엽 손상 환자들의 행동 특성 중 하나는 원하는 목표를 수행하는 것이 아님에도 똑같은 행동이나 생각을 반복적으로 수행한다는 것이다(반복증, perseveration). 예를 들어, '빨간 공을 골라보자'라고 했을 때, 전두엽 손상을 입은 환자들은 정확하게 반응할 것이다. 그러나 '파란 공을 골라보자'라고 변경된 규칙을 전달해도 이전 규칙을 계속 따르게 된다. 이러한 전환에 어려움을 겪는 것은 중앙집행기에 있는 주의 통제 기능의 문제 때문이다. 에드먼드 보겔(Edmund Vogel)과 그의 동료들(2005)은 뇌 손상이 없는 실험 참가자에게 중앙집행기가 주의를 얼마나 잘 통제하는지를 알아보기 위해 작업기억의 수행을 기준으로 고용량 집단과 저용량 집단으로 분리했다. 이 구분은 작업기억에 얼마나 많은 수의 항목들을 저장할 수 있는지에 따라 분류하였다. 실험 참가자들은 변화 탐지 절차를 수행하였는데, 바로 뒤에 나오는 화면에서 왼쪽에 있는 보라색 사각형들에 주의를 두어야 하는지, 아니면 오른쪽에 있는 보라색 사각형들에 주의를 두어야 하는지를 미리 알려주는 단서를 처음 보게 된다. 그리고 기억 화면을 짧은 시간 동안(1/10초) 보고 난 후에 빈 화면을 보고 다시 검사화면을 본다. 그들은 검사 화면의 보라색 사각형들이 기억 화면에 있었던 보라색 사각형들과 같은 기울기를 가지고 있는지 여부를 판단하게 하였다. 판단을 내리는 동안, 작업기억에서 얼마나 많은 정보처리 공간이 사용되는지를 알려주는 사건유발전위(ERP ; event-related potential) 측정을 하였다.

(a)는 보라색 사각형들만 제시하였고, (c)는 실험 참가자의 주의를 분산시키기 위하여 검은색 사각형을 추가하여 실험을 진행하였다. (b)는 (a) 실험의 사건유발전위 반응을 나타낸 그래프로 사건유발전위의 크기가 두 집단에서 거의 비슷하였기 반응에 큰 이견이 없다. (d)는 (c) 실험의 사건 유발전위 반응으로 파란 사각형들이 실험 참가자들의 반응을 증가시키는 것을 보여준다. 그리고 이러한 증가는 저용량 실험 참가자들에게서 더 극명하게 나타났다. 검은색 사각형을 추가로 제시하는 것이 높은 용량의 실험 참가자들에게 미치는 효과가 작다는 사실은 이 참가자들이 방해 자극을 매우 효율적으로 무시하고 있음을 의미하고 따라서 과제와 관계가 없는 검은색 자극은 작업기억에서 많은 정보처리 공간을 차지하지 않은 것이다. 주의를 할당하는 것은 중앙집행기의 역할이기 때문에, 이 결과는 이 실험 참가자들의 중앙집행기가 잘 작동한다는 것을 의미한다.

검은색 사각형을 추가했을 때 저용량 집단에서 매우 큰 반응의 증가가 나타났다는 사실은 실험 참가자들이 과제와 관계가 없는 검은색 자극을 무시할 수 없었다는 것을 의미한다. 즉, 검은색 사각형이 작업기억에서 많은 정보처리공간을 차지한 것이다. 저용량 집단의 실험 참가자들의 중앙집행기는 고용량 집단만큼 효율적으로 작동하지 않는다. 보겔(Vogel)과 동료들은 이러한 결과들을 바탕으로 어떤 사람들의 중앙집행기는 다른 사람들의 중앙집행기보다 주의 할당을 더 잘한다고 결론 내렸다.

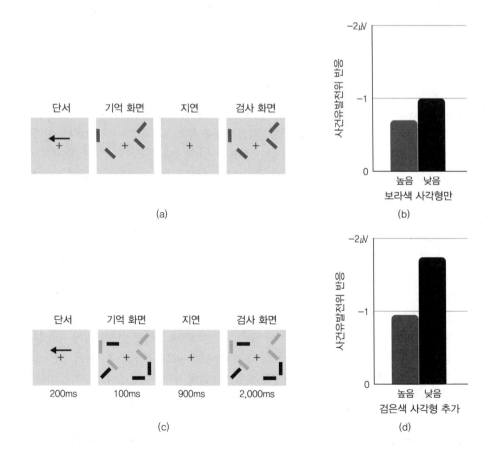

(4) 일화적 저장소

배들리(Baddeley)의 세 가지 구성 요소로 작업기억에 대하여 많은 설명이 이루어질 수 있지만 설명하기 어려운 연구들도 있다. 이 연구 중 하나는 작업기억이 음운 루프나 시공간 잡기장에서 우리가 기대할 수 있는 것보다 더 많은 양의 정보를 저장할 수 있다는 점이다. 예를 들어, 사람들은 15~20개 단어들로 이루어진 긴 문장을 기억할 수 있다. 이것을 할 수 있는 능력은 의미 있는 단위들로 함께 묶는 청크화와 관련이 있다. 또한, 이것은 문장을 구성하고 있는 단어들의 의미들과 문법 규칙을 기반으로 문장의 부분들을 연결시키는 과정들이 저장된 장기기억과도 관련이 있다. 이러한 생각은 전혀 새로운 것이 아니다. 작업기억 용량이 청크화에 의해 증가할 수 있고 작업기억과 장기기억 사이에 정보의 교환이 일어난다는 것은 오래전부터 알려져 있다. 하지만 배들리(Baddeley)는 이러한 능력들을 다루는 작업기억의 추가적인 구성 요소를 제안할 필요가 있다고 생각했다. 일화적 저장소(episodic buffer)라고 부르는 이러한 새로운 구성 요소는 배들리(Baddeley)의 새로운 작업기억 모형에서 확인할 수 있다. 이 일화적 저장소는 정보를 저장할 수 있고(따라서 추가 용량 제공) 장기기억에 연결되어 있다(따라서 작업기억과 장기기억 사이 정보 교환가능). 이 모형은 또한 시공간 잡기장과 음운 루프 역시 장기기억과 연결되어 있음을 보여준다. 일화적 저장소에 관한 핵심은 이것이 저장 용량을 증가시키고 장기기억과 의사소통하는 과정을 담당한다는 것이다. 일화적 저장소의 정확한 기능이 약간 모호한 면도 있지만, 현재 이 기능에 대하여 연구 중이다.

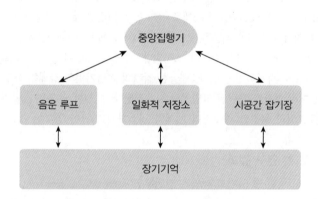

[일화적 저장소와 함께 세 가지 구성 요소들을 포함하고 있는
배들리(Baddeley)의 개정된 작업기억 모형]

2 신경과학적 접근

(1) 환자를 대상으로 한 연구 결과

해마 체계에 손상을 입으면 장기기억의 장애가 나타나지만, 작업기억은 유지된다. 하지만 작업기억에 장애가 보이는 경우도 있는데 이 환자들은 작업기억이 매우 손상되어 즉각 회상할 수 있는 항목이 2개 정도밖에 되지 못한다. 작업기억에 대한 연구가 최초로 시행된 사람은 K.F 환자로 이 환자는 좌반구 측두두정 영역에 병변을 가지고 있었으며 아주 적은 수의 단어나 숫자조차 작업기억 속에 파지할 수

없었다. 이러한 작업기억에 장애가 있음에도 불구하고 그는 단어목록, 쌍연합, 이야기의 내용 등에 관한 장기기억은 유지하였다.

기억에 관한 초기 이론들은 작업기억과 장기기억이 순차적인 방식으로 정보를 처리한다고 하였지만, 작업기억의 장애와 장기기억의 장애가 해리된다는 것을 보여준 많은 연구 결과를 통해 작업기억과 장기기억이 병렬적으로 처리된다는 것을 알려준다.

작업기억의 장애는 능동적인 활동인 정보처리체계와 밀접하게 관련되어 있고, 매우 제한된 상황에서의 장애가 나타난다. 따라서 작업기억의 장애를 가장 잘 보여주는 사례들, 예를 들어 K.F 등은 청각-언어 작업기억(auditory-verbal working memory) 혹은 음운 저장(phonological store)에서만 장애를 보인다. 이 장애는 큰 소리로 복창하는 것의 어려움 혹은 숫자 따라 외우기 과제에서 요구되는 것처럼 방금 제시된 언어 자극을 즉각적으로 회상하는 것의 어려움이 특징이다. 이러한 어려움이 있음에도 불구하고 작업기억 장애 환자는 자극 내용을 파지하고 회상할 수 있다. 중요한 것은 공간처리 또는 조작 상황에서는 작업기억의 장애가 보이지 않는다는 것이다.

일부 연구들은 언어 작업기억의 장애가 특정 정보처리 체계에서만 관찰된다는 것을 보고하였는데, 즉 언어 작업기억의 장애가 언어 이해 혹은 산출에만 선택적으로 영향을 미친다는 것이다. 이들은 '입력 음운 완충기(input phonological buffer)'는 청자가 들은 정보를 분석하는 동안 청각언어 정보를 온라인으로 파지하는 한편, '출력 음운 완충기(output phonological buffer)'는 화자가 자신이 하고자 하는 말을 준비하는 동안 음운부호를 온라인으로 파지한다고 제안한다. 일부 환자들은 시각-언어 작업기억(visual-verbal working memory)의 장애를 가지고 있으며, 이로 말미암아 읽기 동안 시각-언어 정보를 온라인으로 파지하는 것의 어려움을 보인다. 이 외에도 배들리(Beddeley, 1986)가 제안한 시공간 잡기장의 장애로 인하여 작업기억의 장애가 초래된다. 자극 세트에 관한 지각적 분석을 하는 동안 비언어적 정보를 일시적으로 파지하지 못한다. 언급한 각각의 작업기억의 장애는 특정 처리 영역에 국한되어 나타나고, 다른 처리 영역과 관련된 작업기억은 유지된다. 이러한 양상은 작업기억 능력이 다양하게 존재한다는 것이고, 뇌의 특정한 정보처리 체계와 밀접하게 연관이 있다는 것을 말한다.

(2) 동물을 대상으로 한 연구 결과

동물을 대상으로 한 병변 연구 결과 배외측 전전두엽(dorsolateral prefrontal cortex, DLPFC)이 작업기억에 영향을 미친다는 것을 보여준다. 단기기억에서의 전두엽 역할이 알려지게 된 계기는 풀톤(Fulton)이 개를 대상으로 공간 지연 반응 과제를 처음으로 수행한 것이다. 이 과제를 시행할 때마다 실험자는 여러 개의 먹이통 하나에 먹이를 넣고 뚜껑을 닫았다. 그리고 이 모습을 동물이 지켜보게 했다. 일정 시간이 흐른 후에 동물에게 여러 개의 먹이통 중 먹이가 담긴 통을 찾아 먹을 수 있도록 지시했는데 전두엽에 손상을 입은 동물은 지연시간이 짧아도(약 1초) 과제를 수행하지 못하였다.

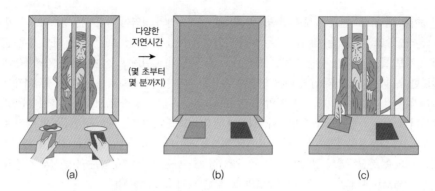

[작업기억에서의 배외측 전전두 영역의 역할을 보여주는 원숭이 대상 지연 반응 방안]

골드만 라킥(Goldman-Rakic)과 동료들이 원숭이를 대상으로 실시한 지연 반응 과제를 통해 배외측 전전두엽이 작업기억에 주요 역할이라는 것을 잘 보여준다. 이 과제에서는 시운동을 사용하고, 원숭이에게 제시된 중앙점에 눈을 고정하게 하였다. 그동안 8개 목표 위치 중 하나에 불을 짧게 제시하였다. 이후 짧은 지연 기간에도 원숭이는 중앙점에 눈을 고정하도록 했다. 고정점에 불이 꺼지면 보상을 얻기 위해 목표 자극이 제시되었던 위치로 눈을 돌려야 했다. 실험 동안에는 목표 자극에 대한 단서를 주지 않는다. 원숭이의 반응은 지연 시기 동안 파지된 작업기억에 의해 이루어져야 한다(a).

원숭이들은 기억에 의존하여 목표 자극이 제시되었던 위치로 눈을 움직이지 못한다. 이는 배외측 전전두엽의 병변이 과제 수행을 저하시켰음을 알 수 있다. 지연시간이 길수록 수행 저하는 더 두드러졌다. 이와 반대로 시각정보가 단서로 주어질 경우 정상적으로 과제를 수행하였다. 이는 원숭이가 보이는 장애가 눈 운동 장애가 아니라 기억 장애라는 것을 의미한다.

이 영역의 뉴런들은 지연시간 동안 발화한다. 이 발화는 지연시간이 몇 초 혹은 수십 초이든지 간에 지연시간 동안 지속된다(b). 더욱이 이 뉴런들의 발화 양상은 동물의 행동과 관련되어 있다. 즉 동물이 목표의 위치를 정확하게 기억하고 있는 시행들의 지연시간 동안에만 발화하고 위치를 정확하게 기억하지 못하는 즉, 오류를 보인 시행들의 지연시간 동안에는 발화하지 않는다. 이 결과는 배외측 전전두피질이 지연기간 동안 정보를 파지하고, 따라서 이 영역이 작업기억에서 정보를 저장하는 부위라는 것을 시사한다.

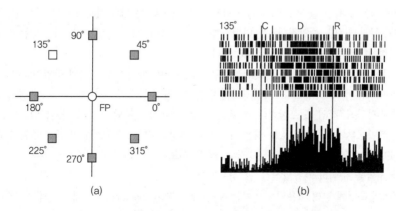

[지연 시기 동안 관찰된 원숭이의 배외측 전전두피질 뉴런의 활성화]

원숭이를 대상으로 한 단일세포 연구들은 배외측 전전두엽의 영역이 파지하는 정보의 특성에 따라 정보를 온라인으로 파지하는 데 관여하는 것이 다르다고 하였다. 각 정보(예 위치, 대상 혹은 운동 반응에 관한 정보)를 지연시간 동안 파지할 경우 서로 다른 영역에 위치해 있는 배외측 전전두엽의 세포들이 발화한다. 더욱이 전전두엽의 여러 영역에 손상을 입을 경우 서로 다른 유형의 지연과제에서 수행이 떨어지는 것을 알 수 있다. 작업기억에 관여하는 전전두엽의 각 하위 영역들은 다른 뇌 영역들로부터 중복되지 않는 독립된 정보를 받는다. 위치에 관한 정보를 파지하는 배외측 전전두엽 영역 배측 경로의 일부이고, 하두정회(공간 처리 관여)로부터 정보를 받는다. 대상 재인에 관한 정보를 파지하는데 관여하는 배외측 전전두엽의 영역은 하측두엽으로 정보를 받는다. 하측두엽은 복측 시각 경로의 일부이다. 운동 영역으로부터의 정보는 전전두엽의 또 다른 영역으로 전달된다.

(3) 신경계의 손상이 없는 사람을 대상으로 한 연구 결과

최근 연구들은 동물을 대상으로 한 단일세포 연구의 결과, 즉 배외측 전전두피질이 작업기억에서 정보를 파지하는 영역이라는 것과 일치되지 않는 결과를 보고하고 있다. 만약 단일 세포 연구들의 결과가 정확하다면 전전두엽 병변을 가진 환자들이 작업기억의 장애를 가질 것으로 추측된다. 그러나 이 환자들이 심각한 작업기억의 장애를 보이지 않는데, 즉 일련의 숫자를 회상할 수 있고 지연 기간 동안 정보를 파지할 수 있다. 더욱이 배외측 전전두피질(DLPFC)에 rTMS를 적용하여도 피검자들은 다음의 과제, 즉 현재 제시되는 자극이 이전에 제시되었던 자극인지를 판단하는 과제에서 수행 저하를 보이지 않는다. 이러한 결과는 전전두영역이 작업기억에서 정보를 파지하는데 중요한 역할을 하는 것이 아니라는 것을 말한다. 정보를 파지하는 영역은 어디인가?

좌반구 측두두정 영역의 손상으로 인하여 작업기억의 장애를 가지게 된 K.F와 같은 환자들에서 적어도 한 가지 단서를 얻을 수 있다. 후측 뇌 영역들이 작업기억에 중요한 역할을 한다는 주장과 일치하는 결과가 신경영상 연구들이 보고하는데, 즉 이 연구들은 특정 유형의 자극을 처리하는 후측 피질 영역(예 얼굴을 처리하는 방추상 피질)이 지연 기간 동안 활성화되는 것을 보고하고 있다. 따라서 만약 정보가 짧은 시간 동안 파지될 경우 이 정보를 저장하는 피질 영역이 재활성화된다. 만약 그렇다면 전전두피질은 작업기억에서 어떤 역할을 하는가?

이를 해결하기 위해 작업기억의 심리학적 모델을 다시 살펴보자. 배들리(Baddeley)를 포함한 여러 연구자는 작업기억의 저장 혹은 파지 특성과 작업기억의 통제 혹은 집행 과정이 서로 구분되어야 한다고 강력하게 주장하였다. 배들리(Baddeley)의 작업기억 모델에서는 저장 과정을 매개하는 하위체계들과 중앙집행기가 구분되는데, 중앙집행기는 하위체계들을 통제하고 하위체계들이 가지고 있는 정보를 활용하는 전략을 형성하는 기능을 가지고 있다고 한다.

작업기억이 정보 파지와 정보의 조작으로 구분되는 것이 단기기억 대신에 작업기억이라는 용어가 더 선호되는 이유 중의 하나이다. 작업기억은 단기기억의 수동적인 파지뿐만 아니라 중앙집행기에 의해 통제되는 정신적 '작업'을 포함한다. 때로는 작업기억에서 요구되는 것이 파지뿐일 경우도 있다. 예를 들어 전화번호부에서 전화번호를 읽은 다음 이를 저장하거나 전화교환원이 알려 주는 전화번호를 기억하는 것만이 요구된다. 그러나 때로 작업기억은 이보다 더 많은 것을 요구받는데, 예를 들어 우리가 근사한 저녁을 준비하거나 암산을 할 경우이다.

작업기억의 측정에 널리 사용되는 연구는 N-back 과제(N-back task)이다. 이 과제는 작업기억의 집행 혹은 통제, 파지 기능 등 모두 평가한다. 이 과제에서는 자극들이 1회 1개씩 제시되며 현재 제시되는 자극이 N 시행(1, 2, 3 시행) 전에 제시된 자극과 일치 여부를 판단하도록 한다. 예를 들어 1-back 과제에서는 현재 제시된 자극을 이전 시행에 제시된 자극과 비교하도록 하고, 2-back과 3-back 과제에서는 1-back 과제보다 더 많은 조작이 요구한다. 예를 들어 2-back 과제에서 4-2-9-2-7-5-7의 순서로 숫자를 제시할 경우 피검자는 세 번째 숫자부터 반응하기 시작하며, 정답은 '아니오, 네, 아니오, 아니오, 네'이다. 따라서 2-back 과제는 피검자가 현재 시행에서 제시되는 숫자와 2 시행 전에 제시되었던 숫자들도 작업기억에 파지하고 있어야 한다. 그래야 현재 제시되는 숫자를 이전 시행에서 제시된 숫자들과 비교할 수 있고, 일치 여부도 판단할 수 있다. 각 시행 후 피검자는 작업기억의 내용을 새로운 자극으로 바꾸고 2 시행보다 더 이전에 제시되었던 자극은 기억에서 지우도록 해야 한다. 따라서 이 과제는 파지뿐만 아니라 비교, 변경(최신화), 비교, 억제 등의 기능이 요구된다.

지금까지 우리는 기억에 관여하는 모든 주요 뇌 영역들을 살펴보았다. 이 영역들에는 다음 그림에 묘사된 해마 체계(해마와 해마방 영역을 포함한), 전두엽, 좌반구 두정피질, 편도체와 선조체가 포함된다.

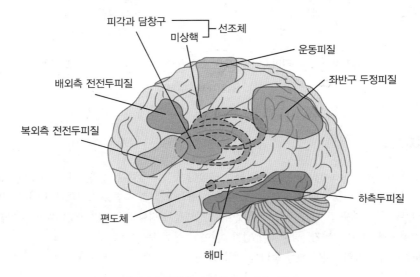

[기억과 학습에 관여하는 구조 네트워크]

제 5 절   암묵적 기억

장기기억은 두 가지 유형으로 구분될 수 있다. 하나는 외현기억(explicit memory)으로 우리가 자각하는 기억이다. 만약 여행에 관한 이야기를 하거나, 길 잃은 여행자에게 방향을 알려주면서 우리는 기억(여행을 기술하는 경우에는 일화적, 방향을 알고 있는 경우에는 의미적임)을 자각하고, 누군가에게 우리 기억을 자각하게 한다. 그러나 우리는 자각하지 않는 기억도 가지고 있다. 이를 암묵기억(implicit memory)이라 하며, 경험에 의한 학습에 의식적 기억이 수반되지 않을 때 일어난다.

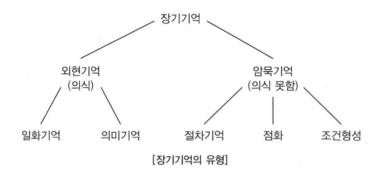

[장기기억의 유형]

1 절차기억

절차기억(procedural memory)은 학습된 기술을 포함한 것을 수행하는 기억으로 기술기억(skill memory)이라고도 부른다. 예를 들어 리본을 묶을 때, 다른 사람들에게 그 방법을 설명하려면 어려움을 겪겠지만, 스스로 리본을 묶을 때는 그 일을 바로 해낼 것이다. 방법을 설명할 수는 없지만 할 수 있는 기술의 또 다른 사례로서 타이핑, 자전거 타기, 공중제비 넘기, 피아노 연주 등이 있다.

기억상실증 환자는 장기기억의 생성 능력을 상실했어도 기존에 익혔던 기술(예를 들어, 피아노 연주, 자전거 타기 등)을 수행할 수 있고, 새로운 기술을 숙달할 수도 있다. 이처럼 숙달된 경지에 이를 정도의 연습은 장기기억의 장애로 기억하지 못함에도 불구하고, 해낼 수 있다. 예를 들어, H.M은 해마가 제거됨에 따라 기억상실증이 야기되었지만 거울상 그리기(거울에 비친 그림을 모사하는 과제) 과제는 숙달하였다.

[거울상 그리기 : 거울에 비친 별의 이미지를 보면서 별의 윤곽선을 따라 그리는 과제]

여러 날에 걸친 연습 후 H.M은 거울상 그리기에 능숙해졌지만, 그의 장기기억 형성 능력이 손상되었기 때문에 항상 거울상 그리기를 처음 연습한다고 생각했다. H.M이 거울 속 별을 따라 그리는 연습을 해본 적이 있다는 것을 기억할 수 없음에도 불구하고 이 과제를 할 수 있는 능력은 절차기억의 암묵적 본질을 잘 보여준다.

K.C는 새로운 장기기억을 형성할 수 없지만, 여전히 새로운 기술을 학습할 수 있는 또 다른 사례를 제공한다. 오토바이 사고 후 그는 도서관에서 책을 분류하고 선반에 쌓는 방법을 배웠다. 비록 이러한 작업을 배운 사실을 기억하지 못했지만, 그는 여전히 이 작업을 할 수 있었고 연습을 통해 수행이 향상될 수 있었다. 기억상실증이 있는 사람들이 과거에 배운 기술을 유지하고 새로운 기술을 학습할 수 있다는 사실을 바탕으로 기억상실증 환자에게 우편물의 분류 또는 반복적인 컴퓨터 기반 과제의 수행과 같은 과제를 가르치는 재활 접근이 이루어졌는데, 그들은 자신의 훈련을 기억할 수 없음에도 불구하고 전문가가 될 수 있었다.

2 점화

점화(priming)는 한 자극(점화 자극)의 제시가 다른 자극(검사 자극)에 대한 반응 방식을 변화시킬 때 일어난다. 점화의 한 유형인 반복점화(repetition priming)는 검사 자극이 점화 자극과 동일하거나 유사할 때 일어난다. 예를 들어, '새'라는 단어를 보면 나중에 새 단어의 제시에 대해 이전에 본 적이 없었던 다른 단어의 제시보다 더 빨리 반응하게 되는데, 이는 앞서 새를 본 것을 기억하지 못할 때조차도 그러하다. 반복점화를 암묵기억이라고 부르는데, 그 이유는 점화 자극이 원래 제시된 적이 있다는 사실을 참가자가 기억할 수 없을 때조차 점화 효과가 일어날 수 있기 때문이다.

점화 자극의 제시를 기억하지 못한다는 것을 보장하는 한 가지 방법은 기억상실증 환자를 검사하는 것이다. 피터 그라프(Peter Graf)와 동료들(1985)은 세 집단의 참가자들을 검사하였다.

- 코르사코프 증후군(Korsakoff's syndrome)이라고 부르는 조건의 기억상실증 환자로서, 이 증후군은 알코올 남용과 관련되어 있고 새로운 장기기억의 생성 능력을 제거함
- 알코올중독 치료를 받고 있으며 기억상실증이 없는 환자
- 알코올중독 경력이 없으며 기억상실증이 없는 환자

참가자의 과제는 10개 단어목록을 읽고 각 단어를 좋아하는 정도를 평정하는 것(1 = 매우 좋아함, 5 = 매우 싫어함)이었다. 이는 참가자로 하여금 단어의 기억보다는 단어의 평정에 집중하도록 하였다. 단어 평정 직후 참가자는 다음 두 방식 가운데 한 방식으로 검사받았다.

- 읽었던 단어들을 회상하도록 요구받은 외현기억 검사
- 암묵기억 검사인 단어완성 검사

단어완성 검사에서는 앞서 참가자가 보았던 10개 단어 그리고 보지 않았던 10개 단어 각각의 첫 세 글자들을 제시하였다. 예를 들어, 3개 글자 tab_은 table 단어를 생성하여 완성될 수 있다. 참가자들은 3개 글자 조각을 제시받고서 몇 개 글자를 더하여 맨 처음 떠오르는 첫 번째 단어를 생성하도록 요구받았다.

회상 실험의 결과(그림 a)를 보면 기억상실증 환자들이 두 통제집단보다 더 적은 수의 단어들을 회상했음을 보여준다. 이처럼 빈약한 회상은 기억상실증과 관련된 빈약한 외현기억을 확증해 주는 것이다. 그러나 점화 단어가 생성된 비율을 보여주는 단어완성 검사의 결과는 기억상실증 환자가 통제집단만큼 잘 수행하였음을 나타낸다(그림 b). 이와 같은 수행상 증가는 점화의 한 사례이다. 이 결과에서 주목할 점은 코르사코프 기억 상실증 환자가 두 비기억상실증 집단만큼 우수한 수행을 보인 것인데, 비록 회상 검사로 측정한 기억상실증 환자의 기억은 빈약했음에도 불구하고 그러하였다.

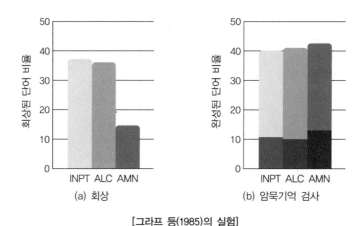

[그래프 등(1985)의 실험]

기억상실증 환자의 외현기억이 빈약하므로 이들이 점화 자극의 제시를 기억하지 못한다고 간주하더라도, 정상적인 기억을 가진 참가자의 경우에는 검사 자극에 반응할 때 점화 자극을 기억하지 못한다는 것을 어떻게 확신할 수 있는가? 어쨌든, '새' 단어를 제시한 후 나중에 새 단어가 또다시 제시될 때 이에 대해 얼마나 빨리 반응하는지를 측정한다면, 새가 앞서 제시된 것을 기억하기 때문에 그런 일이 일어날 수 없는 것인가? 만약 새의 초기 제시를 기억했다면 이는 암묵기억이 아니라 외현기억의 사례가 될 것이다.

우리는 일상생활에서 자각하지 못할지라도 모든 일상적 경험에서 반복점화가 일어날 가능성이 높다. 암묵 기억이 자각되지 않고 우리 행동에 영향을 미칠 수 있는 상황의 사례로서, 우리가 어떤 상품의 장점을 극찬 하는 광고에 노출될 때 또는 상품의 이름을 그저 제시받기만 할 때를 들 수 있다. 비록 우리가 광고들의 영향을 받지 않는다고 믿을지라도, 우리는 그들에 노출된다는 이유만으로 그 영향을 받을 수 있다. 이러한 생각은 퍼펙트와 에스큐(T.J. Perfect & C.Askew, 1994)의 연구 결과를 통해 지지되었는데, 그들은 참가자 들로 하여금 어떤 잡지의 기사들을 유심히 살펴보도록 하였다. 인쇄물의 각 쪽마다 광고가 붙어 있었는데, 참가자들에게 광고에 주의를 기울이지 말라는 말을 하지 않았다. 그들에게 나중에 많은 광고에 대해 다양한 차원에서 평정하도록 요구하였는데, 예를 들어 얼마나 매력적인지, 눈길을 끄는지, 독특한지, 기억에 남는 지 등의 차원들이었다. 참가자들은 자신들이 본 적이 없는 광고들에 비해 노출되었던 광고들에 대해 더 높은 점수를 주었다. 이러한 결과는 암묵기억의 효과라고 간주될 만한데, 그 이유는 참가자들에게 어떤 광고 들이 실험 초반에 제시되었는지를 지적하도록 요구했을 때 원래 보았던 25개 광고들 가운데 평균적으로 2.8 개만을 회상했기 때문이다. 이러한 결과는 선전효과(propaganda effect)와 관련이 된다. 참가자들은 이전 에 읽었거나 들었던 진술문들을 단순히 이전에 그것들에 노출된 적이 있었다는 이유만으로 사실이라고 평정 할 가능성이 더 있다. 이 효과는, 심지어 개인이 그 진술문을 처음 읽거나 들을 당시 그것이 거짓이라는 말을 들었을 때조차 일어날 수 있다. 선전효과는 암묵기억을 포함하는데, 그 이유는 사람들이 이전에 어떤 진술을 들었거나 보았던 사실을 자각하지 못할 때 그리고 심지어 처음 들으면서 그것이 거짓이라고 생각했을 때조차도 작동할 수 있기 때문이다.

3 고전적 조건형성

고전적 조건형성(classical conditioning)은 다음 두 자극을 짝지을 때 일어난다.

- 당초에 어떤 반응을 초래하지 않는 중립 자극
- 어떤 반응을 초래하는 조건 자극

실험실에서 고전적 조건형성의 사례로서, 사람들에게 어떤 소리를 제시한 직후 눈에 공기 뿜기(눈 깜빡거림을 유발함)를 하는 것을 들 수 있다. 소리는 당초에 눈 깜박거림을 유발하지 않지만, 공기 뿜기와 여러 번 짝짓기 후에는 소리에 대한 반응으로서 사람들이 눈을 깜박거린다. 이는 암묵기억인데, 그 이유는 사람들이 소리와 공기 뿜기의 원래 짝짓기 사실을 망각한 경우에도 일어날 수 있기 때문이다.

실생활에서 조건형성은 흔히 정서적 반응과 결부되어 있다. 예를 들어, 나는 시골길을 따라 자동차를 운전하다가 백미러에 경찰차의 붉은 경광등이 번쩍이는 것을 보았을 때 느꼈던 기분 나쁜 감정을 기억한다. 나는 속도위반 딱지를 받는 것이 기분 나빴지만 그 사건은 고전적 조건형성의 사례를 제공했는데, 그 이유는 내가 나중에 그 도로의 그 지점을 지날 때 경찰차의 경광등에 의해 촉발되었던 그 정서를 재경험했기 때문이다. 이 사례는 정서의 고전적 조건형성은 보여주나 암묵기억은 보여주지 않는데, 그 이유는 내가 조건 형성된 반응을 무엇이 초래했는지 자각했기 때문이다.

제 6 절 ▶ 기억의 재응고화(기억의 재강화)

어린 시절 다녔던 학교를 방문한다고 했을 때, 학교로 가는 운전 길은 거의 자동적이다. 그 이유는 자주 다녔던 그 길이 기억에 강하게 새겨져 있기 때문이다. 그러나 과거의 그 길이 공사로 인하여 차단되어 있다면 목적지에 이르는 새로운 길을 찾아내고, 새로운 도로 지도를 형성하기 위해 기억을 갱신하게 된다. 바로 이 부분이 주요 핵심으로 기억을 이처럼 갱신한 사례는 흔하고 항상 일어난다. 우리는 항상 새로운 것을 학습하고 새로운 상황을 다루기 위해 기억에 저장된 정보를 수정한다. 따라서 과거를 기억할 수 있는 것이 비록 유용할지라도, 새로운 상황에 적응하는 능력을 이 기억이 방해하지 못하도록 할 수 있는 것 역시 유용하다.

처음에는 쥐를 대상으로, 그 후 인간을 대상으로 이루어진 최근 연구는 기억 갱신을 위한 그럴듯한 기전을 제안했다. 이 실험들은 다음과 같은 생각을 지지했다. 어떤 기억이 인출되면 그것은 마치 맨 처음 형성될 때처럼 취약해지며, 이처럼 취약한 상태에 있을 때 다시 응고될 필요가 있는데 이 과정을 '재응고화(reconsolidation)'라고 부른다. 재응고화가 기억에서 중요한 이유는 기억이 다시 취약해지고 재응고화되기 전에는 변화되거나 제거될 수 있기 때문이다. 이러한 생각에 따르면, 기억 인출은 과거에 발생했던 것과 접촉하게 해줄 뿐만 아니라 그 기억을 수정하거나 망각할 수 있는 기회를 제공해 준다.

인출된 기억이 취약해질 가능성이 카림 네이더와 동료들(Karim Nader, 2000a, 2000b)의 쥐를 대상으로 한 실험에서 밝혀졌다. 네이더(Nader)는 고전적 조건형성을 이용하여 어떤 소리가 제시되면 '얼어붙는'(움직이지 않는 것) 공포반응을 쥐에게 생성시키고자 하였는데, 이를 위해 소리와 쇼크를 짝지었다. 소리는 처음에는 쥐에게서 아무 반응도 일으키지 않았지만, 소리를 쇼크와 짝지었을 때 소리가 쇼크의 속성을 갖게 되어서 소리만 제시되어도 쥐가 그 자리에 얼어붙었다. 따라서 이 실험에서 소리−쇼크 짝짓기에 대한 기억을 알려주는 것이 바로 쥐가 소리에 대해 얼어붙을 때이다.

아래 그림을 살펴보자. 3개 조건 각각에서 쥐는 소리−쇼크 짝짓기를 받고 아니소마이신(anisomycin)을 주입받는데, 이는 단백질 합성을 억제하여 새로운 기억 형성을 담당하는 연접에서 변화를 방해하는 항생제이다. 이 실험의 주요 관건은 아니소마이신이 주입될 때이다. 만약 아니소마이신이 응고화가 일어나기 전에 주입된다면 기억을 제거하지만, 응고화가 일어난 후에 주입된다면 아무런 효과가 없다.

조건 1에서 쥐는 1일 차에 소리와 쇼크의 짝짓기를 받는데, 이 짝짓기는 쥐를 얼어붙게 만든다. 그러나 응고화가 일어나기 전에 아니소마이신이 바로 주입된다(a). 약물이 응고화를 방해한다는 사실은 소리가 3일 차에 제시될 때 쥐가 소리에 대해 얼어붙지 않는다는 사실을 미루어 알 수 있다. 즉, 쥐는 소리−쇼크 짝짓기를 전혀 받지 않았던 것처럼 행동한다.

조건 2에서 쥐는 앞서와 마찬가지로 1일 차에 소리와 쇼크의 짝짓기를 받지만, 응고화가 일어난 후 2일 차에 아니소마이신을 주입받는다. 따라서 소리가 3일 차에 제시될 때 쥐는 소리−쇼크 짝짓기를 기억해내는데, 이는 쥐가 소리에 대해 얼어붙는다는 사실로 미루어 알 수 있다(b).

조건 3이 결정적 조건인데, 그 이유는 2일 차의 약물 주입(조건2에서 아무 효과가 없었음)이 소리−쇼크 짝짓기에 관한 기억을 제거할 수 있는 상황을 이 조건이 생성하기 때문이다. 이 상황은 소리−쇼크 짝짓기에 관한 쥐의 기억을 재활성화하기 위해 2일 차에 소리를 제시함으로써 생성된다. 쥐는 얼어붙고(기억이 발생함을 알려준다) 그 후 아니소마이신이 주입된다. 소리를 제시함으로써 기억이 재활성화되기 때문에 이제는 아니소마이신이 효과를 발휘한다. 이는 3일 차에 소리가 제시될 때 쥐가 얼어붙지 않는다는 사실로 미루어 알 수 있다.

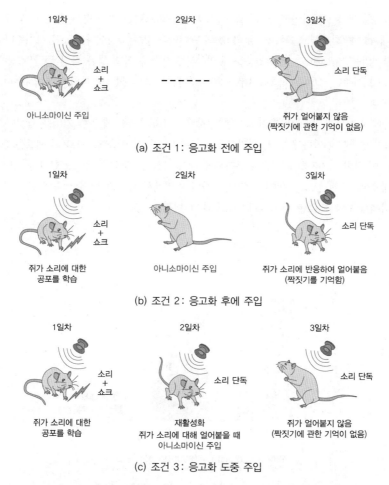

(a) 조건 1: 응고화 전에 주입

(b) 조건 2: 응고화 후에 주입

(c) 조건 3: 응고화 도중 주입

[아니소마이신 주입이 공포 조건 형성에 미친 영향(네이더 등의 실험)]

이러한 결과는, 기억이 재활성화될 때 마치 처음 형성된 직후와 마찬가지로 취약해지며 약물이 재응고화를 방해할 수 있다는 것을 보여준다. 따라서 원래의 기억이 처음 응고화될 때까지는 취약한 것과 마찬가지로 재활성화된 기억은 재응고화될 때까지 취약하게 된다. 이렇게 볼 때 기억은 인출될 때마다 변화되거나 교란될 수 있다. 이런 결과를 들으면 좋은 일이라고 생각할 수도 있다. 그러나 결국 기억이 그것을 사용할 때마다 교란의 위험에 처하게 된다는 것은 그다지 유용한 것 같지는 않다. 네이더(Nader)는 재활성화된 기억이 취약하며 변화할 수 있다는 것을 밝혔으며, 다른 연구자들이 이 발견을 확증하였고, 어떤 연구자들은 인간에서 이 현상의 증거를 찾았다.

알무트 허배치(Almut Hupbach)와 동료들(2007)은 다음과 같은 절차를 사용하여 인간에서 재활성화의 효과에 관한 증거를 제시하였다. 1일 차에 참가자들은 봉투, 티백, 삽과 같은 일상적인 대상의 명칭 단어 목록(목록 1)을 학습했다. 2일 차에 한 집단(상기 집단)은 훈련 회기를 기억해내도록 요구받음으로써(그러나 실제로 대상을 회상하지 않고) 1일 차의 학습을 상기하였다. 이러한 상기 직후 그들은 새로운 대상 목록(목록 2)을 학습하였다. 다른 집단(비상기 집단)은 이전 훈련을 상기하지 않고 바로 새 목록을 학습하였다.

상기 집단으로 하여금 1일 차의 학습에 관해 생각하도록 한 것이 어떤 효과를 일으켰는지 알아보기 위해,

두 집단은 3일 차에 목록 1을 기억해내도록 요구받았다. 다음 그림의 왼쪽 막대 쌍은, 비상기 집단이 목록 1의 단어 가운데 45%를 회상했고 목록 2로부터 5%의 단어만을 잘못 회상했다는 것을 보여준다(그들의 과제가 목록 1의 단어만을 기억해내는 것이었음을 유의하라). 오른쪽 막대 쌍은 상기 집단의 경우 꽤 상이한 일이 발생했음을 보여준다. 그들은 목록 1로부터 36%의 단어를 회상했는데, 특히 목록 2로부터 24%의 단어를 잘못 회상했다.

허배치(Hupbach)에 따르면, 원래의 훈련 회기를 생각하는 것이 목록 1에 관한 기억을 활성화시키고, 그럼으로써 그 기억이 변화에 취약하게 된다. 참가자들이 목록 2를 즉시 학습했으므로 이 새로운 단어들 가운데 상당량은 목록 1에 관한 참가자의 기억으로 통합되게 된다. 이러한 생각을 달리 표현하면, 상기는 목록 1에 관한 기억을 재활성화시켜서 그 목록에 관한 참가자의 기억에서 변화가 일어날 수 있도록 '문을 열었다.' 따라서 이 사례에서 원래 기억은 제거되지는 않지만 변경되었다.

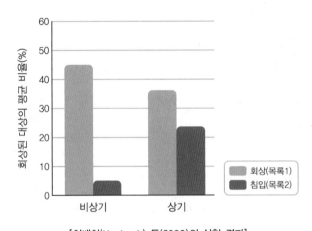

[허배치(Hupbach) 등(2000)의 실험 결과]

재활성화에 관한 연구의 실용적 결과로서 외상 후 스트레스 장애(posttraumatic stress disorder : PTSD)에 관한 치료를 들 수 있는데, 이 장애는 외상적 경험 후 그 경험의 '플래시백(flashbacks : 생생히 떠오르는 회상 장면)'을 경험할 때 발생하는 것으로서 흔히 극단적 불안과 신체적 증상을 수반한다. 임상심리학자 알랭 브루넷과 동료들(Alain Brunet, 2008)은 재응고화가 뒤따르는 기억의 재활성화는 이러한 증상을 경감시키는 데 도움을 줄 수 있다는 생각을 검증하였다. 기본적 방법은 외상적 사건에 관한 기억을 재활성화시킨 후 프로프라놀롤 약물을 투여한다. 이 약물은 편도체에서 스트레스 호르몬 수용기의 활성화를 차단하는데, 편도체는 기억의 정서적 성분을 결정하는 데 중요한 뇌 부분이다. 이 절차는 네이더(Nader) 실험의 조건 3에서 2일 차에 아니소마이신을 투여하는 것과 마찬가지이다.

브루넷(Brunet)은 두 집단을 실험하였다. 한 집단의 PTSD 환자들은 그들 자신의 외상적 경험상황을 기술한 30초 동안의 녹음을 듣고서 프로프라놀롤을 투여받았다. 다른 집단은 그들의 경험을 기술한 녹음을 들었지만, 가짜 약을 투여받는데, 이 약물에는 유효성분이 전혀 없었다.

1주 후 두 집단은 30초 녹음을 다시 들으면서 자신의 외상적 경험을 상상하도록 지시받았다. 그들의 경험 상상하기에 관한 반응을 알아보기 위해 브루넷(Brunet)은 혈압과 피부전도를 측정하였다. 그 결과 프로프라놀롤 집단은 심장박동과 피부전도에 있어 위약 집단에 비해 훨씬 더 작은 증가를 경험했다. 명백히, 1주전 기억이 재활성화될 때 프로프라놀롤을 제시한 것이 편도체의 스트레스 반응을 차단했고, 이는 외상을 기억해내는 것과 연합된 정서적 반응을 감소시켰다. 브루넷(Brunet)은 이 절차를 사용하여 PTSD가 있는 환자를 치료했는데, 많은 환자가 유의미한 증상 감소를 보고했고 심지어 치료 후 수개월이 지난 후에도 이 효과는 지속되었다.

01 단기기억(short-term memory : STM)은 짧은 시간 동안 적은 양의 정보를 저장하는 기제이고, 15에서 20초 또는 그보다 적게 유지된다.

01 기억의 유형에 대한 설명으로 옳지 않은 것은?

① 감각기억은 아주 짧은 시간 동안 모든 입력 정보를 유지시키는 기억이다.

② 단기기억은 하루 동안 유지할 수 있는 기억이다.

③ 아주 많은 양의 정보를 몇 년 혹은 심지어 수십 년 동안 유지할 수 있는 기억이다.

④ 되뇌기(rehearsal)는 단기기억에서 작동하는 통제처리이다.

02 밀러(Miller, 1956)는 청크화(chunking)의 개념을 통해 단어와 같은 작은 단위가 문장, 단락, 또는 이야기와 같은 더 큰 의미가 있는 단위로 결합될 수 있다는 사실을 기술하였다.

02 단기기억에 대한 설명으로 옳지 않은 것은?

① 단기기억에서 정보들이 빠르게 사라진다.

② 단기기억에 저장할 수 있는 정보의 양은 4개에서 9개 정도로 추정한다.

③ 단기기억의 용량을 측정하는 방법 중 하나는 숫자 폭(digit span)을 측정하는 것이다.

④ 작은 단위가 더 큰 의미가 있는 단위로 결합하는 것을 변화탐지라고 한다.

정답 (01 ②   02 ④)

03 다음 중 기억에 대한 설명으로 옳은 것은?

① 작업기억(working memory : WM)은 오랜기간 동안 정보의 저장을 담당하는 체계이다.

② 단어를 나열했을 때, 중간에 있는 것보다 서두에 있는 단어와 말미에 있는 단어가 기억이 더 우수하다.

③ 서두에 제시된 단어들을 더 잘 기억하는 것을 최신효과(recency effect)라고 부른다.

④ 어떠한 물체를 회상해야 할 때, 그 모양을 마음속에서 시각적으로 표상함으로써 기억했다면 의미적 부호화이다.

04 기억에 중추적인 역할을 하는 뇌 영역은 무엇인가?

① 해마

② 편도체

③ 외측슬상핵

④ 후두엽

05 기억의 신경 기제에 대한 설명으로 옳지 <u>않은</u> 것은?

① 어떻게 손상되었는지 상관없이 해마의 손상 자체만으로도 기억상실증을 초래한다.

② 코르사코프병이 발병될 경우 중앙 간뇌 영역이 손상되어 기억상실증을 초래할 수 있다.

③ 해마는 장기기억에만 영향을 미친다.

④ 피질 영역에 손상으로 기억장애가 초래되는 경우, 특정감각유형의 자극에 국한되어 나타난다.

03 ① 장기기억에 대한 설명이다. 작업기억(working memory)은 배들리(Beddely)와 히치(Hitch, 1974)가 소개한 개념으로 '이해, 학습, 추론과 같은 복잡한 과제를 수행하기 위해 정보를 조작하고 잠시 저장하기 위한 제한된 용량의 기제'이다.

③ 초두효과(primacy effect)에 대한 설명이다.

④ 시각적 부호화에 대한 설명이다. 시각적 부호화는 어떠한 물체를 회상해야 할 때, 그 모양을 마음 속에서 시각적으로 표상함으로써 기억하는 것이다.

04 H.M. 환자 사례 이후 추후 연구를 통해 해마가 수술에 의해 절제되든지, 공급되는 혈류량이 감소하든지(뇌졸중 또는 무산소증의 경우), 질환을 앓게 되어 손상을 입든지(예단순포진뇌염 ; herpes simplex encephalitis) 등 어떻게 손상되었는지 상관없이 해마의 손상 자체만으로도 기억상실증을 초래한다는 것이 입증되었다.

05 해마와 다른 뇌측두엽 구조들이 단기기억에도 어느 정도의 역할을 수행한다.

정답 (03② 04① 05③)

checkpoint 해설 & 정답

06 순행성 기억상실증(anterograde amnesia)은 기억상실증의 발병 이후 습득한 정보를 기억하지 못하는 것이고, 역행성 기억상실증(retrograde amnesia)은 발병되기 전에 습득한 정보를 기억하지 못하는 것이다.

06 기억상실증에 대한 설명으로 옳지 않은 것은?

① 기억상실증 환자들은 대부분 장기기억의 장애이고, 작업기억이 유지된다.
② 피질 영역의 손상은 자료의 유형과 상관없이 기억장애를 보였다.
③ 기억상실증 환자들이 학습 가능한 것 중 하나는 기술학습(skill learning)이다.
④ 역행성 기억상실증은 기억상실증 발병 이후 습득한 정보를 기억하지 못하는 것이다.

07 자극이 보상되는 영역은 중뇌의 복측 피개영역에서부터 측좌핵(nucleus accumbens)이라고 불리는 기저전뇌의 세포 덩어리까지 뻗쳐있는 도파민 경로이다.

07 다음 중 보상 영역의 뇌 영역은 무엇인가?

① 도파민 경로
② 해마
③ 신피질 영역
④ 기저핵

08 일화기억은 경험에 관한 기억이며 의미기억은 사실에 관한 기억이다.

08 다음 중 개인의 경험에 관한 자서전적 기억은 무엇인가?

① 의미기억
② 일화기억
③ 절차기억
④ 감각기억

정답 06④ 07① 08②

09 일화기억에 대한 설명으로 옳지 않은 것은?

① 일화기억과 의미기억은 기억한 정보의 유형에 근거를 구분할 수 있다.

② 자전적 기억은 일화(적) 기억의 일종이다.

③ 일상 경험의 기억은 비슷한 경험이 반복되면서 사건과 관련된 일반적 지식이 증가한다.

④ 자전적 기억은 단일차원의 속성이다.

09 재(서)전적 기억은 공간적, 정서적, 감각적 성분으로 구성된 다차원적 속성을 가지고 있어 다른 기억보다 더 복잡하다.

10 작업기억에 대한 설명으로 옳지 않은 것은?

① 작업기억은 복잡한 과제를 수행하기 위해 정보를 조작하고 잠시 저장한다.

② 작업기억의 세 가지 구성 요소는 음운 루프, 시공간 잡기장, 중앙집행기이다.

③ 시공간 잡기장은 장기기억에서 정보를 인출, 특정한 부분에 집중, 주의를 분산을 결정한다.

④ 의미 없는 소리를 반복해서 내면 되뇌기를 방해하여 기억력을 감소시킨다.

10 중앙집행기(central executive)는 대부분 작업기억의 작업이 일어나는 곳으로 장기기억에서 정보를 인출하거나 과제의 특정한 부분에 집중하거나, 주의를 분산시키기를 결정하고, 음운 루프와 시공간 잡기장의 활동을 조정한다.

11 일화기억과 의미기억의 연결에 대한 설명으로 틀린 것은?

① 작년 휴가를 어디로 갔는지에 대한 기억은 의미기억이다.

② 작년 휴가를 누구와 갔는지에 대한 기억은 일화기억이다.

③ 작년 휴가 때 준비물에 대한 기억은 의미기억이다.

④ 작년 휴가 때 느꼈던 기분에 대한 기억은 일화기억이다.

11 일화기억이 경험에 관한 기억이고 의미기억이 사실에 관한 기억이다.

정답 09 ④ 10 ③ 11 ①

12 음운 유사성 효과(phonological similarity effect)는 소리가 유사한 글자나 단어들의 혼동을 말한다. 예를 들어, 'F'는 종종 'S'나 'X'로 오인되는데, 이 두 개의 글자는 'F'와 비슷하게 들린다. 하지만 'F'와 비슷하게 생긴 'E'와는 혼동이 일어나지 않는다.

13 장기기억은 우리가 자각하는 외현기억(explicit memory)과 자각하지 않는 암묵(적) 기억(implicit memory)으로 구분된다.

14 일화기억은 외현기억 중 하나이다. 장기기억은 외현기억과 암묵기억으로 나눌 수 있다. 외현기억은 일화기억과 의미기억으로 구분할 수 있고, 암묵기억은 절차기억, 점화, 조건형성 유형으로 구분할 수 있다.

정답 12② 13④ 14①

---

12 작업기억에 대한 설명으로 옳지 <u>않은</u> 것은?

① 의미 없는 소리를 반복해서 기억력을 감소시키는 현상을 조음 억제라고 한다.

② 소리가 유사한 글자나 단어들이 혼동하는 현상은 시공간 잡기장을 설명해준다.

③ 다른 각도에서 보고 있는 두 개의 물체를 비교할 때, 하나의 물체의 각도를 돌려봄으로써 물체를 추론하는 현상을 심적 회전이라고 한다.

④ 작업기억의 기능은 정보의 파지와 정보의 조작으로 구분된다.

13 기억에 있는지 없는지 의식하지 못하는 기억은 무엇인가?

① 의미기억

② 일화기억

③ 장기기억

④ 암묵적 기억

14 다음 중 암묵적 기억에 해당하지 <u>않는</u> 것은?

① 일화기억

② 절차기억

③ 점화

④ 조건형성

15 다음 중 암묵적 기억에 대한 설명으로 옳지 <u>않은</u> 것은?

① 방법을 설명할 수는 없지만 할 수 있는 기술에 대한 기억을 절차기억이라고 한다.

② 기억상실증 환자는 기존에 익혔던 기술을 수행할 수 없다.

③ 점화(priming)는 한 자극의 제시가 다른 자극에 대한 반응 방식을 변화시킬 때 일어난다.

④ 기억상실증 환자는 외현기억에서 결함을 보인다.

15 기억상실증 환자는 장기기억의 생성 능력을 상실했어도 기존에 익혔던 기술(예를 들어, 피아노 연주, 자전거 타기 등)을 수행할 수 있고, 새로운 기술을 숙달할 수도 있다.

16 자신의 기억을 재현할 때마다 기억에 대한 강화과정을 반복하면서 새로운 기억을 만들며 갱신하는 것을 무엇이라고 하는가?

① 조건강화

② 기억상실

③ 기억의 재응고화

④ 절차기억

16 우리는 기억을 할 때 과거의 같은 내용을 재생하는 것이 아니라, 새로운 기억을 만들며 변화하는데, 이를 기억의 재응고화(기억의 재강화)라고 한다.

17 역행성 기억상실증에 관한 설명으로 옳지 <u>않은</u> 것은?

① 역행성 기억상실증은 발병되기 전에 습득한 정보를 기억하지 못하는 경우를 말한다.

② 역행성 기억상실증은 발병 정도는 환자마다 다르다.

③ 역행성 기억상실증이 발병했을 경우, 일반적으로 먼 시기에 경험한 사건보다 가까운 시기에 경험한 사건을 더 잘 기억한다.

④ 발병 수십 년 전의 경험을 기억하지 못할 정도로 심각한 역행성 기억상실증은 코르사코프 증후군, 알츠하이머병, 파킨슨병, 헌팅톤병 등과 같은 퇴행성 질환에서 자주 관찰된다.

17 일반적으로 발병 시점으로부터 가까운 시기에 경험한 사건을 더 먼 시기에 경험한 사건보다 더 기억하지 못한다.

정답   15 ②   16 ③   17 ③

checkpoint 해설 & 정답

01 정답·
외현기억은 우리가 자각하는 기억이
고, 암묵기억은 자각하지 않는 기억
이다.
외현기억은 일화기억과 의미기억으
로 구분할 수 있고, 암묵기억은 절차
기억, 점화, 조건형성 유형으로 구분
할 수 있다.

02 정답
• 음운 루프는 '음운 저장소'와 '조음
되뇌기' 처리로 이루어져 있는데,
음성정보를 보존하는 음성저장과
음성저장에 있는 정보를 꺼내어 다
시 음성화하여 정보를 재활성화시
킨다.
• 시공간 잡기장은 시각 정보와 공간
정보를 담고 있어 이러한 정보를 저
장하고 조작한다. 우리 마음속에 그
림을 떠올리거나 퍼즐을 풀거나 캠
퍼스에서 길을 찾는 과제를 할 때
우리는 시공간 잡기장을 사용한다.
• 중앙집행기는 장기기억에서 정보
를 인출하거나 과제의 특정한 부분
에 집중하거나, 주의를 분산시키는
것을 결정하고, 음운 루프와 시공
간 잡기장의 활동을 조정한다.

✅ **주관식 문제**

01 암묵적 기억과 외현기억을 간략하게 구분하여 쓰시오.

02 작업기억의 세 가지 구성 요소에 대해 기술하시오.

03   단기기억의 지속시간과 저장 용량을 기술하시오.

03   **정답**

단기기억(short-term memory : STM)은 짧은 시간 동안 적은 양의 정보를 저장하는 기제이고, 단기기억은 15에서 20초 또는 그보다 적게 유지된다. 단기기억에서 정보들이 빠르게 사라질 뿐만 아니라, 단기기억에 저장할 수 있는 정보의 양은 4개에서 9개 정도의 항목들이 단기기억에 저장될 수 있다고 추정한다.

여기서 멈출 거예요? 고지가 바로 눈앞에 있어요.
마지막 한 걸음까지 SD에듀가 함께할게요!

정서와 사회인지

I wish you the best of luck

독학사 심리학과 4단계

혼자 공부하기 힘드시다면 방법이 있습니다.
SD에듀의 동영상강의를 이용하시면 됩니다.

www.sdedu.co.kr ➡ 회원가입(로그인) ➡ 강의 살펴보기

제 5 장

정서와 사회인지

정서이론

정서(emotion)는 특정 자극들을 우선으로 처리할 수 있도록 표식을 붙이는 것과 같다. 우리가 어떻게 행동해야 할지, 무엇을 피해야 할지, 무엇을 찾아야 할지 알려주는 이정표 역할을 한다. 정서는 기본적으로 생존을 위해 가치가 있는 자극이나 상황과 관련된다. 예를 들어, 두려움은 위협적인 자극과 관련될 수 있고, 혐오감은 오염과 관련된 자극과 연결될 수 있으며, 분노는 자신의 영역을 위협하는 상황과 연결될 수 있다. 정서와 관련된 자극 범위는 거의 무한대에 가까울 정도로 유연성이 존재한다. 기본적으로 만족감을 제공하거나(예 음식, 성행위) 처벌을 주는(예 통증) 자극들도 있지만, 팝 음악이나 패션처럼 다양한 새로운 자극에 정서 상태를 할당하는 법을 학습할 수도 있으며, 공포증에서부터 페티시에 이르기까지 극단적인 형태의 자극을 만들어 내기도 한다.

정서는 사람과 유인원을 포함한 대부분의 사회적인 동물의 사회적 행동을 조정하는 데 중요한 역할을 한다. 무리를 지어 사는 것은 분명히 생존에 이득이 된다. 수적으로 안전하고, 협력 행동은 한정된 자원을 공유하게 한다. 따라서 정서는 사회적인 의사결정을 조정한다는 것을 알 수 있다. 예를 들어, 사회적 거부는 신체적 고통과 같은 뇌 회로를 사용하며, 도덕적 혐오는 오염과 관련된 혐오와 같은 뇌 회로를 사용한다. 협력 없이 10달러를 획득할 때보다 협력함으로써 10달러를 획득할 때 뇌의 보상회로가 더 많이 활성화된다. 이것은 마치 협력 행동 그 자체가 하나의 보상과 같이 느껴지는 것이다. 우리는 항상 '기분파'로 살지 않으며, 행동을 조정하기 위해 정서적이지 않은 인지적 통제를 사용할 수 있다. 관점 취하기(perspective-taking) 혹은 정신화(mentalizing)를 통해 다른 사람의 의도, 욕구, 신념 등에 대해 생각하는 것은 정서적 평가와 관련된 신경 회로와 다소 다른 신경 회로와 연결된다.

> **더 알아두기**
>
> **정서의 특징**
> 정서는 보상을 주거나(즉, 이를 획득하기 위해 행동함) 처벌을 주는(즉, 이를 피하기 위해 행동함) 자극들과 연합된 상태이며, 이러한 자극들은 생득적인 생존적 가치를 가질 가능성이 높다.
>
> - 정서는 기본적으로 일시적이지만 자극들의 정서적 위계는 장기기억 내에 저장된다.
> - 정서적 자극은 주위를 끌어당겨서 더 세밀한 평가를 가능하게 하고 반응을 촉발시킨다.
> - 정서는 주관적으로 선호하는지 혹은 싫어하는지와 같은 쾌락적인 가치를 가진다.
> - 정서는 신체 내부 반응(예 땀 흘림, 심장박동 수, 호르몬 분비 등)의 측면에서 특정한 '느낌의 상태(feeling state)'를 가진다.

> • 정서는 얼굴과 신체를 통해서 특정한 외부 운동 반응을 표출하며, 이를 정서적 표현이라 한다. 이러한 반응들은 유기체를 준비시키고(예 싸움을 위한) 다른 이에게 신호를 보낼 수 있다(예 상대방과 싸울 의도가 있는지).

1 다윈과 프로이트

(1) 다윈이론

① 다윈은 인간의 정서가 동물과 연속선상에 있다는 가정하에 연구하였고, 1872년 인간과 동물의 정서 표현(The Expression of the Emotions in Man and Animal ; 1872/1965)을 발표하였다. 이 책의 대부분은 특정 정서 표현(예 두려움, 분노, 행동 등)을 하기 위해 얼굴과 신체의 제스처를 만들어내는 정서의 외적 표현을 기술하고 있다. 다윈은 여러 종에 걸쳐서 공통으로 관찰되는 표현에 집중했다. 예를 들어, 분노의 표현은 입이 벌어지고 이를 드러낸 채 직접 노려보는 시선이다. 이러한 외적 표현은 선천적이고 학습되지 않은 행동이라 주장하였다.

② 정서의 공통적인 외적 표현들은 다른 동물의 정서 상태를 해석할 수 있게 해준다. 예를 들면, 공격 가능성을 예측해 본다든지, 성적 접근을 받아들일 것인지 등에 관한 것이다.

(2) 프로이트이론

프로이트도 다윈과 마찬가지로 인간의 정서가 동물과 연속선상에 있다고 가정하였다.

① 그는 우리의 마음이 원초아(id), 자아(ego), 초자아(super-ego)라는 세 가지 다른 자아의 기제로 나뉜다고 보았는데, 우리를 인간이 아닌 다른 조상들과 연결시켜주는 원초아는 기본적인 정서적 욕구를 포함하는 '원시적인' 충동의 표출과 관련된다. 원초아는 무의식적인 동기와 관련되고, 자아라는 의식적인 마음을 통해 의식 위로 떠오를 수 있으며, 문화적 규범과 열망인 초자아와 충돌하기도 한다. 프로이트는 정서가 우리의 행동을 무의식적으로 편향시킨다고 보았다.

② 정신병리적 장애(예 불안)가 정서의 문제로 이해될 수 있다는 개념은 프로이트의 주장으로부터 비롯되었으며, 지금까지도 여전히 받아들여지고 있다.

2 제임스-랑게와 캐논-바드

(1) 제임스-랑게이론

① 제임스-랑게이론(James-Lange theory)에 따르면, 신체 상태의 변화는 정서적 경험 이전에 일어난다고 주장한다. 정서적인 경험은 신체 변화에 대한 자기 인식으로부터 기인한다는 것이다. 이 말은 즉, 슬퍼하기 때문에 우는 것이라기보다는 울기 때문에 슬픈 것이라는 뜻이다. 이러한 관점은 현재 상식과 비교할 때 상당히 파격적이라 할 수 있다.

② 섹터와 싱어(Schacter & Singer, 1962)는 신체 상태의 변화 자체가 정서를 일으키기에 충분하지 못하다고 주장한다(제임스-랑게이론과는 반대). 자율신경계(ANS)는 내부 장기(soma)들의 활동을 조절하는 신경 세포들의 집합체로 신체의 변화를 중재한다. 섹터와 싱어(Schacter & Singer, 1962)는 참가자들에게 심박 수와 같은 자율신경계의 변화를 유발하는 에피네프린(아드레날린이라고도 함)을 투여했다. 제임스-랑게이론에 의하면 약물 투여 후 정서적으로 나타나야 하지만, 약물의 투여 그 자체로 참가자들이 정서 경험으로 이어지지 않는다는 것을 발견했다. 그러나 적절한 인지적 설정 (예 화난 사람 또는 즐거워하는 사람이 함께 방에 있는 경우)이 존재할 경우, 참가자는 그 설정된 정서를 자기 보고했다. 에피네프린 투여가 없을 때 동일한 인지적 설정은 덜 격렬한 정서적 평가를 만들었다. 이 연구는 신체적 경험이 정서를 만들어 낼 수는 없지만, 의식적인 정서 경험을 향상시킬 수는 있다는 것을 보여준다.

(2) 캐논-바드이론

1920년대에 등장한 캐논-바드이론(Cannon-Bard theory)에서는 신체로부터 오는 신호만으로는 서로 다른 정서들 간의 차이를 설명할 수 없다고 주장했다. 정서는 오직 뇌 안에서만 일어날 수 있고 신체 반응은 정서가 발생한 이후에 일어난다는 것이다. 캐논-바드이론은 신경생물학에서 영감을 받았는데, 그 당시 이미 피질이 제거된 동물들도 정서 표현(예 분노)이 가능하다는 연구 결과들이 있었다(운동 반응을 위해서는 대뇌피질의 운동 영역이 필요하다는 사실을 고려했을 때 놀라운 결과이다). 캐논과 바드는 뇌 손상 연구들을 통해 시상하부가 정서의 중심이라고 결론지었다. 이들은 시상하부가 입력된 감각 정보들을 정서적 내용의 관점에서 평가한 후 자율신경계와 피질로 신호를 보내며, 전자는 제임스가 주장한 바와 같이 신체적 정서를 유발시키고 후자는 의식적인 정서 경험을 유발시킨다고 믿었다.

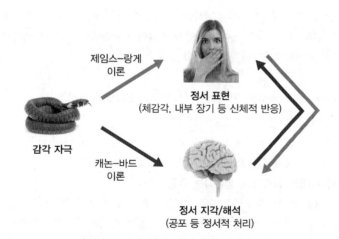

[캐논-바드 이론]

✪ 설명 : 제임스-랑게 이론에 의하면 신체적 반응이 먼저 일어나고 정서적 처리는 그 후에 일어난다(즉 신체적 반응들의 지각 또는 해석). 캐논-바드 이론에 의하면 정서적 지각 혹은 해석이 먼저 일어나고 신체적 반응이 뒤따른다.

3 파페즈 회로와 변연뇌

(1) 파페즈 회로(Papez circuit)

파페즈(Papez, 1937)는 시상하부가 정서처리의 핵심 부분이라 주장하였고, 더 나아가 대상피질, 패마, 시상하부, 시상전핵들을 포함하는 신경 회로에 포함시켜 정서처리를 확장하였다. 파페즈는 피질 하부의 파페즈 회로에서 정서적 경험이 시작된다고 주장하였다. 두 번째 회로는 대뇌피질을 포함하는데, 이 두 번째 회로에서는 정교한 분석을 담당한다고 주장하였다. 매클린(MacLean, 1949)은 파페즈 회로의 개념을 확대하여 편도체와 안와전두피질을 포함시켜 변연계라 불리는 개념을 발전시켰다. 그는 통합된 '정서적 뇌'를 만들기 위해 각기 다른 여러 영역이 함께 협력한다고 주장하였다.

(2) 현대 인지신경과학에서 바라보는 관점

초기 신경생물학적 관점을 현대 인지신경과학은 지지하지 않는다. 그 이유는 첫째, 파페즈 회로의 주요 영역 중 일부는 정서에 주로 관련되어 기능을 수행하지 않는 것으로 알려졌다. 예를 들어, 해마의 기억 관련 기능은 1950년대에 이르러서야 인정되었고, 시상하부는 신체의 항상성 조절을 하지만 정서의 중추적인 연결고리는 아닌 것으로 드러났다. 둘째로, 현대 연구는 구분된 신경학적 실체를 가진 다양한 정서 유형(예 두려움 대 혐오감)에 더 중점을 두기 때문이다.

4 정서에 관한 현대적 견해 : 범주, 차원 그리고 평가

과거 연구에서는 분화되지 않은 정서에 관여하는 '변연계'에 집중했던 반면, 최근 학계에서는 서로 다른 범주의 정서(예 공포, 분노, 혐오)를 가정하는 대안적 관점이 지배적이다. 그러나 이러한 정서 범주들이 출현하는 방식에 대해서는 서로 다른 견해를 가지고 있다.

(1) 기본 정서(Basic emotion)를 가정하는 학파(Paul Ekman, 1992)

① 진화적 요구에 의해 정서가 구성된다는 주장

일부 감정은 각기 다른 진화적 요구에 의해 형성되었고, 고유한 신경학적 실체와 연결되어 있으며, 문화 보편적인 독특한 얼굴표정을 가지고 있다고 주장한다.

② 핵심과정을 토대로 정서가 구성된다는 주장

또 다른 학파에 따르면 자율신경 반응, 접근/회피 반응, 그리고 활성화된 인지 과정(예 신념, 평가) 등과 같은 다양한 유형의 핵심 과정을 토대로 다양한 범주의 정서가 구성된다고 주장한다. 이 이론은 질적으로 다른 유형의 정서 범주(혐오감 혹은 두려움)가 존재할 수 있음을 부정하지 않는다. 그들은 이러한 범주들이 '자연스러운 유형'이라기보다는 정서 경험이라는 넓은 공간 위의 서로 다른 곳에 위치한 점일 수 있다고 주장한다.

③ 여섯 가지 기초적인 정서가 존재한다는 주장

정서에 관한 가장 영향력 있는 민족지학적 연구 중 하나는 문화 보편적인 여섯 가지 기초적인 정서가 존재한다고 주장했다. 행복, 슬픔, 혐오, 분노, 두려움 및 놀라움이 이에 해당한다. 이 연구는 다양한 문화에 거쳐 얼굴표정이 범주화되고 적용되는 방식들의 비교에 근거하고 있다. 에크만은 보편적인 얼굴표정을 기준으로 분류하는 방법 외에도 정서를 '기본적인 정서'로 분류하는 몇 가지 다른 특성들을 고려하였는데, 예를 들어, 그 정서만의 고유한 신경학적 기초를 가지는지, 각기 다른 생존적 문제를 해결하기 위해 진화해왔는지, 그리고 자동으로 유발될 수 있는지 등을 들 수 있다. 이러한 접근 방법은 인지신경과학 분야에 큰 영향을 미쳤지만, 여러 문제를 가지고 있다. 예를 들어, 일부 범주에 한해서 어느 정도의 전문화는 보이지만, 각각의 기본 정서는 자신만의 고유한 뇌 영역들이나 신경망을 가지고 있지는 않은 것으로 보인다. 일부 정서는 어떤 면에서는 '기본적'인 것처럼 보이지만 다른 면에서는 그렇게 보이지 않을 수 있다. 예를 들어, 사랑의 정서는 양육과 관련된 명확한 진화적 적응성을 반영하고 일부 전문화된 신경 회로를 가지고 있으나 특정 얼굴표정과 연결되지는 않는다.

[정서의 6가지 유형]

✪ 설명 : 폴 에크만은 광범위한 여러 문화를 조사한 뒤 얼굴로 표현되는 정서에는 6개의 기초적인 유형
(슬픔, 행복함, 역겨움, 놀라움, 분노, 공포)이 존재한다고 결론지었다.

(2) 펠드먼-배럿의 주장

펠드먼-배럿(Feldman Barret, 2006)은 '구분된 정서 범주이론'을 지지하지 않았다. 펠드먼-배럿과 동료들은 모든 정서가 '즐거움-불쾌감' 그리고 '고각성-저각성(활성화 수준)'이라는 두 차원에 따라 조직화된 핵심 정서(core affect)라 불리는 체계 안에 포함될 수 있다고 주장한다. 생물학적 용어로 이것은 정서의 신체적 느낌과 관련되며, 내측 측두엽, 대상피질, 그리고 안와전두피질과 같은 변연계구조와 관련되어 있다. 이 이론은 파페즈와 매클린의 오래전 이론과도 일치하는데, 이 모델의 새로운 점은 각기 다른 정서 범주들이 만들어지고 서로 구분되는 이유를 핵심 정서 체계를 활용하는 방식의 차이와 이 핵심 정서 체계 바깥에서 처리되는 정보와의 연결로 설명한다는 점이다. 이렇게 핵심 정서 체계 바깥에서 처리되는 정보에는 (정서의 조절·평가를 위한) 집행 통제, 분류 및 표시를 위한 언어, (다른 사람의 관점에서 정서를 개념화하기 위한) 마음 이론 등이 포함될 수 있다.

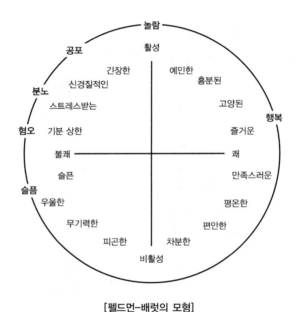

[펠드먼-배럿의 모형]

'기본 정서' 이론을 옹호하는 사람들은, 일부 정서들이 구성될 수 있음을 부정하지 않지만, 모든 정서가 구성되었다고 주장하는 펠드먼-배럿 이론과는 다르다. 기본 정서 이론은 일부 정서들이 둘 혹은 그 이상의 기본 정서로 구성될 수 있다는 가능성을 인정한다. 예를 들어, 기쁨 + 공포 = 죄책감, 공포 + 놀라움 = 경보 등을 들을 수 있다. 또한, 일부 정서들이 기본 정서(들)와 비정서적 인지 해석(nonemotional cognitive appraisal)으로부터 구성될 가능성도 인정한다. 정서 해석에는 내용(예 부정적인 느낌)과 맥락에 대한 해석이 포함된다. 따라서 유사한 정서가 자기 자신(수치심) 혹은 다른 사람(죄책감)과 관련된 상황인지에 따라 부끄러움 혹은 죄책감으로 해석될 수 있다. 하이트(Haidt, 2003)는 (타인과 관련된) 자신의 행동 또는 (자신이나 타인과 관련된) 타인의 행동과 관련된 정서를 언급하기 위해 도덕 정서(moral emotion)라는 용어를 사용했다. 이는 우리의 행동을 평가할 수 있는 규범적 기준의 존재를 의미한다. 이러한 규범들은 타고난 메커니즘(예 다른 사람을 해치지 않는 본능적인 욕망)과 문화적으로 허용되는 규범(예 법률 및 종교)이 조합된 산물일 수 있다. 이러한 관점에서 볼 때 도덕 정서의 존재는, 진화적으로 오래된 일련의 정서적 과정과 진화적으로 좀 더 새로운 자신이 아닌 다른 사람들의 행동을 반추하는 능력의 두 가지 모두에 의존한다.

5 평가

정서에 관한 많은 이론이 있지만(이들 중 일부는 폐기되었지만, 일부는 현재도 받아들여지고 있음), 오랜 시간에 걸쳐 검증되어 온 정서에 대한 핵심적인 아이디어는 따로 있다. 이는 바로 정서가 진화적으로 적응적인 가치를 가지고 있으며, 이러한 가치는 대부분의 종들에 걸쳐서 보존되어 왔다는 점이다. 또한, 정서는 다면적이라는 사실이다. 예를 들어, 정서는 의식적(적어도 인간에서는) 그리고 무의식적 과정을 모두 포함하고, (비록 정서가 모두 신체 감각으로 환원될 수 없지만) 자율신경계를 통한 두뇌와 신체의 상호작용을 포함하며, 정서는 정서 기제와 인지 기제 모두로부터 만들어진다는 점을 들 수 있다(예 감정 해석).

감정 해석에 대한 좋은 예로 도덕 정서(예 죄책감, 긍지)를 들 수 있다. 현대 이론은 정서(예 분노, 공포, 슬픔) 간의 범주적 차이를 강조하지만, 이 범주가 자연적 종류(즉, 기본 정서이론에서처럼 태생적으로 구체화된 범주와의 차이들)인지 아니면 각기 다른 종류의 핵심 과정(예 보상・처벌, 쾌락, 각성, 해석)과 같은 구성 요소들의 서로 다른 조합으로 구성되는지에 따라 다를 수 있다.

제 2 절 ▶ 편도체

파페즈(James W. Papez)는 시상하부, 해마, 전측 시상(anterior thalamus), 그리고 대상피질이 포함된 정서에 관여하는 특정한 뇌 회로(파페즈 회로)를 기술하였다. 폴 맥린(Paul Maclean, 1949)은 나중에 이 구조들이 피질 밑에 자리 잡은 일련의 구조들을 구성하는 '경계' 또는 '띠'를 의미하는 변연계(limbic system)로 이름 붙여진 것의 일부라고 제안하였다. 연구자들이 정서가 변연계에 의해 작동이 된다는 것에 동의하고 있기는 하지만, 구조에 대한 생각은 시간이 흐를수록 변화하였다. 예를 들어, 해마는 변연계의 중심으로 정서에 깊게 관여한다고 생각했지만, 기억 기능에 중요한 역할을 하는 것으로 밝혀졌다. 오히려 변연계의 핵심이라고 생각되지 않았던 편도체가 정서작용에 중요한 역할을 한다는 것이 밝혀지면서 신경과학자와 심리학자들에게 큰 관심을 받고 있다. 정서적 기능에 있어서 피질하구조가 중요한 역할을 하고 있는데, 하나씩 살펴보도록 하자.

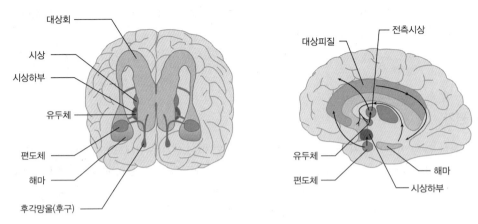

[변연계의 주요 구조]

1 시상하부와 싸우거나 도망치기 반응

싸우거나 도망치기(fight-or-flight) 반응은 하버드 의과대학의 생리학자였던 월터(Walter) 박사가 처음 명명한 생리학적 반응이다. 동물들이 위협에 직면하면 교감신경이 활성화되어 싸우거나 도망가거나 할 수 있는 태세를 취하게 된다. 싸우거나 도망치기 반응이 활성화되면 뇌하수체를 통해 부신에서 만들어 내는 에피네프린 등의 호르몬들이 분비되어 온몸에서 긴장하고, 뇌에서는 스트레스에 대항할 수 있는 신경전달 물질들을 분비하게 된다. 심장은 더 빠르게 뛰고, 더 많은 피를 뿜어내며, 소화기관은 잠시 멈춘 채 모든 혈류와 긴장을 근육과 뇌에 집중하게 만든다. 그리고 마지막 단계에서 도망칠 것인지 싸울 것인지 결정하게 된다.

(1) 자율신경계의 활동 수준을 지배

이처럼 '싸우거나 도망치기 반응'은 자율신경계(심장, 폐, 땀샘과 같은 신체기관들과 접촉하는 신경을 구성)에 의존한다. 여기에서 시상하부의 역할은 '싸우거나 도망치기 반응'이 활성화되는 정도를 결정하여 자율신경계의 활동 수준을 지배하게 되는데, 자율신경계의 교감신경이 활성화되면 심박률이 상승하고, 호흡과 땀분비가 증가되며, 혈압이 높아진다.

(2) 신체 호르몬 체계 통제

시상하부는 신체의 스트레스 호르몬 수준에 영향을 미치는데, 이는 뇌하수체와의 상호작용을 통해 나타나는 반응이다. 뇌하수체가 시상하부에 의해 자극을 받으면 호르몬을 혈류에 방출하고, 이 호르몬은 아드레날린과 코르티졸 같은 스트레스 호르몬을 생산하게 된다. 시상하부가 싸우거나 도망치기 반응을 언제 유발할 것인지(위협적인 사건 존재의 결정 여부)는 편도체의 의해서 결정된다. 편도체의 역할에 대해 살펴보도록 하자.

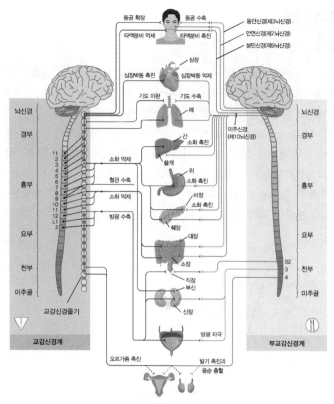

[자율 신경계]

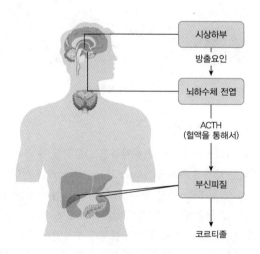

[HPA 축]

✪ 설명 : 뇌는 시상하부, 뇌하수체, 그리고 부신선을 연결하는 회로를 통해서 신체의 스트레스 반응을
통제한다. 시상하부의 자극을 받으면 뇌하수체는 부신피질 자극 호르몬(ACTH)을 혈류로 분비
하고 이 호르몬은 스트레스 호르몬인 코르티졸을 생산하도록 부신선을 자극한다.

2 편도체 구조와 기능

(1) 편도체의 구조

편도체(amygdala)는 아몬드(almond)처럼 생겼다고 해서 'amygdala'라는 이름이 붙여졌다. 편도체는 감정의 경험과 표현을 담당하는 변연계에 속하며 측두엽의 심부에 위치한다(해마의 끝부분에 위치). 편도체는 10개 이상의 핵으로 이루어졌으며, 크게 기저외측핵(basolateral nuclei), 피질내측핵(corticomedial nuclei), 중심핵(central nuclei)으로 나뉜다. 각각의 핵은 다른 경로에서 들어온 감각 신호를 받아들이며 뇌의 다른 부분 및 신경계로 전달한다. 기저외측핵은 신체 감각 기관을 통해 수용되는 정보들을 받아들이며, 이를 대뇌피질로 전달하여 감정적인 경험을 구성하게 한다. 피질내측핵은 후각 신호를 수용한다. 중심핵은 편도체로 들어온 감각 신호를 수용하여 자율신경계로 신호를 전달한다. 시상하부로 전달된 신호는 자율신경 반응에 의해 스트레스 호르몬 분비 및 신체적 각성 등의 생리적 반응을 유발한다.

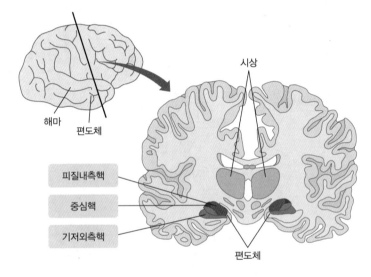

[편도복합체]

(2) 편도체의 손상 : 클루버 부시 증후군

1930년대에 미국 시카고 대학의 신경과학자 하인리히 클루버와 폴 부시는 레서스원숭이에서 수술적으로 양쪽 측두엽을 제거하는 측두엽 절제술(temporal lobectomy)을 시행하였다. 그 결과 다양한 행동학적 변화가 유발되었고, 이를 클루버-부시 증후군(Kluver-Bucy syndrome)으로 명명하였다.

측두엽 절제술을 받은 레서스원숭이는 시각적인 인지(visual recognition)에서 문제를 보였는데, 정상 레서스원숭이와는 달리 물체를 입속에 넣어서 그 물체가 무엇인지 확인하였다. 예를 들어, 배고픈 상태의 레서스원숭이에게 먹이와 함께 이전에 본 적이 있는 물체를 섞어서 제공할 경우, 정상 원숭이는 먹이를 바로 골라서 섭취하는 반면, 측두엽 절제술을 받은 원숭이는 여전히 물체들을 하나씩 입에 넣어 확인하는 과정을 반복했다. 뿐만 아니라 측두엽 절제술을 받은 원숭이는 성행위에 대한 관심이 매우 증가하였다.

감정과 관련하여서는 공포의 감소와 공격성의 증가가 뚜렷하였다. 정상적인 레서스원숭이의 경우 실험자인 사람이 다가가면 이를 피해 구석으로 도망가는 반면, 측두엽 절제술을 받은 레서스원숭이는 실험자에 대한 회피 행동이 사라졌으며 오히려 실험자에게 다가와 접촉을 시도하고 실험자가 원숭이를 들어올리는 등의 행동을 하여도 전혀 피하지 않았다. 또한, 자연 상태에서의 천적인 뱀과의 접촉 시에도 공격을 받았음에도 계속해서 관심을 보이고 접근하는 행동을 하였으며, 공포와 관련된 소리나 표정을 나타내지 않았다. 과거에 두려워했던 것들을 무서워하지 않았고, 다른 종과 성적 행동을 시도하고, 배설물이나 돌 등 아무거나 닥치는 대로 먹으려는 이상한 행동을 보였다. 즉, 이 원숭이들은 환경에 대해서 극단적으로 비정상적인 반응을 보인 것이다. 초기 연구에서는 전체 측두엽을 제거하였으나(피질과 편도체와 같은 피질하 영역 모두를 포함), 후속 연구에서는 편도체 손상만으로도 이러한 비정상적인 변화가 일어날 수 있음을 발견하였다.

> **◦! 더 알아두기 Q**
>
> **편도체와 공포감정**
>
> 인간도 편도체가 손상되면 레서스원숭이처럼 극단적이지는 않지만, 정서 정보 처리 능력이 손상된다. 미국 아이오와 대학의 랄프 아돌프스(Ralph Adolphs)와 안토니오 다마시오(Antonio Damasio)는 S.M으로 지칭된 30대 여성을 연구하였다. S.M은 우르바흐-비테(Urbach-Wiethe disease)라는 희귀 질환을 앓고 있었는데, 이에 의해 양쪽 편도체가 손상되었다. S.M은 무분별할 정도로 다른 사람들에 대해 친밀감과 신뢰감을 표현했는데, 이는 다른 사람에 대한 공포감 소실에 의한 것으로 생각되었다. S.M은 정상적인 지적 수준을 보였으며, 사진을 통해 다른 사람을 인식하는데도 전혀 문제가 없었다. 또한, 다른 사람의 얼굴표정을 통해 그들의 감정을 파악하는 데 있어서도 행복, 슬픔, 혐오감 등의 얼굴표정을 정확히 알아냈다. 그러나 놀랍게도 사진 표정의 공포감을 두려운 상태로 표현함에 있어 매우 서툴렀다. 반면 사람의 공포감이 들어있는 목소리를 인식하는 데는 어려움이 없었으며, 따라서 S.M은 시각적인 정보를 통해 공포를 인식함에 있어 문제가 있는 것으로 판명되었다.
>
> 환자 S.M은 시각적인 정보에 대한 공포 인식에 문제가 있었지만, 편도체가 손상된 사람들의 사례 연구는 그들이 시각적이거나 청각적인 자극에 포함된 혐오적인 정서적 단서를 탐지하는 능력을 잃게 된 경우도 있다. 편도체 손상 환자들은 무서워하는 얼굴표정을 알아채는 데 어려움이 있었을 뿐만 아니라 공포스럽거나 성난 소리도 잘 알아채지 못하였다. 그들은 공포스러운 음악을 재인하는 데조차 문제가 있었다. 얼굴의 신뢰성과 접근성을 판단하도록 했을 때 그런 환자들은 친숙하지 않은 얼굴 사진들을 신뢰성과 접근성에서 더 높은 평가를 하였다.

(3) 편도체의 기능 : 공포와 정서학습

편도체는 공포 자극을 인식함에 있어 중요한 역할을 담당한다. 한 실험에 의하면 인간의 편도체의 활동이 증가하는 것은 무서운 얼굴에 대한 반응이라는 것을 발견하였다. 그들은 거미나 뱀 등 평소에 무서워하는 대상에 노출되었을 때에도 편도체가 활성화된다. 두려운 영상이 의식적 자각 밖에 제시되었을 때에도 편도체가 그런 영상에 반응하는지에 관해서는 현재 논쟁이 있다. 일부 연구자들은 편도체가 의식수준 이하로 제시된 영상에도 반응한다는 것을 발견하였으나 다른 연구자들은 그런 주장에 의문을 제기하였다.

① **공포 조건화**

편도체는 특히 정서학습과 관련이 있다. 중성적인 자극은 혐오 자극과 연합되면 부정적인 정서를 갖게 된다. 만약 청각 음처럼 정상적인 공포 반응을 유발하지 않는 어떤 중성적인 자극(CS−)이 전기 쇼크처럼 그 자체로 공포 반응을 유발시키는 무조건 자극(UCS)과 짝지어지면, 그 청각 음은 그 자체로 공포 반응을 유발시키는 조건 자극(CS+)으로 바뀐다. 편도체, 그중에서도 특히 기저측핵 부위가 손상된 경우 공포 조건화 학습을 하지 못하게 되며, 손상이 학습 이후에 이루어지게 되면 이미 학습된 연합을 상실하게 된다. 즉 편도체는 조건화된 공포 반응을 학습하고 저장하는 데 중요하다. 단일 세포 측정법 연구에 따르면 편도체 내 일부 신경 세포들은 연합성의 저장보다는 학습에 관여하고 있을 수 있다. 편도체 손상 동물들이 전기쇼크와 같이 자연스러운 공포를 유발시키는 자극에 대해서는 여전히 공포 반응을 보인다는 사실을 고려할 때, 편도체는 원래 정서적으로 중성적인 자극들의 정서적 가치를 학습하고 저장하는 역할을 수행한다는 것을 알 수 있다.

인간들을 대상으로 한 뇌 영상 연구에서 중성적 자극(CS−)에 비해 전기쇼크와 연합된 자극에 대해 증가된 편도체의 반응이 관찰되었는데, 이 반응은 피부전도 반응처럼 조건화된 정서 반응과 상관을 보였다. 피부전도 반응(skin conductance response, SCR)은 자율신경계의 각성 수준에 대한 측정치이며, 따라서 정서처리 과정을 반영하는 신체 반응 측정치라 할 수 있다.

베카라(Bechara) 등은 편도체 손상 환자들이 조건화 반응을 보이는 데는 결합을 보이지만, 언어적으로 연합성을 학습하는 데는 무리가 없으며("파란색 네모를 본 뒤에 전기쇼크를 받았다."), 반면에 해마가 손상된 기억상실증 환자들의 경우는 연합성을 기억해내지는 못하지만, 정상적인 조건화 반응을 보인다는 사실을 규명했다. 이는 연합성이 최소한 둘 이상의 뇌 부위에 저장된다는 것을 보여주며, 편도체는 조건화된 공포 반응을 저장하고, 해마는 연합성의 서술적 기억을 저장하는 것으로 보인다. fMRI 연구들에 따르면 다른 사람이 전기쇼크를 받는 것을 관찰하는 것만으로도 공포 연합성을 학습할 수 있는데, 이는 편도체가 사회적 상황에서의 공포 학습에도 관여하고 있음을 보여준다.

② **간접적인 경험을 통한 공포학습**

편도체는 직접적인 경험뿐만 아니라 단어 등과 같은 간접적인 경험을 통해 공포를 학습하는데에도 중요한 역할을 한다. 예를 들어 전기 소켓에 손을 가까이 가져가면 교감신경계가 활성화되면서 피부 전도율이 증가된다. 이러한 직접적인 반응을 학습하기 위해 직접 경험할 필요는 없다. 대신에 어렸을 때 주변에서 손가락을 소켓에 꽂지 못하도록 언어학습을 하게 되고 이를 통해 반응이 발달된 것이다. 최근 연구들은 언어학습이 편도체에 의존한다는 것을 보여주고 있다. 한 실험에서 실제 쇼크가 일어나지는 않은 각기 다른 색깔의 네모들을 보여주었고, 어떤 특정 색깔을 보았을 때 좌측 편도체가 활성화되었다. 또 다른 연구에서는 좌측 편도체가 공포에 대한 언어학습을 파괴시킨다는 것을 발견하였다. 이 연구들은 좌측 편도체가 공포 반응의 언어학습에 중요하다는 것을 의미한다. 이러한 결과는 좌반구가 언어와 관련이 있다는 연구 결과와 일치한다.

③ **보상과 동기**

편도체는 보상과 동기와도 연관되어 있다. 편도체가 손상되면 공포 학습뿐만 아니라 보상에 기반한 학습에도 장애가 생긴다는 것을 설치류와 영장류 실험을 통해 발견되었다. 또한, 편도체가 행복한 얼굴에 더 반응한다는 것을 발견하였다. 이는 부정적인 자극에 대한 반응보다는 덜 신뢰적이지만, 긍정적인 정서적 영상이 편도체를 활성화시킬 수 있다는 것을 의미한다.

긍정 자극과 부정 자극의 반응 차이를 나타내는 요인 중 하나는 자극의 각성 수준이다. 부정적인 자극(예를 들어 화난 얼굴, 뱀, 거미)의 사진들은 긍정적인 자극(예를 들어, 행복한 얼굴, 귀여운 강아지)의 사진보다 더 자극적인 것으로 생각하는 경향이 있다. 다만, 후각 자극은 앞선 연구와 다른 부분이 있다. 유쾌한 냄새와 불쾌한 냄새와 관계없이 자극의 강도가 증가함에 따라 편도체 활동이 증가하였다. 그러나 연구자들은 자극의 정서가 (얼마나 유쾌한가 또는 불쾌한가)와 정서적 강도 수준 중 어느 것이 편도체의 반응을 잘 설명하는지에 관해 논쟁 중이다. 예를 들어 유쾌하거나 불쾌한 그림과 소리를 사용한 한 연구에서는 후각이나 미각을 사용한 연구 결과와는 달리 정서가 각성 수준보다 편도체의 반응을 결정짓는 더 강한 요인이라는 것을 발견하였다. 또 다른 연구에서는 편도체가 손상된 환자들이 정적 정서를 나타내는 그림에 대해서는 통제집단과 차이를 보이지 않은 반면, 부적 정서를 나타내는 그림의 각성 수준을 통제집단의 참여자들보다 더 낮게 평정하였다. 편도체가 부호화하는 정서적인 의미의 차원들에 대해서는 아직 밝혀지지 않은 사실이 많이 있지만, '정서가 (emotional valence)'와 정서의 강도가 편도체의 반응을 이끌어 내는 중요한 요인들임은 분명하다. 긍정적인 정서는 정서에 관심이 있는 과학자들에 의해서 때때로 무시되어 왔으나 쾌락과 그와 가까운 사촌인 보상에 대한 동기에 초점을 맞추어 연구한 일련의 연구자들이 있다. 올즈와 밀너(Olds & Milner, 1950년대)는 뇌의 어떠한 특정 부위를 전기로 자극하였을 때 '보상'이 된다는 것을 보여주는 실험을 수행하였다. 그러나 쥐가 그 자극이 '보상'이 된다는 것을 알았다는 것은 무슨 뜻일까? 올즈와 밀너(Olds & Milner, 1954)는 쥐가 뇌의 특정 부위에 전류를 보내기 위해 지렛대를 수백 번 누른다는 것을 발견하게 되었다. 쥐가 자극을 받기 위해 열심히 반응하였다고 생각하고, 그 자극이 '보상'이 되고 있다고 추론하게 된 것이다. 자극기로 가장 보상이 되는 영역은 중뇌의 복측 피개 영역에서부터 측좌핵(nucleus accumbens)이라고 불리는 도파민 경로이다. 이 영역은 복측 선조체 (ventral striatum)로 불린다.

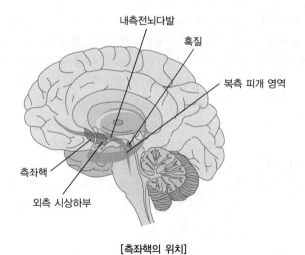

[측좌핵의 위치]

동물이 자극을 받기 위해서 지렛대를 반복적으로 누른다고 해서 그것이 즐거움을 얻는다는 것을 의미할까? 연구자들은 '원하는 것'과 '좋아하는 것'은 다를 수 있다고 주장한다. 코카인 중독을 예로 들어보자. 약을 얻기 위해서(원하는 것) 먼 길도 가지만, 일단 약을 얻고 나면 즐거움(좋아하는 것)

을 느끼지 않는다. 일부 연구자들은 도파민 경로가 즐거움 자체와 관련된 것이 아니라 '원하는' 측면(동물이 원하는 목표를 향해 추진)과 관련된다고 주장하였다. 그와 대조적으로 측좌핵의 한 영역[특히, 측좌핵껍질(nucleus accumbens shell)이라고 불리는 측좌핵을 둘러싸고 있는 세포층]은 '좋아함(liking)'에 기저하는 것으로 생각된다. 이 좋아함은 바라던 목적을 성취한 것에 대한 즐거움을 말한다.

인간의 측좌핵이 활성화되는 조건에 관한 연구들도 살펴보자(보상 경로 연구는 동물 연구에 초점이 맞춰져 있지만, 신경 영상 연구는 인간 연구에 초점을 두고 있다. 인간 연구가 어려운 이유는 공간 해상도의 한계로 인해 측좌핵의 중심부와 껍질을 구분할 수 없다). 인간의 경우 측좌핵은 기대하지 않았던 보상을 받을 때 활성화된다는 것이 발견되었다. 반면 보상이 예상되는 상황에서의 측좌핵은 실제 보상이 주어지기 전 보상을 기대할 때 활성화된다. 이런 결과는 측좌핵이 처음에 기대하지 않은 보상에서는 예민하게 반응하지만, 보상에 대한 일정 패턴이 나타나게 되면 측좌핵이 보상을 예측하기 시작한다는 것을 의미한다. 또한, 측좌핵은 달콤한 음료, 돈, 매력적인 외모 등과 같이 보상으로 간주될 수 있는 많은 자극에 의해서도 활성화되기도 한다. 이 영역은 또한, 중독이 되는 보상(예를 들어, 담배, 도박 등)에 대해서도 활성화된다.

3 편도체의 신경학적인 접근

(1) 감각 정보가 편도체에 도달하는 경로

감각 정보가 편도체에 도달하는 경로는 두 가지이다. 하나는 본능적인 정서적 반응에 중요한 경로이기 때문에 빠르다. 또한, 전측 시상(anterior thalamus)에서 편도체로 곧장 투사한다. 예를 들어 걸어가는 사람이 "저건 뱀일거야."라는 의식을 하기도 전에 어떤 모양을 보면 그것을 피하거나 뛰어넘을 수 있게 하는 것이다. 또 다른 경로는 신피질 감각 영역과 편도체를 연결하는 것이다. 이 경로는 종합적인 맥락을 제공하는데, 이는 정서적 정보를 처리하기 위함이다. 예를 들어 길을 걸어가던 사람이 어떠한 물체를 안전하게 뛰어넘은 뒤 그 물체가 단순 떨어져 있는 막대기이고, 두려운 것이 아니라는 것을 알게 된다. 따라서 편도체는 시간이 지남에 따라 점차 선명해지고 초점을 맞추게 된다.

시상-편도체 경로(thalamo-amygdala pathway)는 자극의 기본적인 속성에 대한 조악하고, 예비적인 스케치를 전달한다. 이것은 반응을 준비시키거나 반응을 시작하게 만든다. 대조적으로 피질 편도체회 경로(cortico-amygdala pathway)는 더 많은 시냅스를 포함하고 있어서 다소 느린 반응을 보이는데, 이 경로는 상황의 복잡성과 세부 내용을 고려한 정서 반응을 만드는데 정보를 전달한다.

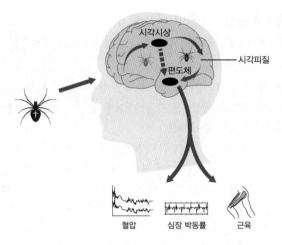

[감각 정보가 편도체에 도달하는 두 가지 경로]

이런 모델은 유입되는 감각 정보가 편도체에 어떻게 영향을 미칠 수 있는지를 강조한다.

여기서 중요한 한 가지는 편도체가 두렵고 무서운 어떤 것을 등록하게 될 때 뇌의 다른 영역도 그 정보를 고려한다는 것이다. 이는 편도체에서 피질로, 즉 반대 방향으로 가는 연결에 의해 이루어진다. 이렇게 반대로 투사하는 뇌섬유는 피질에 의해 감각 정보들이 처리될 때 감각 정보의 다른 측면들이 어떻게 주의를 향하게 할지에 대해서 편도체가 영향을 미치도록 허용한다. 편도체가 어떠한 영상이 위협적이고 위급하다고 판단이 되면 편도체는 피질에게 그 영상에 주의를 기울이라고 말할 수 있다. 신경학적으로 정상인들은 주의가 정서적 자극에 의해서 사로잡히는 경향이 있으나, 편도체가 손상된 환자들은 그런 주의 효과가 나타나지 않는다.

(2) 해마와의 상호작용

편도체는 또한 또 다른 중요한 피질하 구조인 해마와 매우 밀접하게 상호작용한다. 해마는 새로운 정보를 장기기억 저장고에 입력(부호화)시키고 그 정보를 시간에 걸쳐서 기억 속에 응고화시키는데 결정적으로 중요하다. 해마와 편도체는 밀접한 양방향의 상호작용에 의해서 서로의 활동에 여러 가지 방법으로 영향을 미친다. 예를 들어 편도체에서 해마로 가는 입력은 해마가 그 정보를 부호화하고 뒤이어 응고시키는데(편도체에 의해서 부호화된) 자극의 정서적인 의미가 영향을 미치도록 허용할 수 있다.

실제 편도체는 정서적인 사건기억에 중요한 역할을 한다. 경험과 연합된 정서적 강도가 클수록 잘 기억되며 이러한 현상을 기억 증진 효과(memory enhancement effect)라고 부르며, 편도체 손상은 이런 효과를 방해한다. PET를 사용한 연구(중립적 장면과 정서적 장면을 비교)에서 우반도 편도체의 포도당 대사율 증가와 관련이 있음을 발견하였다. 더 나아가 편도체와 해마 간의 연결이 감소하도록 약물 처치를 하면 기억 증진 효과가 감소하였다.

요약하면 편도체는 정서적 사건, 정서학습에 중요한 역할을 하지만, 편도체 단독으로 나타나는 것은 아니다. 오히려 정서 기능에 있어 편도체의 독특한 역할은 뇌 영역들 간의 상호작용에 의해서 나타나는 것이다. 이런 뇌 영역들로는 감각 피질과 해마와 같은 지각과 기억에 관여하는 높은 수준의 영역뿐만 아니라 시상하부와 같이 싸우거나 도망치기 반응에 관여하는 낮은 수준의 영역들도 포함한다.

(3) 편도체를 공포 중추로 규정하는 것에 대한 평가

편도체의 공포 정보처리 기능에 대해서는 충분한 증거들이 존재하지만, 편도체를 '공포 중추(fear center)'로 규정하는 것은 문제가 있다.

① 공포는 편도체를 중심으로 더 방대한 네트워크에 의존하고 있다. 실제로 공포는 (시상하부를 거쳐) 싸움 행동 혹은 도피 행동을 생성하는 자율신경계에 영향을 미치고, 위협에 대한 경계심을 촉진시키기 위해 시각피질의 활동을 증가시킨다.

② 편도체가 공포 네트워크의 핵심 부위라는 사실은 이 부위가 다른 형태의 정서처리에 관여한다는 사실과 상충하지 않는다. 자극과 정서 간의 연합이라는 관점에서 볼 때, 편도체는 공포 조건화뿐 아니라 음식과 같은 보상을 토대로 긍정적인 연합을 형성하는 데에도 관여한다는 증거들이 있다. 하지만 긍정적 연합과 관련된 편도체의 일부 하위체계는 공포 조건화에 대해 약간 다르게 작동하며, 서로 구분된 신경핵들을 포함한다.

예를 들어, 편도체가 손상된 동물은 빛이 켜지면 음식으로 다가가는 행동을 학습하는, 빛-음식 고전적 조건화 연합 학습에서는 결함을 보이지 않지만, 빛이 전기 쇼크를 예측하는 것을 학습하는 데에는 결함을 보인다. 그러나 빛만 제시되면 음식이 나온다는 것을 학습한 뒤에 빛과 함께 청각 음이 제시되면 음식이 나오지 않음을 학습해야 하는 이차 조건화 학습 상황이나 혹은 음식의 가치가 저하되었음을 학습해야 하는 상황과 같은 다른 유형의 보상학습에 있어서는 편도체의 손상이 영향을 미칠 수 있다. 최근에 얼굴표정 대신 맛, 냄새, 그림 및 소리 등과 같이 정서적으로 중성적인 자극과 긍정적 그리고 부정적으로 연합된 자극을 비교하는 기능적 영상 연구들에 의하면, 편도체는 긍정적인 정서 자극과 부정적인 정서 자극 모두에 반응하는 것으로 밝혀졌다. 하지만 대부분의 fMRI 연구들이 가진 제한된 공간 해상도 때문에 편도체 내 하위 영역들 간의 해부학적 구분은 신뢰할 만한 수준은 아니다.

제 **3** 절 정서조절

사람들에게 부당한 이야기를 듣고 분노를 억누른 날 스스로 전환시키거나 스트레스를 해소하기 위해 명상을 한 적이 있을 것이다. 이를 우리는 정서조절이라고 한다. 정서조절은 사회적으로 통제가 불가능한 상태가 되지 않도록 자신이 경험하고 있는 정서를 조절하고자 하는 시도이다. 정서를 조절하는 것은 의식적인 노력도 있지만 무의식 수준에서도 발생할 수 있다.

ERP 방법을 사용한 연구에서 정서조절을 위한 전략들이 '뇌가 정서적 정보에 어떻게 반응하는가'에 영향을 미칠 수 있음을 발견하였다. 예를 들어 참여자들은 이빨을 드러내며 으르렁 거리는 개의 그림을 보고 개가 나에게 덤벼들면 얼마나 무서울지에 대해 생각하는 대신에 그 개가 도둑으로부터 자신을 보호하는 상상을 하는 긍정적인 방식으로 그림을 그리는 노력을 하라는 지시를 받았다. 부정적인 그림은 중립적인 그림에 비해 ERP 파형에서 더 큰 P_{300}을 낳지만, 그림을 재평가하게 되면 이 효과가 감소하였다. 추후 연구에서도 긍정적인 그림에 대한 P_{300} 반응도 재평가 전략에 의해서 감소될 수 있다는 것을 보여주었다. 이 연구들은 참여자들이 그 그림을 덜 정서적인 방식으로 보려고 할 때 주의가 덜 할당된다는 것을 의미한다.

사람들이 정서 반응을 통제하면 전두엽의 활동이 증가하고, 피질하 영역들의 활동은 감소한다. 예를 들어 성적으로 자극적인 그림을 남자에게 보여준 후, 그 그림에 대한 성적인 흥분을 억제하라는 지시를 주었다. 그림을 그냥 보는 조건과 비교해서 이런 억제조건에서는 우측 '상전두회(superior frontal gyrus)'의 활동이 증가하였고 시상하부와 편도체에서 두뇌 활동이 감소하였다. 이와 비슷하게, 참여자들에게 부정적인 느낌을 감소시킬 수 있는 방식으로 그런 그림들을 재평가하도록 지시하였을 때 전두엽 활동이 증가하였고 편도체 활동은 감소하였다. 다른 연구자들은 참여자들에게 정서적 기억을 억제하는 것을 지시하였을 때 우측 '하전두회(inferior frontal gyrus)'와 '중전두회(middle frontal gyrus)'가 더 활성화되고 해마와 편도체 영역이 더 활성화되는 것을 발견하였다.

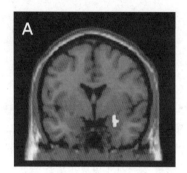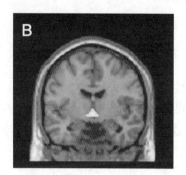

[피질하 영역에 대한 정서조절의 영향]

일부 연구에서는 정서 반응을 조절하는 신호의 출처로 작용하는 뇌 영역과 이러한 통제가 행해지는 목표로서 작용하는 뇌 영역들 구분하려고 하였다.

예를 들어 고통스러운 의학적 절차를 겪게 될 상황에 놓였다고 상상해 보라. 당신은 아마도 당신 자신을 정신적으로 분리해냄으로써(예를 들어 따뜻한 햇살이 내리쬐는 아름다운 꽃밭에 포근한 담요를 깔고 누워 있는 자신을 상상하면서) 불안을 감소시키려고 할 것이다. 그런 전략은 지각된 통증을 감소시키는 경향이 있다. 어떤 뇌 영역들이 이러한 '분리(detachment)' 경험을 만들어 내는 데 관여하고, 그 뇌 영역들은 통증을 부호화하는 영역들(통제의 목표)에 어떻게 영향을 미치는가?

이러한 쟁점을 연구한 칼리슈와 그의 동료들(Kalisch, 2005)은 참여자들에게 특별한 장소에 있다고 상상하도록 하고, 이 특별한 장소는 고통스러운 쇼크가 곧 전달될 것이라고 안내하였다. 참여자들은 쇼크가 전달될 것을 기대하고 있는 동안 우반구의 외측 전전두피질 활동이 증가하였다. 이어서 실제 통증을 느끼게 됐을 때, 참여자가 정서조절 전략을 사용했다면 전측 대상영역의 활동이 감소하였다. 이 결과는 이 영역이 정서조절의 목표 영역임을 알려준다.

일반적으로 정서조절 연구들은 원하지 않은 정서 반응을 억제하는 데 초점을 맞추어 왔다. 그러나 미래의 연구는 긍정적이거나 부정적인 반응들이 어떻게 의도적으로 증폭될 수 있는지를 이해하는 데 도움을 줄 것이다.

제 **4** 절   **정서와 주의 기능**

학습을 하기 위해서는 먼저 '주의'가 필요한데, 주의에는 여러 가지 요인들이 영향을 미치지만 정서도 주요 요인으로 작동한다. 정서 상태에 따라 주의, 집중, 기억을 유지하는 것에 차이가 나는 것은 일상에서 쉽게 경험할 수 있다. 예를 들어 어떤 사람이 집에서 멀리 떨어진 슈퍼마켓을 걸어서 가고 있다. 그날 특히 기분이 매우 좋아서 길을 걸으며 햇빛, 나무, 새소리, 사람들의 웃는 얼굴을 느낄 수 있었다. 며칠 뒤 기분이 매우 나쁜 상태에서 슈퍼마켓으로 걸어가게 되었다면 어떨까? 거리의 쓰레기 냄새, 차량 소음, 지나가는 사람들의 시끄러운 소리들만 들리게 될 것이다. 이렇듯 정서는 우리가 인지하는 것, 기억하는 것, 어떻게 추론하는가에 영향을 미친다. 정서가 주의, 기억과정에 어떠한 영향을 미치는지 살펴보자.

1   정서와 기억형성

(1) 정서적 각성 수준

정서의 강력한 영향력 중 하나는 기억의 형성과 강도를 증진시킨다는 것이다. 즉, 강렬한 정서적 각성은 기억을 강화시킬 수 있다. 비록 일 자체가 정서적으로 중요하지 않더라도, 정서적으로 고조된 상황에서 나타난 일은 강한 정서적 각성으로 인해 기억이 매우 강렬할 것이다. 이러한 효과는 극단 수준의 정서 상태에서는 소멸된다. 때때로 사람들이 극도의 공황 상태에서 발생한 일을 완전히 잊어버리는 경우가 있다. 그러나 그런 일은 거의 드물고, 일반적으로 각성된 기억은 기억의 초기 형성을 향상시킨다. 이 현상을 보여주는 연구가 있다. 피험자들에게 다양한 물체와 사건에 관한 사진 60장을 보여준다. 사진의 종류는 정서적 관련이 적은 생활용품부터 손발 절단된 사진과 같은 정서적으로 강렬한 사진 등 다양하였다. 그 후 피험자들에게 사진에 대해 유쾌함과 불쾌함의 정도를 평가하고, 이와 함께 마음의 평온함과 각성의 정도를 평가하도록 하였다. 60장의 사진을 모두 본 후 각 피험자에게 가능한 한 많은 사진의 이름을 말하거나 설명하도록 하였다. 그 결과 피험자들은 즐거움이나 혐오의 정도와는 상관없이 각성의 정도가 높은 사진들을 더 잘 기억해냈다. 1년 후 동일한 참가자에게 그때 보았던 사진들에 대해 가능한 한 많이 설명해 보라고 요구했을 때에도 참가자는 여전히 강렬하고 각성이 잘되는 사진을 그렇지 않은 평범한 사진보다 더 많이 기억해내었다. 이 연구를 통해 정서적으로 강렬한 자극이 더 강하게 기억됨을 알 수 있다. 즉, 정서가 사건이나 정보를 기억 속에 부호화하는 것을 촉진한다는 의미이다.

(2) 주의

정서적 각성상태에서는 쉽게 접근할 수 있는 정보, 즉 정서와 일관된 정보에 주의를 기울이게 되고 정보 입력이 빠르게 일어날 수 있다. 그로 인해 정서가 주의의 범위를 줄이는 셈이 된다. 주의의 범위 안에 들어온 정보는 기억이 잘 되겠지만, 주의 범위 안에 들어오지 않은 정보는 기억할 가능성이 줄어들게 된다. 여키스-도슨(Yerkes-Dodson)은 각성 수준에 따라 수행의 질에 미치는 영향이 달라진다는 결과를 제시하였다. 아래 그래프를 보면 낮은 각성 수준에서는 수행의 질이 떨어지는 것을 볼 수 있다. 또 지나치게 높은 각성 수준에서도 수행의 질은 떨어진다. 즉, 적절한 각성 수준을 유지하는 것이 수행의 질을 높일 수 있는 것이다.

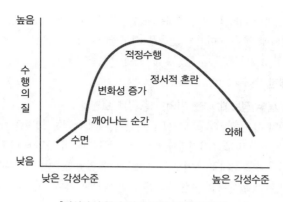

[각성과 수행의 질에 대한 관계 그래프]

이와 관련하여 그동안 많은 학자는 정서가 주의를 유도하여 학습과 기억에 긍정적인 영향을 주는지에 대해 관심을 가져왔다. 그것은 주의가 학습과 아주 밀접한 관련성이 있기 때문이다. 주의는 지각과 인지 과정 초기에 작용하고, 지각 또는 의식은 물론 형태파악, 단기기억, 장기기억 등을 통한 더 심층적인 정보 처리를 할 수 있도록 한다. 그리고 주의는 특정 정보를 선택하고 이를 단기기억 속에 유지시키는 기능을 하며, 언어의 이해 및 산출과정, 문제해결과정과 논리적 추리과정 등 후속 정보 처리 단계에 상당한 영향을 준다. 실제로 원활히 기능하는 주의체계는 환경 속에서 중요한 요소를 확인하고, 중요한 것에 관심을 유지하면서 무관한 자극을 무시하며, 장기기억에 있는 정보를 끌어내고, 새로운 정보가 들어왔을 때 신속하게 주의를 변화시켜서 학습에 긍정적인 영향을 준다.

이를 통해 우리는 극도로 흥분된 상태에서는 타인의 말을 제대로 받아들이지도 못하고 받아들인 것도 그 순간이 지나면 잊어버리고 마는 경험을 이해할 수 있게 되었다. 즉, 정서적으로 불안정한 상태에서는 주의가 흐려져 정보가 입력되기 어렵고, 입력되더라도 단기기억이 되어 바로 잊어버리는 것이다. 이것이 기억의 형성 과정에서 정서가 어떤 영향을 미치는지 알 수 있는 부분이다. 정보를 받아들이는 초기의 정서 상태가 불안하거나 공포를 느끼게 되면 학습을 해도 장기기억으로 저장하지 못하고 단기기억이 되어 학습의 효과가 지속되지 못하게 되는 것이다.

2 정서와 기억저장

(1) 정서와 기억 관계

정서와 기억 사이의 관계를 알아보는 하나의 방법은 정서적 자극 재료와 중립적 재료의 회상을 비교해 보는 것이다. 정서적 단어가 비정서적 단어에 비해 더 좋은 회상을 보이면 단어의 정서적 내용은 기억에 중요한 요인이 될 수 있다. 또한, 높은 정서가 단어와 중립 단어를 즉시 회상과 지연회상을 통해 비교해 보는 방법도 있다. 정서적인 자극은 제시시간이 짧은 경우와 긴 경우 간의 기억 정도에서 별 차이가 없었으나, 비정서적인 중립자극은 제시시간이 긴 경우가 짧은 경우보다 기억이 증진되었다. 그리고 즉시 회상과 지연회상을 비교해보면 정서적 단어는 즉시 회상에서 수행이 저조하였으나, 지연 후에는 오히려 회상이 증가하였다. 그러나 중립 단어는 그와는 반대로 보통의 망각 곡선 형태를 보였다. 이러한 결과는 정서적 사건의 처리가 되뇌기와 정교화와 같은 통제된 처리를 요구하지 않는다는 점을 시사한다. 즉, 정서가 기억에 영향을 미치고 있음을 시사한다.

(2) 정서적 사건에 대한 연구

① **정서적 사건은 세부 정보에 대한 기억의 증진을 보인다.**

강도와 상점 주인 간 총격전을 벌인 실제 사건에 대해 목격자 13명을 대상으로 사건 발생 직후와 5~6개월 후의 기억을 비교 조사하였다. 그 결과, 목격자들이 사건에 대해 기억한 세부 사항과 정확도는 그 사건 직후나 5~6개월 후에도 차이를 보이지 않았다. 이를 목격자(eyewitness)기억이라 하는데, 일반적인 기억 현상처럼 시간 경과에 따라 망각이 이루어지는 것이 아니라 기억이 보존되고 있음을 보여주는 것이다.

② **부적 정서적 사건은 보통 중립적인 사건에 비해 기억이 저조하다.**

부적 정서적 사건에 대한 연구들을 살펴보면, 스트레스나 위협이 존재하는 부정적인 정서 상태에서는 기억이 손상된다는 연구 결과가 있다. 정서적 각성을 일으키는 중심자극에 주의가 할당되어 사건의 세부적인 내용에 주의가 집중되지 못하여 정보가 제대로 부호화되지 못하는 것이다. 그래서 부적 정서적 사건을 경험한 후에 시간이 지남에 따라 구체적인 사건에 대한 세부 정보에 대한 기억에는 망각과 왜곡이 나타나지만 그 당시 정서 경험에 대한 기억은 남아있게 된다. 이는 지나친 정서적 각성이나 부정적 정서 경험은 정보의 부호화에 왜곡과 기억이 저조해지는 결과를 가져올 수 있음을 뜻한다고 볼 수 있다.

③ **정서적 사건은 세부 정보의 유형에 따라 서로 다른 기억 현상을 나타낸다.**

크리스찬슨(Christianson, 1984)은 한 소년이 차 사고를 당하는 장면과 단순히 차 옆으로 걸어간 장면을 슬라이드로 제시하여 비교하는 연구를 하였다. 두 슬라이드에서 중요한 세부 정보를 동일하게(즉, 사건의 내용만 다르게 하고 장면에 나오는 사물, 환경 등을 같게 만듦) 한 후 기억을 비교하였다. 그 결과 중립적인 내용의 슬라이드에 비해 정서적 사건의 슬라이드를 본 피험자가 중심 사건 정보에 대한 기억에서는 우수한 수행을 보였으나, 주변 정보에 대해서는 기억 수행이 더 떨어졌다. 정서적 사건에서 정서 유발 자극에 대한 주의 집중이 이루어져서 중심 정보를 잘 기억할 수 있게 되지만, 상대적으로 주변 정보에 대해서는 그렇지 못하다는 것이다.

왜 정서적 사건이 기억이 더 잘 되는 것일까? 정교화 가설에 따르면, 정서적 사건은 중립적 사건보다 더 많은 정교화를 일으킨다. 사람들은 중립적인 사건을 경험할 때보다 정서적인 사건을 경험할 때 자신들의 경험과 비교하거나 사건의 결과에 관해 걱정하거나 하는 식의 정교화된 처리를 한다. 또 정서적인 사건에 대한 기억은 정서의 원인을 중심으로 그에 대한 사고, 감정과 같은 자신의 반응을 연결하여 이야기를 구성하여 개인화하는 경향이 있다. 이렇게 자신의 경험과 연관 지어 생각하며 정보에 대한 조직화가 일어나면 기억이 더 오랫동안 유지가 되는 것이다. 그리고 이런 정서적 경험은 모두 사람들이 정보를 의미 있게 받아들이게 되므로 기억이 강화되는 것이다.

3 정서와 주의에 관한 신경학적 기제

(1) 정서적 각성과 기억

서로 다른 두 가지 신경계가 각성에 관여하는 것으로 알려져 있다.

망상 활성화 체계(reticular activation system : RAS)는 감각 정보를 대뇌로 전달하는 경로로 각성 체계를 통합하고 조절하는 역할을 한다. 그리고 시상하부, 해마와 편도체는 정서적 각성이나 정서조절과 관련되어 있는 또 하나의 각성과 관련된 체계이다. 이런 정서적 각성 수준에 따라 기억의 형성에 관여하는 것이 바로 주의 기제이다. 정서적 각성과 주의가 기억과 어떤 관련이 있는지 살펴보고자 한다.

① 정서적 각성

정서적 각성과 관련된 중요한 뇌 부위는 바로 편도체이다. 편도체는 뇌의 심리적 보초라 할 수 있는데, 그 까닭은 편도체가 정서를 받아들이는 데 중요한 역할을 하기 때문이다. 편도체에 있는 여러 개의 세포 집단들은 각기 다른 역할을 하는데, 한 집단은 후각구(olfactory)와 연결되어 있고 다른 집단은 피질, 특히 감각연합 영역과 연결되어 있다. 그리고 또 다른 집단은 편도체를 뇌간 및 시상하부와 연결한다. 이렇게 다양한 연결회로들이 얽혀 변연계를 구성하고 있기 때문에 뇌와 몸 전체에서 정서 사건을 일으키거나 조절하도록 하는 정보를 정확하게 수용하고 전달할 수 있는 것이다. 따라서 정서적으로 강한 자극이 들어가면 편도체에서 먼저 인식을 하게 되어 기억의 부호화에 영향을 미치게 되는 것이다.

한편 정서적 각성을 약화시키는 것은 기억의 저장을 약화시킬 수 있다. 일시적으로 정서적 각성과 관련된 호르몬 분비를 억제하는 베타 차단제(beta-blocker)라는 약을 사용하여 이러한 가설을 검증하기 위한 실험을 실시하였다(Cahill & McGaugh, 1998). 베타 차단제는 교감신경계를 억제하는 작용을 하여 카테콜아민 분비를 감소시킨다. 참가자에게 파괴된 차량, 응급실, 뇌 스캔 사진, 수술 사진 등을 보여주었다. 그리고 '중립' 시나리오와 '각성' 시나리오를 들려주고 두 집단을 비교하였다. 모든 참가자가 동일한 사진을 보았으나 사진과 같이 들었던 시나리오와 사진을 보기 전에 복용한 약에 따라 참가자의 정서는 구분되었다. 1주일 후 참가자들은 사진 및 사진과 같이 들었던 시나리오에 관한 복수 응답 가능한 질문 80문항에 답하였다.

기대했던 대로 '중립' 시나리오를 들었던 참가자들의 점수는 평범한 수준이었다. 평균적으로 많은 질문에 대해 틀린 답을 제시한 것이다. 반면 '각성' 시나리오를 들었던 참가자들은 그들이 복용한 약에 따라 기억력이 좌우되는 경향을 보였다. 밑의 그림에서 보이는 바와 같이, 베타 차단제를 복용한 참가자들은 '중립' 시나리오를 들었던 사람들과 비슷한 기억 능력을 보여주었다. 반면 약을 복용한 참가자들은 평균적으로 질문에 대한 정답률이 높았다. 이 실험 결과를 통해 우리는 정서적 각성에 따라 기억 능력이 달라질 수 있음을 알 수 있게 되었다.

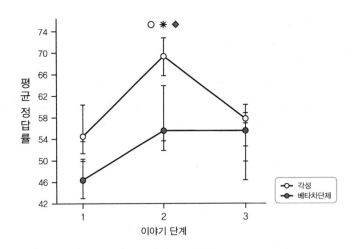

[각성을 유발하는 이야기를 들은 집단들의 기억 결과]

fMRI(functional magnetic resonance imaging)를 활용하여 뇌의 혈액 흐름 변화를 관찰한 연구에서도 정서적으로 강렬한 사진을 보았을 때가 그렇지 않았을 때보다 편도체가 더욱 활성화되는 것을 확인할 수 있었다. 유사한 연구에서도 강렬한 이미지를 보는 경우일수록, 편도체의 활성화 정도가 클수록, 일정 시간 경과 후에도 참가자들이 더 많은 이미지를 기억해낸다는 것을 보여주었다.

요약해보면, 정서적 정보는 편도체를 활성화시킨다. 또한, 정서에 의한 것이든 인위적 자극에 의한 것이든 상관없이 편도체가 활성화되면 기억력이 향상된다. 그리고 편도체 활동을 제한하면 정서적 정보가 기억력을 향상시키는 것을 막게 된다. 따라서 정서는 단지 어떤 상황을 독특하게 만들기 때문이 아니라 특수한 경로를 통해서 기억력을 향상시키는 것이다.

일반적인 기억과정 뇌 회로보다 정서적 각성이 관여하여 영향을 미치는 기억회로가 더 강하게 저장된다. 그 이유를 진화론적 관점에서 보면 흥미로운 사실을 찾아볼 수 있다. 선사시대부터 지금까지 인간의 진화과정을 보면 인간은 살아남기 위해 위험을 감지하고 피하는 회로가 발달되어 왔다는 것이다. 그것은 생존에 필수적인 기제이기 때문에 당연한 적응의 결과일 것이다. 이 기제를 우리 뇌속에서 찾아보면 일반적인 정보에 대한 회로도와 위협에 대한 회로도를 비교해 보면 확연한 차이가 나는 것을 알 수 있다. 일반적인 정보에 대한 회로는 감각기관에서 받아들이고 뇌간에서 정보를 받아 대뇌피질로 보내어 정보를 판단하고 이에 대한 반응을 다시 소뇌로 보내어 신체 반응을 보이게 된다. 이에 비해 위협이나 공포와 같은 위험에 대해서는 감각기관에서 정보를 받아들이면 바로 편도체에서 위험을 감지하고 즉각적인 반응을 보이게 되는 것이다. 이러한 뇌 회로가 저장되어 있기 때문에 정서적 반응에 보다 빨리 반응하게 되는 것이다. 이를 통해 정서적 각성 수준에 따라 우리 뇌에서는 더 선명하게 기억을 형성하게 된다는 것을 알았다.

② 주의

초기기억과정에서 정서적 각성 수준에 따라 기억의 형성에 주의 기제가 관여한다. 이때 망상 활성화 체계가 자극을 걸러내는 여과기 역할을 하여 주의집중을 돕는다. 교실에서 학습이 일어나는 상황을 떠올려보자. 학생이 수업을 받을 때 교사의 말소리, 친구들의 소곤거리는 소리, 창밖의 운동장에서 나는 소리 등 수많은 자극이 감각기관을 통해 들어온다. 이때 모든 정보 자극을 받아들인다면 학습이 효율적으로 이뤄지지 못할 것이다. 망상 활성화 체계에서 학습에 필요한 자극만을 골라 받아들여 대뇌피질로 전달을 함으로써 기억회로가 구성된다. 따라서 망상 활성화 체계에 문제가 있으면 주의력에도 문제가 발생할 수 있다.

주의 중에서도 초기 기억형성과 관련된 것은 선택적 주의이다. 선택적 주의는 유기체가 여러 감각 자극 중에서 더 의미 있는 자극을 선택하여 그것을 집중적으로 정보 처리하는 일을 말한다. 선택적 주의 집중은 인간의 전전두엽이 주로 주관한다. 주의력은 접하는 자극에 따라 시각주의력과 청각주의력으로 구분한다. 시각주의력은 시각 자극을 알아채고 필요한 것들만 기억할 수 있도록 선별적으로 주의를 집중하는 능력을 의미한다. 시각주의력이 좋지 않으면 글자나 그림을 집중하여 보지 못해 자주 실수를 하거나, 길을 찾을 때 표지판을 그냥 지나친다. 청각주의력은 소리에 집중하는 능력으로, 언어(말과 글)로 주어진 지시를 잘 듣고 그 지시에 따라 알맞게 행동하는 능력을 의미한다. 청각주의력이 떨어지면 수업시간에 선생님의 말에 제대로 귀를 기울이지 못해 수업내용을 놓치거나, 수업시간에 바깥소리에 더 귀를 기울인다.

우리가 시각적으로 주의 집중하려면, 뇌의 여러 부위가 협응해야 한다. 즉, 시각영역에서 외부의 자극을 처리한 후 다른 뇌 체계와의 교류를 통해 관련 시각정보가 저장되어 있는지를 판단해야 한다. 그때 새로운 자극이 기존의 정보와 연결되어 조직화되면 새로운 자극이 비로소 의미를 갖게 된다.

제 5 절 거울뉴런과 공감

우리 인간은 한 번도 해보지 않은 동작을 눈으로 한 번 보고도 어느 정도 따라할 수 있다. 또한, 타인이 느끼는 것을 마치 내가 느끼는 것처럼 느껴질 때도 있다. 예를 들어, 내가 좋아하는 축구선수가 결정적인 찬스를 날려 머리를 쥐어뜯으며 괴로워할 때, 나 역시 괴로워 머리를 쥐어뜯곤 한다. 고통 받고 있는 사진을 보았을 때 나도 모르게 고통 받고 있는 사람마냥 얼굴을 찌푸리게 된다. TV 속에서 선수들이 축구를 하고, 사진 안에서 주인공이 고통을 받고 있지만, 적어도 뇌 속에서는 우리도 축구를 하고, 고통을 받고 있는 것이다. 이러한 행동을 취할 수 있는 것은 인간은 공감(empathy)의 동물이기 때문이다. 우리가 누군가에게 공감할 때, 타인의 행동을 이해할 때 뇌에서는 어떤 일들이 일어나는지 살펴보도록 하자.

1 거울뉴런

(1) 거울뉴런의 개요

거울뉴런은 다른 행위자가 행한 행동을 관찰하기만 해도 자신이 그 행위를 직접 할 때와 똑같은 활성을 내는 신경 세포로 이탈리아의 신경심리학자인 리촐라티(Giacomo Rizzolatti) 교수가 자신의 연구진과 함께 원숭이의 특정 행동과 특정 뉴런의 활성화 관계를 연구하던 중 처음 발견하였다. 원숭이가 뭔가를 쥘 때 활성화되는 복측 전운동피질[ventral premotor cortex(이른바 'F5 영역')]이 아무것도 쥐었던 것이 없는 원숭이에게 나타났는데, 그 원숭이는 무언가를 쥐고 있었던 것이 아니라, 인간 실험자의 쥐는 행동을 보고 있었던 것이다. 이 연구는 지각과 운동이 연동되어 있음을 뜻하는 놀라운 발견이었다. 이 거울뉴런들은 인간 뇌에서는 하전두회(inferior frontal gyrus, IFG)와 하두정엽(inferior parietal lobule, IPL)에 존재하는데 이 부분을 두정엽-전두엽(P-F) 거울 뉴런계라고 일컫는다. 이 P-F 거울 뉴런계 외에도 이것에 시각정보를 제공해 주는 후부 상측두구, 전두엽 부분(거울 뉴런계의 작용을 통제하고, 상위 수준을 조직하는데 활성화됨)이 함께 작용하여 거울뉴런 반응이 나타난다.

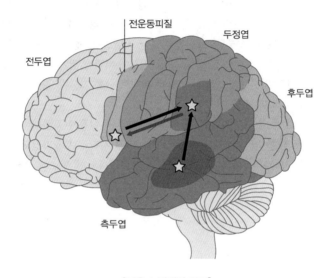

[거울 뉴런계의 구조]

❂ 설명 : 지금까지 연구를 종합하면 거울뉴런(☆별표)은 뇌의 3곳에 분포한다. 전두엽, 전운동피질 아래쪽과 두정엽 아래쪽과 측두엽, 뇌성엽 앞쪽이다. 거울뉴런은 서로 신호를 주고받으며 정보를 처리해 지각한 행동의 의미를 파악한다.

원숭이가 타 개체 활동을 관찰할 때 활성화되는 것은 F5 영역과 상측두구의 피질 영역이다. 특히 상측두구(superior temporal sulcus) 피질 중 일부는 목적 지향적인 손 운동을 관찰할 때 활성화된다. 상측두구 영역은 운동들을 부호화하고, F5 영역과 함께 복측 전운동피질 전체에 간접적인 신호를 보낸다. 그러나 상측두구 영역에 있는 뉴런은 운동과 관련된 특성을 갖고 있지 않다. 이 말은 즉 엄밀히 말하면 거울 뉴런계에 포함될 수 없는 것이다.

F5 영역과 상측두구 영역 사이에 두측(rostral) 하두정엽도 거울 뉴런계를 형성하는 피질 영역이다. 이 부분은 상측두구로부터 입력을 받아 F5 영역을 포함한 복측 전운동 영역으로 출력으로 내보내는 역할을 한다. 두측 하두정엽의 P-F 영역의 뉴런들은 대부분 감각 자극에 대해 반응하지만, 그중 반은 원숭이가 특정한 운동을 수행할 때 발화하는 운동 특질을 지닌다.

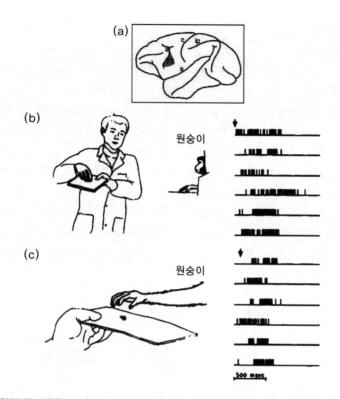

[행위를 관찰할 때(b)와 실행할 때(c)의 원숭이의 F5영역(a)의 신경 활성도 차이]

✪ 설명 : 행위를 시작할 때 발화하지만, 같은 행동을 타 개체가 행하는 것만 봐도 그 세포가 활성화된다.

F5 영역의 뉴런들이 시각 입력뿐만 아니라 특정 행동이 실행될 때 나는 소리를 듣는 경우에도 활성화되는데, 행동할 때, 관찰할 때, 수행될 때 나는 소리를 듣는 상황에서 모두 발화하는 뉴런을 '시청각 거울 뉴런(audiovisual mirror neuron)'이라 한다.

인간의 뇌에도 거울뉴런 회로가 존재한다는 것을 경두개 자기 자극법(TMS), 뇌전도, 뇌자도 연구 등을 통해 밝혀졌다. 인간 거울 뉴런계의 기본 회로는 원숭이의 기본 회로와 동일하다. 후부(posterior) 상측 두구는 관찰된 타 개체 행동의 상위 시각 정보를 제공한다. 이 정보들은 거울 뉴런계의 나머지 신경계인 두측 하두정엽과 후측 하전두회/복측 전운동피질 복합체로 보내진다. 이 부분은 두정엽-전두엽 거울 뉴런계(P-F 거울 뉴런계)라고 불린다. 이는 운동 관찰과 실행, 모방할 때 발화된다.

(2) 거울뉴런의 종류

거울뉴런은 '엄격하게 일치하는 거울뉴런'과 '폭넓게 일치하는 거울뉴런'이 있다. '엄격하게 일치하는 거울뉴런'은 행위와 관찰이 세부적인 부분까지 일치할 때 발화한다. 그러나 '폭넓게 일치하는 거울뉴런'은 목표를 가진 행위 즉, 행위는 다르지만 목적인 같은 경우(예를 들어 땅콩을 깐다고 했을 때, 손으로 까는 것과 입으로 까는 행위는 방식이 다르지만, 행위의 목적이 같은 경우)를 말한다. 비율을 살펴보면 '폭넓게 일치하는 거울뉴런이 대다수이다. 이는 세부적인 운동 방식의 부호화보다는 목표의 부호화가 우선한다고 할 수 있다.

(3) 거울뉴런의 기능

① 목표 부호화

원숭이의 거울 뉴런계는 목표와 연관된 행동만을 부호화할 뿐, 목표를 알기 어려운 신체의 이동을 부호화하지 못한다. 예를 들어, 원숭이가 손을 움켜쥐어야 물체를 잡을 수 있는 집게와 움켜쥐었던 손을 풀어야 물체를 잡을 수 있는 집게가 있다. 원숭이에게 물체를 집게 하는 경우, 거울뉴런은 어떻게 활성화될까? 이 두 조건에서 원숭이의 손 모양은 반대였지만, 결과는 F5 영역의 뉴런들이 두 조건에서 물체를 잡을 때 거의 동일하게 활성화되었다(Umilta et al. 2007). 즉, 목표만을 부호화한 것이다. 원숭이의 거울 뉴런계는 단지 목표와 연관된 행동만을 부호화할 수 있을 뿐, 목표를 알기 어려운 신체의 이동을 부호화하지는 못한다(Rizzolatti and Sinigaglia, 2010). 실제로 두정엽과 전운동피질 그리고 일차운동피질에 있는 뉴런들은 신체 부위의 움직임을 부호화한다기보다는 운동의 목적을 부호화한다(Kakei et al. 2001). 이를 통해 우리가 알 수 있는 것은 거울 뉴런계가 단순히 수행되는 행위와 관찰되는 행위를 일치시키는 기능만을 하는 것이 아니라, 그보다 더 미묘한 차이들을 반영한다는 것이다.

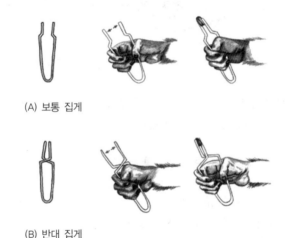

(A) 보통 집게

(B) 반대 집게

[서로 다른 방식으로 조작하는 집게를 집을 때 원숭이의 손 모양]

✪ 설명 : A는 손을 오므려야 물체를 잡을 수 있는 구조이고, B는 오므렸던 손을 펴야만 물체를 잡을 수 있도록 설계되었다. 손의 모양이 정반대인 두 동작은 물체를 잡는다는 같은 목표를 가지고 있기 때문에 거울뉴런이 두 조건에서 모두 활성화되었다(Umilta et al. 2007).

② 행위의 의도 부호화

거울뉴런이 의도를 구분하는지에 관한 원숭이 실험이 있다. 원숭이는 두 가지 과제를 수행하거나 관찰한다. 하나는 먹이를 먹는 것이고, 다른 하나는 먹지 않고 먹이를 머리 옆에 매달려 있는 통에 담는 것이다. 실험 조건상 먹거나 담는 행위는 거의 비슷한 팔과 손의 동작이 필요하다. 직접 과제를 수행하게 한 조건에서 거울뉴런의 4분의 1에서 3분의 1은 두 가지 의도에 똑같이 발화했고, 나머지 뉴런들 중 75%는 먹기를 위한 행위에서, 25%는 담기를 위한 행위에서 발화했다. 한편 관찰만 하도록 한 실험도 유사한 결과가 나왔다. 이 결과는 거울뉴런이 의도를 포함한 행위를 어느 정도 구분할 수 있음을 의미한다. 특히 먹기와 같은 생존과 관련된 필수 행동에 대해서는 더욱 강한 반응을 보인다는 것을 알 수 있다.

③ 인간의 거울 뉴런계

인간의 거울 뉴런계는 운동 실행 방식, 운동 목표, 의도 등 모두 정교하게 부호화할 수 있다. 운동 실행 방식이 '어떻게', 운동 목표를 '무엇을', 운동 의도는 '왜'라고 한다면 표면적으로 알 수 있는 것은 '어떻게'이고 그다음은 '무엇을', 가장 높은 수준은 '왜'일 것이다(Thioux et al. 2008). 원숭이 실험에서도 상대방의 '무엇을'에 대해서는 정교한 부호화가 일어났다는 것을 알 수 있다. 그러나 '무엇을'에 대한 관찰이 어려울 경우 원숭이의 거울뉴런은 활성화되지 않는다. 이 말은 즉, 원숭이의 거울뉴런은 타 개체 행위가 '어떻게' 실행되는지에 대해서는 추적하지 않음을 말한다(Gallese et al. 1996). 또한, 원숭이의 거울뉴런은 '왜'에 대해서는 생존에 필요한 행위 정도만 관심을 보인다. 대조적으로 인간은 이 세 가지 수준을 넘나들며 타인의 행위를 이해할 수 있다(de Lange et al. 2008; Thioux et al. 2008).

(4) 거울 뉴런계의 손상

거울 뉴런계에 이상이 있으면 어떤 일이 일어날까? 물론 인간의 거울 뉴런계 중 한 군데라도 문제가 생기면 타인의 행동을 이해하는 데 문제가 생긴다. 예컨대 자폐증을 앓고 있는 사람은 사회적 상호작용이 힘들고, 언어적·비언어적 의사소통에 장애를 가지고 있으며, 특정 행동을 반복하는 상동증을 보이기도 한다. 자폐증은 3세 이전의 발달 과정에서 이상이 생겨 나타난다고 알려져 있지만 그 원인에 대해서는 아직 여러 가설만이 존재할 뿐이다.

흥미롭게도 몇몇 연구자들은 자폐증의 증상이 거울뉴런의 기능과 연관이 있으며, 따라서 자폐증의 원인이 거울 뉴런계의 손상 때문이라고 주장한다(Altschuler et al. 2000; Williams et al. 2001; Rizzolatti and Fabbri-Destro 2010). 이러한 주장은 이른바 '깨진 거울(broken mirror) 가설'이라고 불리는데, 몇몇 학자들은 이것이 뇌파, 경두개 자기 자극법, fMRI 등의 기법을 통해 입증되고 있다고 주장한다. 예컨대 감정적 표현을 관찰하고 모방하는 과제에서 자폐증 아이가 하두정엽에서 약한 활성이 일어난다는 것이 fMRI에서 확인이 되었다. 또한, 증상이 심각할수록 활성화 정도는 낮았다(Dapretto et al. 2006).

2 공감

얼굴표정은 어떤 이의 겉으로 볼 수 없는 마음 상태가 외부로 표출된 형태이다. 여기서 마음 상태란 지식, 믿음, 느낌, 의도, 그리고 욕구 등을 말한다. 누군가의 마음속에 담긴 내용을 파악하는 것은 그 사람의 행동을 예측하기 위해 좋은 방법이 될 수 있다. 인간과 다른 종들은 진화를 통해 이러한 기능을 위한 기제를 발전시켜왔다. 이미 밝혀진 기제로는 시뮬레이션을 들 수 있다. 시뮬레이션 이론은 우리들이 자기중심적인 접근을 통해 타인을 이해한다는 기본적인 아이디어를 공유한다. 이는 타인의 마음 상태를 자신의 마음에 거울 비추기를 통해서 이루어질 수 있다. 예를 들어, 공포에 질린 누군가를 보면 나도 (공포 관련 신경 회로의 활성화를 통해) 공포감을 느끼게 되고, 이는 나로 하여금 그 사람의 마음 상태를 추론할 수 있게 해준다. 시뮬레이션 이론의 가장 일반적인 형태는 지각과 운동 간의 연결들과 관련되고 거울뉴런들이 이와 관련된 신경학적 기제가 될 수 있다. 시뮬레이션 이론과는 구분되는 설명으로 타인의 마음 상태에 대한 추론과 추리를 위한 기제, 즉 마음이론(theory of mind)을 가정한다는 이론이 있다. 마음 이론의 가장 큰 장점은 자신의 마음과 다른 마음 상태의 표상을 가능하게 한다는 것이다(예 "너는 그것이 상자 안에 있다고 생각하지만, 나는 그것이 바구니 안에 있다는 것을 알아."). 대부분의 시뮬레이션 이론들은 이러한 현상을 설명하기 어렵다. 좀 더 극단적인 주장에 의하면, 마음 이론에 전문화된 신경학적 모듈이 존재한다. 일부 연구자들에 의해 마음 이론이라는 용어 대신에 종종 사용되는 '정신화(mentalization)'라는 용어는 본질적으로 같은 현상을 가리키지만, 이 기능이 특별한 기제라는 의미는 담고 있지 않다. 이보다 더 미묘한 차이들을 가진 이론들이 많지만, 거울 비추기와 정신화 간의 논쟁을 이해하는 것은 이 분야를 명확히 이해하는 데 가장 핵심이라 할 수 있다.

(1) 공감, 거울 비추기, 그리고 시뮬레이션 이론

공감은 가장 넓은 의미로 타인의 감정에 대한 정서적 반응(혹은 이해)이라 말할 수 있다. 실험 상황에서 공감은, 누군가에게 특정 자극(예 고통을 겪는 누군가의 사진 혹은 이를 묘사하는 글)을 제시하고 그 사람의 반응(뇌 활동, 자기 보고, 신체 반응 등)을 다양한 방식으로 측정함으로써 연구할 수 있다. 공감의 개인차, 즉 사람들이 공감을 가지고 반응하는 경향성에서의 차이를 측정하는 것도 가능한데, 이는 주로 설문지를 통해 이루어진다. 공감은 거울 비추기, 정신화 기제, 혹은 이들 모두와 관련될 수 있다. 하지만 마음 이론 관련 연구는 마음 상태에 대한 지식을 직접적으로 물어보는 방식(예 "샐리가 무슨 생각을 하고 있는가?")을 사용하는 반면에 공감 관련 연구는 그렇지 않다는 점에서 두 연구들은 다소 차이점을 보인다.

야코보니(Iacoboni, 2009)는 행위에 대한 거울뉴런 시스템이 공감을 지원하는 다른 뇌 영역들에 의해 선택될 수 있다고 주장했다. 카렛 등(Carret al., 2003)은 사람들을 대상으로 공감과 행위 지각/생성 간의 연관성을 알아보기 위해 fMRI를 사용했다. 이들은 참가자들에게 얼굴표정을 보여주면서 한 조건에서는 단순히 관찰만을 요구했고 다른 조건에서는 의도적으로 표정을 모방해볼 것을 요구했다. 그 결과, 관찰 조건에 비해 모방조건에서 전운동피질과 같은 전통적인 거울 시스템의 활동이 증가한 것을 확인할 수 있었다. 또한, 편도체와 뇌섬엽 같은 정서 관련 영역에서 증가된 활동을 관찰했다. 이 결과를 토대로 연구자들은, 모방은 자신과 타인 간에 공유된 운동 표상을 활성화시키지만, 이 정보가 뇌섬엽을 거쳐 변연계영역들로 전달되는 두 번째 단계가 존재한다고 주장했다. 이러한 행위로부터 정서에 이르는 신경학적 경로는 공감의 기본적 요소가 될 수 있다.

시뮬레이션 이론은 거울뉴런의 개념을 행위뿐 아니라 (고통과 촉각과 같은) 감각과 정서까지 확장시킨다. 거울 시스템(mirror system)이라는 용어는 자신과 타인 간의 구분을 희석시키는 신경 회로를 가리키기 위해 사용되지만, 반드시 행위를 부호화하는 거울뉴런만을 포함하는 것은 아니다. 예를 들어, 뇌섬엽은 우리 자신이 혐오감을 느낄 때와 혐오의 표정을 지으며 얼굴을 찡그리는 누군가를 볼 때 모두 활성화된다. 뿐만 아니라 설문지로 측정된 공감지수가 높은 사람들은 혐오감을 느끼는 타인을 볼 때 자신의 혐오 관련 영역들의 활동이 증가한다. 이는 우리가 주변 사람들의 감정을 말 그대로 공유할 수 있음을 시사한다.

싱어 등(2004)은 고통에 대한 공감을 연구했다. 이들은 사랑하는 사람이 전기쇼크를 받는 것을 예상할 때와 이를 목격할 때 보이는 뇌 반응을 관찰하였다. 그 결과, 다른 사람의 고통을 예상할 때와 직접 자신에게 주어질 고통을 예상할 때 공통으로 활성화되는 영역을 찾았는데, 바로 전대상피질과 뇌섬엽이 포함되었다. 또 다른 후속 연구에서 참가자들은 실험 전에 실시된 게임에서 공정하거나 불공정하게 행동했던 사람들에게 전기쇼크가 주어지는 것을 fMRI 기계 안에서 관찰하였다. 참가자들은 '착한 이'가 전기쇼크를 받는 것을 볼 때는 자신의 고통 관련 영역들이 활성화되는 공감 반응을 보였으나, '나쁜 이'가 쇼크를 받는 것을 볼 때는 이 반응이 줄어들었다. 실제로 남성 참가자들에게서는 나쁜 이들이 쇼크를 받을 때 (기대보다 더 좋은 보상에 반응하는) 복측 선조체의 활동이 증가했으며, 이는 시뮬레이션 이론과는 정확히 반대의 결과로 볼 수 있다. 이러한 뇌 활동은 참가자들의 복수 욕구와 상관을 보였다. 이를 통해 유추해볼 때 시뮬레이션은 자동적으로 작동할 수 있지만, 좀 더 고차원적 믿음이 미치는 영향으로부터 자유롭지는 못하다는 것을 알 수 있다. 또 다른 연구에서는 자기중심적 혹은 타인 중심적 관점에 따라 타인의 고통을 관찰할 때 나타나는 고통 관련 영역들의 반응이 달라진다는 사실을 보여주었다. 이러한 결과는 거울 비추기 능력이 상당한 유연성을 지니고 있음을 보여주며, 이는 단순한 형태의 시뮬레이션 이론으로는 예측할 수 없는 현상이다.

거울 비추기가 항상 발생하는 것은 아니라는 사실을 보여주기 위해, 일부 연구자들은 공감이 여러 가지 다른 유형의 처리 과정들 간의 정교한 협업을 통해 이루어진다고 주장한다. 일부 연구자들은 마음 이론과 유사한 인지적 공감과 시뮬레이션 이론과 유사한 정서적 공감 간의 분리를 주장하고 있다. 데세티와 잭슨(Decety & Jackson, 2004, 2006)은 세 가지 기제로 구성된 새로운 공감 모형을 제시한다. 첫 번째 기제는 시뮬레이션과 관련되지만 (행위 기반 얼굴 뉴런으로 수렴한다기보다는) 많은 신경체계의 속성을 반영하는 것으로 가정된다. 두 번째 기제는 자신과 타인을 구분하여 인식하는 기제와 관련되며, 측두–두정접합 영역(마음 이론과 관련된 주요 영역으로 뒤에서 좀 더 논의될 예정임)과 관련된 것으로 간주한다. 이 영역의 반응은 참가자들이 자신보다는 타인의 감정과 믿음을 상상하도록 지시받았을 때 증가한다. 세 번째 기제는 자신과 타인 간에 관점 이동을 위한 의도적 노력에 특정적으로 관련되며, 집행 기능 (그리고 외측 전전두피질)과 관련된다.

(2) 공감의 신경 기제

공감은 감정 중추인 변연계(limbic system)와 연관이 있다. 그 이유는 공감은 정서적 과정을 필요로 하기 때문이다. 해부학적으로 변연계와 거울 뉴런계가 뇌섬엽(insula)을 매개로 연결되어 있다 (Iacoboni and Darpretto, 2006). 그리고 감정을 표현하고 있는 얼굴을 지켜볼 때 관찰하는 사람의 뇌 안에서 거울 뉴런계, 뇌섬엽, 변연계가 동시에 활성화되는 것이 밝혀졌다(Carr et al. 2003). 즉, 타인의 얼굴표정을 관찰하면 거울 뉴런계에서 관찰한 얼굴표정을 모사하고, 이 신호가 변연계로 전해져서 타인의 감정을 읽게 된다. 이 말은 타인의 감정을 공감하기 위해서 거울 뉴런계에 의한 '행동 모사'가 필수적이라는 것이다.

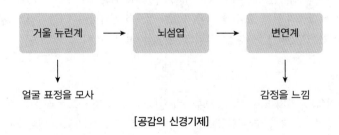

[공감의 신경기제]

고통과 거울뉴런 관계를 살펴보자. 환자에게 고통스러운 자극이 전해지면 대뇌의 대상피질(cingulate cortex)에서 고통 관련 뉴런이 반응한다. 타인에게 가해지는 고통스러운 자극을 보는 것만으로도 관찰자의 대상피질에 있는 뉴런 중 일부가 활성화되는데, 이는 거울뉴런 속성이 나타남을 알 수 있다(Hutchison et al. 1999).

이때 활성화된 세포는 '행위의 관찰'이 아니라 '고통의 관찰'에 반응한다는 것을 제외하면 거울뉴런의 속성을 그대로 지닌다(Iacoboni, 2009a). 그런데 만일 대상피질에 있는 이 뉴런이 거울뉴런이 맞다면, 고통을 모사하는 이 과정도 고통이라는 감각 자극이 아닌 그것과 연관된 운동의 모사 과정을 우회해서 발생할 것이라는 가설을 세울 수 있다. 거울뉴런은 기본적으로 운동뉴런이기 때문이다. 흥미롭게도 이 가설은 최근 연구에서 입증되었다. 실험 대상자들에게 손과 발을 바늘로 찌르는 장면을 보여주었다. 그리고 구리 호일을 이용하여 운동 피질의 흥분도를 측정할 수 있는 TMS를 사용했다. 대조군으로는 손과 발을 면봉으로 문지르는 영상과 토마토를 바늘로 찌르는 영상을 보여주었다.

실험 결과는 손을 바늘로 찌르는 영상을 보았을 때 대조 영상을 보았을 때보다 바늘을 향해 움직이는 손의 근육에서 감소된 흥분도가 감지되었다. 그리고 인접한 근육들의 흥분도는 변하지 않았다. 이 연구를 통해 손 근육의 흥분도가 낮을수록 고통을 크게 느낀다는 것을 발견했다. 요약하면 타인의 고통을 관찰하면서 더 강하게 공감할수록 바늘로부터 후퇴하는 모사가 뇌 안에서 더 강하게 일어난다는 것이다(Avenanti et al 2005; Iacoboni 2009b).

제 6 절 사회인지

사회인지는 인간이 타인의 감정, 생각, 행동 등을 이해하는 능력으로, 사회인지연구는 인간이 타인과 자신을 어떻게 이해하는지 연구하는 것이다. 우리의 정서는 단지 내적으로만 느껴지는 것이 아니라 타인에게도 전달이 된다. 그리고 의사소통의 주요 수단으로 언어를 생각하지만, 비언어적인 수단도 의사소통의 중요한 수단이다. 따라서 이 절에서는 정서표현의 지각과 생산에 관여하는 신경기제들을 살펴보고자 한다.

1 얼굴표정

얼굴은 단순한 시각적인 대상을 넘어서 동종개체(conspecific)임을 알려주는 사회적 대상이다. 얼굴은 다른 사람의 정서 상태(예 그들의 현재 정서)에 대한 중요한 정보를 전달하며, 그들의 의도(예 시선이 주는 단서), 사회적 범주의 소속 여부(예 인종, 성별) 그리고 성향(예 신뢰도)까지도 알려준다.

(1) 얼굴표정 인식

얼굴 정보 처리의 두 가지 모형으로는 브루스와 영(1986)의 인지적 모형과 핵스비 등(2000)의 신경해부학적 모형이 있다. 두 모형 모두 얼굴로부터 사회적으로 적절한 정보를 얻어내는 것은 얼굴의 신원을 알아보는 것(즉, 그 사람이 누구인지를 아는 것)과는 구분된다고 가정한다. 하지만 어떻게 이러한 과정이 이루어지는지에 대해서는 두 모형이 서로 다른 가정을 하고 있다. 브루스와 영의 모형에 따르면, 얼굴표정을 인식하는 데 전문화된 경로가 존재하며, 이 경로는 입술을 읽는다든가 시선탐지와 같은 과제를 위해 요구되는 기제와는 구분된다고 가정한다. 이와는 대조적으로 핵스비의 모형(2000)은 시간에 따라 변하지 않는 얼굴 표상(얼굴의 신원 인식을 위해 필요하며 방추 얼굴 영역 또는 FFA와 관련됨)과 시간에 따라 변하는 얼굴 표상 간의 분리를 가정한다. 후자는 표정 인식과 시선처리 모두를 위해 필요한 것으로 간주되며, 상측 측두열(STS)과 관련된다. FFA와 STS는 모두 얼굴 정보 처리의 '핵심체계'(얼굴 정보 처리만을 위해 상대적으로 전문화된 체계)의 일부로 간주할 수 있지만, 얼굴표정 처리를 위해서는 정서 정보를 처리하는 '확장체계'(편도체, 뇌섬엽 등)가 추가로 포함된다.

얼마나 많은 증거가 두 모형을 지지하고 있을까? 콜더와 영(Calder & Young, 2005)에 의하면 증거들은 이 모형 중 어느 하나만을 분명하게 지지하지는 않는다. 얼굴표정을 인식하는 데 있어서는 어려움을 겪지만 얼굴의 신원은 상대적으로 쉽게 인식하는 뇌 손상 환자들이 존재한다. 하지만 이 환자들의 손상 부위는 주로 안와전두피질과 복내측 전두피질, 혹은 체감각 영역을 포함하지만, 핵스비의 모형에 의해 예측된 상측 측두열을 포함하지 않는다. 상측 측두열이 시선을 탐지하고 입술을 읽는 데 중요한 역할을 담당한다는 증거가 있지만, 이 부위가 얼굴표정 인식에 중요하게 관여한다는 증거는 찾아보기 어렵다. 얼굴표정 인식의 결함은 얼굴뿐만 아니라 일반적인 정서 정보처리에 관여하는 확장체계의 기능에 의존하는 것으로 보인다. 또한, 콜더와 영(2005)은 이러한 사실이 얼굴표정 인식을 위해 단일 경로를 가정한 브루스와 영의 초기 모형(1986)과 불일치한다고 주장한다. 대신에 그들은 특정 얼굴표정의 인식은 각기 다른 정서 범주에 특화된 뇌 부위(예 공포에 대해서는 편도체, 혐오에 대해서는 뇌섬엽) 혹은 일반적인 정서 경험을 위해 전문화된 뇌 부위(예 안와전두피질) 사이에 나누어질 수 있다고 주장한다.

콜더와 영(2005)은 혹은 핵스비(2000)가 구체적으로 언급하지는 않았으나 얼굴 신원 인식이 아닌 얼굴 표정 인식을 위한 보편적 시스템의 기능을 수행하는 한 가지 후보 기제가 있는데, 이는 바로 감각 운동 시뮬레이션이다. 시뮬레이션 이론(simulation theory)은 조금씩 다른 여러 이론의 종합판이라 할 수 있으며, 이는 우리들이 타인을 이해하기 위해 그들의 현재 상태를 우리 안에 만들어 낸다는 일종의 통합적 아이디어에 기초하고 있다. 정서에 대해서 말하자면, 이 이론은 우리가 어떤 사람이 웃는 것을 볼 때, 우리 자신의 행복감을 위한 정서적 신경 경로를 활성화시킨다고 주장한다. 뿐만 아니라 우리는 우리를 웃도록 만드는 운동 프로그램을 활성화시킬 수 있으며(이는 우리를 다시 웃게 만들 수 있거나 혹은 웃는 반응을 준비시킬 수 있다), 이 반응이 초래할 감각적 결과(예 근육의 확장과 얼굴의 촉감각)는 어떤 느낌일지 파악하기 위해 미리 시뮬레이션해볼 수 있다. 이처럼 우리는 타인의 행복감, 공포, 그리고 혐오감 등의 정서를 시각적 정보를 통해서 뿐만 아니라 지각자의 감각 운동 프로그램을 활성화시키는 방식을 통해 인식할 수 있다.

특정 얼굴표정을 보게 되면 아무리 짧게 제시해서 무의식중에 지각되더라도 해당 표정에 상응하는 우리 자신의 얼굴 근육들이 미세하게 변화한다는 증거를 보여주는 근전도기법(EMG) 연구들이 있다. 하지만 이러한 반응들이 반드시 얼굴표정을 인식하기 위해 사용된다고는 볼 수 없다. 이를 알아보기 위해 오버만(Obermanet al. 2007)은 펜을 가로로 길게 물어서 웃는 표정을 위한 근육을 사용하게 되면, 웃는 표정의 인식만 방해받는다는 것을 보고했다. 뇌 손상 연구와 체감각피질을 겨냥한 TMS 처치 연구들도 얼굴표정을 인식하기 위해 시뮬레이션 기제가 직접 사용된다는 주장을 지지하고 있다.

얼굴표정은 타인이 무엇을 느끼는지 이해하도록 해줄 뿐 아니라(예 시뮬레이션을 통해서) 우리 자신의 행동을 수정하기 위해서도 사용될 수 있다. 만약 어린 아기가 새로운 물체를 접하게 되면, 그 아기의 행동은 보호자의 반응에 의해 영향을 받게 되는데, 이러한 현상을 '사회적 참조(social referencing)'라고 부른다. 만약 보호자가 혐오 표정이나 공포 표정을 지으면 아기는 그 물체를 피하겠지만, 보호자가 혐오 표정이나 공포 표정을 지으면 아기는 그 물체를 피하겠지만, 보호자가 웃는다면 그 아기는 그 물체를 가지고 놀게 될 것이다.

(2) 시선 정보의 탐지와 활용

눈과 눈 주위로부터 오는 정보는 웃는 표정과 찡그린 표정처럼 많은 정서를 구분할 수 있게 해준다. 뿐만 아니라 시선 맞추기는 일대일 소통(양자 소통)에서 중요할 수 있으며, 시선의 방향은 주변에 있는 중요한 대상들로 주의를 이동하기 위해 중요할 수 있다. 많은 유인원에게 있어서 직접적인 시선 맞추기는 정서적 행동을 유발시키기에 충분한 조건이 될 수 있다. 붉은 꼬리 원숭이는 간접적이거나 회피하는 시선에 비해 직접적인 시선과 마주칠 때 상대방의 공격성을 누그러뜨리려는 행동을 보이곤 한다. 우열을 가르기 위한 다툼은 종종 시선이 마주칠 때 발생하며 둘 중 하나가 시선을 피하면서 종료되곤 한다. 배런-코헨은 '시선탐지기(eye direction detector)'가 인간의 인지 기능 중 본능적이고 확연히 구분되는 요소라 주장한다. 아기들이 출생부터 시선을 탐지할 수 있다는 점은 이 행동이 학습된 반응이 아니라는 것을 보여준다. 시선은 대상과 행위자 간의 관계적 속성들을 부호화하기 때문에(예 "엄마가 아빠를 본다.", "엄마가 상자를 본다.") 이러한 시선탐지 능력은 사회적 기능의 발달을 위해 중요할 수 있다. 상측 측두열은 시선의 방향에 반응하는 신경 세포들을 다수 포함하고 있으며, 이 부위가 손상되면 시선의 방향을 탐지할 능력에 결함이 발생할 수 있다. 기능적 뇌 영상 연구에 따르면, 참가자들이 시선을 판단하도록 지시받을 때(지금 보는 얼굴이 방금 전에 본 얼굴과 같은 시선인지 판단하기), 상측 측두열의 반응은 증가하지만 방추얼굴 영역의 반응에는 변화가 없음을 관찰했다. 반대로 참가자들이 얼굴의 신원을 판단하도록 지시 받았을 때(지금 보는 얼굴이 방금 전에 본 얼굴과 같은 사람인지 판단하기)는 방추얼굴영역의 활동은 증가하지만 상측 측두열의 반응에는 변화가 없었다.

자폐 아동은 상대방의 시선이 자신에게 향하고 있는지를 탐지할 수 있으며, 따라서 시선 지각에 결함이 있는 것처럼 보이지 않는다. 하지만 이들은 행동을 예측하거나 욕구를 추론하기 위해 시선 정보를 활용하는 데는 어려움을 겪는다. 4개의 간식 선택 과제에서 찰리라는 이름의 만화 캐릭터는 간식 중 하나로 시선을 향한다. 자폐 아동들은 "어떤 초콜릿을 찰리가 선택할까?"라는 질문이나 "어떤 간식을 찰리가 원할까?"라는 질문에 답하는 데 어려움을 겪는다. 자폐증 환자들이 가진 시선 정보 활용의 결함은 그들이 타인과 사회적으로 상호작용할 때, 상대방과 주의를 공유하지 못하는 행동으로 표출될 수 있다.

(3) 평가

얼굴표정 인식은 여러 뇌 기제들에 의존할 수 있다. 얼굴표정은 정서처리에 특화된 뇌 영역(편도체와 안와전두피질 포함)을 사용하여 인식될 수 있다. 하지만 감각 운동 시뮬레이션도 표정 인식에 기여할 수 있다. 상측 측두열은 시선 인식과 얼굴/신체 인식에 중요하지만, 이 부위가 표정 인식에 결정적으로 관여하는지는 여전히 불확실하다. 시선의 인식은 타인의 의도에 대한 중요한 단서를 제공해주고 심리 상태를 추론하는 데 관여하는 다른 뇌 영역들과 연결될 수 있다.

2 운율

운율(prosody)은 구(phrase)가 말해지는 목소리의 음색(tone)이다. 운율에는 정서적 운율(affective prosody)과 명제적 운율(pro-positional prosody)이 있다. 정서적 운율은 정서적 맥락, 말의 음색을 전달한다. 예를 들어, "친구를 만나기로 했다."라는 말은 신나게 표현될 수도 있고, 걱정되듯이 표현될 수도 있다. 명제적 운율은 어휘적, 의미적 정보를 전달한다. 예를 들어 "길 앞에 있는 것이 무엇이지?(what's that in the read ahead?)"와 "길에 있는 것이 무엇이지? 머리야?(What's that in the read, a head?)"는 다른 의미를 전달한다.

임상 연구에서는 우반구가 손상된 환자들이 좌반구 손상 환자에 비해 운율을 이해하는데 더 어려울 것으로 생각했다. 운율 생성 곤란(또는 실운율증, aprosodia)은 뇌 손상으로 인해 운율을 이해하지 못하는 것을 말하는데, 우반구 실비안열(sylvian fissure) 주변 영역의 손상과 연합되는 경향이 있다. 언어의 청각적 처리와 언어 이해에 관여하는 좌반구 실비안 영역의 역할에 상보적인 이런 국재화(localization)는 논리적으로 이해가 된다. 운율의 우반구 편측화(lateralization)는 또한 신경학적으로 정상인 사람들이 운율을 이해하는 데 있어 좌측 귀가 이득이 있다는 증거에 의해서 지지된다.

그럼에도 불구하고 운율을 해석하는데 장애를 보이는 것은 좌반구가 손상되어도 생길 수 있다. 그래서 운율의 이해에 대한 편재화는 다소 논쟁이 되고 있는 부분이다. 일부 연구자들은 우반구가 정서적 운율(예 말하는 사람의 정서적 상태를 결정하는 것)을 이해하는 데 중요하고 좌반구는 명제적 운율(예 목소리의 음조에 근거하여 질문과 진술을 구분하는 것)을 이해하는 데 중요하다고 제안하였다. 다른 연구자들은 좌반구가 운율에 기여하는 부분은 우반구에서 우선적으로 해독된 운율단서들을 좌반구에 의해서 지배되는 전반적인 의미적 언어 이해로 통합하는 것이라고 주장하였다.

운율의 생산도 우반구에 많이 의존하는 경향이 있다. 예를 들어서 뇌손상 환자들에게 중립적인 문장을 제시한다. 그리고 서로 다른 목소리 음색(예를 들어 기쁜, 슬픈, 화난, 무관심한)으로 문장을 반복하여 읽게 하였다. 그 결과, 우반구가 손상된 환자들은 더 단조로운 음색으로 문장을 읽어나갔다. 이는 운율을 만들어 내는 데 발생하는 결함은 우반구의 전측 영역과 더 연합되는 경향이 있음을 보여준다.

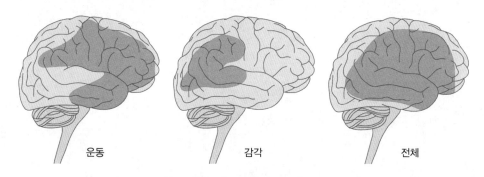

운동　　　　　　감각　　　　　　전체

[손상되면 정서적 운율을 지각하거나 생성하는 데 문제가 생기는 우반구 영역들]

또 다른 임상연구에서 운율을 생산하는 기본주파수, 강도, 타이밍 변수 등의 구성 요소들이 차별적으로 편재화되어 있는지를 연구하고자 하였다. 연구결과 기초주파수를 생성하는 데 있어서의 장애는 우반구 손상과 타이밍 변수를 생성하는 데 있어서의 장애는 좌반구 손상과 관련이 있음을 발견하였다.

요약정리하면, 얼굴표정이나 목소리의 음색을 통해 정서를 표현하는 것은 우반구에 의해 지배되는 경향이 있다. 좌반구는 적절한 문법과 어휘를 이해하고 생산하는데 주요 역할을 하고, 우반구는 비언어적인 단서를 이해하고 생산하는데 주요 역할을 한다. 따라서 양 반구의 다른 역할을 갖는 것은 매우 효율적인 부분이다. 더 나아가, 두뇌피질을 두 영역인 전측 운동영역과 후측 지각영역으로 구분하는 것과 일치하게 정서표현 생산은 전두영역에 의존하고, 정서 표현을 지각하는 것은 측두와 후측에 의존한다.

01 다음 중 정서의 특징으로 옳지 <u>않은</u> 것은?

① 정서는 기본적으로 지속적이고, 자극들의 정서적 위계는 장기 기억 내에 저장된다.

② 정서는 보상을 주거나, 처벌을 주는 자극들과 연합된 상태이며, 이러한 자극들은 생득적인 생존적 가치를 가질 가능성이 높다.

③ 정서는 주관적으로 선호하는지 혹은 싫어하는지와 같은 쾌락적인 가치를 가진다.

④ 정서는 얼굴과 신체를 통해서 특정한 외부 운동 반응을 표출하며, 이를 정서적 표현이라 한다.

02 대체로 세분화되지 않은 정서적 뇌로 간주되는 변연계의 신경회로로 정서적 경험이 시작되는 곳을 무엇이라고 하는가?

① 해마 회로

② 파페즈 회로

③ 도파민

④ 망상 활성화 체계

01 정서는 기본적으로 일시적이지만 시간적으로 지속되는 특정 정서적 상태를 가리키는 기분(mood)과는 구분되며, 자극들의 정서적 위계는 장기기억 내에 저장된다.

02 파페즈(Papze, 1937)는 시상하부가 정서처리의 핵심 부분이라 주장하였고, 더 나아가 대상피질, 해마, 시상하부, 시상전핵들을 포함하는 신경회로에 포함시켜 정서처리를 확장하였다. 파페즈는 피질하부의 파페즈 회로(Papez circui)에서 정서적 경험이 시작된다고 주장하였고, 대체로 세분화되지 않은 정서적 뇌로 간주되는 변연계의 신경회로를 말한다.

정답 01 ① 02 ②

03 편도체(amygdala)는 아몬드(almond)처럼 생겼다고 해서 'amygdala'라는 이름이 붙여졌다. 편도체는 감정의 경험과 표현을 담당하는 변연계(limbic system)에 속하며 측두엽의 심부에 위치한다(해마의 끝부분에 위치). 편도체는 10개 이상의 핵으로 이루어졌으며, 크게 기저외측핵(baso-lateral nuclei), 피질내측핵(cortico-medial nucle), 중심핵(central nuclei)으로 나뉜다. 각각 의 핵은 다른 경로에서 들어온 감각 신호를 받아들이며 뇌의 다른 부분 및 신경계로 전달한다.

04 편도체가 손상되면 보상에 기반한 학습에도 장애가 생긴다. 또한, 편도체가 중립적인 얼굴보다 행복한 얼굴에 더 반응한다는 것을 발견하였는데, 이 결과는 긍정적인 정서적 영상이 편도체를 활성화시킬 수 있다는 것을 시사한다. 그러나 부정적인 자극에 대한 반응보다는 다소 덜 신뢰하는 부분이 있다.

05 정서조절하려고 하면 전두엽 활동이 증가되지만 편도체 활동은 감소한다. 예를 들어 참여자들에게 부정적인 느낌을 감소시킬 수 있는 방식으로 그린 그림들을 재평가하도록 지시하였을 때 전두엽 활동이 증가하였고 편도체 활동은 감소하였다. 다른 연구자들은 참여자들에게 정서적 기억을 억제하도록 지시하였을 때 우측 하전두회(inferior frontal gyrus)와 중전두회(middle frontal gyrus)가 더 활성화되고 해마와 편도체 영역이 덜 활성화되는 것을 발견하였다.

정답 03 ③ 04 ③ 05 ④

03 감정의 경험과 표현을 담당하는 변연계(limbic system)에 속하고 측두엽의 심부에 위치하며 공포 자극을 인식함에 있어서 중요한 역할을 담당하는 곳은 어디인가?

① 해마
② 대뇌피질
③ 편도체
④ 시상하부

04 편도체에 대한 설명으로 옳지 <u>않은</u> 것은?

① '싸우거나 도망치기 반응'은 자율신경계에 의존한다.
② 편도체는 공포 자극을 인식하는 데 중요한 역할을 한다.
③ 편도체는 보상 동기와는 관련이 없다.
④ 감각정보가 편도체에 도달하는 경로 중 전측 시상(anterior thalamus)에서 편도체로 곧장 투사하는 본능적인 정서적 반응 경로이다.

05 정서조절에 대한 설명으로 옳지 <u>않은</u> 것은?

① 정서조절이란 사회적으로 적절하고 통제불능 상태가 되지 않도록 자신이 경험하는 정서를 조절하려고 시도하는 것이다.
② 사람들이 자신의 정서반응을 통제하려고 하면 전두엽의 활동이 증가한다.
③ 정서반응을 통제하려고 하면 정서를 정상적으로 처리하는 피질하 영역들의 활동은 감소한다.
④ 정서조절하려고 하면 전두엽 활동과 편도체 활동이 증가되었다.

06 정서에 대한 설명으로 옳지 <u>않은</u> 것은?

① 정서는 기억의 형성과 강도를 증진시킨다.

② 정서는 기억 형성에 영향을 주고, 극단 수준의 정서상태에서도 기억력이 유지된다.

③ 적절한 각성 수준을 유지하는 것은 작업 수행의 질을 높일 수 있다.

④ 불쾌한 자극을 일으키는 자극은 시야를 좁히게 된다.

06 정서적으로 고조된 상황에서 나타난 일은 강한 정서적 각성으로 인해 기억이 매우 강렬할 것이다. 이러한 효과는 극단 수준의 정서상태에서는 소멸된다.

07 정서와 기억에 대한 설명으로 옳지 <u>않은</u> 것은?

① 정서적 사건은 세부 정보에 대한 기억의 감소가 나타난다.

② 부적인 정서적 사건은 보통 중립적인 사건에 비해 기억이 저조하다.

③ 정서적 사건은 세부 정보의 유형에 따라 서로 다른 기억현상을 나타낸다.

④ 정서적 사건에서 정서 유발 자극에 대한 주의 집중이 이루어져서 중심 정보를 잘 기억할 수 있게 되지만, 상대적으로 주변 정보에 대해서는 그렇지 못하다.

07 정서적 사건은 세부 정보에 대한 기억의 증진을 보인다.
강도와 상점 주인 간 총격전을 벌인 실제 사건에 대해 목격자 13명을 대상으로 사건 발생 직후와 5~6개월 후의 기억을 비교 조사하였다. 그 결과, 목격자들이 사건에 대해 기억한 세부 사항과 정확도는 그 사건 직후나 5~6개월 후에도 차이를 보이지 않았다. 이를 목격자(eyewitness) 기억이라 하는데, 일반적인 기억 현상처럼 시간 경과에 따라 망각이 이루어지는 것이 아니라 기억이 보존되고 있음을 보여주는 것이다.

08 정서와 주의에 관한 설명으로 옳지 <u>않은</u> 것은?

① 정서적 사건은 중립적 사건보다 더 많은 정교화를 일으킨다.

② 망상 활성화 체계는 감각정보를 대뇌로 전달하는 경로로 각성 체계를 통합하고 조절하는 역할을 한다.

③ 시상하부, 해마와 편도체는 정서적 각성이나 정서조절과 관련된 또 하나의 각성과 관련된 체계이다.

④ 정서적으로 강렬한 사진을 보았을 때 편도체의 활성화가 감소된다.

08 강렬한 이미지를 보는 경우일수록, 편도체의 활성화 정도가 클수록, 일정 시간 경과 후에도 참가자들이 더 많은 이미지를 기억해 낸다는 것을 보여주었다. 정서적 정보는 편도체를 활성화시킨다.

정답 06 ② 07 ① 08 ④

09 거울뉴런은 다른 행위자가 행한 행동을 관찰하기만 해도 자신이 그 행위를 직접 할 때와 똑같은 활성을 내는 신경 세포를 거울뉴런이라고 한다. 이탈리아의 신경심리학자인 리촐라티(Giacomo Rizzolatti) 교수가 자신의 연구진과 함께 원숭이의 특정 행동과 특정 뉴런의 활성화 관계를 연구하던 중 처음 발견하였다.

10 거울뉴런에는 두 종류가 있다. 행위와 관찰이 세부적인 부분까지 일치할 때에만 발화하는 '엄격하게 일치하는 거울뉴런'과 같은 목표를 가진 행위(예를 들어 손으로 땅콩을 까는 행위와 입으로 땅콩을 까는 행위처럼 방식은 다르지만, 행위의 목적이 같은 경우)에 대해 같은 활성화를 보이는 '폭넓게 일치하는 거울뉴런'이 그것이다. 엄격하게 일치하는 거울뉴런과 폭넓게 일치하는 거울뉴런의 비율을 살펴보면 후자가 거울뉴런의 대다수이다. 즉, 세부적인 운동방식의 부호화보다는 목표의 부호화가 우선한다고 할 수 있다.

11 공감은 정서적 과정을 필요로 하기 때문에 감정 중추인 변연계(limbic system)와 연관이 있다. 해부학적으로는 감정 중추인 변연계와 거울 뉴런계가 뇌섬엽(insula)을 매개로 하여 연결이 되어 있음이 밝혀졌다.

정답 (09 ③ 10 ② 11 ④)

09 **아래 내용은 무엇에 대한 설명인가?**

> 우리 인간은 한 번도 해보지 않은 동작을 눈으로 한 번 보고도 어느 정도 따라 할 수 있다. 또한, 타인이 느끼는 것을 마치 내가 느끼는 것처럼 느껴질 때도 있다. 예를 들어, 내가 좋아하는 축구선수가 결정적인 찬스를 날려 머리를 쥐어뜯으며 괴로워할 때, 나 역시 괴로워 머리를 쥐어뜯곤 한다. 고통받고 있는 사진을 보았을 때 나도 모르게 고통받고 있는 사람 마냥 얼굴을 찌푸리게 된다. TV 속에서 선수들이 축구를 하고, 사진 안에서 주인공이 고통을 받고 있지만, 적어도 뇌 속에서는 우리도 축구를 하고, 고통을 받고 있는 것이다.

① 감각뉴런
② 운동뉴런
③ 거울뉴런
④ 쾌감중추

10 **거울뉴런에 대한 설명으로 옳지 않은 것은?**

① 인간의 거울뉴런은 하전두회(IFG)와 하두정엽(IPL)에 존재한다.
② 인간의 거울뉴런은 목표의 부호화보다 세부적인 운동방식의 부호화가 우선한다.
③ 인간의 거울뉴런은 원숭이의 거울뉴런과 다르다.
④ 인간의 거울뉴런은 원숭이의 거울뉴런보다 정교하게 부호화할 수 있다.

11 **다음 중 공감의 신경 기제가 아닌 것은?**

① 거울 뉴런계
② 뇌섬엽
③ 변연계
④ 시상하부

12 사회인지에 대한 설명으로 옳지 <u>않은</u> 것은?

① 사회인지는 인간이 타인의 감정, 생각, 행동 등을 이해하는 능력이다.

② 얼굴표정은 타인이 무엇을 느끼는지 이해하도록 해줄뿐 아니라 우리 자신의 행동을 수정하기 위해서도 사용될 수 있다.

③ 시선탐지 능력은 사회적 기능의 발달을 위해 중요할 수 있다.

④ 시선을 판단하도록 지시받을 때(지금 보는 얼굴이 방금 전에 본 얼굴과 같은 시선인지 판단하기), 방추 얼굴 영역의 반응은 증가하지만, 상측 측두열의 반응에는 변화가 없다.

12 상측 측두열은 시선의 방향에 반응하는 신경 세포들을 다수 포함하고 있으며, 이 부위가 손상되면 시선의 방향을 탐지할 능력에 결함이 발생할 수 있다. 기능적 뇌 영상 연구에 따르면, 참가자들이 시선을 판단하도록 지시받을 때(지금보는 얼굴이 방금 전에 본 얼굴과 같은 시선인지 판단하기), 상측 측두열의 반응은 증가하지만 방추 얼굴 영역의 반응에는 변화가 없음을 관찰했다. 반대로 참가자들이 얼굴의 신원을 판단하도록 지시받았을 때(지금 보는 얼굴이 방금 전에 본 얼굴과 같은 사람인지 판단하기)는 방추 얼굴 영역의 활동은 증가하지만 상측 측두열의 반응에는 변화가 없었다.

✅ **주관식 문제**

01 정서의 역할을 간략하게 쓰시오.

01 정답

정서(emotion)는 특정 자극들을 우선으로 처리할 수 있도록 표식을 붙이는 것과 같다. 우리가 어떻게 행동해야 할지, 무엇을 피해야 할지, 무엇을 찾아야 할지 알려주는 이정표 역할을 한다.

해설

정서는 기본적으로 생존을 위해 가치가 있는 자극이나 상황과 관련된다. 예를 들어, 두려움은 위협적인 자극과 관련될 수 있고, 혐오감은 오염과 관련된 자극과 연결될 수 있으며, 분노는 자신의 영역을 위협하는 상황과 연결될 수 있다. 정서와 관련된 자극 범위는 거의 무한대에 가까울 정도로 유연성이 존재한다. 기본적으로 만족감을 제공하거나(예 음식, 성행위) 처벌을 주는(예 통증) 자극들도 있지만, 팝음악이나 패션처럼 다양한 새로운 자극에 정서 상태를 할당하는 법을 학습할 수도 있으며, 공포증에서부터 페티시에 이르기까지 극단적인 형태의 자극을 만들어 내기도 한다.

정답　12 ④

02 **정답**

인간의 거울 뉴런계는 운동을 실행하는 방식, 운동의 목표, 운동을 실행하는 자의 의도 모두를 정교하게 부호화할 수 있다. 그러나 원숭이의 거울뉴런은 '왜'에 대해서는 생존에 필수적인 행위 정도에만 관심을 보이는 정도이다.

해설

원숭이의 경우에도 상대방의 '무엇을'에 대해서는 정교한 부호화가 일어난다. 하지만 '무엇을'에 대한 관찰이 어려운 상황, 가령 무언극이 행해지는 상황에서 원숭이의 거울뉴런은 활성화되지 않는다. 즉, 원숭이의 거울뉴런은 타 개체의 행위가 '어떻게' 실행되는지에 대해서는 추적하지 않는다는 것이다(Gallese et al. 1996). 그리고 원숭이의 거울뉴런은 '왜'에 대해서는 생존에 필수적인 행위 정도에만 관심을 보이는 정도이다. 반면 인간은 이 세 가지 수준을 넘나들면서 타인의 행위를 이해할 수 있는 능력이 있다.

02 인간의 거울뉴런이 원숭이 거울뉴런과 다른 점을 간략하게 쓰시오.

03 편도체의 기능에 관해 쓰시오.

03 정답
공포와 정서학습, 보상 동기에 관여
한다.

해설
• 편도체는 공포 자극을 인식함에 있
어 중요한 역할을 담당한다. 한 실
험에 의하면 인간 편도체는 중립적
인 얼굴과 비교해서 무서운 얼굴에
대한 반응으로 활동이 증가하는 것
을 발견하였다. 당연히 공포증을
지닌 사람들은 그들이 무서워하는
대상(예 거미나 뱀)에 노출되었을
때도 편도체가 활성화된다.
• 편도체는 보상과 동기와도 연관되
어 있다. 한 설치류와 영장류 실험
을 통해 발견된 사실은 편도체가
손상되면 공포학습뿐만 아니라 보
상에 기반한 학습에도 장애가 생긴
다는 것이다. 또한, 편도체가 중립
적인 얼굴보다 행복한 얼굴에 더
반응한다는 것을 발견하였는데, 이
결과는 긍정적인 정서적 영상이 편
도체를 활성화시킬 수 있다는 것을
시사한다. 그러나 부정적인 자극에
대한 반응보다는 다소 덜 신뢰하는
부분이 있다.

여기서 멈출 거예요? 끝까지 바로 눈앞에 있어요.
마지막 한 걸음까지 SD에듀가 함께할게요!

제 6 장

고등인지 및 의식

고등인지 및 의식

제 1 절 언어의 이해와 산출

언어를 산출하고 지각하고 이해하는 능력을 갖게 된 것은 인간의 놀라운 결과물이다. 언어라는 것은 공기 속에 존재하는 분자들의 진동을 물리적 연결 수단을 통해 생각을 전달하는 것이다. 이러한 일련의 과정은 생각을 문장과 단어로 변환하는 과정과 발성 기관으로 보내게 되는 일련의 조음 명령들로 이루어진다. 그리고 음파는 듣는 사람의 달팽이관의 물리적 변화를 만들어낸다. 이 물리적 변화는 언어로 지각하게 되고, 이러한 입력으로부터 단어, 문장의 의미가 추론되는 것이다. 이번 장에서는 어떻게 친숙한 음성 단어들이 재인되고, 어떻게 단어와 문장의 의미들이 파생되는지 알아보고, 그리고 마지막으로 말 산출 과정에 대해 알아볼 것이다.

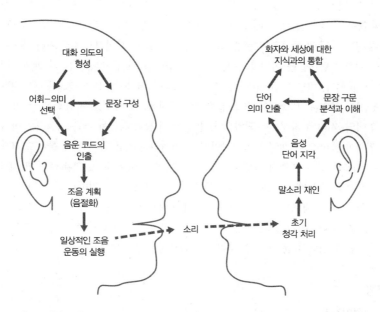

[말 산출(왼쪽)과 말 이해(오른쪽)과정의 몇 가지 주요 단계에 대한 간단한 도식]

1 음성 단어 재인

음성 단어 재인은 일반적으로 소리 형태의 어떤 측면들이 화자의 머릿속에 존재하는 단어집에 저장된 어떤 음성 단어들과 맞아 떨어지는 과정을 필요로 할 것이라고 가정한다. 이 단어들의 저장소를 음운어휘집 (phonological lexicon 또는 speech input lexicon)이라 하고, 맞추는 과정을 어휘 접근(lexical access)이 라고 한다. 이 과정을 몇 가지 쟁점을 고려하여 분해할 수 있다. 첫째, 저장된 단어에 접근하기 위해 사용되는 지각적 부호의 속성은 무엇인가? 그리고 저장된 말의 형태 그 자체는 어떤 형식으로 저장되어 있는가? 둘째, 어떻게 서로 맞추는 과정이 달성되는가? 많은 다른 후보들이 한꺼번에 고려되는가? 혹은 한 번에 하나씩 고려되는가? 그 과정은 순전히 지각적인 수준에서 일어나는가, 아니면 의미 맥락이 영향을 주는가?

(1) 음성 단어 형태의 접근 단위

언어학자들은 전통적으로 언어 표상에서 음소(phoneme)의 중요성을 무척 강조해왔다. 음소는 다른 단어의 소리를 구분하는 범주적 표상이다. 따라서 /r/ 과 /l/은 영어에서 다른 음소이지만, 일본에서는 아니다. /r/과 /l/은 분명히 음향적으로도 조음적으로도 다른 특성을 갖지만, 이러한 음소 구분을 하는 언어에서만 분별된 범주로 간주된다. 말소리 재인 운동 이론의 경우와 같이 몇몇 음성 단어 재인 모형 역시 음소 부호의 중요성을 강조하고 있다. 그러나 다른 인지신경과학자들은 더 회의적인 태도를 취해 왔으며, 음소들이 실제 인지신경 시스템에서 실제로 구현되는 것이라기보다 언어의 구조를 유용하게 기술할 수 있는 단위라고 주장했다. 예를 들면, 어떤 모형에서 말의 음향적 속성(예 유성음화, 폐쇄, 포먼트 주파수)은 중간에 음소로 기술될 필요 없이 바로 음성 단어 형태로 접근 가능하다고 고려되었다. 어휘 접근에 음소 수준이 존재한다는 증거는 분명하지 않다. 후천적으로 말소리 재인에 문제가 생긴 어떤 환자들은 음성 단어들을 이해할 수 있으나, 유사한 음소들을 변별하는 과제(예 'ta'와 'da'는 다른 가?)는 잘하지 못한다. 반면 어떤 환자들은 이와 반대되는 해리(즉, 음소 변별은 잘하지만, 음성 단어를 이해하지 못함)를 보인다. 말소리를 음소 분절들로 명시적으로 구분하는 능력은 글 읽기 수준(특히 알파벳 문자 언어의 경우)에 의해 예측되었으나, 음성 언어 능력 자체를 예측하는 것은 아니다. 이는 명시적인 음소 인식이 음성 언어 재인에 필수적인 것은 아니라는 것을 암시한다. 물론 그러한 단위(음소)가 암묵적으로 계산되는지는 여전히 불명확하다. 히콕과 포펠(Hockok & Poeppel, 2004)의 모형에서는 명시적 음소 분절 과정은 배측 경로에 의해 이루어지고, 발화된 단어 이해는 복측 경로에 의해 수행되는 것으로 되어 있다. 복측 경로는 주로 말소리 이해에 관계된다. 즉, 음향 입력을 의미로 전환하는 과정과 관계된다고 볼 수 있다. 이에 반해 배측 경로는 말소리의 운동적 측면(음원 위치 파악뿐만 아니라)에 관계된다. 즉, 음향 입력과 운동 산출 사이는 전환과정에 관계된다.

(2) 코호트 모형

① 코호트 모형이란?

음성 단어 재인이 발생하는 메커니즘에 대해서는 많은 논쟁이 있지만, 유사한 음을 가진 단어들 사이의 경쟁과 관련이 있을 거라는 것은 많은 학자가 동의하는 부분이다. 이 분야의 가장 유력한 모형이 마슬렌 윌슨과 타일러의 코호트 모형(cohort model)이다. 이 모형의 핵심적인 아이디어는 많은 수의 단어들이 병렬적으로 초기에 후보로 고려되다가 점점 정보가 누적됨에 따라 후보들이 줄어들어 간다는 것이다. 예를 들어, 'e'라는 소리를 들으면 이 소리로 시작되는 모든 단어가 활성화될 수 있다. 이렇게 활성화된 단어들의 군집을 단어의 '코호트(cohort)'라 한다. 하지만 더 많은 정보가 밝혀짐에 따라(예 'ele'이라는 소리까지 듣게 되면) 코호트는 더 작은 수의 단어(예 elephant, electricity)로 좁혀지며, 마지막에 결국 후보가 한 단어로 좁혀지는 지점까지('eleph') 이르게 된다는 것이다. 이 지점을 단어 인식 지점(uniqueness point)이라 하고, 이는 단어의 시작 즉, 첫음절이 중요하다는 것을 시사한다.

코호트 모형은 크게 두 가지 절차, 즉 코호트 생성과 단어 후보 선택으로 이루어진다. 우선 단어의 초두음에 대한 청각적 정보를 통해 그와 일치하는 단어들을 심성 어휘집(mental lexicon)으로부터 활성화시킨다. 이 절차는 청각적(음향적) 정보에 의해 무조건적으로 촉발된다는 점에서 강제적(obligatory)이며, 다른 정보처리 과정에 영향을 받지 않는다는 점에서 자율적(autonomous)이다. 다음으로 활성화된 단어들의 집합 속에서 다양한 언어지식(예 통사론적 처리, 의미론적 처리, 활용론적 처리 등)을 통해 코호트 멤버들을 줄여나감으로써 마지막으로 남은 코호트 멤버를 말소리 자극의 단어로 인지한다.

더 알아두기

코호트 모형의 예

John was trying to get some bottles down from the top shelf. To reach them he had to sta…
(존은 선반 꼭대기에서 병 몇 개를 꺼내려고 시도하였다. 그 병들에 손이 닿도록 하기 위해서는 … 해야 했다.)

코호트 생성 (제1단계)	심성 어휘집으로부터 마지막 말소리 자극의 초두음인 [stæ…]에 해당하는 모든 단어표상을 활성화시킨다. 예 stab, stack, stag, stagger, stagnate, stalactite, stalagmite, stamina, stammer, stamp, stampede, stance, stand, standoffish, static …
멤버 선택 (제2단계)	문맥 정보를 선택에 이용한다. 'had to' 다음에 동사가 온다는 지식을 통해 동사 이외의 멤버들을 제거한다. 예 stab, stack, stag, stagger, stamp, stampede, stand
멤버 선택 (제3단계)	의미 정보를 선택에 이용한다. 즉, 선반 꼭대기에서 물건을 내리기 위한 동작(→ 물건을 내리기 위해 무엇인가를 밟고 올라가는 내용도 포함)과 연관된 동사들만 남기고 나머지 멤버들을 제거한다. 예 stack(쌓아 올리다), stand(서다, 일으키다)
멤버 선택 (제4단계)	더 이상 활용할 정보가 없다면 말소리 입력을 더 들어본다. 이때 말소리 입력의 다음 소리가 /k/로 들린다. 예 stack[stæk]

② 단어 빈도와 상상성

단어 빈도와 같은 언어적 요인은 단어 재인에 영향을 미친다. 단어 빈도를 고려하면, 어떤 코호트에서 모든 후보가 동일하게 작용하지 않을 수 있다. 예를 들면, 불확정적인 'spee'와 같은 시작은 speed, speech, species 등의 단어들과 일치한다. 하지만 점화 기법을 이용한 반응시간 연구들은 사용빈도가 낮은 단어들(예 species)은 덜 활성화된다는 것을 보여주었다. 이것은 단어 빈도의 초기 효과를 보여준다.

어떤 단어의 상상성 또한 음성 단어 재인에 영향을 준다. 상상성(imageability)은 어떤 단어의 의미가 감각적 이미지를 불러일으키는 정도와 관계되는 의미적인 특성이다. 한 fMRI 연구는 상상성과 코호트 경쟁의 정도가 상측두열의 후측 영역(초기음성 처리가 구현되는 영역)에서 상호작용함을 보여주었다. 따라서 코호트로부터 선택하는 과정은 완전히 상향적 처리가 아니라는 것(즉 완전히 지각적인 입력 정보로만 결정되는 것이 아니라는 것)이다.

(3) 맥락에서의 단어 재인 : N_{400}

코호트 모형은 주로 단일 음성 단어의 재인 과정을 설명했지만, 일반적으로 단어들은 개별적으로 발화되기보다는 대화 맥락 속에서 발화된다. 이는 대화 속에서 하나의 음성 단어 형태가 어떻게 재인되고, 의미가 인출되며, 맥락과 어떻게 연결할 것인가에 대한 물음을 던지게 한다.

① ERP 성분과 단어 재인

단어의 개시 이후 약 400ms 전후로 나타나는 부적인 파형(소위 N_{400})은 단어 재인에 중요한 정보를 제공한다. N_{400}의 강도는 주어진 단어가 넓은 맥락에서 얼마나 적절한가에 달려 있다.

㉠ N_{400}은 문맥적으로 이상하게 들릴 때 발생한다.

> 예 "I take coffee with milk and dog."라는 문장을 들려준다면, 문맥적으로 이상한 'dog'를 들을 때 큰 N_{400} 파형이 산출된다.

㉡ N_{400}은 사람들이 알고 있는 사실과 다를 때에 발생한다.

> 예 "The Dutch trains are white(네덜란드 기차는 일반적으로 노란색이다)." 이는 단어에 대한 지식과 세상에 대한 지식이 다른 처리 단계를 요하는 것이 아니라 같은 처리 과정에 사용된다는 것을 암시한다.

㉢ N_{400}은 전반적인 맥락 일치 여부를 반영한다.
'bank'(은행 또는 강둑)와 같이 이중적인 뜻을 가진 중의어를 포함한 세 단어의 연쇄 쌍을 제시하면, 'finance-bank-money'와 달리 'river-bank-money'에서는 마지막 단어(money)에 대해 N_{400}이 촉발된다. 또한, 이 결과는 N_{400}이 전반적인 맥락 일치 여부를 반영하지(세 단어 모두 고려해서), 국지적인 맥락(마지막 두 단어 : bank-money는 동일하다)을 반영하는 것은 아니라는 것을 암시한다.

㉣ N_{400}은 음성 단어뿐만 아니라 한 번에 하나씩 제시되는 문자 단어에 대해서도 발견된다(그리고 사실 단어 외에 다른 의미 있는 자극에 대해서 발견된다).

이것은 지각적 과정에 반드시 의존하는 것은 아니다. 그럼에도 불구하고 N_{400}은 문자 단어에 비해 음성 단어에 대해 상대적으로 빨리 출현되는 경향이 있다. 이것은 음성 단어가 시간에 따라 점차적으로 들린다는 것을 감안해볼 때 다소 의외이다. 이는 음성 단어가 분명하게 분별되기 전에도 의미 맥락이 어휘 접근 과정과 상호작용함을 암시한다.

ⓛ 반 덴 브링크 등(2006)은 결정적인 음성 단어의 단어 인식 시점을 변화시켜 실험을 진행하였다. 빠른 단어 인식 시점을 가진 단어들은 다른 단어들에 비해 약 100ms 정도 빨리 인식될 수 있음에도 불구하고, N_{400}은 시간적으로 이동하지 않았다. 언어 시스템은 단어 인식 지점에 도달할 때까지 '기다릴' 필요가 없이 N_{400}을 발생시킬 수 있다는 것이며, 따라서 어휘 접근과 맥락 정보의 통합은 음성 재인 과정에서 분리된 다른 두 단계로 처리되는 것이 아니라는 것이다.

2 의미기억과 단어의 의미

(1) 범양태적 개념 vs 근거 있는 개념

'사자(lion)'와 같은 어떤 단어를 만나면 우리는 사자와 연합된 많은 속성, 즉 동물이고, 다리가 4개 있고, 아프리카 태생이고, 육식성이라는 사실을 인출할 수 있다. 이러한 속성들은 집합적으로 그 단어의 의미를 형성한다고 고려할 수 있다. 대부분 이론에 따르면 그 단어를 듣거나 보거나, 혹은 사자 자체를 보거나 듣거나, 아니면 단지 생각하더라도 이와 같은 지식은 참조된다. 달리 말해 의미기억은 범양태적 (amodal) 혹은 추상적(abstract)인 것으로 종종 간주되었다. 의미기억이 범양태인 표상(혹은 '기호') 에 기초하고 있다는 관점은 거의 한 세기 동안 인지심리학에서 주류를 이루었다. 그러나 이러한 관점은 결코 보편적으로 수용되지 않았고, 몇 가지 심각한 문제점에 직면하고 있다.

단어의 의미가 추상적인 기호로 표상된다는 것과 관련된 문제는 설(Searle, 1980, 1990)의 중국어방 논쟁에서 쉽게 찾을 수 있다. 이 철학적 사고 실험에서 설은 우리에게 어떤 컴퓨터 하나를 상상해보라고 한다. 이 컴퓨터는 중국어 원어민들을 충분히 속일 수 있을 정도로 제시된 문제에 대해 어떤 알고리즘을 사용하여 답을 중국어로 내놓을 수 있다면, 이 컴퓨터는 과연 중국어를 이해하고 있는 것일까? 설은 그렇지 않다고 주장하였다. 논의를 확장하여 닫힌 방안에서 어떤 사람이 그 알고리즘을 이용하여 중국어를 처리한다면 그 역시 중국어를 이해하는 것이 아니라는 것이다. '심성 어휘집(mental lexicon)'이라는 비유도 같은 논리적 함정에 빠진다. 단어들의 발음, 문법적 용법(명사, 동사 등), 그리고 의미와 같은 내용을 저장한 사전(심성 어휘집) 같은 것이 뇌에 구현되어 있다고 자주 언급된다. 사전처럼 어떤 단어를 다른 단어들로 정의하는 것은 순환적인 문제를 안고 있다. 예를 들어, 사전에서 'power'의 정의를 찾아보면, 'strength or force exerted'라는 정의를 찾을 수 있다. 그런데 'force'를 찾으면 'power made operative against resistance'로, 'strength'나 'force'가 다시 'power'와 관계되어 정의되는 순환적인 구조를 가진다는 것이다. 간단히 말해 이미 다른 단어들의 의미를 알지 못하면 어떤 단어의 만족할 만한 정의를 알기란 불가능하다는 것이다. 이것을 언어학에서는 '기호의 근거 문제(symbol grounding problem)'라 한다.

이 순환성을 깰 수 있는 방법은 어떤 개념을 다른 개념에 의해 정의하지 않고, 환경에 존재하는 일반적인 것들과 우리의 상호작용(공유된 지각-운동경험)에 '근거해서' 정의하는 것이다. 예를 들면, '잡아당

기다' 또는 '(발로) 차다'라는 단어의 의미는 우리의 운동체계에 의한 행동에 근거해서, '달콤한' 또는 '초록'이라는 단어의 의미는 세계에 대한 우리의 지각적 경험에 근거할 수 있다. 따라서 우리의 '초록'에 대한 개념적 지식은 어떤 추상적인 정의(⑩ 초록에 해당하는 빛의 파장을 인식하는 것)라기보다 감각 경험과 연합된 것으로부터 기인할 수 있다. 후자 역시 의미 지식 속에 표상될 수 있지만 말이다. 이론마다 입장이 조금씩 다르지만, 근거 있는 개념은 학습된 것이거나 선천적일 수 있다. 분명히 추상적인 개념도 같은 방식으로 근거를 찾을 수 있다. 예를 들면, 숫자의 의미는 공간적인 요소들을 가지고 있다는 주장도 일종의 근거화의 예로 고려될 수 있고, 정서도 상황에 따른 몸의 느낌에 기초하여 정의될 수 있다는 제안도 그렇다. '체화된 인지(embodied cognition)'라는 용어는 의미를 표상하는 데 몸을 활용하는 것을 언급할 때 사용되는데, '근거된 인지(grounded cognition)'의 하위 분야로 고려될 수 있다. 의미기억에 관한 모형의 현재 지형은 범양태적인 모형에서부터 모두 근거된 것이라는 입장까지 가능한 모든 범위에 걸쳐 있다. 완전히 근거된 모형(Allport, 1985)에서 어떤 개념을 형성하는 다른 의미 자질들의 집합은 그것들이 획득된 다른 정보 채널에 각각 존재한다. 예를 들면, 전화기의 의미기억은 청각 영역(전화기에서 어떤 소리가 나는지), 시각 영역(그것이 어떻게 생겼는지), 행위 관련 영역(그것을 어떻게 사용하는지)에 각각 부분적으로 존재한다는 것이다. 각각 다른 영역의 지식은 서로 네트워크로 연결되어 있어서, 하나의 특성(⑩ 전화기의 소리)이 이 네트워크의 다른 부분(⑩ 그것의 모습과 관련된 행동)을 활성화시킬 수 있다. 이러한 입장에서는 의미기억으로부터 정보를 인출하는 것은 심상과 관련된 많은 처리가 동일하게 작용한다. 이러한 견해와 일치하는 증거가 있다. 예를 들어, "The ranger saw the eagle in the sky."라는 문장을 보면, 실험 참가자는 뒤이어 나오는 독수리(eagle)의 그림을 보고 더 빨리 독수리를 말할 수 있다(즉, 점화되었다고 할 수 있다). 그런데 중요한 것은 그 독수리 그림이 날개를 닫고 앉아 있는 경우보다, 날개를 활짝 펴서 날고 있는 그림일 때 더 빨라진다는 것이다.

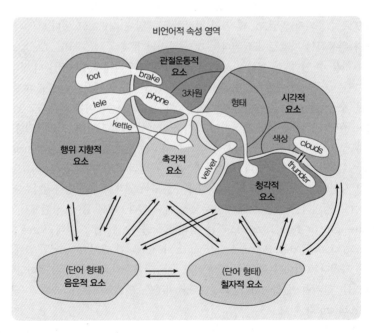

✪ 설명 : 올포트(Allport, 1985)의 모형에서 개념은 이분법적(⑩ 기능과 감각)으로 구분된다기보다 지식의 많은 다른 영역들에 걸쳐 분산되어 있다.

또 다른 극단에는 다소 약한 근거(weakly ground) 인지이론으로 분류될 수 있는 이론이 있는데, 그들은 의미기억의 핵심 시스템은 범양태적이나, 양태 특징적인 표상들은 핵심 시스템으로부터 일종의 하위 부산물로서 활성화될 수 있다고 가정한다. 따라서 앞의 예에서 '독수리'의 핵심 의미 표상은 그 모습의 지각적인 형상을 포함하지 않으나, 과제의 요구특성에 따라 그러한 이미지가 발생될 수 있다는 것이다 (필연적인 것은 아니라는 점).

의미 표상이 추상적이라는 입장과 근거된 인지이론의 중간에서 이 두 이론 모두에게 함의를 주는 모형도 있는데 허브-스포크 모형(hub-spoke model)이 그러한 예이다. 이 모형은 의미 정보를 감각 운동 처리에 관계된 다양한 영역들(스포크)에 저장하지만, 이 모든 스포크들은 중앙의 추상적인 의미 시스템(허브)에 연결되어 있다는 것이다. 이러한 다양한 모형은 다음에서 경험적 증거를 가지고 더 면밀하게 논의될 것이다.

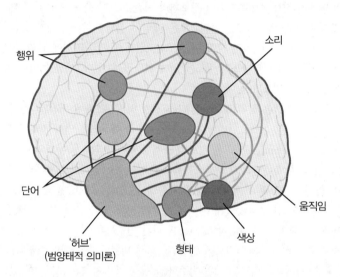

[하이브리드 모형]

✪ 설명 : 허브-스포크 모형은 범양태적 표상(전두엽에 있는 것으로 가정되는 '허브')과 감각 및 신체 운동 처리와 관련된 뇌 영역에 체화된 의미 속성들(스포크)을 모두 포함하는 의미기억의 하이브리드 모형이다.

(2) 위계, 의미 속성, 그리고 범주

범양태적이든 혹은 완전히 근거주의적이든, 모든 의미기억 이론은 어떤 단어(그리고 사물 등)의 의미가 기초 의미 속성들의 집합으로 분해될 수 있다고 가정한다. 그리고 이러한 속성들은 그물망을 통해 서로 연결되어 있다고 가정한다. 예를 들어, '사자'라는 단어는 동물, 육식성 등의 속성과 연결되어 있으며, '동물'이라는 속성은 먹다, 숨쉬다, 새끼를 낳다 등과 연결되어 있고 '숨쉬다'라는 속성은 폐 등과 연결되어 있다는 것이다. 따라서 예를 들면, "기린은 신장(kidneys)을 가지고 있는가?"와 같은 질문에 대해 결코 단 한 번도 이러한 의미 명제를 만난 적이 없다고 해도 상당한 신뢰성을 가지고 답을 할 수 있을 것이다. 비록 모든 모형은 개념들이 구성 속성들의 집합으로 이루어져 있다고 제안하지만, 다음의 질문에 대해 각각 다른 입장들을 취하고 있다.

- 그 속성들은 무슨 형식을 취하고 있는가? 범양태적인가, 근거 기반인가?
- 그 속성들은 어떻게 조직화되어 있는가? 위계적인가, 그렇지 않은가?
- 범주 정보(예 '동물'인가?)는 어떤 속성 수준의 정보(예 눈을 가지고 있음)에 부가되어 표상되어 있는가? 아니면 범주란 단순히 속성의 창발된 특성들인가?

구체적인 예를 들면, 콜린스와 퀸런(Collins & Quinlan, 1969)의 유력한 초창기 모형은 위계적인 조직을 가정하였다. 게다가 이 모형에서 속성들을 범양태적인 기호로 취급하였다. 따라서 연어의 속성이 '분홍색'이라는 것은 그 정보가 시각 기반 부호를 사용해서 저장되어 있다는 대안적인 주장과 달리, 색상에 대한 정보를 표상하는 것으로 해석하였다. 이 모형의 위계적인 본질을 지지하는 몇몇 증거가 있다. 사람들은 종달새를 새라고 분류하는 것을 동물이라고 분류하는 것보다 더 빨리 하는데, 이는 후자가 더 높은 상위 단계의 정보처리(추가적인 정보처리 시간을 요함)를 필요로 하기 때문이다. 하지만 이 모형에도 몇 가지 문제가 있다. 예를 들어, 모든 개념이 분명한 위계관계가 있는 것은 아니다[예 진실(truth), 정의(justice), 법(law)의 차이는?]. 또한, 위계 사이의 거리에 관한 효과도 그 두 단어 혹은 개념이 얼마나 자주 함께 나타나느냐 정도에 의해 설명될 수 있다. 예를 들어, 종달새와 새는 종달새와 동물보다 함께 쓰이는 빈도가 높다.

이런 다른 종류의 상위 혹은 하위 정보들이 다른 신경 하위구조물에 처리된다는 증거가 있다. 의미기억에서 중요한 역할을 하는 것으로 널리 알려진 외측·내측 측두엽은 언어 처리에서 '무엇' 경로를 형성한다. 로저스 등(Rogers et al., 2006)은 정보의 구체성에 따라 외측 측두엽의 다른 부분들이 활성화되는 것을 관찰하였다. 외측 측두엽의 후측에서 전측으로 가면서 점진적으로 구체적이고 세밀한 정보가 표상된다고 할 수 있는데, 즉 덜 특징적인 정보(예 동물)는 전측, 중간수준의 세밀한 정보(예 새)는 중간, 그리고 아주 구체적인 정보(예 종달새)는 후측에 배열되어 있다는 것이다. 이것은 어휘적인 의미론에 대한 어떤 연구들은 후측 측두엽을 강조하고, 또 다른 연구들은 전측 측두엽을 더 강조했는지를 설명할 수 있을 것이다. 즉, 어떤 종류의 정보(상위 위계, 하위 위계)를 판단했느냐에 따라 둘 다 맞을 수 있다. 전측 측두엽에 손상을 입은 환자는 상위 범주화(예 동물, 새) 능력은 보전되어 있는 반면, 하위 범주나 특정 사례(예 개, 래브라도)를 처리하는 데 어려움을 보였다. 이것은 측두엽의 전측 영역이 더 세밀한 의미 판단을 하는 경우에 활성화된다는 기능적 영상의 연구 증거와 일치한다.

콜린스와 퀸런(1969) 모형의 또 다른 특징은 범주 정보가 의미망에서 명시적으로 표상된다는 것이다[예 '동물 마디(animal node)' 혹은 '물고기 마디(fish node)' 등]. 몇몇 현대 모형들 또한 적어도 몇몇 의미 범주는 명시적으로 표상된다는 관점을 지지하고 있다. 카라마짜와 셸턴(Caramazza & Shelton, 1998)은 진화적 입장에서 적어도 몇몇 범주들은 아주 강력하다는 주장을 내놓았다. 제안된 범주는 동물, 식물(예 과일과 채소), 동종물(다른 사람), 그리고 아마도 도구이다. 다른 대안은 범주를 창발적 특성으로 보는 관점인데, 이는 유사한 개념들이 유사한 속성을 가지는 경향을 근거로 한다. 예를 들어, 동물은 눈과 입과 가지고, 자기 스스로 움직일 수 있는 등 유사한 속성을 함께 가진다. 반면 사람이 만든 물체들은 그 모양과 기능에 있어 구분되는 관련성(예 날카로운 단면을 가지는 것과 자를 수 있는 기능)을 가지는 경향성이 있다. 사물과 동물의 의미 속성에 대한 컴퓨터 시뮬레이션은 균등한 네트워크(즉, 다른 속성들이 거의 동일한 가중치를 가지면서 서로 연결됨)보다 다소 '울퉁불퉁'한 구조를 가진다. 즉, 어떤 속성들은 서로 가깝게 모여 있지만, 네트워크상에 다른 속성들과 거의 모두 연결된 것은 아니다. 이것은 의미기억이 뇌에서 구현되는 방식에 대해 암시를 준다. 일반적으로 뇌에서의 연결은 가능한 면

거리의 연결을 최소화하면서 국소적인 연결이 주축을 이루는 방식[소위 작은 세계 네트워크 (small-work networks)]일 것이다. 이렇게 되는 이유 중 하나는 좁은 두개골이라는 공간적 제약이 긴 연결들을 제한하기 때문일 것이다. 이 원리를 의미기억에 적용한다면, 서로 관련된 범주의 속성은 뇌 전역에 균등하게 분포되어 있다기보다 군집적으로 함께 모여 있을 것이라고 기대할 수 있다. 즉, '울퉁불퉁'한 구조는 연결성의 패턴일 뿐만 아니라 다른 종류의 의미 속성을 표상하기 위해 다른 뇌 영역이 특화된 것일 수 있다.

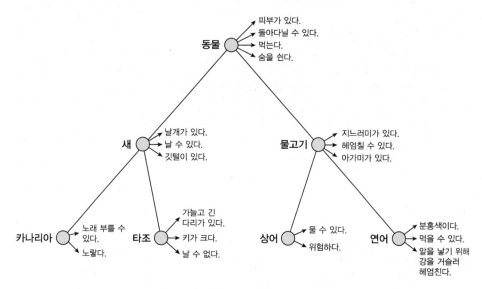

[콜린스와 퀄런(1969)의 모형]

⚙ 설명 : 의미 자질은 첫 번째로 접근되는 상위 계층 정보를 중심으로 위계적으로 조직화되어 있다. 이후 모형들은 지식이 상호 연결된 의미 자질들이 네트워크 형식으로 구성될 것이라는 생각을 포함하지만, 그것이 위계적으로 조직화되어 있다고 가정하지 않는다.

💡 더 알아두기 🔍

콜린스와 퀄런의 위계적 망 모형

1. 위계적 망 모형의 의의 및 특징
  • 위계적 망 모형(의미망 모형)은 본래 장기기억의 지식표상에 관한 것으로 TLC(Teachable Language Comprehender)라 불리는 컴퓨터 프로그램을 토대로, 의미적으로 관련된 단어들이 장기기억에 어떻게 표상되어 있고, 어떤 방식으로 처리되는지를 연구한다.
  • TLC에서 망은 마디(node)와 고리(link)로 구성되어 있다. 마디는 개념 (concept)에 해당하며, 고리는 마디 간의 관계를 표시한다.
  • 개념은 망 안에서 위계적으로 조직화되어 있다. 즉, 망 내의 연결이 개념들 간의 단순한 연합이 아닌 상위 또는 하위 개념 관계를 나타낸다는 것이다. 예를 들어, '동물'은 '새'의 상위 개념으로서, 동물과 새는 '이다'라는 관계로 연결되며, 이때 '이다' 관계는 범주 집합관계를 나타내 준다.

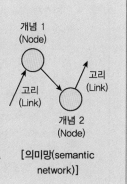

[의미망(semantic network)]

- 각 개념에는 여러 속성이 연결 저장되어 있다. 예를 들어, '카나리아'는 '노래를 부를 수 있다', '노란색이다'와 연결되어 있다.
- 동일한 상위 개념 범주에 속하는 여러 하위 개념들이 공통적으로 가지고 있는 속성들은 각 개념에 일일이 연결 저장된 것이 아닌 상위 개념에만 저장되어 있다. 예를 들어, '노란색이다'는 카나리아에 연결되어 있지만, '날개를 갖고 있다'는 카나리아나 타조는 물론 모든 새에 공통적이므로 '새'에 연결되어 있다. 마찬가지로 '호흡한다'는 모든 동물에 공통적이므로 '동물'에 연결되어 있다. 이와 같은 저장 방식은 저장 용량을 절약하기 위한 인지적 절약성에 기인한다.

2. 의미기억에 저장된 정보의 인출

- 우리가 문장을 이해할 때, 우선 문장 내의 모든 단어에 상응하는 개념 마디들이 기억의 망에서 먼저 접촉하며, 이후 그 개념 마디들과 연결된 모든 고리를 따라 탐색이 확산된다. 이때 탐색은 병렬적으로 일어나며, 용량 제한을 받지 않는 것으로 가정된다.
- 한 개념 마디로부터 고리를 통해 다른 개념 마디로 탐색이 이루어질 때 시간이 소요된다. 따라서 탐색하는 고리의 수가 많을수록 탐색에 소요되는 시간이 증가한다.
- 실제 문장검증과제를 통해 위계적 망 구조에서 탐색해야 할 개념 마디들의 수준이 많을수록 반응시간이 길어지는 결과가 나타났다.

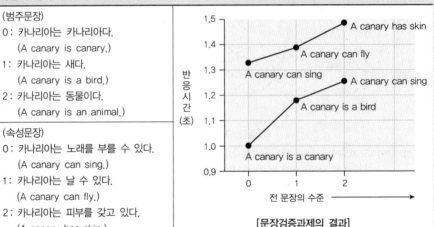

(범주문장)
0 : 카나리아는 카나리아다.
   (A canary is canary.)
1 : 카나리아는 새다.
   (A canary is a bird.)
2 : 카나리아는 동물이다.
   (A canary is an animal.)

(속성문장)
0 : 카나리아는 노래를 부를 수 있다.
   (A canary can sing.)
1 : 카나리아는 날 수 있다.
   (A canary can fly.)
2 : 카나리아는 피부를 갖고 있다.
   (A canary has skin.)

[문장검증과제의 결과]

3. 위계적 망 모형(의미망 모형)의 한계

- 인지경제성(cognitive economy) 원리에 부합하지 않는다.
  위계 구조에서는 위계 내 가장 높은 수준에 위치한 범주의 모든 사례에 적용하는 정보를 효율적으로 저장함으로써 낮은 수준에 위치한 범주에 정보를 반복 저장할 필요가 없는데, 이는 인지경제성 원리에 해당한다. 그러나 위계적 망 모형에서 문장검증과제의 검증 시간이 위계 수준의 함수에 부합하지 않는 경우가 있다. 예를 들어, '포유동물'은 '동물'의 하위수준임에도 불구하고, '개는 동물이다.' 보다 '개는 포유동물이다.'의 문장에서 검증 시간이 더 많이 소요되었다.
- 전형성 효과(typicality effect)를 잘 설명하지 못한다.
  범주 소속성 판단 속도에 있어서, 동일 범주(예 새)에 속하는 사례들이라 할지라도 더 전형적인 사례(예 참새)에 대한 판단 속도가 전형적이지 않은 사례(예 타조)에 대한 판단 속도보다 빠르다는 점을 설명하지 못한다.

(3) 범주 특수성 : 생물-무생물 논쟁

이제 다른 종류의 의미 속성(그리고/혹은 범주)이 다른 뇌의 영역에 표상되어 있다는 증거를 고려해보자. 이를 위하여 뇌 손상 연구들(의미 결함의 선택적 패턴)과 기능적 영상 연구에서 온 증거들을 함께 고려해보고자 한다. 이 시점에서 '속성'과 '범주'의 차이를 명확히 할 필요가 있다. 일반적으로 속성이라는 용어는 어떤 본보기의 특성(예 '초록색', '눈이 있음')을 말하며, 범주라는 용어는 본보기의 집합을 의미한다. 용어 사이의 구분은 다소 모호한 측면이 있다. 예를 들어, 색이라는 것을 고려해볼 때, 색은 일반적으로 하나의 의미 속성(예 과일, 채소 혹은 동물의 색)으로 간주되지만, 또한 색 자체가 하나의 범주로 간주되기도 한다.

① 감각-기능 구분

1980년대 초반에 출판된 2개의 논문이 의미 범주의 신경 조직에 대한 줄기찬 논쟁을 점화시켰다. 워링턴과 매카시(Warrington & McCarthy, 1983)는 상대적으로 무생물 물체에 대한 지식은 손상된 반면, 동물, 음식, 그리고 꽃에 대한 지식은 보존하고 있는 뇌 손상 환자 사례를 기록했다. 그 다음 해, 워링턴과 셸리스(Warrington & Shallice, 1984)는 정반대의 뇌 손상 환자 4명을 보고했다. 이들 환자는 그림이나 단어들을 이해하는 데 장애가 있었고, 그림을 보고 이름을 대거나 그림과 단어를 짝짓는 과제도 제대로 수행할 수 없었다. 이러한 패턴을 설명하기 위해 워링턴과 셸리스(1984)는 감각-기능 구분(sensory-functional distinction)을 제안하였다. 그들은 특정 범주들이 특정 종류의 지식에 더 많이 의존한다고 제안하였다. 동물, 과일, 그리고 채소는 주로 그것들의 감각적 특성(색, 모양, 네 다리 등)에 의해 정의되는 반면 무생물 물체들, 특히 도구들은 그것들의 기능에 의해 정의될 수 있다는 것이다.

이 이론의 원래 버전에서는 감각-기능 의미 특성들이 뇌의 지각 영역과 행위 영역에 의존할 것이라는 주장은 없었다(왜냐하면, 의미 속성들이 범양태적이라고 가정했기 때문에). 그러나 다른 학자들은 이러한 주장을 뒤이어 내놓았다(예 '감각 운동'이론 ; Martin & Chao, 2001). 기능적 영상 연구는 측두엽의 다른 영역들이 도구의 움직임과 인간의 움직임에 각각 선택적인 활성화를 보여주었고, 게다가 같은 영역들이 도구들과 동물의 이름을 명명하는 과정에도 관계하는 것을 보여주었다.

감각-기능 이론은 폭넓은 증거들에 의해 도전받았다. 생물 범주의 특수적인 손상을 보인 뇌 손상 환자들은 동물과 사물의 기능적인 측면에 대한 질문들에 비해 감각적인 측면에 대한 질문에 필수적으로 손상을 보이는 것은 아니었다. 반대로 어떤 환자들은 감각 속성들을 이해하는 데 선택적으로 장애를 보이지만, 예측되는 범주 특수적인 손상을 보이지 않았다. 이것은 감각에 대한 지식과 동물에 대한 지식이 독립적으로 손상될 수 있음을 암시한다. 이것은 의미기억이 동질적이지 않다(즉, '울퉁불퉁'하다)는 일반적인 생각을 지지하지만, 동물 범주가 감각적인 속성들에 대한 지식에 기인해서 출현한다는 구체적인 생각을 지지하지 않는다.

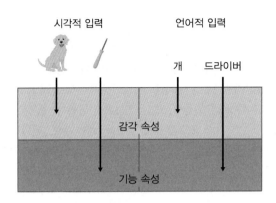

[감각-기능 구분]

✿ 설명 : 의미기억은 동물, 도구, 음식 등과 같이 범주적으로 분포하기보다 기능 vs 감각 세부특질들에
따라 조직화되어 있을 것이라고 주장되어왔다.

② **감각-기능 구분을 넘어선 고려**

감각-기능 모형을 뒤이은 많은 연구는 단어에 대한 의미기억이 많은 다른 영역의 지식(행동, 모양,
움직임 등에 기초하는)으로 분산되어 있다는 기본 가정을 유지하지만, 그러한 속성들이 이분법적으
로 분리된다(예 감각-기능)는 언급을 회피하였다. 이를 지지하는 증거는 동물과 도구를 넘어서 다른
범주들에 대한 고려에서 나왔다.

㉠ 음식

많은 연구가 과일과 채소에 대한 이해의 손상(impariment)은 상대적으로 동물과 인공물에 남
아 있는 이해와 해리될 수 있음을 보여왔다. 삼손과 필론(2003)이 보고한 사례를 보면, 그 손상
은 제조된 음식들까지 확장되었고, 모든 이해 과제들에서 발견되었으며, 다른 종류의 의미적인
특성들을 물어봤을 때도 발견되었다. 그 환자는 주어진 흑백 그림에 대해 정확한 색상을 선택할
수 있었는데, 이는 감각 속성들에 대한 지식(적어도 색상에 대한 것)은 크게 손상이 없다는 것을
말해준다. 그들은 음식은 범주적으로 표상되어 있다고 주장하면서 카라마짜와 셸턴(1998)의 주
장을 뒷받침하였다.

㉡ 색상

루자티와 다디도프(Luzzatti & Davidoff, 1994)는 색상의 이름을 말할 수 있으나, 흑백 그림(예
토마토 그림)을 보고 색상 정보를 인출할 수 없는 환자를 보고하였다. 그 환자가 실제 색상을
명명할 수 있다는 사실은 지각적인 문제나 색상 단어 그 자체를 잃어버렸을 가능성을 배제시킨
다. 기능적 영상은 색상을 지각하는 것과 아는 것은 다르다는 주장을 지지한다. 다른 환자는 사
물의 색상을 이해하는 데 문제가 있었으나 사물의 형태나 크기, 그리고 기능에 대한 지식은 보존
된 상태였다. 흥미롭게도 그 환자는 그 어떤 범주 특수적인 손상을 보이지 않았다(예 과일이나
채소 범주의 색상에만 문제가 있는 것은 아니었다). 따라서 특별한 지식 영역(예 색상)에 선택적
인 어려움이 있을 수 있고, 그 자체가 어떤 범주의 효과임을 밝히는 것은 아니다.

㉢ 신체 부위

어떤 환자들은 다른 생물 범주에 비해 신체 부위에 대한 지식을 상대적으로 보존하고 있었다.
이와 반대로, 다른 환자들은 신체 부위들을 이해하는 데 문제가 있기도 하였다. 신체실인증

(autotopagnosia) 환자들은 신체 부위를 그들 자신의 몸이나, 그림이나 혹은 다른 사람의 몸을 통해서도 어디에 위치하고 있는지 파악하지 못하며, 그들의 실수는 개념적인 것으로 보인다. 예를 들어, 그들은 무릎 대신에 팔꿈치를 가리키거나, 눈 대신에 귀를 가리킨다. 이 예에서 그 손상은 신체 부위에 대한 지식 중 특정 측면, 즉 그것들의 위치에 대한 지식에 관한 것이다. 이 문제는 단지 위치를 파악하는 능력 자체나 감각 운동 손상 때문이 아니며(예 그들은 장갑이나 넥타이의 위치를 문제없이 표시할 수 있음), 신체 범주에 대한 모든 지식의 손상도 아니다(예 그들은 입이 먹는 행위에 사용된다는 것을 알고 있으며, 신체 부위의 그림을 보고 명명할 수 있었음). 신체 부위의 경우에는 어떤 분리될 수 있는 범주로 작용하기보다는 다른 의미 속성이 다르게 표상된 것처럼 보인다(예 신체의 위치 vs 기능).

ㄹ 행위 그리고 동사

행위 개념은 동사의 문법적인 범주와 상당히 가깝게 일치하는 경향이 있다. 논리적으로 한 단어로 부호화되지 않는 행위 개념을 가질 수 있는 것으로 보인다. 예를 들어, "주전자를 올려 놓다."라는 행위 개념을 표상하는 한 단어는 없다. 게다가 동사들의 의미는 실행 방법(예 팔이 아닌 다리로 차다), 행위의 대상이 될 수 있는 물체의 종류(예 들어 올리는 행위는 어떤 물체가 있음을 암시하지만, 웃다는 그렇지 않다), 그리고 의도(intention)와 같은 다른 종류의 정보를 포함할 수 있다. 많은 동사는 구체적인 행동을 지시하지도 않는다(예 공경하다, 생각하다). 그러므로 행위 개념은 의미기억을 구성하는 것으로, 동사들은 단어의 문법적 특성을 구성하는 것으로 생각하는 것이 도움이 된다. 경험적 증거는 동사/행동의 문법적 특성과 개념적 특성의 구분을 대부분 지지한다.

그러나 몇몇 학자들은 명사와 동사의 차이를 오직 의미적인 차이로 설명하고자 하였다. 버드 등(Bird et al, 2000)은 "왜 동사는 무생물 물체와 같은가?"라는 질문을 던졌다. 이 그룹의 학자들에 따르면 그 해답은 동사들과 도구들은 모두 감각-기능 구분에서 기능적 측면을 강조하기 때문이라고 주장한다. 이 주장을 지지하는 뇌 손상 연구들은 좌측 두정-전두 영역이 행위와 도구의 이해과정 모두에 관련된다는 것을 보여주었다. 게다가 사건 관련 기능적 자기공명영상은 '핥다', '집다', 그리고 '차다'와 같은 동사들이 운동피질에 있어 입, 손가락, 다리에 해당하는 영역과 겹치거나 그 근처의 영역들을 활성화시키는 것을 보여 줬다. 그러나 명사/동사 구분과 비교해 행위 개념들을 직접적으로 비교한 연구들은 영향력이 독립적임을 보여주었다. 단어의 속성(추상적인 속성, 매우 시각적인 속성, 그리고 시각과 운동 속성을 함께 가진 속성)과 문법적 범주(명사, 동사)를 대조한 ERP 연구는 상호작용 없이 독립된 주 효과들을 발견하였다. 경두개 자기 자극술(TMS) 연구는 행위들과 연합된 명사와 동사의 인출이 운동피질의 자극으로 인해 방해받지만, 행위와 관련 없는 단어들은 그렇지 않았다. 요약하자면 행위 개념들은 상대적으로 특화된 범주로 나타나며, 이것은 명사와 동사의 차이와 곧바로 일치되는 것은 아니다.

ㅁ 고유명사

'마이클 잭슨', '파리', 그리고 '라씨'와 같은 고유명사는 특정 사례를 표시하는 반면, 이에 각각 해당하는 '대중가요 스타', '도시', 그리고 '개'와 같은 보통 명사들은 실체들의 집단을 가리킨다. 다른 범주들과 마찬가지로 어떤 범주 특성의 손상이 단어 인출이나 문법적인 메커니즘의 손상이라기보다 개념적 시스템의 손상을 반영하는 것인지를 분명히 하는 것이 중요하다. 어떤 환자들은 고유명사를 인출하는 데 심각한 어려움이 있다[고유명사 명칭실어증(proper name anomia)

이라 불림]. 하지만 그들은 그것이 지칭하는 대상을 이해할 수 있기에 문제는 의미체계에 있는 것이 아니라는 것을 암시한다. 그러나 그 결함이 의미체계와 관련된 것이라는 다른 경우도 보고되었다. 엘리스 등(Ellis et al., 1989)은 좌측 측두엽을 절개한 후, 유명인사나 유명한 동물, 유명한 건물, 그리고 상표 이름과 같은 '단일 물체'를 이해하거나 명명할 수 없는 환자의 사례를 보고하였다. 동물 혹은 다른 범주들 그 자체에는 어려움이 없었다. 그 반대의 해리도 보고되었다. 그렇다면 고유명사는 의미 시스템에서 범주적으로 표상된 것일까? 이 설명은 너무 간단하게 모이는데, 왜냐하면 고유명사 범주 내에서도 해리가 보고되었기 때문이다. 어떤 사례에서는 사람들에 대한 지식은 손상되었는데, 장소에 대한 것은 손상되지 않았고, 그 반대 효과를 보이는 경우도 있었다.

ⓑ 숫자

숫자와 다른 개념들 간에 이중 해리 현상, 즉 숫자 개념들은 보존된 반면 다른 개념들은 손상되거나, 반대로 숫자 개념은 손상되었지만 다른 개념들은 보존된 사례가 있다는 것은 흥미로운 점이다. 수에 대한 지식 표상은 실제적인 범주적 구분이라고 종종 주장된다.

ⓐ 범양태적 허브 손상으로서의 의미기억 상실형 치매

앞에서 제시된 많은 증거는 특화된 클러스터들의 분산된 네트워크로서의 의미기억이라는 일반적 견해를 지지한다. 한 개관 논문은 그것을 다음과 같이 표현했다. "의미기억의 신경해부학적 위치에 대한 탐색은 우리를 어디에도 데려가지 못했고, 동시에 모든 곳으로 이끌었다." 그러나 의미기억 상실형 치매, 즉 다른 인지적인 기능들은 보존되면서 거의 모든 지식 영역에 걸쳐 의미기억만 선택적으로 손상되는 신경퇴행질환이 있다. 이것은 거의 모든 의미 범주나 자질(물론 환자들에 따라 조금씩 다르긴 하지만)에 걸쳐 영향을 미치는 경향이 있다. 이것은 측두극(temporal poles)의 퇴화와 연결된다. 이는 의미기억의 저장에 특별히 중요한 뇌의 영역이 있다는 것을 의미한다. 물론 다른 많은 영역도 어떤 역할들을 하지만 말이다.

패터슨 등(Patterson et al., 2007)은 의미기억 상실형 치매를 다른 의미 자질('스포크'라 지칭)을 함께 묶는 역할을 하는 범양태적 의미 저장소('허브'라고 지칭)의 손상으로 설명하였다. 그런데 도대체 왜 범양태적 허브가 필요한가? 이 모형에 따르면 허브는 예외적인 사례(예 펭귄, 타조)를 범주화할 수 있고, 표면적으로 다른 개체들을 한 집단으로 묶는 역할을 할 수 있다(예 새우와 조개관자를 해산물로 묶음). 의미기억 상실형 치매가 있는 환자들은 예들이 전형적일 때는 상대적으로 정확하게 그림들을 범주화할 수 있지만(예 개를 동물로), 비전형적인 예들을 범주화하기 힘들어한다(예 타조를 새로). 의미 속성들을 선택하라고 요구할 때 범주 전형적인 답을 선택하는 편향을 보인다. 예를 들면, 그들을 당근의 색깔을, 많은 채소의 색깔인 '녹색'으로 선택한다. 간단히 말해 의미기억 상실형 치매가 있는 환자들은 속성들의 확률에 근거하여 범주 구분을 할 수 있지만, 학습한 분류체계나 예외 규칙을 포괄하는 상식에 기초하여 범주 구분을 할 수 없다. 이는 아마도 후자를 가능하게 하는 특별한 기제의 존재를 암시하며, 그것은 내측 측두엽의 구조들(학습과 기억에 관계된)과 그 근처의 측두극(의미기억 상실형 치매에 손상된)과의 상호작용에 의존할 것이다.

그림 　　　　　　(몇 초 후)
따라 그린 그림

항목	1991년 9월	1992년 3월	1992년 9월	1993년 3월
새	–	–	–	동물
닭	–	–	새	동물
오리	–	새	새	개
백조	–	새	새	동물
독수리	오리	새	새	말
타조	백조	새	고양이	동물
공작	오리	새	고양이	탈 것
펭귄	오리	새	고양이	동물의 부분
수탉	닭	닭	새	개

✪ 설명 : (그림) 의미기억 상실형 치매 환자들에게 왼쪽 그림을 보여주고 몇 초가 지난 후에 따라 그릴
　　　　것을 요구하면, 그들은 각 동물 범주의 전형적인 특성은 잘 재현해내지만, 특별한 사례의
　　　　비전형적인 특징은 종종 빠뜨린다(예 낙타의 혹, 물갈퀴).

　　　　(표) 의미기억 상실형 치매가 진행될수록 동물들의 이름을 붙일 때 점차 대표적인 범주의 이름을
　　　　사용하는 경향이 있다.

(4) 브로카 실어증과 베르니케 실어증

① 브로카 실어증(Broca aphasia)

㉠ 브로카 실어증 증상

ⓐ 언어 산출 장애

브로카 실어증을 앓는 환자들은 언어 산출에 장애를 보인다. 브로카 실어증 환자들은 단어를 말하는 것에 상당한 어려움을 느끼며 말소리가 아닌 다른 소리는 낼 수 있다. 또한, 얼굴을 움직이기 위해 입과 입술을 사용할 수 있다(예를 들어, 촛불을 끄기 위해 입과 입술을 사용하는 것). 장애가 언어 영역에 국한되어 있었기 때문에 브로카(Broca)는 이러한 환자들이 손상을 입은 뇌 영역을 브로카 영역으로 명명하였고, 언어 산출(speech output)을 프로그래밍하는 데 중요한 역할을 한다고 여겼다.

ⓑ 전보어 사용

전보어는 문법에 맞지 않고 자주 끊어지며 유창하지 못한 언어로 명사나 동사와 같은 내용어(content words)만 말하고, 기능어(function words)와 단어 어미(word ending)는 생략되는 경향이 있다.

㉡ 브로카 실어증을 초래하는 병변 부위

ⓐ 브로카 실어증은 좌반구에 손상을 입을 때 초래된다.

ⓑ 브로카 실어증이 중심열의 전측 부위의 손상으로 초래된다. 전측 영역들이 운동 산출에 관여하기 때문이다. 그러나 병변 부위가 운동띠에 포함되어서는 안 된다. 왜냐하면, 브로카 실어증이 안면근육이나 성대근육의 마비 때문에 초래되지 않기 때문이다.

ⓒ 브로카 실어증의 병변 부위는 전두엽의 복측의 손상으로 초래된다. 브로카 실어증은 전형적으로 운동띠 중 얼굴의 움직임을 담당하는 부위보다 전측에 위치하는 병변의 손상으로 초래된다.

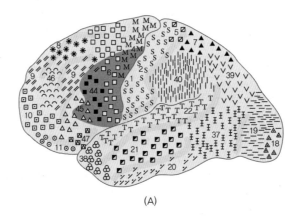

(A)

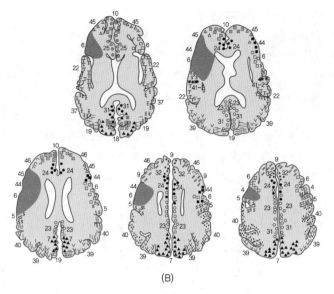

(B)

[브로카 실어증을 초래하는 병변 부위]

❂ 설명 : 브로카 실어증을 앓는 한 환자에서 관찰된 병변 부위이다.

(A)는 외측면에서의 병변 위치이고 (B)는 손상을 입은 뇌 영역의 가장 하위(윗줄 왼쪽 슬라이스)에서 가장 상위 영역(아랫줄 오른쪽 슬라이스)을 보여주고 있다. 이 환자에서 관찰되는 손상 부위에는 브로카 영역(브로드만 지도 44번과 45번)뿐만 아니라 운동 영역과 전운동 영역(4번과 6번)도 포함되어 있다.

② 베르니케 실어증(Wernicke's aphasia)

㉠ 베르니케 실어증 증상

ⓐ 언어의 이해는 장애를 받지만 유창한 언어 산출이 가능한 언어장애이다. 여기에서 말하는 유창함이란 베르니케 실어증 환자들이 주저함 없이 정확한 발음으로 그리고 말을 구성하는 모든 요소를 다 포함하여 언어 산출을 하기 때문에 사용되었다.

ⓑ 말 비빔(word salad) 현상이 있다. 말 비빔 현상은 단어들만 질서없이 뒤죽박죽 나열되는 경향을 말하는데, 베르니케 실어증 환자들에게 나타나는 현상이다. 실제 베르니케 실어증 환자들의 말은 지나치게 뒤죽박죽이어서 적절한 의학적 훈련을 받지 않은 사람은 이 환자들을 신경과 의사보다는 정신과 의사에게 의뢰할 수도 있다.

ⓒ 특정 단어를 말하는 데 오류를 보이기도 하는데 이를 착어증(paraphasias)이라고 한다. 착어증은 의미 착어증(semantic paraphasias)과 음소 착어증(phonemic paraphasias)으로 구분될 수 있다. 의미 착어증은 말하고자 의도한 단어와 의미가 유사한 다른 단어로 대체되는 경우이고(예 barn을 house로 대체), 음소 착어증은 대체된 단어가 의도한 단어와 유사한 발음을 가지는 경우를 의미한다(예 table을 trable 혹은 fable로 대체).

ⓓ 말소리를 결합하여 단어를 말하지만 실제 존재하지 않는 단어를 말하는 신생어(neologisms)를 보이기도 한다(예 galump, trebbin).

ⓔ 언어를 이해하는 데 심한 장애를 보인다. 예를 들어, "파랑색 정사각형을 지적하세요." 혹은 "숟가락을 집으세요."와 같은 간단한 지시도 이해하지 못한다.

ⓛ 베르니케 실어증을 초래하는 병변 부위
　　ⓐ 베르니케 실어증은 중심열의 후측 부위의 손상으로 초래된다. 후측 피질 중 일차 청각 영역인
　　　헤슬회 가까이에 위치하는 상측두엽 손상으로 초래된다.
　　ⓑ 베르니케 실어증은 두정엽이 병변 부위일 가능성이 있다. 감각정보가 의미와 연결되어야 하
　　　기 때문이다.

브로카 실어증과 베르니케 실어증을 초래하는 병변이 브로카 영역과 베르니케 영역에 국한되어 있
는 것이 아니라 이 영역 주변의 조직(예를 들어, 백질)들도 포함된다. 이 두 영역은 주요 손상 부위들
이지만 이 영역들만의 손상으로는 실어 증후군이 초래되지 않는다.

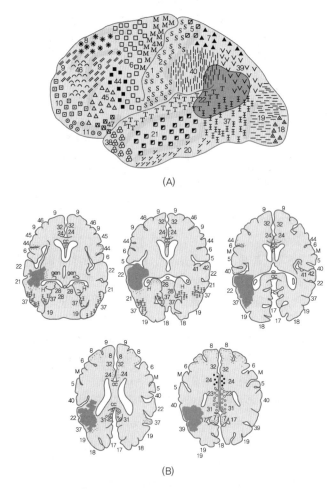

(A)

(B)

[베르니케 실어증을 초래하는 병변 부위]

✚ 설명 : 베르니케 실어증을 앓는 한 환자에서 관찰된 병변 부위이다. (A)는 외측면에서의 병변 위치이고,
　　　(B)는 손상 영역의 가장 하위(윗줄 왼쪽 슬라이스)에서부터 가장 상위 영역(아랫줄 오른쪽 슬라
　　　이스)을 보여주고 있다. 일반적으로 베르니케 영역(브로드만 22번)뿐만 아니라 일차 청각영역
　　　(41번과 42번)도 손상되어있다. 때로 병변이 중측두회(37번의 일부와 21번)와 각회(39번)까지
　　　확장되어 있다.

⚠️ 더 알아두기 🔍

전도성 실어증

베르니케는 다른 유형의 실어증도 존재한다고 제안하였는데 바로 전도성 실어증이다. 베르니케는 브로카 영역은 언어 산출에 중추적인 역할을 담당하고, 베르니케 영역은 언어 이해에 중요하다고 여겼다. 만약 이 두 영역을 연결하는 경로에 손상을 입으면 방금 들은 말을 복창하는 것의 어려움이 초래된다고 주장하였다. 이는 베르니케 영역에 의해 수용된 소리 이미지가 말 산출에 관여하는 브로카 영역으로 전달되지 못하기 때문이다. 그러나 비록 두 영역을 연결하는 경로에 손상을 입더라도 브로카 영역과 베르니케 영역은 손상을 입지 않기 때문에 언어 산출과 언어 이해는 정상적으로 기능한다.

[전도성 실어증을 초래하는 병변 부위]

> ✪ 설명 : 여섯 명의 전도성 실어증 환자들에게서 관찰된 병변 부위이다. (A)는 외측면에서의
> 병변 위치이고 (B)는 손상 영역의 가장 하위(윗줄 왼쪽 슬라이스)에서부터 가장
> 상위 영역(아랫줄 오른쪽 슬라이스)을 보여주고 있다. 병변 부위에는 뇌섬엽(실비
> 안 열 안에 묻혀 있는 부위, 브로드만의 22번, 41번과 42번이 포함된다)이 포함된
> 다. 연상회(40번)의 상측 영역도 자주 손상되어 있다.

③ 리히트하임의 언어 과정 모델

리히트하임(Lichtheim)은 베르니케 모델을 더 확장한 모델을 제안하였다. 언어 산출에 관여하는 뇌 영역과 소리 이미지를 처리하는 뇌 영역 외에도 단어의 의미를 저장하는 뇌 영역인 개념센터가 존재한다고 제안하였다. 단일의 '개념센터'가 뇌에 존재하지 않는다고 추후에 밝혀짐에 따라 비록 이 모델이 단점을 가지고 있는 것으로 알려졌지만 자주 관찰되는 특정 실어 증후군이 존재하는 것을 예견하는데 이 모델이 유용하게 사용되었다.

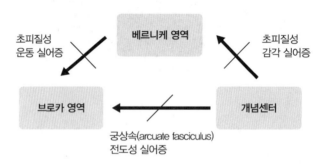

[리히트하임(Lichtheim)의 언어 과정 모델]

㉠ 개념센터와 브로카 영역

개념센터와 언어 산출 센터(브로카 영역)가 분리되면 언어 산출이 장애를 받을 것으로 가정(말을 하고자 하는 생각이 말로 전환되지 못하기 때문에)하였다. 그러나 브로카 영역 자체는 손상을 입지 않기 때문에 다른 경로를 통하여 브로카 영역과 연결만 된다면 어느 정도 언어 산출이 가능할 것으로 가정하였다.

㉡ 베르니케 영역과 브로카 영역

베르니케 영역에 위치하는 소리 이미지 체계는 직접적으로 브로카 영역과 연결되어 있다. 따라서 손상을 입지 않은 직접적 경로를 통하여 방금 들은 말을 자동적으로 따라 말할 수 있는 능력, 즉 복창 능력이 유지될 것이라고 실어증 연구자들은 가정하였다. 실제 이러한 증후군이 존재하며, 이는 초피질성 운동 실어증(transcortical motor aphasia)이라고 불린다. 이 환자들은 브로카 실어증 환자들에서 관찰되는 증상과 유사한 증상을 보이고, 단지 이들에게 복창 능력이 유지된다. 때로 이 환자들은 방금 들은 말을 강박적으로 따라 말하는데, 이러한 특징을 반향어(echolalia)라고 한다.

㉢ 개념센터와 베르니케 영역

실어증 연구자들은 단어의 소리 이미지를 처리하는 영역과 개념센터 사이의 연결이 분리될 경우 초래되는 경우 단어의 의미를 해석하는 것의 장애를 야기할 것이라고 가정하였다. 그러나 소리

이미지를 담당하는 영역과 언어 산출 영역은 손상을 입지 않기 때문에 방금 들은 단어를 복창하는 것이 가능할 것이라고 가정하였다. 이러한 특징을 가지는 증후군 역시 관찰되었으며 이는 초피질성 감각 실어증(transcortical sensory aphasia)으로 알려져 있다. 이 증후군이 있는 환자는 베르니케 실어증 환자와 유사한 증상을 보이고 단지 이 환자들은 복창과 반향어를 보인다.

ⓔ 전실어증

언어 체계의 여러 부위에 광범위한 손상을 입을 경우(예 언어 산출 센터와 소리 이미지 센터 모두에 손상을 입음) 언어 이해뿐만 아니라 언어 산출에도 어려움을 가질 것으로 가정하였다. 이러한 특징을 가지는 실어증 역시 관찰되었으며, 이를 전실어증(global aphasia)이라고 한다. 이 증후군은 좌반구 브로카 영역과 베르니케 영역뿐만 아니라 이 두 영역 사이에 위치하는 영역들을 포함한 광범위한 부위의 손상으로 초래된다.

3 문장 이해와 산출

단어들의 문법적 요소는 문장 속에서 단어의 구조나 순서, 즉 구문(syntax)을 결정한다. 이것은 청자로 하여금 누가 무엇을 누구에게 하는지를 파악할 수 있게 한다. 다음 세 문장을 고려해보자. 문장 A와 B는 다른 의미를 가지지만 같은 구문이며, 문장 A와 C는 같은 의미지만 다른 구문이다.

A : The boy hit the girl.
B : The girl hit the boy.
C : The girl was hit by the boy.

일반적으로 경험적 증거들은 문장의 의미를 처리하는 과정이 단어들의 의미를 처리하는데 사용되는 신경 자원을 동일하게 사용할 것이라고 제안한다. 그러나 문장의 구문을 처리하는 것은 (적어도 일부분은) 의미 처리와 분리되며, 작업기억과 같은 일반적인 자원을 사용하는 것과도 분리되는 과정이라는 주장을 뒷받침하는 더 강력한 증거들이 있다.

(1) 문장 처리에 있어 브로카 영역의 역할

논쟁을 일으킨 한 가지 주장은 문장 이해와 산출에 모두 관련된 구문 처리기가 존재한다는 것과 이것이 브로카 실어증 증후군과 연합된다는 것이다. 브로카 실어증은 '문법의 손실'을 의미하는 실문법증(agrammatism)으로 불린다. 전형적인 증상은 기능어(예 of, at, the, and), 결합 형태소(예 –ing, –s), 그리고 때때로 동사들이 생략된 채 멈칫멈칫하는 '전보식(telegraphic)' 발화이다. 예를 들어 주어진 '과자 도둑질' 장면을 기술할 때 환자는 "cookie jar … fall over … chair … water … empty … "와 같이 말하였다. 브로카 실어증에 대한 19세기의 일반적인 관점은 발화 운동 형태의 손상이라는 것이었다. 이것은 관찰된 실문법적 특성을 설명하기 어렵다. 게다가 추후 연구들은 조음 결합은 다른 부위의 손상에 의해서도 야기됨을 보였고, 브로카 자신의 사례들조차 더 손상 부위가 광범위했음을 고려할 때, 그들은 더 다양한 결함을 가졌을 가능성이 있다.

✪ 설명 : 실어증 환자들의 문장 산출 능력은 '과자 도둑질'과 같은 복잡한 그림을 보여주고 장면을 기술해
　　　　보라는 과제를 통해 평가된다.

브로카 실어증 환자들은 언어 산출에 비해 언어 이해는 괜찮다는 19세기 관점은 1970년대까지 지속되
었다. 하지만 "The bicycle that the boy is holding is broken."과 같이 겉으로 복잡하게 보이는 많은
문장은 최소한의 통사적 지식과 내용어들만 있어도 이해될 수 있다(bicycle … boy … hold … broke).
그러나 구문 이해가 필수적인 문장이 주어졌을 때 이 환자들의 장애는 분명하게 나타났다. 예를 들어,
"The boy is eating the icecream."이라는 문장은 아이스크림이 소년을 먹을 수 없다는 사실이 의미적
으로 이미 배제되지만, "The boy is chasing the girl."과 같은 문장은 구성하는 단어들의 의미만으로
는 분명하게 해석되기 어렵다(소년, 소녀 모두 누군가를 쫓아갈 수 있으므로). 카라마짜와 쥬리프
(Caramazza & Zurif, 1976)는 브로카 실어증 환자들이 후자의 문장 형식에 손상이 있음을 보여주었다.

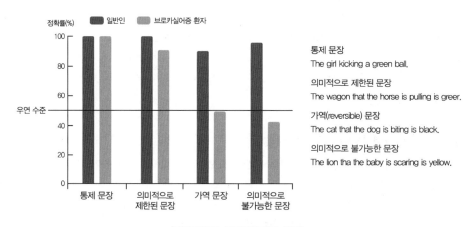

[카라마짜와 쥬리프(1976) 실험]

✪ 설명 : 브로카 실어증 환자 그룹 연구에서 카라마짜와 쥬리프(1976)는 실험 참가자들이 그림-문장 맞
　　　　추기 과제에서 동사의 주어와 목적어가 의미보다 통사에 의해 결정될 때 문장을 이해하는 데
　　　　특별한 문제가 있음을 발견했다.

앞서 언급한 일련의 증거들은 영상기술이 부족했던 1970~1980년대 증거들로 현재 관점은 브로카 영역은 다양한 기능을 하며 적어도 기능적으로 2개의 하위 부분 영역으로 나누어진다는 것이다. 뒷부분은 BA 44(BA 6 전운동피질까지 연장)를 구성하며, 앞부분 BA 45(BA 47까지 연장)를 구성한다.

① **브로카 영역의 각 역할**

　㉠ BA 44 영역

　　ⓐ BA 44는 위계적 구조 처리와 일반적인 행동의 순서를 정하는 과정과 관련된다. 이것은 문장에서 단어들의 구문 구조를 포함한다(꼭 이것에만 제한적인 것은 아니지만).

　　ⓑ 음성 지각의 청각–운동 배측 경로와 연결되어 상위 수준의 말소리 운동 계획과 관련되며, 혹은 발화나 다른 몸짓의 거울 뉴런 시스템과도 관련이 있을 수도 있다. 이것은 지금까지 발화를 위한 실질적인 운동 프로그램을 포함하지 않는 상위 수준으로 고려된다. 물론 말소리의 운동 산출도 위계적인 의존성(음소, 음절, 어구 수준의 운율)이 있으므로, 문장 처리(이를 위한 처리 단위는 명사, 동사, 전치사와 같은 문법 범주)와 마찬가지로 유사한 계산 과정이 있을 수 있다.

　　ⓒ 구문 구조의 복잡성이 증가함에 따라 BA 44 영역의 활동이 증가하는 것을 발견했다. 이때 구문 구조의 복잡성은 독일어에서 단어들의 순서가 전형적인 순서 혹은 비전형적인 순서이냐에 따라 조작되었다. 그들은 또 다른 연구에서 실제 단어들과 문법을 사용하지 않고, 의미없는 음절과 인공적인 구문 구조를 사용한 인공적인 문법을 구성하였다. 즉, 문법적 범주(명사, 동사와 같은)를 사용하는 대신, 임의적인 범주들을 새로 만들고(예 A 범주는 'i'를 포함하는 모음, B 범주는 'u'를 포함하는 모음), A와 B가 나타날 수 있는 순서와 관계하여 새로운 문법적 규칙(위계적 복잡성이란 관점에서 다른)을 사용했다. 문법적인 순서에 노출된 이후(학습 단계). 어떤 순서가 문법적인지, 비문법적인지를 판단하도록 했다(시험단계). 시험단계에서 문법적 판단은 BA44 영역의 활성화를 이끌었고, 문법적 복잡성에 따라 그 활동량은 달라졌다. 이 영역의 작동 방식에 대한 한 가지 분명한 제안은 이 영역이 어떤 종류의 단어가 올 것이라는 예측(예 동사가 올 것인지, 명사가 올 것인지)에 대한 신호를 뇌의 다른 영역들(문장의 경우 측두엽)에게로 보낼 뿐만 아니라, 그 예측이 맞아 떨어졌는지를 확인하는 작업을 할 것이라는 점이다.

　㉡ BA 45 영역과 BA 47 영역

　　브로카 영역의 앞부분(BA 45와 BA 47까지 포함)은 종종 다른 기능이 있다고 고려된다. 작업기억과 관련되거나 의미기억을 통제하는 기능들과 관련이 있다. 이러한 기능은 문장 처리에 분명히 중요하지만, 문법과 직접적인 관련이 있는 것은 아니다. 한 fMRI 연구에서 어떤 단어들의 문법적 범주를 판단하는 것은 BA 44를 활성화시키지만, 그 단어들의 구체성(하나의 의미 특성)을 판단하는 것은 더 앞쪽인 BA 45 영역을 활성화시켰다. 브로카 영역이 경두개 자기 자극술(TMS)을 적용하면 의미 처리(동의어 판단 과제)와 음운 처리(동음어 판단)의 이중 해리를 만들 수 있는데, 앞쪽 영역을 자극하면 의미 판단이 어려워진다.

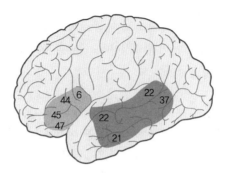

[문장 처리에 관여하는 영역]

✪ 설명 : 문장 처리에 중요한 뇌 영역들, 브로카 영역은 전통적으로 브로드만 44, 45영역에 해당한다.

(2) 구문은 의미와 독립적인가?

① 구문 분석

뇌 손상 환자 연구로부터 나온 증거들은 구문과 의미 사이에 어떤 구분이 있음을 보여준다. 의미기억 상실형 치매 환자들은 개별 단어들의 의미를 점차 잊어버리지만, 내용이 좀 부실하더라도 여전히 문장을 문법적으로 정확하게 생성할 수 있다. 의미기억 상실형 치매 환자에 대한 문장 이해 검사 결과, 그들은 어떤 문장이 그들이 이해할 수 없는 단어들을 포함하더라도 그 문장이 문법적으로 맞거나 틀리는지를 결정할 수 있었다. 그러나 문법의 어떤 측면들은 특정 단어의 의미의 위상에 의존적이다(예를 들어, 어떤 단어가 문법적으로 단수이나 개념적으로 복수일 경우).

일반적인 문장 이해 과정에서 단어들에게 문법적 구조를 할당하는 과정을 구문 분석(parsing) 이라고 한다. 핵심적인 논의 중 하나는 "구문 분석이 단어들의 문법적 요소들에 의해 완전히 이루어지는가?(구조 주도 구문 분석)", 혹은 "부가적으로 단어들의 의미적 요소에 의해 영향을 받는가?(담화 주도 구문 분석)"하는 것이다. 문장 구조의 단일 초기 계산을 지지하는 증거는 오류유도 문장(garden-path sentence : 문장의 앞부분이 잘못된 문법적 해석을 유도하는 문장)에서 왔다. 베버(Bever, 1970)가 만든 전통적인 오류유도 문장의 예는 다음과 같다.

> The horse raced past the barn fell.
> (외양간을 지나던 말은 쓰러졌다.)

이 예에서 만약 이 문장을 "The horse {THAT} raced past the barn {WAS THE ONE THAT} fell." 처럼 해석하지 않는다면, 'fell'이라는 단어는 갑작스럽게 느껴진다. 어떤 중의성이 있을 수 있다는 사실(여기서는 'raced'가 문장의 주동사가 아니라 주어를 뒤에서 꾸미는 분사가 된다)은 사용 가능한 모든 문장 형식이 고려되는 것이 아니라는 것을 제안한다(구조 주도 구문 분석과 일치). 그러나 어떤 예에서는 의미가 문장을 분석하는 방식에 영향을 주는 것처럼 보인다(담화 주도 구문 분석과 일치). 예를 들어, 합치되는 맥락 정보가 중의적인 문장 전에 제시된다면 때때로 구문 분석이 오도되는 것을 피할 수 있다.

> The fireman told the man that he had risked his life for to install a smoke detector.
> (소방관은 화재 연기 탐지기를 설치하기 위해 자신의 목숨을 걸었다고 그 남자에게 말했다.)

이 문장은 다음과 같은 맥락이 제시된다면 잘못된 해석으로 빠질 가능성이 줄어든다.

> A fireman braved a dangerous fire in a hotel. He rescued one of the guests at great danger the himself. A crowd if men gathered around him. The fireman told the man that he had risked his life for to install a smoke detector.
> (소방관은 한 호텔의 위험한 화재 현장에서 용감했다. 그는 혼자 위험에 빠진 투숙객 한 사람을 구했다. 군중들이 그의 주변으로 모여들었다. 소방관은 자기 목숨을 걸어서 구한 그 남자에게 화재 연기 탐지기를 설치하라고 말했다.)

균형을 잡자면 결국 문장 구조를 구성하는 것은 어느 정도 통사적인 요인과 맥락적인 요인 모두에게 의존하는 것으로 보인다. 어떤 연구자들은 이런 증거들을 통사적 처리와 의미적 처리가 완전히 섞여서 일어난다는 주장을 뒷받침하기 위해 사용했다. 그러나 뇌 손상 환자 연구나 뇌 영상/ERP 연구 방법을 사용한 연구들은 그런 강한 해석에 반론을 제기하였다. 분명 통사와 어휘-의미론의 어떤 측면들은 서로 분리될 수 있는 것으로 보인다.

② **오류유도 : P_{600}**

오류유도 문장에서 예기치 않은 단어와 같은 문법적 이상과 완전히 비문법적 문장과 관련된 ERP가 있다. 이것은 P_{600}이라 불리는데, 그 이유는 단어가 제시되고 나서 약 600ms 전후로 나타나는 정적인 파형이기 때문이다. P_{600}은 두 문장이 모두 의미론적으로 무의미함에도 불구하고, 문법적인 문장에 비해 비문법적인 문장을 비교하면 나타난다. 예를 들면 다음과 같다.

> • "The boiled watering can smokes the telephone in the cat(문법적)."
> • "The boiled watering can smoke the telephone in the car(비문법적)."

P_{600}의 가장 흔한 인지적 해석은 그것이 문장 구조의 재분석을 반영한다는 것이다. 그러나 그것은 오류유도 문장이 아니더라도 구문 분석이 어려우면 발견될 수 있기 때문에 꼭 재분석에 관계된다기보다 일반적인 문법 구조 분석에 관계된다고 제안된다.

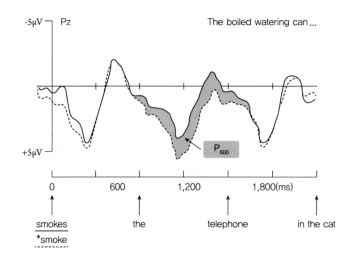

❂ 설명 : P600은 문법적으로 이상한(혹은 처리하기 힘든) 단어가 제시되면 약 600ms 이후에 발견된다. "The boiling watering can smokes/smoke the telephone in the cat."이라는 문장에서 P600은 smoke에 비해 smokes 조건에서 더 크다.

③ 통사처리

㉠ 통사처리 단계

국소적인 문법 구조에 기초	전역적인 문장 구조를 조작
한 구절이 명사구인지, 동사구인지를 결정하는 것	누가 누구에게 무엇을 하는지를 결정하는 것
빠른 시간 내(150~200msec)에 탐지	뒤늦게 일어나며 P600과 관련

㉡ 통사와 의미

일반적인 실험 참가자를 대상으로 한 뇌 영상 연구는 전/후 측두엽과 브로카 영역이 의미와 통사의 구분에 해당하는 다른 역할을 하며 그 둘의 인터페이스 역할을 한다고 제안하였다. 펠리에 등(Pallier et al., 2011)은 내용어(content word)로 구성되거나, 비단어로 점진적으로 구성되는 문장을 제시했다. 전측두엽은 의미 있는 단어의 출현에 (비단어에 비해) 반응했지만, 문법적 구조의 크기에 변화되지 않았다. 브로카 영역과 후측 상측열(posterior superior temporal sulcus)은 반대의 경향을 보였다. 그들은 후측두엽이 의미(전측두엽에 있음)와 구문(브로카 영역에 있음)의 통합이 일어나는 지점이라고 주장했다. 다른 뇌 영상 연구에서 브로카 영역은 비언어적 신호들 사이의 위계적인/구문적인 관계를 처리할 때 활성화되는 것을 보였지만, 후측두엽은 자극이 언어와 관계된 것일 때만 활성화되는 것을 보였다. 이것은 후측두엽이 통사와 의미의 통합 영역이라는 주장을 뒷받침한다.

(3) 구문은 작업기억과 독립적인가?

구문 복잡성을 증가시키면 더 많은 작업기억 부하와 연결되는 경향이 있다. 따라서 구문과 작업기억을 분리하는 것은 간단하지 않다. 문장 이해에 있어 브로카 영역의 유일한 역할이 작업기억이라는 주장도 있다.

음운적 단기기억 손상(숫자 폭 기억검사 점수가 대폭 감소함)을 보이는 환자들 또한 많은 문장을 충분히 산출하거나 이해할 수 있다는 점은 이 둘 사이에 해리가 있을 수 있음을 제안하지만, 어떤 환자들은 더 복잡한 문장이 제시되었을 때 이해나 문법성 판단에 분명한 결함을 보였다. 로마니(Rommani, 1994)에 의해 보고된 환자의 경우, 글로 적힌 문장(자유롭게 문장 구조를 재분석 가능)을 이해하는 데 어려움이 없었지만, 문장을 음성으로 제시하거나 화면 가운데 한 단어씩 순서대로 제시하면(이렇게 하면 전 단어들을 다시 볼 수 없기 때문에 구문 재분석이 불가능해짐) 문장 이해에 어려움을 보였다.

한 fMRI 연구에서 마쿠우치 등(Makuuchi et al., 2009)은 작업기억과 구문 복잡성을 독립적으로 조작했다. 작업기억은 문장의 주어와 동사 사이에 존재하는 단어들의 숫자로 조작하였고, 구문 복잡성은 위계적인 구문 구조가 있는지 없는지(삽입절의 유무)로 조작하였다. 구문 복잡성의 효과는 브로카 영역의 뒷부분(BA44)에서 발견되었고, 작업기억의 효과는 브로카 영역에 가깝지만 다른 부분에서 발견되었고, 두정엽의 활동과도 관련되었다. 이러한 전두-두정 시스템의 활동은 일반적인 작업기억 시스템의 특성으로 알려져 있다. 전두엽의 두 영역의 기능적 연결성(두 영역의 활동의 상관관계 정도)에 대한 분석은 삽입 문장을 처리할 때 더욱 강화됨을 보였다.

4 음성 단어의 인출과 산출

자연스러운 상황에서 말 산출은 의도된 생각을 문장 구조로 바꾸고 적절한 단어들을 인출하여 산출하는 과정을 포함한다. 연구실에서 이런 과정을 연구하기 위해서 사용하는 일반적인 방법은 그림이나 어떤 정의들을 제시하고, 거기에 해당하는 단어들을 인출하게 하는 것이다.

(1) 말 산출을 위해 인출되어야 할 정보

① 전달하고자 하는 의미에 기초하여 단어를 선택해야 할 것이다. 이 과정을 어휘화(lexicalization)라고 한다. 이 과정은 청자의 화용적 지식에 의해 많이 제약을 받는다. 예를 들어, 'it', 'horse', 'stallion', 'animal'과 같은 단어는 일정한 범위에서 모두 같은 개념을 전달하기 위해 사용할 수 있다.

② 문장을 만들기 위해서는 어떤 단어의 문법적 특성이 인출되고 확실해져야 한다. 이것은 문법적 범주(예 명사, 동사, 형용사)와 많은 언어에서 단어의 성(gender)을 포함한다.

③ 단어를 구성하는 음절, 음소, 조음 패턴과 관계된 단어의 실질적 형태가 인출되어야 한다. 사뭇 다른 모형들이라도 이러한 정보들이 인출되어야 한다는 점에는 일반적으로 동의한다. 그러나 각각의 모형들은 메커니즘의 속성 측면에서 각각 다르다(예 다른 단계들이 상호작용하는지 여부).

(2) 말실수 연구

말실수는 어떤 단어를 다른 단어들로 바꾸거나, 형태소를 바꾸거나, 음소들을 바꾸는 경향을 말한다. 단어 수준에서 의미적인 오류로 고양이를 보고 '개'라고 하는 것과 같이 유사한 뜻을 가진 단어로 교체할 수도 있다. 이러한 오류 중 하나는 프로이트 말실수(Freudian slip)이다. 프로이트는 대화 동안 화자들은 그들의 진실된 생각을 억제한다고 믿었고, 그것이 무심코 한 말실수에 의해 드러날 수 있다고 믿었다.

① 단어 바꿔치기

단어를 바꿔치기하는 것은 동일한 문법 범주 내에서 이루어지는 경향이 있다(명사는 명사끼리, 동사는 동사끼리 바뀌는 경향성). 게다가 "I randomed some samply." ("I sampled some randomly." 대신)와 같은 예에서 보듯이, 어미 형태소를 붙이는 것은 단어의 어간을 인출하는 것과 독립적으로 일어날 수 있다. 이 예에서 어간 형태소들(random, sample)은 교환되었지만, 접미사들(-ed, -y)은 유지되었다.

② 의도한 단어와 유사한 음운적 형태를 가지는 오류

마지막 형태의 단어 실수는 의도한 단어와 유사한 음운적 형태를 가지는 오류(예 historical → hysterical)이다. 이것들은 이러한 오류를 많이 저지른 셰리든의 연극 The Rivals(1775)의 등장 인물인 말라프로프 여사의 이름을 따서, 말라프로피즘(malapropism)이라 불린다. 이러한 오류들은 단일 단어가 바로 선택되는 것이라기보다 일반적인 단어 인출 과정에서 유사한 단어들 사이에 경쟁이 있다는 주장을 지지한다. 때때로 음소들끼리의 교환도 일어나는데, 이 경우 교환되는 음소들은 단어에서 같은 위치를 차지한다(예 첫 자음들이 서로 바뀌거나 모음들이 서로 바뀜).

③ 설단 현상

설단 현상(tip-of-the-tongue phenomenon)은 말하고자 하는 단어를 개념적으로 알고 있지만, 해당 단어가 입 밖으로 잘 나오지 않는 것을 말한다. 이것은 주로 '알고 있다는 느낌'과 함께 큰 당혹스러움을 가져온다. 이러한 상태는 사람들에게 자주 쓰이지 않는 단어의 정의나 사진을 제시하면서 촉발될 수 있다. 또 그 단어를 파악하기 어렵다 할지라도 다른 종류의 정보를 활용할 수 있다. 이러한 결과들은 단어들이 실무율적인 방식으로 인출되는 것이 아니라 단어의 다른 정보들이 다소 독립적으로 다른 단계에서 가용한 상태가 된다는 것을 나타낸다.

④ 명칭성 실어증

명칭성 실어증의 뇌 손상 환자들은 단어를 찾는 데 심각한 어려움을 느낀다. 이것은 일반적인 설단 현상을 떠오르게 하는데, 이보다 훨씬 심한 병리적 수준이다. 이 증상은 매우 다른 두 종류의 장애로 인해 생길 수 있다. 첫째, 의미 처리의 어려움으로 다른 개념들을 구분하지 못하여 결과적으로 산출해야 하는 단어를 분명히 알지 못하는 것일 수 있다. 둘째, 다른 환자들은 산출하고자 하는 단어를 분명히 알고 있으나, 그 단어를 조음하기 위한 음운적 정보를 인출하지 못할 수 있다.

(3) 음성 단어의 인출 과정의 단계들은 분리되었나 혹은 상호작용하는가?

① 음성 단어의 인출 과정 : 르벨트와 동료(Levelt et al., 1989)의 단어 인출 모형

⊙ 1단계는 감각 양태의 독립적인 단어 수준의 초깃값을 인출하는 과정, 그리고 그 과정은 그 단어의 통사적 요소(예 문법 범주)를 구체화한다. 이 항목을 렘마(lemma) 표상이라고 이름하였다. 1단계는 통사적 속성들과 어휘화 과정을 포함한다.

ⓛ 2단계는 그들이 렉심(lexeme) 표상이라 부른 항목을 인출하는 과정이다. 렉심의 인출은 조음을 유도하는 음운 부호를 가능하게 한다.

ⓒ 렘마와 렉심의 구분 의미

렘마와 렉심의 구분은 말 산출 연구 분야의 몇몇 주요 발견에 대한 설명을 제공한다.

첫째, 렘마는 활성화되었지만 렉심은 아직 활성화되지 않은 것으로 설단 현상을 설명한다.

둘째, 형태는 같지만, 뜻이 다른 말이나(예 은행과 강둑을 의미하는 'bank'), 문법적 범주가 다른 단어(the 'watch' / to 'watch' ; '시계'와 '보다')를 구분할 수 있는 방법을 제공한다. 이러한 자극들은 동일한 렉심을 가지지만, 다른 렘마를 갖고 있다. 이러한 자극들을 사용하여 예셰니아크와 르벨트(Jescheniak & Levelt, 1994)는 단어 빈도 효과가 렉심의 빈도에 관계되지, 렘마의 빈도에 관계되는 것은 아님을 발견하였다.

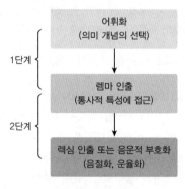

[렘마와 렉싱의 구분]

② **르벨트와 동료(Levelt et al, 1989)의 단어 인출 모형 논쟁**

르벨트의 모형은 렉심의 인출이 렘마 선택이 완전히 끝날 때까지 시작되지 않는다는 점에서는 이 두 단계가 분리된다고 제안하였다. 이와 반대로 다른 모형들은 렘마 선택이 끝나기 전에 부분적인 음운 처리가 일어날 수 있다고 가정하며, 아울러 이러한 정보가 렘마 선택 자체에 역으로 반영될 수 있다고 하였다. 따라서 어떤 이가 'sheep'을 말하려고 한다면, 렘마 선택 과정은 'goat'를 포함한 다른 의미로 유사한 후보 개념들을 활성화시킬 수 있다. 이러한 정보가 렉심 단계에 도달하면 의미로 연관된 'goat'와 음운적으로 유사한 'goal'과 같은 단어들이 활성화될 수 있을 것이다. 그러나 렉심 단계가 시작되기 전에 만약 'sheep'이 완전히 선택되고 'goat'는 완전히 선택되지 않는다면, 'goal'과 같은 점화는 결코 일어나지 않을 것이다. 정말 'sheep'은 'goat'를 점화하였지만, 'goal'은 점화되지 않았다. 이 증거는 르벨트의 분리 단계를 지지한다.

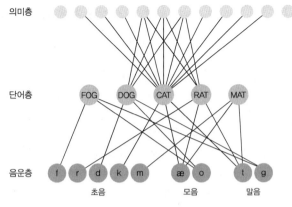

[델의 세 가지 단어 인출 모형]

✪ 설명 : 델의 모형은 완전히 상호작용적인 세 가지 층을 포함한다. 의미속성층, 단어층(렘마층), 그리고
음운층(이 버전에서는 음절의 다른 부분들로 구성됨). cat → 'rat'과 같은 혼합된 말실수는 의미
층과 음운층이 모두 유사성이 있기 때문이다. 음운으로부터 단어들 사이의 상호작용을 허용하지
않는 모형들은 이러한 말실수를 설명하기 어렵다.

그러나 분리된 단계 모형보다 상호작용 모형으로 더 쉽게 설명되는 증거들이 있다. 소위 혼합 오류
(mixed error)라고 불리는 것으로서 의도한 단어와 의미적으로도 음운적으로도 유사한 단어들을 잘
못 발화하는 경우를 말한다. 이러한 예들은 고양이(cat)를 보고 '쥐(rat)'라고 하거나, 랍스터
(lobster)를 보고 '굴(oyster)'이라고 하는 것을 포함한다. 만약 우연의 일치라면 우리는 '쥐(rat)'가
고양이에 대한 의미적인 오류로 생겼지만, 단지 발음이 비슷할 뿐이라고 생각할 수 있다. 그러나
이러한 오류가 우연이라고 하기에는 너무 빈번하게 발생된다는 것이다. 델(1986)의 상호작용 모형
에서는 렘마 선택이 하향적 의미 활성화와 상향적 음운 활성화 모두에 의해 이루어지기 때문에 그와
같은 오류가 생길 수 있다고 주장한다. 분리 단계 모형이 이를 설명하기 위해서는 혼합 오류가 단지
우연에 의해 생기는 것이며, 그래서 탐지하거나 수정하기가 어렵다고 가정해야 한다. 이러한 모형들
은 발화 오류를 체크하는 감시장치가 있다고 가정하며, 혼합 오류들은 그 감시 장치에서 더 쉽게
빠져나올 수 있다고 가정한다. 이러한 설명은 가능하지만 사실 사후적이다.
르벨트의 모형은 또 다른 방식으로 다시 비판받았다. 카라마짜와 미오초(Caramazza & Miozzo,
1997)는 설단 현상에서 첫 음운이 무엇인지 알지 못한 채 문법적인 성 정보를 때로 보고할 수 있고
(렉심 정보에 대한 접근 없이 렘마 정보에 대한 접근이 일어나는 경우), 문법적인 성 정보 없이 첫
음운을 아는 것(렘마 정보에 대한 접근 없이 렉심 정보에 대한 접근이 일어나는 경우)도 가능하다는
것을 발견하였다. 만약 렘마의 인출이 음운 정보에 대한 접근에 대한 선결 조건이라면, 후자의 경우
는 발견되지 말아야 한다. 이 저자들은 음운적 정보와 문법적 정보의 인출이 분리되는 것은 받아들
이지만, 어느 하나가 다른 것에 수반된다는 생각에는 반대하였다. 게다가 그들은 문법적 지식의 조
직(추정하건대 렘마 수준)이 감각 양식에 독립적으로 존재하는 것이 아닐 수도 있으며, 음운(청각)
적인 모드와 철자(시각)적인 모드에 각각 존재한다는 신경심리학적 증거를 제시하였다. 예를 들어,
SJD 환자는 글쓰기에서는 명사들에 비해 동사를 사용하는 데 선택적인 어려움이 있었으나, 말을
할 때는 아무런 어려움 없이 명사와 동사를 자유롭게 사용하였다. 놀랍게도 그 문제는 렉심이 같은
경우에도 여전히 발견되었다. 예를 들어 SJD는 CRACK이라는 단어를 "There's a _____ in

the mirror(명사로서 crack이 필요).”라는 문장 채우기에서 문제없이 적어넣을 수 있었지만, “Don't
_____ the nut in here(동사로서 crack이 필요).”과 같은 문장에서는 적지 못하였다. 그들은
르벨트와 동료들이 모든 감각 양식을 아우르는 단일한 렘마를 상정한 것과 달리 문법적 정보가 말하
기와 글쓰기에 각각 독립적으로 존재할 것이라고 주장하였다.

요약하면 단일 단어들의 문법적 지식과 음운적 지식은 분리되어 있다는 좋은 증거가 있지만, 이 지
식들이 어떻게 조직화되어 있는지는 계속 논쟁이 되고 있다.

(4) 조음 : 대화의 고리 끝내기

음소들은 유성음화(즉, 성대의 떨림)와 같은 한정된 수의 조음 방식들과 조음 위치(예 치조 또는 구개)
를 통해 기술될 수 있다. 연속적인 발화에서는 인접한 형태소와 단어의 경계를 가로지르는 음절들로
음운적인 코드를 분리하는 메커니즘이 분명히 존재한다. 이 과정을 음절화(syllabification)라고 한다.
예를 들어, “he own it.”이라는 구절은 세 음절(‘he’, ‘own’, ‘zit’)로 구성되는데, 이때 ‘owns’의 마지막
자음은 다음 음절의 초성이 된다.

브로카 영역은 조음 과정에 매우 특별한 역할을 할 것이라고 생각되었지만 이제 그 생각은 논쟁 중이다.
조음장애 환자들은 주로 기저핵이나 뇌섬엽에 손상이 있는 경우가 많았고, 브로카 영역이 필수적으로
손상되어야 하는 것은 아니었다. 뇌섬엽의 손상은 발화실행증(apraxia for speech)이라고 해서 성도
(vocal track)의 모양을 만드는 데 어려움을 유발한다. 발화실행증 환자들은 그들이 말하고자 하는 것
이 무엇인지 알고, 말 조음 기관들의 일반적인 근육력은 가지고 있지만, 자음과 모음 그리고 운율을
제대로 만들어내지 못하고 왜곡시킨다. 그들이 만들어내는 소리는 다른 사람들에게 때때로 외국어로
말하는 것처럼 지각되기도 한다.

말 지각 과정에 비해 조음 과정을 연구한 fMRI 연구들은 브로카 영역이 아닌 뇌섬엽과 전두-운동 영역
의 활성화를 관찰하였다. 그러나 다른 학자들은 발화에 관계된 운동 명령 그 자체가 브로카 영역에 존재
하는 것이 아니라 할지라도, 브로카 영역은 소리내어 말하든, 입속으로 말하든 조음을 계획하는 단계에
서 중요한 역할을 할 것이라고 주장하였다. 브로카 영역 안의 영역들은 언어의 ‘거울 시스템’의 일부로,
음성 지각의 ‘어떻게’ 경로의 일부로 말의 청각-운동 변환에 관계된다.

제 2 절 논리적 추론

1 추론이란?

(1) 추론의 의의

추론(reasoning)은 전제들을 토대로 결론을 내리는 인지 과정으로, 일반적으로 개념을 형성하는 과정
이나 문제를 해결하는 과정에는 논리적이고 합리적인 사고의 과정이 요구된다. 또한, 추론에서는 이미
알고 있는 것으로부터 새로운 결론을 추론하거나 제안한 결론을 평가하게 된다.

(2) 추론의 유형

연역 추론 (deductive reasoning)	• 일반적 혹은 보편적 전제 사실에 근거하여 결론을 도출하는 사고 • 보편적 전제에 근거하므로 '하향적 추론(top-down reasoning)'으로 불림
귀납 추론 (inductive reasoning)	• 확증되지 않은 전제 사실에서 결론을 유도해 내는 일종의 가설 검증의 사고 • 관찰된 사실에 근거하여 보편적 결론을 유도하므로 '상향적 추론(bottom-up reasoning)'으로 불림

(3) 연역 추론과 귀납 추론의 차이점

① 연역 추론과 귀납 추론은 전제에서 도출되는 결론이 결정론적이냐 혹은 확률적이냐에 따라 다르다.

② 연역 추론은 전제들이 참이면 결론 또한 항상 참이다. 반면, 귀납 추론은 연역 추론과 달리 전제들이 참이더라도 결론이 참이 아닐 수 있다. 즉, 귀납 추론의 결론은 참이라는 것이 보장되지 않는다.

③ 연역 추론은 일반적인 원리를 특수한 사례에 적용하는 추론이다. 반면, 귀납 추론은 몇몇 사례에서 관찰된 것을 토대로 일반원리를 생성하는 추론이다.

2 연역 추론

(1) 명제 추론과 조건 추론

① 명제 추론의 개념

㉠ 명제(proposition)는 진위 판단을 할 수 있는 의미의 최소단위를 말하며, 명제 추론(propositional reasoning)은 전제로 주어진 두 개 이상의 명제에서 연역적으로 타당한 결론을 내리는 추론을 의미한다.

㉡ 명제 추론에서는 명제가 한 개인 단순명제(simple proposition)가 전제나 결론으로 사용되기도 하지만, 논리 접속사를 통해 두 개 이상의 단순 명제들을 조합한 복합명제(compound proposition)가 전제나 결론으로 사용될 수 있다.

㉢ 논리 접속사(logical connectives)는 두 개 이상의 명제를 결합하여 하나의 명제를 구성할 때 사용하는 것으로 연접(conjunctive), 이접(disjunctive), 부정(negation) 등이 있다.

연접 (conjunctive)	두 개의 명제가 모두 참일 때에만 참이 됨 예 "철수는 키가 크고, 영희는 키가 작다."
포함적 이접 (inclusive disjunctive)	두 개의 명제 중 최소한 하나의 명제가 참일 때 참이 됨 예 "철수가 잘못했을 수도, 영희가 잘못했을 수도 있다(혹은 둘 다 잘못 했을 수도 있다)."
배타적 이접 (exclusive disjunctive)	두 개의 명제 중 하나의 명제만 참일 때 참이 됨 예 "저 사람은 남자가 아니라면 여자이다."
부정 (negation)	명제의 진릿값이 반대가 되는 논리 접속사 예 "모든 영희가 키가 작은 건 아니다."

[접속사별 진릿값]

p	q	연접	포함적 이접	배타적 이접	부정*	조건(함축)	조건(등기)
T**	T	T	T	T	F	F	T	T
T	F	F	T	T	F	F	F
F	T	F	T	T	T	T	F
F	F	F	F	F	T	T	T

* : 부정은 편의상 p에 대한 진릿값만 보여줌
** : T는 참, F는 거짓을 뜻함

② **조건 추론의 개념**

㉠ 연접, 이접, 부정 등이 포함된 명제 추론의 수행 방식은 논리학의 일반적인 규범 체계에 부합하나, 조건(conditional)의 접속사를 사용하는 조건 추론의 수행 방식은 조건 추론 문제의 종류와 조건 명제의 내용에 따라 수행 양상이 달라진다.

㉡ 조건 명제(conditional proposition)는 어떤 사실의 인과관계를 기술할 때 사용하는 것으로, '함의 또는 함축(implication)'의 의미가 있다. 조건명제는 다음과 같은 표현으로 나타낼 수 있다.

> • p이면 q이다(→ if p, then q).
> • p는 q의 충분조건이다(→ p is sufficient for q).
> • q는 p의 필요조건이다(→ q is necessary for p).
> • p는 q를 함축한다(→ p implies q).

㉢ 조건 명제는 기본적으로 "p이면 q이다."의 형태를 취하게 되는데, 이때 'p'를 '전건(antecedent)', 'q'를 '후건(consequent)'이라 부른다.

㉣ 조건 추론의 양상은 조건 명제를 하나의 전제로 주고서 전건이나 후건의 진위에 관한 명제를 또 다른 전제로 제시하여 결론을 내리게 하거나 특정 결론이 타당한지 여부를 판단하도록 하는 방법으로 살펴볼 수 있다.

㉤ 요컨대, 추론의 연역적 타당성(deductive validity)은 참(진리)과 동일한 것이 아니다. 실제로는 전혀 참이 아니지만, 연역적으로는 타당한 결론에 도달할 수 있다. 결론이 참인지는 전제의 진실 여부에 달려 있다.

③ **조건 추론의 유형**

조건 추론에서는 다음의 네 가지 추론 문제가 가능하며, 네 가지 조건 추론 문제 중 두 가지 문제만 연역적으로 타당한 결론이 있다.

유형	조건 명제(전제 1)	제시조건(전제 2)	추론(결론)	타당성 여부
긍정 논법 (전건 긍정)	p이면 q이다 (어머니이면 자식이 있다)	p이다 (영희는 어머니이다)	∴ q이다 (따라서 자식이 있다)	연역적 타당
부정 논법 (후건 부정)	p이면 q이다 (어머니이면 자식이 있다)	q가 아니다 (영희는 자식이 없다)	∴ p가 아니다 (따라서 어머니가 아니다)	

전건 부정	p이면 q이다 (어머니이면 자식이 있다)	p가 아니다 (영희는 어머니가 아니다)	$\therefore$ q가 아니다 (따라서 자식이 없다)	연역적 오류
후건 긍정	p이면 q이다 (어머니이면 자식이 있다)	q이다 (영희는 자식이 있다)	$\therefore$ p이다 (따라서 어머니이다)	

조건 명제와 전건의 긍정이 전제로 주어지는 긍정 논법에서는 후건의 긍정이 타당한 결론이 된다. 또한, 조건 명제와 후건의 부정이 전제로 주어지는 부정 논법에서는 전건의 부정이 타당한 결론이 된다.

조건 명제와 전건의 부정이 전제로 주어지는 전건 부정 추론 문제에는 타당한 결론이 없으며, 이와 같은 전건 부정 추론에서 후건의 부정을 타당한 결론으로 받아들이는 경향을 '전건 부정의 오류 (fallacy of negating the antecedent)'라 한다.

조건 명제와 후건의 부정이 전제로 주어지는 후건 긍정 추론 문제에는 타당한 결론이 없으며, 이와 같은 후건 긍정 추론에서 전건의 긍정을 타당한 결론으로 받아들이는 경향을 '후건 긍정의 오류 (fallacy of affirming the consequent)'라 한다.

사람들이 연역적 타당성이 없는 전건 부정의 오류와 후건 긍정의 오류를 범한다는 것은 조건명제를 등가로 이해하는 경향이 있음을 시사한다. 즉, 'p이면 q이다.'의 조건문을 '오직 p일 때만 q이다.'와 같은 쌍 조건절로 이해하는 경향이 있다는 것이다.

④ 웨이슨(Wason)의 선택과제

선택과제는 조건명제의 진위를 알아보기 위해 조건명제의 전건이나 후건의 진위 중 하나만을 보여주는 네 장의 양면 카드 가운데 어떤 카드를 뒤집어 보아야 하는지를 선택하도록 하는 과제이다. 네 장의 양면 카드는 각각 한 면에 숫자가, 다른 면에 알파벳 문자가 적혀 있다. 두 문자와 두 숫자가 전면에 보이도록 배열되어 있는데, 한 문자는 자음(예 K), 다른 문자는 모음(예 E)이고, 한 숫자는 짝수(예 2), 다른 숫자는 홀수(예 7)이다.

실험자는 실험 참가자에게 "만약 한 면에 자음이 있다면, 다른 면에는 짝수가 있다."라는 조건 명제를 준다. 과제는 그와 같은 조건문이 참인지 거짓인지를 결정하는 것이다. 참가자는 조건문을 검증하기 위해 필요한 정확한 수의 카드를 뒤집어야 하며, 진술의 타당성을 검증하지 못하는 카드를 뒤집어서는 안 된다.

사실 이 과제에서 조건문의 연역적 타당성 여부를 검증하기 위해서는 두 가지 검증, 즉 긍정 논법(전건 긍정)과 부정 논법(후건 부정)이 요구된다. 즉, 자음 카드를 뒤집어서 다른 면에 짝수가 있는지를 확인하고(→ 긍정 논법), 홀수 카드를 뒤집어서 다른 면에 모음이 있는지를 확인해야 한다(→ 부정 논법). 따라서 다른 두 가지 가능한 검증을 위해 모음 카드를 뒤집거나(→ 전건 부정), 짝수 카드를

뒤집어 볼 필요가 없다(→ 후건 긍정). 전건이 참인 경우와 후건이 거짓인 경우에만 카드 뒷면이
참이냐 거짓이냐에 따라 조건명제의 진릿값이 달라지기 때문이다.

실험 결과, 대부분 참가자는 긍정 논법 진술을 검증해 보아야 한다는 사실을 알고 있었던 반면, 부정
논법 진술을 검증해 보아야 한다는 사실을 잘 알지 못한 것으로 나타났다.

유형	조건 명제(전제 1)	제시조건(전제 2)	추론(결론)	타당성 여부
긍정 논법 (전건 긍정)	p이면 q이다 (만약 한 면에 자음이 있다면, 다른 면에는 짝수가 있다)	p이다 (한 면에 자음이 있다)	∴ q이다 (다른 면에 짝수가 있는가?)	연역적 타당
부정 논법 (후건 부정)	p이면 q이다 (만약 한 면에 자음이 있다면, 다른 면에는 짝수가 있다)	q가 아니다 (한 면에 홀수가 있다)	∴ p가 아니다 (다른 면에 모음이 있는가?)	
전건 부정	p이면 q이다 (만약 한 면에 자음이 있다면, 다른 면에는 짝수가 있다)	p가 아니다 (한 면에 모음이 있다)	∴ q가 아니다 (다른 면에 홀수가 있는가?)	연역적 오류
후건 긍정	p이면 q이다 (만약 한 면에 자음이 있다면, 다른 면에는 짝수가 있다)	q이다 (한 면에 짝수가 있다)	∴ p이다 (다른 면에 자음이 있는가?)	

(2) 삼단논법추론

① 삼단논법추론의 개념

삼단논법(syllogism)은 두 전제로부터 결론을 도출하는 추론방법을 말하며, 삼단논법추론(syllogistic
reasoning)은 전제에서 직접 관련짓지 않았던 항목 간의 관계에 대해 결론을 내리거나 주어진 결론
이 연역적으로 타당한지를 판단하는 추론을 의미한다. 삼단논법추론은 참으로 간주되는 2개의 전제
에서 필수적으로 귀납되는 결론이 어떤 결론인지를 평가하는 작업으로 전개된다. 제시되는 두 가지
전제는 대전제와 소전제이며, 이들 전제는 실제 세계에서 말이 되던 되지 않던 간에 참으로 간주된
다. '타당한 연역적 결론(valid deductive conclusion)'이란 대전제와 소전제가 참일 때는 반드시
참이어야만 하는 결론을 말한다.

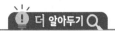 **더 알아두기**

삼단논법에 의한 연역추론 진술문

예시 1	• 대전제 : 모든 사람은 죽는다. • 소전제 : 대통령은 사람이다. • 결론 : 그러므로 대통령은 죽는다.
예시 2	• 대전제 : 모든 개는 짖는다. • 소전제 : 고양이는 개가 아니다. • 결론 : 그러므로 고양이들은 짖지 않는다.
예시 3	• 대전제 : 모든 남자는 죽는다. • 소전제 : 신사임당은 남자가 아니다. • 결론 : 그러므로 신사임당은 죽지 않는다.

- '예시 1'의 경우 결론은 앞선 전제인 두 논증이 참이면 참이어야 하는 결론이다.
- '예시 2'의 경우 결론이 전제로부터 나오지 않는다. 다만, 그 논증이 세상에 대한 사전지식과 일치하므로 참으로 보인다.
- '예시 3'의 경우 논증의 구조가 사람들이 알고 있는 것과는 반대인 결론을 유도하여 거짓에 이르게 된다.

② 범주삼단논법의 개념

범주삼단논법(categorical syllogism)은 삼단논법의 대표적인 유형으로, 전제가 논항의 범주 구성원 여부에 대해 진술하는 것이다. '모든(All)', '어떤(Some)', '어느 ~도 아니다(No)', '어떤 ~는 아니다(Some~not)'의 양화사(quantifier)를 가진 진술문을 포함하는 것으로, 각 논항이 특정 유목이나 범주의 모든 구성원이나 일부 구성원을 나타내거나 아니면 어떤 구성원도 나타내지 않는다.

범주 진술문	예
(ㄱ) 모든 A는 B이다.	모든 의사는 부유하다. (All doctors are rich.)
(ㄴ) 어떤 A는 B이다.	어떤 변호사는 미남이다. (Some lawyers are handsome.)
(ㄷ) 어느 A도 B가 아니다.	어느 정치가도 신뢰할만한 사람이 아니다. (No politician is trustworthy.)
(ㄹ) 어떤 A는 B가 아니다.	어떤 배우들은 미남이 아니다. (Some actors are not handsome.)

위의 범주 진술문에서 (ㄱ)은 한 유목의 모든 구성원에 대한 긍정 진술로서 '전칭 긍정 진술(universal affirmative statement)'이며, (ㄴ)은 한 유목의 일부 구성원에 대한 긍정 진술로서 '특칭 긍정 진술(particular affirmative statement)'이다. (ㄷ)은 한 유목의 모든 구성원에 대한 부정 진술로서 '전칭 부정 진술(universal negative statement)'이며, (ㄹ)은 한 유목의 일부 구성원에 대한 부정 진술로서 '특칭 부정 진술(particular negative statement)'이다.

③ **범주삼단논법의 전제와 결론**

㉠ 전제의 유형

범주삼단논법에서 전제의 유형들은 다음과 같이 포함관계를 기초로 한 오일러(Euler) 원으로 나타낼 수 있다.

AB	• 모든 A는 B이다(All A is B). • 모든 B는 A이다(All B is A).
A B	• 어떤 A는 B이다(Some A is B). • 어떤 B는 A이다(Some B is A). • 어떤 A는 B가 아니다(Some A is not B). • 어떤 B는 A가 아니다(Some B is not A).
A B	• 모든 B는 A이다(All B is A). • 어떤 A는 B가 아니다(Some A is not B).
B A	• 모든 A는 B이다(All A is B). • 어떤 B는 A가 아니다(Some B is not A).
B A	어느 A도 B가 아니다(No A is B).

㉡ 결론 평가 시 고려해야 할 사항

ⓐ 전제와 결론이 가질 수 있는 의미를 모두 그리고 정확히 고려해야 한다.

ⓑ 대전제와 소전제가 가질 수 있는 모든 의미의 모든 조합을 고려해야 한다.

ⓒ 결론의 모든 가능한 의미가 전제의 모든 가능한 조합과 일치하는지를 고려해야 한다.

㉢ 논리적으로 타당한 결론과 부당한 결론

ⓐ 범주삼단논법에서는 두 전제에서 양화사가 어떤 순서로 사용되었느냐에 따라 타당한 결론이 달라진다.

ⓑ 예를 들어, "어떤 A는 B이다 / 모든 B는 C이다"라는 두 전제에 대해 "따라서 어떤 A는 C이다"는 결론은 타당하다. 반면, 양화사 '어떤'과 '모든'의 위치를 바꿔서 "모든 A는 B이다 / 어떤 B는 C이다"라는 두 전제에서는 A와 C의 관계를 기술할 수 없음에도 불구하고 "따라서 어떤 A는 C이다."라는 논리적으로 부당한 결론을 내리는 경우가 있다.

3 귀납 추론

(1) 귀납 추론

① 귀납 추론의 개념

귀납 추론(inductive reasoning)은 구체적인 사실이나 관찰로부터 그 사실을 설명할 가능성이 높은 결론에 도달하는 과정이다. 귀납 추론은 관찰된 경험이나 확증된 전제가 아닌 경우, 지식을 확장하거나 불확실한 상황을 예측하는 경우에 적용되며, 가설 검증, 인과 추론, 범주 추론, 유추 추론 등의 사고과정을 포함한다.

② 귀납 추론의 특징

㉠ 연역 추론과 달리 귀납 추론에서는 결론이 반드시 전제로부터 뒤따르지는 않는다. 예를 들어, 다음의 전제들을 살펴보자.

> - 연속된 숫자에서 첫 번째 숫자는 '1'이다.
> - 연속된 숫자에서 두 번째 숫자는 '2'이다.
> - 연속된 숫자에서 세 번째 숫자는 '4'이다.

위의 전제들에서 우리는 네 번째 숫자에 대해 가능한 결론으로 '8'을 제시할 수 있으며, 이를 "각 숫자는 이전 숫자의 2배이다."라는 일반 규칙으로 진술할 수 있다. 그러나 다음의 경우를 살펴보자.

> - 연속된 숫자에서 첫 번째 숫자는 '1'이다.
> - 연속된 숫자에서 두 번째 숫자는 '3'이다.
> - 연속된 숫자에서 세 번째 숫자는 '7'이다.

위의 전제들에서 우리는 "n번째 숫자는 $2^n - 1$이다."로 그럴듯한 결론을 내릴 수 있으나, 그와 같은 규칙 외에도 "n번째 숫자는 $(n-1)$번째 숫자보다 $2(n-1)$만큼 더 크다."의 새로운 규칙을 결론으로 제시할 수 있다. 그렇다면 네 번째 숫자에 대해 가능한 결론은 전자의 규칙에 따라 '15'가 될 수도, 후자의 규칙에 따라 '13'이 될 수도 있다.

㉡ 앞선 귀납 추론의 예에서 세 개의 전제는 어느 규칙을 선택할 것인가에 대해 결정적인 도움을 주지 못한다. 설령 가능한 결론을 찾았다고 해도 그중 어느 것이 최선의 결론인지 결정하기 어려울 수도 있다.

(2) 가설 검증

① 가설 형성(hypothesis formation)

가설 형성은 어떤 세부특징들이 그 가설에 적절한지 그리고 그 세부특징들이 어떻게 관련되는지를 파악하는 것을 포함한다. 브루너(Bruner) 등은 가설 형성에 관한 고전적 실험을 하였다. 실험에 사용된 자극판은 대상의 수(예 1개/2개/3개), 윤곽선 수(예 1개/2개/3개), 형태(예 십자가/원/사각형), 색깔(예 하양/검정/회색) 등 네 가지 차원의 속성들로 구분된다. 실험 참가자들은 제시되는 일련의 예들을 보고 그것이 기술하는 정확한 개념을 찾도록 지시를 받는다. 브루너 등의 실험을 통해 나타난 세부특징들의 규칙은 결합 개념 또는 접속 개념(conjunctive concept), 분리 개념(disjunctive concept), 관계 개념(relational concept)으로 설명된다. 사실 이 문제에서 개념을 파악하기 위해서는 어떤 세부특징이 적절한지를 결정하고, 그 특징들을 연결시키는 규칙의 종류를 발견하는 것이 중요한데, 전자의 문제는 속성 파악(attribute identification), 후자의 문제는 규칙 학습(rule learning)과 연관된다.

개념 유형	규칙과 예	자극판의 예
결합 개념 (conjunctive concept)	2가지 이상 속성들의 결합 혹은 접속(→ and)으로 형성된 개념 예 두 개의 대상과 십자가	
분리 개념 (disjunctive concept)	어떤 차원의 한 값 또는(→ or) 다른 차원의 어떤 값을 가지고 있느냐에 따라 정의된 개념 예 두 개의 윤곽선 또는 원	
관계 개념 (relational concept)	두 차원 간의 관계에 의해 정의된 개념 예 동일한 윤곽선의 수와 대상의 수	

② 가설 검증(hypothesis testing)

귀납 추론에서는 몇 개의 사례를 토대로 일반원리를 도출하는 추론을 포함하는데, 이는 귀납적 결론을 형성하는 가설 형성 단계에서 잠정적 결론이 맞는지를 판단하는 가설 검증 단계를 거치게 된다. 귀납적 사고를 통해 자신의 가설이 맞음을 증명할 수 있는 방법은 반증을 통해서이다. 반증은 '자신이 옳지 않다고 생각하는 것이 틀리다'는 것을 보여줌으로써 자신의 가설이 잠정적으로 옳음을 보여준다. 그럼에도 불구하고 귀납 추론은 연역 추론과 달리 논리적으로 확실한 결론에 도달할 수 없다. 단지 가능성이 높은 결론에 도달할 수 있을 뿐이다. 예를 들어, "지금까지 관찰한 모든 X의 사례는 Y이다."라는 것으로부터 "따라서 모든 X는 Y이다."라고 논리적으로 비약할 수는 없다. 그 이유는 X가 Y이지 않을 가능성이 추후 관찰을 통해 언제든지 드러날 수 있기 때문이다.

인지심리학자들은 사람들이 환경의 엄청난 가변성에서 의미를 찾아내는 능력을 증가시키기 위해 환경 사건의 예측을 통해 불확실성을 감소시키기 위해 귀납추론을 사용한다고 보고 있다.

③ 확증편향 또는 확증편파(confirmation bias)

확증편향(확증편파)은 자기의 가설을 확증하는 증거만을 찾고 그렇지 않은 증거들을 무시하는 경향을 말한다. 가설을 확증하는 증거가 아무리 많더라도 그 가설이 사실임을 증명할 수는 없다. 귀납 추론에 관한 실험적 연구들은 사람들이 가설을 검증할 때 그 가설을 반증하기보다는 확증하려는 경향이 있음을 보여주고 있다.

웨이슨(Wason)은 세 개의 숫자로 이루어진 숫자열 과제, 즉 '2-4-6 과제'를 실험 참가자들에게 제시하면서, 그 숫자열을 구성하는 규칙이 무엇인지를 알아내도록 요구하였다. 참가자들은 자신들이 생성한 다른 세 숫자가 그 규칙과 일치하는지 질문을 하고 그에 대한 피드백을 받게 되었다. 사실 웨이슨이 정한 규칙은 '오름차순에 의한 숫자열'이었으나, 사람들은 그 규칙을 알아내는 데 어려움을 겪었다. 몇 가지 예를 들면 다음과 같다.

발표 내용	피드백
8-10-12	예
14-16-18	예
20-22-24	예
1-3-5	예
→ 어떤 숫자로 시작하던지 매번 2를 더하면 다음의 수가 된다는 규칙이다?	틀렸음
2-6-10	예
1-50-99	예
→ 가운데 숫자는 다른 두 수의 평균이라는 규칙이다?	틀렸음
3-10-17	예
0-3-6	예
→ 앞선 두 숫자 간의 차가 매번 같다는 규칙이다?	틀렸음
12-8-4	아니요
→ 매번 그 다음의 숫자를 더하는 방식으로 덧셈을 하는 규칙이다?	틀렸음
1-4-9	예
→ 세 개의 숫자가 크기 순서라는 규칙이다?	맞았음

실험 결과, 다수의 참가자가 즉각 채택하는 가설은 그 수치가 매번 2씩 커진다는 규칙이었고, 참가자들은 그와 같은 가설을 염두에 두고 2씩 증가하는 수의 배열들을 계속해서 제안하는 모습을 보였다. 그리고 자신이 염두에 둔 가설이 옳다는 증거가 누적됨에 따라 자기들이 생각했던 규칙이 옳다는 믿음을 굳혀갔다.

이 실험에서 흥미로운 것은 자신들이 세운 가설이 틀렸음을 입증하는 데 필요한 수의 배열을 내놓는 참가자가 거의 없었다는 점이다. 그들은 오직 자신의 가설이 옳음을 입증하기 위한 증거만을 찾음으로써 부당한 결론에 도달했던 것이다.

> **🔔 더 알아두기 🔍**
>
> **확증편향(확증편파) 현상을 통한 가설 검증의 양상**
> • 첫째, 사람들은 긍정적 정보보다 부정적 정보를 처리하는 데 더 큰 인지적 어려움을 겪는다.
> • 둘째, 가설을 바꾸는 것은 이전 가설과 일치하는 정보를 계속해서 찾는 것보다 더 많은 인지적 노력이 요구된다.
> • 셋째, 사람들은 자기 충족적 예언(self-fulfilling prophecy)과 같이 자신의 기대와 예측에 부합하도록 일을 수행한다.

(3) 인과 추론

① 인과 추론의 개념

㉠ 인과 추론(causal inference)는 어떤 것이 다른 것을 초래하는지에 관하여 사람들이 판단을 내리는 방식을 살펴보는 것이다.

ⓛ 시간에 따른 공변(covariation)은 우선 한 사건이 발생한 후 다른 사건이 발생하는 것을 관찰할 때 인과성을 추론할 가능성이 높음을 시사한다. 즉, 두 사건이 충분히 짝을 이루어 발생하는 것을 관찰하게 되면, 앞선 사건이 뒤이을 사건을 초래한 것으로 믿게 된다.

② 인과성에 관한 규준(Mill)

㉠ 일치법(method of agreement)

만약 특정 현상이 발생하는 둘 이상의 사례에서 단 하나의 공통요소만을 가지고 있다면, 그 요소는 그러한 특정 현상의 원인이다.

㉡ 차이법(method of difference)

만약 특정 현상이 발생하는 사례와 발생하지 않는 사례가 있을 경우 두 사례 간에 단 하나의 요소를 제외한 모든 요소를 공통적으로 가지고 있다면, 그 요소는 특정 현상의 원인이다.

㉢ 간접적 차이법(indirect method of difference) 또는 일치차이 병용법(joint method of agreement and difference)

만약 특정 현상이 발생하는 둘 이상의 사례에서 하나의 공통요소만을 가지고 있고, 그 현상이 발생하지 않는 둘 이상의 사례에서 그러한 공통요소가 없다는 점 외에 공통사항이 없다면, 그 요소는 그러한 특정 현상의 원인이다.

㉣ 잔여법 또는 잉여법(method of residues)

어떤 현상에서 귀납적 방법의 적용으로 인과관계가 이미 밝혀진 부분을 제외할 때, 그 현상에서의 나머지 부분은 나머지 조건이나 사실의 원인이 될 수 있다.

㉤ 공변법 또는 상반변량법(method of concomitant variation)

어떤 현상이 변화할 때마다 다른 현상에 특정한 방법으로 변화가 발생한다면 그 현상은 다른 현상의 원인 또는 결과이거나, 일정한 인과관계의 과정으로 연결되어 있다고 할 수 있다.

③ 절감 오류(discounting error)

일단 한 현상의 의심스러운 한 원인을 확인하게 될 때 추가적인 원인을 찾는 노력을 중지하려는 경향을 말한다. 예를 들어, 자동차 사고는 운전자의 부주의에서 비롯될 수 있으나, 다른 운전자의 부주의, 열악한 도로상태나 교통설비, 기상 상황 등 다양한 원인이 동반된 것일 수 있다. 이처럼 많은 현상이 다중 원인을 가지고 있다는 사실을 미처 깨닫지 못할 때 절감 오류를 범하게 된다.

(4) 범주 추론과 유추 추론

① 범주 추론(categorical inference)

어떤 대상이 특정 속성을 가지고 있는지에 대해 추론할 수 있는데, 그것이 보통 범주 정보를 이용하여 추론하는 방식으로 이루어지므로 '범주 추론'이라고 한다. 사람들은 상위 범주를 참고하여 추론할 수도 혹은 하위 범주를 참고하여 추론할 수도 있는데, 이처럼 범주 추론은 상향처리 전략과 하향처리 전략 모두를 사용한다.

상향처리 전략	• 다양한 사례들을 관찰하고 사례 간의 변산성 정도에 근거하여 추론하게 됨 • 일단 범주를 귀납적으로 추론하게 되면 그 범주에 새로운 사례를 첨가하기 위해 초점을 맞춘 표본을 사용하게 됨
하향처리 전략	• 많은 변산성 속에서 선택적으로 항상성을 찾는 방식으로 추론이 이루어짐 • 하향처리 전략은 기존 개념과 범주를 선택적으로 결합하는 것이 포함됨

② 유추 추론(analogical inference)

유추 추론(유비 추론)은 추론에 유추(analogy)를 적용하는 것으로, 친숙한 영역에서의 정보를 이용하여 덜 친숙한 영역의 문제를 추론하는 것이다. 유추는 기억에 저장된 것 중에서 현재 입력과 유사한 개념 및 항목을 활성화시키며, 이러한 활성화를 통해 주어진 상황에서 일어날 가능성이 높은 것을 예측할 수 있도록 한다. 범주 추론은 객관적 근거보다는 전제와 결론 사이의 범주적 유사성 정도에 의존하는 경향이 있는 반면, 유추 추론은 관계성에 대한 지식의 정도나 유추가 이루어지는 맥락 등에 의존하는 경향이 있다.

4 인지신경과학적 접근

(1) 추상적 규칙에 근거한 행동에 관여하는 뇌 연구

① 신경영상 연구에 적합하도록 WCST(세트-전환 능력을 측정하는 과제)를 수정하여 사용한 연구들은 신경계의 손상이 없는 사람들을 대상으로 추상적 규칙에 근거하는 행동에 관여하는 뇌 영역들을 조사하였다. 일부 연구에서는 연구참여자에게 규칙에 따라 반응하도록 지시하는 조건과 연구참여자가 규칙을 추론해야 하는 조건을 서로 비교하였다.

② 예를 들어, 한 연구에서 참여자들은 2초 정도의 간격을 두고 연속적으로 제시되는 두 개의 넌센스 상징들이 일치하는가를 판단하였다. 한 조건에서는 어느 차원(색채, 형태 혹은 위치)에 근거하여 판단해야 하는가를 알려주는 반면 다른 조건에서는 규칙을 추론해야만 하였다.

③ 두 조건 모두에서 광범위한 뇌 영역들의 활성화가 관찰되었는데, 연구참여자에게 규칙을 알려준 조건보다 규칙을 추론해야 하는 조건에서 배외측 전전두 영역, 복외측 전전두 영역과 각회의 활성화가 더 증가하였다.

(2) 규칙 추론 능력과 규칙 사용 능력의 구분

① 연구참여자들이 규칙이 무엇인가를 발견하는 조건과 발견한 규칙을 사용하는 조건에서의 뇌활성화를 비교하였다. 규칙을 사용할 때보다 규칙을 발견하는 동안 좌반구 상전두 영역의 활성화가 증가하였다.

② 규칙에 근거하는 행동과 규칙을 추론하는 능력을 조사하는 또 다른 방법이 다음 그림에 제시되어 있다. 이 과제에서 연구참여자들은 두 개의 서로 다른 자극 쌍들에서 관찰한 관련성에 근거하여 두 자극 사이의 관계가 타당한 추론인가를 판단해야 하였다. 직접적으로 추론할 수 있는 경우와 간접적인 추론을 사용할 경우를 비교하였다. 간접적 추론이 요구된 조건에서 더 큰 우반구 외측 전전두피질의 활성화되었다.

③ 다수의 전전두 영역들이 후측 피질과의 상호작용을 통하여 규칙에 근거하여 행동하는 것에 관여한다고 주장한다. 이 이론에 의하면 복외측 전전두피질이 중측두회 영역과의 연결을 통하여 저장된 지식을 인출하는데 중요한 역할을 하며 이를 통해 규칙의 인출이 일어난다고 한다.

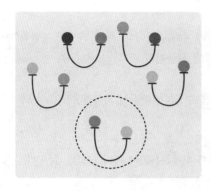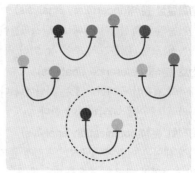

[전전두피질의 역할을 측정하는 비언어적 추론 과제에서 사용되는 자극]

④ 환자를 대상으로 한 연구는 좌반구 외측 피질이 규칙 생성에 실제로 중요한 역할을 한다는 것을 보여준다. 이 연구는 두 가지 서로 다른 과제, 즉 규칙 생성 과제와 규칙 인식 과제를 사용하였다. 규칙 생성 과제의 경우 1에서 12까지의 번호가 매겨진 원이 두 열로 제시되고 연구참여자에게 자신의 만든 규칙에 따라 원을 터치하도록 지시한다. 예를 들어 참여자는 낮은 데서 높은 순으로 홀수 번호가 매겨진 원을 터치한다. 규칙 인식 과제에서는 연구참여자에게 일련의 원들을 제시하는데 이 원들 중 하나는 파란색이다. 훈련 단계 동안 참여자는 파란색 원이 어떤 순서로 이동하는가에 관한 7가지 서로 다른 규칙을 학습한다. 검사 단계에서 파란색 원의 다음 위치가 어디인가를 예견해야 하는데 만약 정확하게 예견하면 참여자가 규칙을 인식하고 이해하였다는 것을 시사한다. 좌반구 외측 및 내측 전두 영역에 손상을 입은 환자들은 규칙 인식과제는 정상적으로 수행하였지만, 규칙 생성 과제에서 수행 저하를 보였는데 이는 전두 영역이 규칙을 발췌하고 생성하는 데 중요한 역할을 하는 것을 시사한다. 규칙을 생성하는 능력은 다양한 뇌 영역에 의존하는데 이 중에서 배외측 전전두피질이 가장 중추적인 역할을 한다.

제 3 절   의사결정과 신경경제학

1 의사결정

(1) 의사결정의 분석

① **구조 분석(structural analysis)**
의사결정의 기본이 되는 요소, 즉 대안, 결과, 시간, 정보, 목적, 상태, 주체 등을 규명하는 것이다. 의사결정의 우선적인 과정으로서, 처음에 문제를 어떻게 정의하는가에 따라 문제해결 방법이 달라진다.

② 불확실성 분석(uncertainty analysis)

사건들의 불확실성에 대해 그 발생확률을 부여하는 것이다. 이때 과거의 경험적 자료, 가정 사항, 확률적 모형, 전문가의 조언 등 여러 자료를 활용한다.

③ 선호 분석(preference analysis)

대안의 결괏값에 대한 선호는 사람마다 다를 수 있다. 따라서 의사결정자의 선호를 의사결정에 반영하기 위해 이를 파악하여야 한다.

④ 최적화 분석(optimization analysis)

최적 대안은 어떤 결정규칙이나 결정 준거를 선정하는가에 따라 달라질 수 있다. 따라서 가장 적합한 최적화의 방법을 결정하여야 한다.

⑤ 민감도 분석(sensitivity analysis)

의사결정 분석의 많은 입력 변수들은 주관적이므로, 그와 같은 입력 변수들이 타당한가를 확인하고 주관적인 입력 변숫값의 범위를 살펴볼 필요가 있다.

⑥ 정보 분석(information analysis)

적정 수준의 정보를 확보하기 위한 것으로, 추가정보의 필요성이 제기되는 경우 이를 얻기 위해 소요되는 비용과 이득 등을 파악한다.

(2) 의사결정에 관한 이론

① 경제적 인간 모형(economic man model)

㉠ 경제적 인간 모형의 의의

개인은 자신들의 사고가 합리적이지 않을 때조차 합리적이라고 생각하는 경향이 있으며, 그와 같은 합리성을 토대로 판단과 결정을 내린다고 생각한다. 경제적 인간 모형(혹은 합리적 경제인 모형)은 판단과 결정에 관한 합리성 가정으로서, 평가하는 대상이 무엇이든 개인이 그 대상의 가치를 극대화하는 선택을 한다고 주장한다.

㉡ 경제적 인간 모형의 주요 가정

ⓐ 의사결정자는 결정을 위한 모든 가능한 선택지와 함께 선택지의 모든 가능한 결과에 관한 충분한 정보를 가지고 있다.

ⓑ 의사결정자는 선택지 간의 미묘한 차이에 대해서도 극히 민감하다.

ⓒ 의사결정자는 선택지의 선택이라는 측면에서 충분히 합리적이다.

② 제한된 합리성 모형(bounded rationality model)

㉠ 제한된 합리성 모형의 의의

인간이 항상 이상적인 결정을 내리는 것은 아니며, 보통 자신의 결정에 주관적인 고려사항들을 포함시키게 된다는 발견은 개인의 판단과 결정이 합리적이지만 동시에 제한적이라는 사실을 시사한다. 제한된 합리성 모형은 인간의 합리성의 한계를 인정하고, 의사결정자가 완전한 합리성을 추구하는 것은 불가능하므로 최적의 결정이 아닌 만족스러운 결정을 한다고 주장한다.

㉡ 제한된 합리성 모형의 주요 개념으로서 최소 만족

최소 만족은 개인이 선택지를 하나씩 고려하다가 만족스럽거나 최소한의 수용 가능성을 충족시키는 선택지를 찾게 되는 경우 그것을 선택한다는 것이다. 의사결정 측면에서 사람들은 '최대 만족자'와 '최소 만족자'로 구분된다. 최대 만족자는 최선의 것을 선택하기 위해 모든 선택지를 따져보고자 시도하는 반면, 최소 만족자는 자신에게 충분히 좋은 것을 찾을 때까지만 선택지를 따져본다. 이와 관련된 연구들은 최대 만족자와 최소 만족자 모두 우수한 선택으로 결정 과정을 마무리하더라도, 보통 최대 만족자가 최소 만족자보다 자신의 선택에 대해 덜 행복해 하며, 결과를 오히려 부정확하게 예측하는 것으로 보고하고 있다.

③ **기대가치이론(expectancy-value theory)**
  ㉠ 기대가치이론의 의의
    기대가치(expected value)는 어떤 사상(사건)이 일어날 확률과 그 사상(사건)의 가치를 조합함으로써 결정되는 평균값을 의미한다. 기대가치이론은 개인이 각 옵션의 가능한 가치를 계산하여 가장 높은 기대가치를 가진 옵션을 선택한다고 주장한다.
  ㉡ 기대가치이론의 주요 가정
    ⓐ 개인은 대상 또는 행동에 대한 믿음을 형성하여 그 대상이나 행동에 대한 새로운 정보에 반응한다. 개인은 믿음의 기반이 되는 각 속성에 값을 할당한다.
    ⓑ 개인은 믿음과 가치에 대한 계산 결과에 따라 기대를 만들거나 수정한다.

④ **주관적 기대효용이론(subjective expected utility theory)**
  ㉠ 주관적 기대효용이론의 의의
    주관적 기대효용이론은 각 개인의 주관적 가치를 더하는 것으로, 기대되는 효용이 가장 큰 것을 선택한다고 주장한다. 예를 들어, 주관적 기대효용은 기대가치와 달리 사람마다 같은 금액의 돈이라도 얼마든지 다를 수 있다고 본다.
  ㉡ 주관적 기대효용이론에 따른 판단 및 결정의 기준

주관적 효용성 (subjective utility)	객관적 기준이 아닌 각자가 판단한 효용성(가치)의 가중치에 근거함
주관적 확률 (subjective probability)	객관적 통계 계산이 아닌 가능성에 대한 개인의 추정치에 근거함

2 확률 판단

(1) 확률추정의 방략

연산법 (algorithm)	• 모든 가능한 경우들을 전부 고려하여 답을 찾는 방법 • 옳은 답을 찾아낼 수는 있으나 이를 위해 모든 가능한 경우들을 전부 고려해야 하므로 처리 부담이 매우 큼
어림법 (heuristic)	• 모든 경우를 고려하지 않고 나름대로 기준에 따라 그중 일부만을 고려하는 방법 • 처리 부담을 줄일 수는 있으나 옳은 답을 보장하지는 못함

✪ 참고 : 'algorithm'은 우리말로 '연산법' 혹은 '알고리즘'으로, 'heuristic(s)'은 우리말로 '어림법', '발견법', '추단법', '간편법', '휴리스틱(스)' 등으로 번역되고 있다.

(2) 대표성 어림법

① 대표성 어림법(representativeness heuristic)은 사람들이 어떤 사건이 발생하거나 대상이 특정 범주에 속할 확률을 추정할 때 실제 확률을 계산하는 것이 아닌 그 사건이나 대상이 얼마나 대표적인지를 가지고 확률을 추정하는 것이다.

② 대표성 어림법에 관한 대표적인 예로 카네만과 트버스키(Kahneman & Tversky)가 제시한 다음의 질문을 들 수 있다.

> • 어떤 도시에서 6명의 자녀를 가지고 있는 모든 가정을 조사하였다. 총 72개 가정에서 남아와 여아의 출생순서가 정확히 '여-남-여-남-남-여'였다.
> • 그렇다면 당신은 조사한 가정 중에서 남아와 여아의 출생순서가 정확히 '남-여-남-남-남-남'인 가정의 수가 얼마나 될 것이라 추정하는가?

③ '남-여-남-남-남-남' 출생순서를 나타내는 가정의 수를 판단한 대부분 사람들은 그 가정의 수가 '72'보다 적을 것으로 추정하였다. 그러나 실제로 이 출생순서를 나타낸 가정의 수에 대한 최선의 추정치는 '여-남-여-남-남-여' 출생순서와 동일하게 '72'이다. 그 이유는 모든 아이의 출생에 있어서 남아 혹은 여아가 태어날 가능성은 이론상 '1/2'이기 때문이다. 결국 어느 출생순서 패턴이든 (그것이 설령 '남-남-남-남-남-남'이든 '여-여-여-여-여-여'이든) 그 가능성은 '$(1/2)^6$'으로 동일하다.

④ 많은 사람이 특정 출생순서가 다른 순서보다 가능성이 높을 것으로 판단한 것은 대표성 어림법 때문이다. 사람들은 대표성 어림법을 사용할 때 다음의 두 가지에 근거하여 불확실한 사건의 확률을 판단하는 경향이 있다.

> • 첫째, 한 사건이 그 사건을 추출한 전집의 대표성과 유사한 정도
> • 둘째, 한 사건이 그 사건을 생성하는 과정의 현저한 특성(예 무선성)을 반영하고 있는 정도

⑤ 사람들이 첫 번째 출생순서(여-남-여-남-남-여)의 가능성이 더 크다고 믿는 이유는 그것이 두 번째 출생순서(남-여-남-남-남-남)보다 전집에서 남자와 여자의 수를 더 잘 대표하고 있기 때문이며, 무선 순서와 더 닮아 보이기 때문이다.

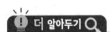

도박사(도박꾼)의 오류(gambler's fallacy)
• 만일 어떤 사건이 한동안 발생하지 않으면 이른바 '평균의 법칙(law of average)'에 따라 그 사건이 가까운 미래에 발생할 가능성이 더욱 클 것으로 판단함으로써 범하게 되는 오류이다.
• 실제로 도박을 하는 사람들은 주사위 던지기에서 몇 판을 계속 잃게 되자 다음 판에는 자신이 이길 확률이 높다고 생각하는 오류를 범하고는 한다.
• 사람들은 전적으로 우연히 동일한 수가 연속적으로 나오는 경우를 과소추정하는 경향이 있다. 우연한 발생의 진정한 가능성을 고려하기보다는 우연히 발생하는 사건들이 마치 전집을 대표하는 것처럼 보이는지에 근거하여 추론한다는 것이다.

(3) 가용성 어림법

① 가용성 어림법(availability heuristic)은 사람들이 어떤 현상의 적절한 사례로 지각할 수 있는 것을 얼마나 쉽게 마음속에 떠올릴 수 있는지에 의해 확률을 추정하는 것이다.

② 가용성 어림법에 관한 대표적인 예로 카네만과 트버스키(Kahneman & Tversky)가 제시한 다음의 질문을 들 수 있다.

> 당신이 영어로 된 텍스트에서 세 개 혹은 그 이상의 낱자들을 포함하는 단어들을 추출한다고 가정하자. 그 단어들 중 'k'로 시작하는 단어(예 key)와 세 번째 낱자가 'k'인 단어(예 like) 가운데 어느 것이 더 많겠는가?

③ 물론 위의 문제는 실제 영어 텍스트 내에서 영어 낱자 'k'를 포함하는 단어들을 찾는 것이 아닌 그와 같은 조건을 충족시키는 단어들을 재빨리 생각해내서 표적 단어들의 상대적 비율을 추정하는 것이다.

④ 대부분 사람은 'k'로 시작하는 단어가 세 번째 낱자가 'k'인 단어보다 더 많다고 추정한다. 그러나 실제로는 세 번째 낱자가 'k'인 단어들이 'k'로 시작하는 단어들보다 세 배나 많다. 이처럼 사람들은 단어를 구성하는 여러 위치의 낱자 중 첫 낱자로 생성되는 단어의 빈도를 과대추정하는 경향이 있다.

⑤ 현실의 상황은 그 확률들이 기술하는 전집을 직접 찾지 않고 확률을 추정하도록 요구하는데, 이때 기억이 추정의 근원이 된다. 그러나 기억에 의한 추정은 편향적일 수 있는데, 이 실험 결과에서 나타나는 편향성은 '활성화 확산(spreading activation)'으로 설명할 수 있다. 즉, 'k'에 주의의 초점을 두면 활성화는 처음 그 낱자로부터 그 낱자로 시작하는 단어들로 확산된다. 그리고 그 과정은 'k'로 시작하는 단어들을 다른 단어들보다 더 가용하게 만든다.

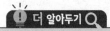

> **결합 오류(conjunction fallacy)**
> • 두 사건이 함께 일어날 확률은 두 사건 중 어느 한 사건이 일어날 확률보다 클 수 없음에도 불구하고 결합사상의 확률을 단일사상의 확률보다 더 높게 추정하는 오류이다.
> • 예를 들어, 대학생들에게 7개의 낱자로 이루어진 단어들의 목록을 60초 동안 제시하면서 'ing'로 끝나는 단어(예 _ _ _ _ i n g)와 단어의 여섯 번째 낱자가 'n'인 단어(예 _ _ _ _ _ n _)의 양을 추정하도록 한 실험에서 대다수 학생들이 'ing'로 끝나는 단어가 더 많다고 추정하였다. 물론 단어의 여섯 번째 낱자가 'n'인 단어보다 'ing'로 끝나는 단어가 더 많을 수 없음은 명확하다.

(4) 기준점과 조정 어림법

① 기준점과 조정 어림법(혹은 기점화와 조정 발견법, anchoring and adjustment heuristic)은 사람들이 특정 참조점을 사용하여 대상에 대한 평가를 조정하는 것이다.

② 카네만과 트버스키(Kahneman & Tversky)는 집단을 둘로 나누어 다음의 수를 5초 이내로 암산하도록 하였다.

> • A 집단 : 8 × 7 × 6 × 5 × 4 × 3 × 2 × 1
> • B 집단 : 1 × 2 × 3 × 4 × 5 × 6 × 7 × 8

③ 실험 결과, A 집단의 중앙값은 '2,250'이었던 반면, B 집단의 중앙값은 '512'였다(참고로 실제값은 두 가지 경우 모두 '40,320'이다). 사실 문제에 포함된 숫자들이 모두 동일하므로 정답이 동일할 수밖에 없는데, 실험집단에 따라 결괏값에 매우 큰 차이를 보이는 이유는 기준점(기점)에 해당하는 처음 몇 숫자의 곱이 최종 추정치를 내놓기 위해 조정을 하게 되는 상대적으로 높은 추정치를 제시하고 있기 때문이다.

④ 기준점과 조정 어림법은 사람들이 처음 시작한 값, 즉 기준점에서부터 조정해 나가는 어림법이다. 이때 기준점에 대한 사람들의 반응은 그것이 정확한 값인 것처럼 보일 때보다 10의 배수일 때 더 큰 경향이 있다. 예를 들어, 텔레비전 가격이 2,991달러라고 알려주었을 때보다 3,000달러라고 알려주었을 때, 사람들이 텔레비전 생산원가의 추정치를 더 많이 조정한다는 사실이 실험을 통해 밝혀졌다.

(5) 그 밖에 확률추정 관련 현상들

① 착각 상관(illusory correlation)

㉠ 사람들이 실제로는 두 사건 간에 아무런 상관이 없는데도 불구하고 상관이 있다고 생각하기 때문에 발생하는 오류이다.

㉡ 채프먼과 채프먼(Chapman & Chapman)은 임상전문가들이 특정한 정신과적 장애와 인물화 검사(Draw-A-Person)에서 그린 그림의 특징 간에 상관이 있음을 답하였다고 보고하였다(예를 들어, 편집증으로 진단받은 사람은 다른 장애로 진단받은 사람보다 사람의 눈을 크게 그리는 경향이 있다고 거짓 제안을 한 것이다). 그러자 실험 참가자들은 특정 진단명과 그림 간에 아무런 상관이 없게 만든 자료를 보여줘도 이들 간에 상관이 있다고 보고하였다.

② 과잉 확신 또는 과신(overconfidence)

㉠ 사람들이 자기의 판단이나 지식 등에 대해 실제보다 과장되게 평가하는 것에서 비롯되는 오류이다.

㉡ 피쇼프(Fischoff) 등은 실험 참가자들에게 다음과 같은 유형의 진술들에 대해 옳은 답을 선택하도록 하고, 본인의 답이 정답일 확률을 추정하게 하였다. 그러자 참가자들은 실제의 정답보다 자신의 답을 더 정확한 것으로 판단하였다. 예를 들어, 자신의 답이 100% 정확하다고 답한 경우조차 실제 정답률은 80%에 불과했다(참고로 압생트는 프랑스 산 독주로, 특유의 에메랄드빛으로 인해 보석으로 비유되기도 한다).

> • 압생트는 (a) 보석이다 ; (b) 술이다
> • Absinthe is (a) a precious stone ; (b) a liqueur.

③ 후판단 편파 또는 후견 편향(hindsight bias)

- ㉠ 사람들이 상황을 되돌아보면서 자신은 특정한 결과를 초래한 모든 징조와 사건을 사전에 알 수 있다고 믿는 데서 비롯되는 오류이다.
- ㉡ 예를 들어, 사망자에 대한 부검 결과 없이 증상만을 알려준 의사에게는 사망자의 사망원인이 그렇게 확실하지 않다. 그러나 사망자의 개인정보와 함께 무슨 사건이 일어났다는 사실은 그 사건이 필연적이었던 것처럼 만들어 버린다. 쉽게 말해, 화살이 꽂힌 후에 과녁을 그린다면 누구나 명사수가 될 수 있는 법이다. 그에 따라 이 현상을 '나는-이미-알고-있었어 현상(I-knew-it-all-along phenomenon)'으로 부르기도 한다.

3 인지신경과학적 접근

집행기능의 장애를 가진 환자들은 대부분 판단과 의사결정 장애를 가지고 있다. 이 환자들은 이전에 습득한 지식을 유지하고 있고, 이 지식은 효과적으로 사용된다. 이들은 문제를 해결하기 위해 얼마나 많은 단서가 필요한가를 판단할 수 있다. 그러나 만약 과제가 추상적인 경우에는 환자들이 어려움을 보인다. 예를 들어 전두엽 손상을 입은 환자가 여성 평균 척추 길이를 추정하는 과제를 받았을 때 이를 수행하는데 어려움을 보인다. 이러한 과제는 다른 정보나 지식을 사용해야 한다. 즉, 여성 평균 신장은 대개 168cm이고 척추 길이는 신장의 1/3~1/2이다. 이러한 정보를 통해 평균 신장을 가지고 있는 여성의 척추 길이는 22~33인치 사이가 된다. 전두엽에 손상을 입은 환자들은 이와 같은 추정을 하기 어렵기 때문에 터무니없는 추정을 하고, 아무리 일상생활의 일이라도 추상적인 추정이 요구될 경우에는 어려움을 보인다.

신경계의 손상을 가지지 않는 사람들을 대상으로 한 일부 연구들이 전두엽 일부가 도덕적 판단과 같은 추상적 판단과 의사결정에 관여하는 것을 시사하는 흥미로운 결과를 보고하고 있다. 연구자들은 연구참여자들에게 다음과 같은 시나리오를 제시한 후 결정을 내리게 하였다. 첫 번째 시나리오는 다음과 같다. "여러분은 열차 철로 옆에 서 있으면서 열차가 오는 것을 보고 있다. 만약 지금 열차가 오고 있는 철로를 따라 계속해서 운행하면 그 철로에 있는 5명이 열차에 치일 것이다. 여러분은 열차를 계속 운행하게 할 것인가 혹은 다른 철로로 경로를 바꾸도록 신호를 보낼 것인가 중 하나를 결정해야 한다. 열차가 경로를 바꾸게 되면 불행하게도 다른 철로에 있는 한 사람이 사고를 당하게 된다." 두 번째 시나리오는 첫 번째와 약간 다르다. "여러분은 철로 위의 육교에 서 있으면서 열차가 오는 것을 보고 있다. 만약 열차가 계속 운행되면 5명이 치일 것이다. 여러분 옆에 한 사람이 서 있다. 여러분은 열차가 계속 운행하게 할 것인가 혹은 여러분 옆에 서 있는 사람을 던질 것인가를 결정해야 한다. 만약 옆에 있는 사람을 던지면 열차 운행을 중단시킬 수 있지만 그 사람이 죽게 된다." 여러분이 이 두 시나리오에서 각각 어떤 결정을 할 것인가? 대부분 사람들은 첫 번째 시나리오에서는 비교적 쉽게 결정을 한다. 즉, 철로를 바꾸도록 신호를 보낼 것이라는 결정을 한다. 이에 반하여 대부분 사람들은 두 번째 시나리오의 결정이 더 어렵다고 보고한다. 두 경우 모두 결과는 동일한데, 즉 한 결정은 5명을 사망에 이르게 하는 반면 다른 결정은 단지 한 사람만이 사망하게 한다. 유사한 결과에도 불구하고 두 번째 결정에는 배외측 전전두피질과 전두극피질(BA 10)이 더 많이 활성화하는데, 이는 결정하는 것이 더 어렵거나 갈등을 일으킬수록 이 영역들이 더 많이 관여하는 것을 시사한다.

제 4 절   의식과 의도

의식이란 현재 외부 환경의 자극들에 대해 직접 경험하고 있는 심적 현상으로서 기억, 사고, 신체적 감각 등의 인지 현상에 대해 자각하는 것이다. 의식에는 전의식, 수면 상태, 꿈, 최면 상태, 명상, 일반 의식 상태 등 여러 수준이 있다. 반면 의도란 어떤 목표를 달성하기 위해 특정의 행동을 실행하려는 의지 및 결의이다.

1 의식특성

(1) 의식이란?

의식(consciousness)은 자각(awareness)의 느낌과 내용을 모두 포함하고, 이들 중 일부는 주의에 해당하는 것도 있어서 부분적으로 중복된다. 하지만 감각정보와 기억된 정보, 인지 정보에 대한 집중적인 주의 과정 중 일부는 의식적인 자각 없이 진행되기도 한다. 예를 들어, 운전하면서 다른 사람과 이야기를 동시에 할 수 있는 것처럼 현재 의식적 자각 밖에 있어도 의식이나 인지적 과정에 이용될 수 있다. 이러한 정보는 전의식적 수준에서 존재하고, 처리된다. 광고주가 전달하려는 자극 내용을 암묵적으로 제시한다면(예를 들어 영화광고 중 상품광고가 찰나에 지나가게 함) 시청자는 자극은 의식하진 못하지만 뇌에서는 담당 부위에서 처리가 일어나서 상품을 구매할 때 긍정적으로 반영하게 한다. 이는 어떠한 자극처리가 유사한 자극을 사전에 제시함으로써 촉진되는 점화(priming)법을 통해 증명된다.

(2) 자동적 처리(자동성)

① 자동처리와 통제처리

   ㉠ 자동처리

     자동처리(automatic process)는 자기 이름을 쓰는 것과 같이 노력이나 의도를 거의 요구하지 않으며, 의식적 제어를 수반하지 않는 인지적 처리방식이다. 대부분의 경우 의식적 자각 없이 수행되나, 그 처리를 수행하고 있음은 자각할 수 있다. 여러 가지 자동처리가 동시에 일어날 수 있으므로, 병렬처리(parallel processing)에 해당한다고 볼 수 있다.

   ㉡ 통제처리

     통제처리(controlled process)는 여행계획을 세우고 그 경비를 계산하는 것과 같이 의식적 제어를 필요로 하는 인지적 처리방식이다. 자동처리와 비교할 때 상대적으로 수행을 하는 데 많은 시간이 소요된다. 보통 한 번에 하나씩 계열적으로 수행되므로, 계열처리(serial processing)에 해당한다고 볼 수 있다.

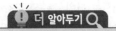

자동처리와 통제처리의 비교

구분	자동처리	통제처리
의도적 노력의 양	의식적 노력을 거의 요구하지 않음	의식적 노력을 많이 요구함
의식적 자각 정도	보통 의식적 자각 없이 일어남	온전한 의식적 자각을 요구함
주의 자원 사용	주의 자원을 적게 사용함	주의 자원을 많이 사용함
처리 유형	병렬처리가 이루어지며, 일반적으로 특정한 순서는 없음	계열처리가 이루어지며, 일반적으로 특정한 순서가 있음
처리 속도	상대적으로 시간이 적게 소요됨	상대적으로 시간이 많이 소요됨
처리 수준	상대적으로 낮은 수준의 처리 과정이 요구됨	상대적으로 높은 수준의 처리 과정이 요구됨
과제 난이도	일반적으로 낮음	일반적으로 높음
과제 친숙도	친숙하고 숙달된 과제 혹은 안정적인 특성을 가진 과제	낯설고 숙달되지 않은 과제 혹은 변화의 특성을 가진 과제

② **자동처리의 판단 준거**

포스너와 스나이더(Posner & Snyder)는 어떤 기능이 자동적인지 아닌지를 결정하기 위한 준거로 다음의 세 가지를 제시하였다.

㉠ 첫째, 의도하지 않아도 일어나야 한다.

자전거를 처음 탈 때는 균형을 잡으려는 의도가 있어야 하지만, 이후 자전거 타기에 숙달되면 균형을 잡으려는 의도 없이 자전거를 탈 수 있다.

㉡ 둘째, 의식적으로 알아차리지 못하는 것이어야 한다.

자전거를 처음 탈 때는 균형을 잡기 위한 여러 가지 동작들을 의식적으로 취해야 하지만, 이후 자전거 타기에 숙달되면 그와 같은 동작들을 의식적으로 취하지 않는다.

㉢ 셋째, 다른 정신적 활동을 간섭하지 않아야 한다.

자전거를 처음 탈 때는 자전거 타기에 집중한 나머지 경치를 즐기는 등 다른 활동에 집중할 수 없지만, 이후 자전거 타기에 숙달되면 경치를 즐기거나 다른 생각을 할 수도 있게 된다.

③ **자동처리와 통제처리의 두 가지 체계**

㉠ 회선 스케줄(contention scheduling)

ⓐ 장시간의 학습을 통하여 생성된다.

ⓑ 자극이나 상황들이 행동, 관습 및 처리 도식(processing schemes)과 연결되고, 비교적 자동적인 행동이 일어난다. 서로 양립하지 않는 다른 과정에 의해 억제될 때까지 지속된다.

㉡ 주의감독 체계(supervisory attentional system)

ⓐ 결정 과정 동안 주의를 유지하고 행동을 안내하는 인지체계이다.

ⓑ 특정 상황에서만 활동한다.

ⓒ 여러 하위체계로 구성되어 있어 각 하위체계는 특정 도식을 활성화시키거나, 억제시키며, 서로 다른 활동 수준을 모니터하는 데 관여한다.

ⓓ 전두엽의 집행 혹은 관리 및 감독 기능과 연관된다. 이 수준에서는 하위 수준의 감각정보가 조정되어 행동이 목표를 향해 안내된다. 가장 상위의 통제 수준은 자기 숙고와 '초인지(meta cognition)'를 포함한다.

ⓒ 전두엽 손상(frontal lobe damage)

ⓐ 실제로 전두엽에 손상을 입은 환자들은 목표 목록을 설정하지 못할 경우, 과제에 집중할 수 없고, 환경 자극의 영향을 많이 받을 것이며, 목표를 향해 행동을 조직화하는 데 어려움을 보인다. 이 모든 어려움이 전두엽 손상 환자들에서 관찰된다.

ⓑ 전전두엽은 목표를 설정하고 이를 성취할 수 있도록 한다. 전전두피질은 행위의 의도에 맞게 진행할 수 있도록 안내한다.

ⓒ 과제를 수행하고 있는 동안 행동의 의도를 지속적으로 유지하는 것이 필요하다. 하지만 전두엽 손상 환자들은 의도에 맞게 행동을 조율하는 능력이 부족하기 때문에, 당장의 과제에 적합하지 못한 행동을 하거나 의도에 벗어난 행동을 하게 된다.

제 5 절 신경윤리학

1 뇌 영상과 뇌 프라이버시

신경과학 기술들로 인하여 윤리적 문제들이 제기되곤 하는데, 그중 하나가 기능성 뇌 영상 기술이다. 이는 우리에게 익숙한 양전자 단층 촬영(PET)의 위색 영상(false-color images)과 기능성 자기 공명 영상(fMRI)을 포함하며, 또한 뇌파검사에서 파생된 사건관련전위법(ERP)과 뇌자도(MEG), 그리고 근적외선 분광법(NIRS)을 포함한다. 이 방법들은 각각의 다른 목적으로 사용되겠지만, 침습성(invasiveness)과 운반 가능성 면에서 다양하여 용도가 제한된다.

(1) 영상기법의 실제적 활용

영상기법은 원리적으로, 그리고 점점 더 실제적으로, 사람들의 심리적 상태와 특질을 추론하기 위해 사용될 수 있다. 예를 들어, 신경마케팅에서 뇌 영상은 소비자의 구매욕을 나타낼 수 있는 변연계의 반응을 측정하는 데 사용된다. 최근의 한 실험에 따르면, 청량음료의 선호도와 관련된 뇌 활성화는 음료의 맛과 상표 모두에 민감하다. 실험 참여자들이 그들이 마시는 음료의 상표를 알 때만, 코카콜라가 펩시보다 더 높은 뇌 활성화를 일으켰다. 뇌 영상은 무의식적인 구매 동기를 측정할 수 있는 정도로, 경영자들에게 새로운 종류의 가치 있는 정보를 제공한다.

(2) 거짓말 탐지

뇌의 상태에 대한 기능성 영상기법의 또 다른 잠재적 활용은 거짓말 탐지이다. 비록 기능성 자기 공명 영상(fMRI)에 근거한 거짓말 탐지는 아직 실제 상황에서 구현되기는 어렵지만, 연구자들은 실험실에서

기만의 상관자(correlates)를 발견하였다. 사건관련전위법(ERP)은 뇌에 근거한 실제적 거짓말 탐지를 제공하는 데 거의 근접했다. 이는 일반적으로 범죄와 관련된다고 알려진 물건에 대한 반응과 범죄자만이 아는 물건에 대한 반응을 구별함으로써, '유죄 지식(guilty knowledge)'을 확인하기 위해 사용되어 왔다. 개발자가 뇌지문(brain fingerprniting)이라 이름 붙인 이 방법은 법정 소송에서 증거로 수용된 바 있으며, 테러리스트를 가려내기 위한 수단으로까지 발전되고 있다.

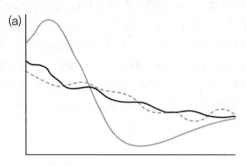

무고한 사람에게서 예상되는 사건관련전위

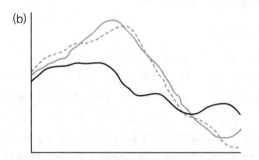

범죄자의 범죄 지식을 가진 이에게서 예상되는 사건관련전위

❂ 설명 : '뇌지문'은 사건관련전위에 기반을 둔 기술로, 범죄자를 무고자와 구별하는 것을 도와줄 것으로 기대되고, 테러리스트를 가려내기 위한 수단으로도 여겨져 왔다. 이는 피험자가 정보의 관련성을 인식하는지 여부에 따라 그 정보가 서로 다른 사건관련전위들을 발생시킬 수 있다는 발견과 범죄자는 무고자에게 익숙지 않은 범죄의 세부사항에 더 익숙할 것이라는 가정에 근거한다. 범죄와 관련이 없는 자극들과 (실선) 모두가 범죄와 관련된다고 알고 있는 자극들은 (회색선) 구별되는 ERP를 발생시키는데, 이것들은 기준으로 사용되어 범죄자만이 알고 있는 관련된 자극들에 (점선) 의해 발생한 ERP와 비교된다.

(3) 심리적 특성의 측정

심리적 특성들도 뇌 영상 기술로 측정할 수 있는 물리적 상관자들을 가진다. 뇌형(brainotyping)도 유전형(genotyping)과 마찬가지로 정신 건강의 취약성과 폭력적 범죄에 대한 선호도를 밝히는 데 쓰일 수 있다. 성격의 신경적 상관자부터, 인종에 대한 무의식적 태도, 성적 끌림과 그 느낌을 억제하기 위한 시도까지도 뇌 영상적 상관자를 갖고 있다. 물론 영상기법을 통하여 정확하게 밝혀지긴 현재는 어렵다. 물론, 현재 이 같은 특질 중 어느 것도 영상기법을 통하여(혹은 비슷한 문제로 유전형을 통하여) 정확히 밝혀질 순 없다. 뇌 영상기법은 기껏해야 성격에 대한 조야한 측정일 뿐이지만, 이 말이 현재의 발전

상황하에서조차도 뇌 영상기법이 정보적 가치가 전혀 없다는 말은 아니다. 칸리(Canli)와 그의 동료들의 외향성 연구가 이를 보여준다.

(4) 신경윤리적 쟁점들 : 프라이버시와 일반 대중의 이해

뇌 영상이 가지고 있는 실제적 문제는 프라이버시이다. 특정 사적인 정보를 타인이 이용할 수 있도록 하는 것은 이점이 아닐 수 있다. 또한, 대중들이 뇌 스캔(brain scan)을 실제보다 더 정확하고 객관적으로 보는 경향은 결정적 자료로 인식한다는 것을 알 수 있다. 그러나 이러한 대중의 경향은 뇌의 영상이나 파형의 심리학적 의미를 제대로 인식하지 못하고 반영되는 것들이 많다. 뇌에 기반을 둔 측정은 친숙한 행동이나 자율신경 측정보다도 심리적 상태나 특징을 나타내는 데 유리하다. 이 같은 이유로 영상기법은 현재보다 더 민감하고 구체적인 측정을 가능케 할 수도 있다. 이러한 활동에 대해 신중하게, 그리고 건전한 수준의 회의주의적인 태도로 접근할 필요가 있다.

2 기능 강화 : 화학을 통한 더 나은 뇌

(1) 우울증 치료제와 불안치료제

지난 20년간, 좀 더 부작용이 적은 새로운 우울증 치료제와 불안치료제가 소개되었다. 이러한 약물들에 대한 허용 정도가 증가하고, 정신 질환에 대한 대중적 자각이 높아지면서 의사 및 환자에게 약물치료에 대한 적극적인 마케팅이 이루어져 왔다. 이로 말미암아 20년 전에는 환자라고 여겨지지 않았을 사람들이 정신약리학을 널리 이용하게 되었다. 프로작과 다른 선택적 세로토닌 재흡수 억제제(SSRIs)는 많은 사람에게 익숙한 약물이 되었다. 대부분 사람에게 이 약물들은 긍정적 정서는 변치 않게 남겨두고 주관적으로 경험되는 '골치 아픈' 부정적 정서를 줄이는 것으로 인식되어 왔다. 이렇게 인식된 약물들은 사회적 행동에 미묘한 영향을 미친다.

정서뿐만 아니라, 수면, 섭식, 성 행동과 같은 자율 기능들 또한 약리학적으로 영향을 받을 수 있으며, 이 기능들을 강화시키는 방법에 대한 수요는 크다. 대표적으로 각성 증진 약물 모다피닐, 실데나필(비아그라), 메틸페니데이트(methylphenidate, 상품명 리탈린)와 암페타민(amphetamine, 상품명 아데랄) 등을 들 수 있다.

(2) 신경윤리적 쟁점들 : 개인과 사회에 대한 위험

① 안전과 부작용, 그리고 의도치 않은 결과들이 나타날 수 있다. 물론 이것은 모든 약물치료와 의학적 처치들의 관심사지만, 위험에 대한 우리의 관용은 치료에서보다 기능 강화와 관련해서 더욱 낮다. 뇌에 기반한 기능 강화는 복잡하고 아직 잘 이해되지 않은 시스템의 개입을 포함하며, 결과적으로 예기치 않은 문제들의 발생 가능성이 더 높다.

② 뇌 강화의 사회적 효과와 관련이 있다. 우리도 모르게 학교에서 군대에서 기능적으로 부족한 부분에 대하여 뇌 강화를 약물치료를 강요받곤 한다. 그러나 강화되지 않은 채로 남아 있을 경우 경쟁이 이루어지는 사회에서는 유지되기가 어려울 수 있다. 반대로 비용과 같은 장애물들이 기능 강화를

원하는 사람들을 그렇게 못하도록 가로막을 수 있다. 이는 사회 경제적으로 낮은 지위에 있는 사람들이 교육과 고용에서 이미 직면하고 있는 불이익을 더욱 심화시킬 것이다.

3 책임, 뇌, 그리고 비난

(1) 인지신경과학과 동기부여 행동

인지신경과학은 그 연구 범위가 단일시행학습과 색 지각에서 의사결정과 동기부여된 행동으로 확장되면서, 실세계의 좋은 행동과 나쁜 행동의 이해와 더욱 관련이 있게 되었다. 베카라(Bachara)와 다른 이들은, 복내측(ventrlmedial) 전전두엽이 손상된 환자의 성격 변화에 대한 임상적 관찰을 시작으로, 신중하고 책임감 있는 선택 능력을 정량화할 수 있는 실험 과제들을 개발해 이 능력이 복내측 손상 이후 감소한다는 사실을 증명했다. 후속 연구는 의사결정의 역할을 수행하는 일련의 뇌 영역을 다른 전전두측 부위와 변연계를 포함하도록 확대했다.

(2) 타인 관점에서 서는 능력

타인의 관점에 설 수 있는 능력 또한 친사회적 행동에 중요한 다른 능력인데, 이것 역시 특정 뇌 시스템들과 연결되어 왔다. 뇌 영상은 실험 참여자들이 등장인물의 생각이나 관점에 의존하는 줄거리나 펀치라인을 가지는 이야기나 만화 그림들을 이해할 때, 동일한 피질 영역과 변연계 영역 일부가 심적 상태들이 관련되지 않은 유사한 다른 과제에서보다 더 활성화된다는 것을 보여 주었다. 이 영역들의 손상은 타인의 심적 상태의 관점에서 행동을 이해하는 능력을 감소시킨다. 동일한 여러 영역을 아우르는 네트워크가 공감이나 도덕적 위반 느낌을 불러일으키는 실험에서 활성화된다.

(3) 과학적 발전과 도덕적·법적 책임

이러한 과학적 발전들이 도덕적·법적 책임에 대한 우리의 이해에 어떠한 영향을 미치는가? 우리는 자각이나 통제 능력이 감소된 상태에서(예를 들어 몽유병이나 최면 상태에서) 혹은 강제된 상황에서(예를 들어 머리에 총이 겨누어진 상황에서), 반사적으로(예를 들어 문자 그대로 반사 반응의 결과로) 행한 행동 때문에 사람들을 비난하지 않는데, 이는 우리가 이러한 상황에서의 행동을 자유 의지의 결과로 받아들이지 않기 때문이다. 행동에 대한 신경과학적 설명의 문제는, 우리가 하는 모든 것이 다음과 같은 중요한 방식으로 인하여 반사적 행동처럼 한다는 것이다. 그것은 물리학의 법칙들만큼이나 저항이 불가능한, 순전히 물리적인 사건들의 연쇄로부터 생겨난다.

게다가 책임과 비난에 관한 우리의 직관은, 어떤 물리적 기제가 작용할 것이라는 추상적인 원리보다 특정 물리적 기제에 대한 지식에 영향을 받는다. 피니어스 게이지(Phineas Gage)는 1인치 너비에 3피트 길이의 쇠막대가 머리를 뚫고 들어와 복내측 전전두엽이 손상되는 사고를 당한 이후, 책임감 있고 예의바른 성격에서 나태하고 쉽게 화를 내는 성격으로 변하면서 나쁜 행동들을 보였지만, 우리가 그를 비난하고 싶어 하지 않는 것은 그러한 이유 때문이다. 게이지와 같은 사람들의 나쁜 행동의 원인과, 명확한 신경학적 원인이 없는 이들의 나쁜 행동의 원인 사이에 원칙적인 선을 그으려 할 때, 우리는 도전에 맞닥뜨리게 된다.

최근의 신경과학적 연구는, 뛰어오르는 쇠막대로 인한 뚜렷한 손상을 넘어, 뇌가 손상을 입는 더 미묘하고 점진적인 방식을 밝히고 있다. 금지된 약물들 대부분이 이러한 영역에 영향을 미치며, 이러한 약물의 장기적인 사용은 전전두엽의 기능 약화와 관련되어 있다. 아동학대나 심각한 방치는 뇌에 대한 직접적인 상해나 혈뇌장벽을 넘나드는 이물질 그 어떤 것과도 관련이 없지만, 그 시스템들을 손상시킨다.

(4) 신경윤리적 쟁점들 : 도덕적 · 법적 책임 다시 생각하기

사회는 인간 행동에 대한 신경과학적 관점의 출현에 점점 더 반응하고 있다. 이는 우리가 법체계 내에서 범죄를 다룰 때 명백히 드러나며, 강박적 음주나 도박과 같은 '나쁘지만' 범죄는 아닌 행동에 대한 우리 사회의 관습 및 태도에서 또한 드러난다. 법체계에서 신경학적 기능 장애의 증거는 형사 소송의 선고 단계(penalty phase)에서 빈번하게 도입된다. 우리는 이를 자연스럽게 피고인의 책임과 관련이 있다고 받아들이며, 만일 그들의 책임이 덜하다면 그들을 덜 강력하게 처벌하는 것을 합당하게 생각한다. 그러나 이러한 생각은, 모든 행동이 뇌 기능에 의하여 100퍼센트 결정되며, 다음으로 그것이 유전자와 경험의 상호작용에 의하여 결정된다는 것을 깨닫는 순간, 우리를 미끄러운 경사로 이끈다.

윤리학자들과 법이론학자들은 나쁜 행동에 대한 신경과학적 설명과 씨름하면서, 점점 더 자유의지에 의존하지 않는 책임에 대한 대안적 해석들과 과거 행동을 처벌하기 위해서가 아니라 선행을 장려하고 대중을 보호하기 위해 고안된 소위 '미래를 생각하는' 형법('forward thinking' penal codes)이라 불리는 것에 주의를 돌리게 되었다. 행동에 대한 뇌 기반 설명들은 또 다른 방식으로 사회에 영향을 주어 왔는데, 중독성 물질에의 탐닉에 대한 '질병 모델(disease model)'과 강박적 도박, 성행위 등의 강박행위에 대한 의학적 중독 개념이 이에 속한다. 이 '질병 모델'은 행동들의 결정론적이고 생리학적인 본성을 강조하며, 그 결과 그 행동들의 도덕적 오명을 감소시킨다.

실제예상문제

01 음성 단어 재인에 대한 설명으로 옳지 **않은** 것은?

① 음소는 다른 단어의 소리를 구분하는 범주적 표상이다.
② 음소는 전세계적으로 동일하다.
③ 명시적 음소 분절 과정은 배측 경로에 의해 이루어진다.
④ 복측 경로는 주로 말소리 이해에 관계된다.

01 음소는 나라마다 음성적, 조음적으로 다르기 때문에 사용하는 언어에 따라서 다르다.

02 코호트 모형에 대한 설명으로 옳지 **않은** 것은?

① 코호트 모형은 마슬렌 윌슨과 타일러가 제안하였다.
② 이 모형의 핵심은 많은 수의 단어들이 병렬적으로 초기에 후보로 고려되다가 점점 정보가 누적됨에 따라 후보들이 줄어들어 간다는 것이다.
③ 코호트 모형은 코호트 생성과 단어 후보 선택으로 이루어진다.
④ 코호트 모형은 강제성을 갖고 있고, 자율성이 떨어진다.

02 코호트 모형(cohort model)은 청각적(음향적) 정보에 의해 무조건적으로 촉발된다는 점에서 강제적(obligatory)이며, 다른 정보처리 과정에 영향을 받지 않는다는 점에서 자율적(autonomous)이다.

03 음성 단어 재인에 대한 설명으로 옳지 **않은** 것은?

① 단어 빈도를 고려했을 때, 코호트에서 모든 후보가 동일하게 작용한다.
② 상상성(imageability)은 어떤 단어의 의미가 감각적 이미지를 불러일으키는 정도와 관계되는 의미적인 특성이다.
③ 코호트 모형은 주로 단일 음성 단어의 재인 과정을 설명한다.
④ 단어의 개시 이후 약 400ms 전후로 나타나는 부적인 파형(소위 N400)은 단어 재인에 중요한 정보를 제공한다.

03 단어 빈도와 같은 언어적 요인은 단어 재인에 영향을 미친다. 단어 빈도를 고려하면, 어떤 코호트에서 모든 후보가 동일하게 작용하지 않을 수 있다. 예를 들면, 불확정적인 'spee'와 같은 시작은 'speed', 'speech', 'species' 등의 단어들과 일치한다. 하지만 점화 기법을 이용한 반응시간 연구들은 사용빈도가 낮은 단어들(예 species)은 덜 활성화된다는 것을 보여주었다. 이것은 단어 빈도의 초기 효과를 보여준다.

정답 01② 02④ 03①

04 올포트의 모형에서 개념은 이분법적
(예 기능과 감각)으로 구분된다기보
다 지식의 많은 다른 영역들에 걸쳐
분산되어 있다고 하였다.

04 단어의 의미에 대한 설명으로 옳지 <u>않은</u> 것은?

① 의미기억은 범양태적이다.
② 이미 존재하는 지식을 가정하지 않고 개념을 정의하는 문제를
　기호의 근거문제라고 한다.
③ 몸이 인지에 사용될 수 있다는 생각을 체화된 인지라고 한다.
④ 올포트(Allport)의 모형에서 개념은 기능과 감각 이분법적으
　로 구분된다고 하였다.

05 브로카 실어증은 좌반구에 손상을
입을 때 초래된다.

05 브로카 영역에 대한 설명으로 옳지 <u>않은</u> 것은?

① 브로카 실어증 환자들은 언어 산출에 장애를 보인다.
② 문법에 맞지 않고 자주 끊어지는 전보어 현상이 나타난다.
③ 브로카 실어증은 우반구에 손상을 입을 때 초래된다.
④ 전두엽 운동피질 부근에 존재한다.

06 베르니케 실어증은 언어의 이해는
장애를 받지만 유창한 언어 산출이
가능한 언어장애이다.
여기에서 말하는 유창함이란 베르니
케 실어증 환자들이 주저함 없이 정
확한 발음으로 그리고 말을 구성하
는 모든 요소를 다 포함하여 언어 산
출을 하기 때문에 사용되었다.

06 베르니케 실어증에 대한 설명으로 옳지 <u>않은</u> 것은?

① 유창한 언어 산출에 장애를 받는 언어장애이다.
② 말 비빔(word salad) 현상이 있다.
③ 말소리를 결합하여 단어를 말하지만, 신생어를 말하기도 한다.
④ 베르니케 실어증을 초래하는 병변이 베르니케 영역에 국한되
　어 있는 것이 아니라 이 영역 주변의 조직(예 백질)들도 포함
　된다.

정답 　04④　05③　06①

07 리히트하임(Lichtheim)의 언어 과정 모델에 관한 설명으로 옳지 않은 것은?

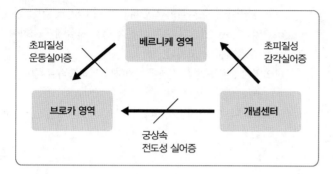

① 개념센터와 언어 산출 센터가 분리되면 언어 산출이 장애를 받는다.

② 개념센터와 언어 산출 센터가 분리되더라도 브로카 영역 자체는 손상을 입지 않기 때문에 복창 능력은 유지된다.

③ 소리 이미지 체계는 직접적으로 브로카 영역과 연결되어 있다.

④ 단일의 개념센터가 존재한다.

08 다음 중 구문에 대한 설명으로 옳지 않은 것은?

① 문장 구조를 구성하는 것은 어느 정도 통사적인 요인과 맥락적인 요인 모두에게 의존한다.

② 문법적인 이상을 처리할 때 관계되는 ERP를 P_{600}이라 부른다.

③ 전측두엽은 문법적 구조의 크기에 반응하였지만, 의미 있는 단어 출현에는 변화하지 않았다.

④ 후측두엽은 통사와 의미의 통합 영역이다.

07 리히트하임(Lichtheim)은 베르니케 모델을 더 확장한 모델을 제안하였다. 언어 산출에 관여하는 뇌 영역과 소리 이미지를 처리하는 뇌 영역 외에도 단어의 의미를 저장하는 뇌 영역인 개념센터가 존재한다고 제안하였다. 단일의 '개념센터'가 뇌에 존재하지 않는다고 추후에 밝혀짐에 따라 비록 이 모델이 단점을 가지고 있는 것으로 알려졌지만 자주 관찰되는 특정 실어증 증후군이 존재하는 것을 예견하는데 이 모델이 유용하게 사용되었다.

08 일반적인 실험 참가자를 대상으로 한 뇌영상 연구는 전/후 측두엽과 브로카 영역이 의미와 통사의 구분에 해당하는 다른 역할을 하며 그 둘의 인터페이스 역할을 한다고 제안하였다. 펠리에 등(Pallier et al., 2011)은 내용어(content word)로 구성되거나, 비단어로 점진적으로 구성되는 문장을 제시했다. 전측두엽은 의미 있는 단어의 출현에 (비단어에 비해) 반응했지만, 문법적 구조의 크기에 변화되지 않았다. 브로카 영역과 후측 상측열(posterior superior temporal sulcus)은 반대의 경향을 보였다. 그들은 후측두엽이 의미(전측두엽에 있음)와 구문(브로카 영역에 있음)의 통합이 일어나는 지점이라고 주장했다.

정답　07 ④　08 ③

checkpoint 해설 & 정답

09 연역 추론은 결정론적이고, 귀납 추론은 확률적이다.

10 전제 사실에 결론을 유도해 내는 일종의 가설 검증 사고는 귀납 추론에 대한 설명이다.

11 전건 긍정과 후건 부정이 연역적으로 타당하다.
ㄱ. 전건 긍정
ㄴ. 후건 긍정의 오류
ㄷ. 후건 부정
ㄹ. 전건 부정의 오류

---

09 추론에 대한 설명으로 옳지 <u>않은</u> 것은?

① 추론은 일반적으로 개념을 형성하는 과정이나 문제를 해결하는 과정에는 논리적이고 합리적인 사고의 과정이 요구된다.
② 연역 추론은 일반적 혹은 보편적 전제 사실에 근거하여 결론을 도출하는 사고이다.
③ 연역 추론은 보편적 전제에 근거하므로 '하향적 추론(top-down reasoning)'으로 불린다.
④ 귀납 추론은 결정론적이다.

10 연역 추론에 대한 설명으로 옳지 <u>않은</u> 것은?

① 전제들이 참이면 결론 또한 항상 참이다.
② 전제 사실에서 결론을 유도해 내는 일종의 가설 검증 사고이다.
③ 전제를 통해 논리적으로 결론을 유추한다.
④ 연역 추론은 일반적인 원리를 특수한 사례에 적용하는 추론이다.

11 다음에 제시된 조건 추론의 유형 중 연역적으로 타당한 결론의 유형을 올바르게 모두 고른 것은?

> ㄱ. p(수식)이면 q(수식)이다 / p(수식)이다 / 따라서 q(수식)이다.
> ㄴ. p(수식)이면 q(수식)이다 / q(수식)이다 / 따라서 p(수식)이다.
> ㄷ. p(수식)이면 q(수식)이다 / q(수식)가 아니다 / 따라서 p(수식)가 아니다.
> ㄹ. p(수식)이면 q(수식)이다 / p(수식)가 아니다 / 따라서 q(수식)가 아니다.

① ㄱ, ㄴ, ㄷ   ② ㄱ, ㄷ
③ ㄴ, ㄹ   ④ ㄱ, ㄴ, ㄷ, ㄹ

정답 09 ④ 10 ② 11 ②

12 다음 중 추론과 관련된 뇌 영역은?

① 전전두 영역
② 후두엽
③ 해마
④ 변연계

12 신경 영상 연구를 통해 규칙을 추론해야 하는 조건에서 배외측 전전두 영역, 복외측 전전두 영역과 각회의 활성화가 더 증가하였다.

13 다음 중 제시문 내용과 연관된 인과성에 관한 규준으로 옳은 것은?

> • 사례 1에서 ABC가 Z를 발생시킨다.
> • 사례 2에서 ABD가 Z를 발생시키지 않는다.
> • 두 사례를 통해 C는 Z를 발생시키는 원인 또는 원인의 일부분으로 볼 수 있다.

① 잔여법(method of residues)
② 공변법(method of concomitant variation)
③ 차이법(method of difference)
④ 일치차이 병용법
   (joint method of agreement and difference)

13 만약 특정 현상이 발생하는 사례와 발생하지 않는 사례가 있을 경우 두 사례 간에 단 하나의 요소를 제외한 모든 요소를 공통적으로 가지고 있다면, 그 요소는 특정 현상의 원인이다.

14 의사결정에 대한 설명으로 옳지 <u>않은</u> 것은?

① 불확실성 분석은 의사결정의 기본이 되는 요소, 즉 대안, 결과, 시간, 정보, 목적, 상태, 주체 등을 규명하는 것이다.
② 합리성을 토대로 판단과 결정을 내린다고 생각하는 모형을 경제적 인간 모형이라고 한다.
③ 의사결정을 할 때 주관적인 기준을 사용하기도 한다.
④ 제한된 합리성 모형은 의사결정자가 최적의 결정이 아닌 만족스러운 결정을 한다고 주장한다.

14 불확실성 분석은 사건들의 불확실성에 대해 그 발생확률을 부여하는 것이다. 이때 과거의 경험적 자료, 가정 사항, 확률적 모형, 전문가의 조언 등 여러 자료를 활용한다. ①은 구조분석에 대한 설명이다.

정답 12 ① 13 ② 14 ①

15 휴리스틱(heuristic) 또는 휴리스틱스(heuristics)는 어림법을 의미하는 것으로, 모든 경우를 고려하지 않고 나름대로의 기준에 따라 그중 일부만을 고려하는 방법이다.

15 다음 중 문제의 내용과 연관된 확률추정의 방법으로 옳지 <u>않은</u> 것은?

① 휴리스틱(heuristic)은 연산법을 의미한다.
② 연산법은 모든 가능한 경우를 전부 고려해 답을 찾는다.
③ 어림법은 처리 부담을 줄일 수는 있으나 옳은 답을 보장하지는 못한다.
④ 대표성 어림법은 한 사건이 그 사건을 추출한 전집의 대표성과 유사한 정도를 토대로 사건의 확률을 판단한다.

16 의도란 어떤 목표를 달성하기 위해 특정 행동을 실행하려는 의지 및 결의로 행동의 목표이다.

16 의식과 의도에 대한 설명으로 옳지 <u>않은</u> 것은?

① 의식이란 현재 외부 환경의 자극들에 대해 직접 경험하고 있는 심적 현상이다.
② 의식에는 전의식, 수면 상태, 꿈, 최면 상태, 명상, 일반의식 상태 등 여러 수준이 있다.
③ 의도란 어떤 목표를 달성하기 위해 특정의 행동을 실행하려는 의지 및 결의이다.
④ 의식은 행동의 목표이다.

17 자동처리는 자기 이름을 쓰는 것과 같이 노력이나 의도를 거의 요구하지 않으며, 의식적 제어를 수반하지 않는 인지적 처리방식이다. 대부분의 경우 의식적 자각없이 수행되나, 그 처리를 수행하고 있음은 자각할 수 있다. 여러 가지 자동처리가 동시에 일어날 수 있으므로, 병렬처리(parallel processing)에 해당한다고 볼 수 있다.

17 자기 이름을 쓰는 것과 같이 노력이나 의도를 거의 요구하지 않으며, 의식적 제어를 수반하지 않는 인지적 처리 방식을 무엇이라고 하는가?

① 통제처리
② 자동처리
③ 회선 스케줄
④ 주의감독체계

정답 15① 16④ 17②

✔ **주관식 문제**

01 브로카 영역의 언어에 대한 역할을 쓰시오.

02 설단 현상에 대해 간략하게 쓰시오.

01 정답

언어 산출(speech output)을 프로그래밍하는 데 중요한 역할을 한다.

해설

브로카 영역 손상 증상

• 언어 산출 장애
  브로카 실어증을 앓는 환자들은 언어 산출에 장애를 보인다. 브로카 실어증 환자들은 단어를 말하는 것에 상당한 어려움을 느끼며 말소리가 아닌 다른 소리를 낼 수 있다. 또한, 얼굴을 움직이기 위해 입과 입술을 사용할 수 있다(예를 들어, 촛불을 끄기 위해 입과 입술을 사용하는 것). 장애가 언어 영역에 국한되어 있었기 때문에 브로카는 이러한 환자들이 손상을 입은 뇌 영역을 브로카 영역으로 명명하였고, 언어 산출(speech output)을 프로그래밍하는 데 중요한 역할을 한다고 여겼다.

• 전보어 사용
  전보어는 문법에 맞지 않고 자주 끊어지며 유창하지 못한 언어로 명사나 동사와 같은 내용어(content words)만 말하고, 기능어(function words)와 단어의 어미(word ending)는 생략되는 경향이 있다.

02 정답

말하고자 하는 단어를 개념적으로 알고 있지만, 해당 단어가 입 밖으로 잘 나오지 않는 것을 말한다.

해설

설단 현상은 말하고자 하는 단어를 개념적으로 알고 있지만, 해당 단어가 입 밖으로 잘 나오지 않는 것으로 이것은 주로 '알고 있다는 느낌'과 함께 큰 당혹스러움을 가져온다. 이러한 상태는 사람들에게 자주 쓰이지 않는 단어의 정의나 사진을 제시하면서 촉발될 수 있다.

03 **정답**

특정 사적인 정보를 타인이 이용할 수 있도록 하는 것은 이점이 아닐 수 있다. 또한, 대중들이 뇌 스캔(brain scan)을 실제보다 더 정확하고 객관적으로 보는 경향은 결정적 자료로 인식한다는 것을 알 수 있다. 그러나 이러한 대중의 경향은 뇌의 영상이나 파형의 심리학적 의미를 제대로 인식하지 못하고 반영되는 것들이 많다. 영상기법은 현재보다 더 민감하고 구체적인 측정을 가능케 할 수도 있다. 이러한 활동에 대해 신중하게, 그리고 건전한 수준의 회의주의적인 태도로 접근할 필요가 있다.

03 신경윤리적 쟁점 중 프라이버시에 대한 간략하게 쓰시오.

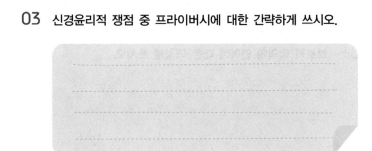

최종모의고사

I wish you the best of luck

독학사 심리학과 4단계

혼자 공부하기 힘드시다면 방법이 있습니다.
SD에듀의 동영상강의를 이용하시면 됩니다.
www.sdedu.co.kr ➜ 회원가입(로그인) ➜ 강의 살펴보기

제 1 회 최종모의고사 | 인지신경과학

제한시간: 50분 | 시작 ___시 ___분 - 종료 ___시 ___분

⤷ 정답 및 해설 331p

01 다음 중 뉴런에 대한 설명으로 옳지 <u>않은</u> 것은?

① 세포체(cell body)는 뉴런의 신진대사 센터이고, 세포의 생명 유지 기전을 포함한다.

② 뉴런의 축색 발달과 그 밖의 다른 뉴런의 수상돌기나 세포체 사이에 있는 조그만 틈을 연접(synapse)이라고 부른다.

③ 신경섬유(nerve fiber)라고 불리는 수상돌기는 통상 다른 뉴런으로 신호를 전달하는 긴 통로이다.

④ 뉴런에서 랑비에르 결절(node of Ranvier)은 활동전위가 축색돌기를 따라 빠르게 전파될 수 있도록 기능을 한다.

02 다음 기능을 하는 중추신경계 하위구조는 무엇인가?

- 호흡, 삼키기, 심장박동, 그리고 수면 주기 등과 같은 생존에 필수적인 기능을 조절함
- 이 신경세포들은 뇌 신경들로부터 입력을 받고, 뇌의 여러 영역으로 신호를 전달함
- 망상 활성화 체계(reticular formation system)로 알려진 신경세포 집단이 있는 곳
- 각성과 주의에 있어서 중요하고 또한 수면의 주기를 조절함

① 중뇌
② 소뇌
③ 연수
④ 변연계

03 다음 중 청각피질에 대한 설명으로 옳지 않은 것은?

① 유모세포는 압력파를 신경신호로 변환해 준다.
② 오른쪽 귀에서 받은 청각정보는 좌반구와 우반구로 모두 투사된다.
③ 청각피질의 지도화는 가장 낮은 소리가 전측과 측면에서 처리되고 주파수가 높은 소리는 미측과 중앙에서 처리된다는 것을 보여준다.
④ 소리의 위치를 결정하는 것은 정보가 각 귀에 도달하는 '강도 차이' 때문이다.

04 다음 중 전두엽에 대한 설명으로 옳은 것은?

① 전두엽은 연합적인 기능에는 관여하지 않는다.
② 전두엽은 일차운동영역, 전운동영역, 그리고 전전두영역 세 개 영역으로 구분된다.
③ 전전두영역의 배외측 영역은 기억과 정서 과정에 관여한다.
④ 전두엽의 손상은 시각 자극 인식의 결함이 나타난다.

05 다음 중 망막에 대한 설명으로 옳지 않은 것은?

① 광수용기 세포는 간상세포와 원추세포를 말한다.
② 망막은 빛을 감지하고 시각정보를 처리 통합하여 시신경을 통해 뇌에 전달한다.
③ 간상세포는 빛에 민감하고, 색을 분별하지 못한다.
④ 간상세포와 추상세포는 동일한 색소를 갖고 있다.

06 외측슬상핵(lateral geniculate nucleus, LGN)에 대한 설명으로 옳지 않은 것은?

① 외측슬상핵은 시상의 일부로서 감각정보를 처리에 관여한다.
② LGN은 6개의 층으로 되어있는데, 소세포층은 세부 정보, 색 시각에 관여한다.
③ 선조외피질의 V4는 움직임을 처리하고 V5는 색상을 처리한다.
④ 우시야의 물체들은 우측 LGN에 투사되고, 좌시야의 물체들은 좌측 LGN에 투사된다.

07 다음 중 청각체계에 대한 설명으로 옳지 않은 것은?

① '어디' 경로가 '무엇' 경로보다 먼저 활성화된다.
② 소리의 공간 위치 정보와 소리 형태 정보를 다른 경로에서 처리한다.
③ 주변 배경 소음으로부터 단 하나의 소리 흐름을 구별하여, 공간에서 소리의 위치를 파악하는 것을 '공간 국재화(localization)'라고 한다.
④ 와우세포는 모든 주파수 소리에 반응한다.

08 다음 중 대상을 알아보는 능력을 무엇이라 하는가?

① 실인증
② 통각
③ 재인
④ 문제해결

09 다음 중 주의에 대한 설명으로 옳지 <u>않은</u> 것은?

① '주의'란 더 처리할 필요가 있는 정보를 선택하고 그렇지 않은 정보는 버리는 과정을 말한다.

② 선택 주의는 과제 수행을 위하여 자원을 분배한다.

③ 주의를 다른 곳에 기울였기 때문에 시각 자극을 의식하지 못하는 현상을 '부주의 맹'이라고 한다.

④ 주의의 초점을 이동시키는 것을 '정향 (orienting)한다'라고 하며, 보통은 은닉 정향(covert orienting)과 명시 정향(overt orienting)으로 구분한다.

10 브로드벤트의 여과기 모형(Broadbent's filter model)에 대한 설명으로 <u>틀린</u> 것은?

① 감각 등록기(sensory register) : 외부로부터 들어온 모든 정보(감각정보)를 약 0.5초~1초 정도 보관 후 모두 여과기로 전송된다.

② 선택적 지각(selective filter) 또는 여과기(filter) : 화자의 음색, 음높이 속도, 억양 등과 같은 정보의 물리적 특징 등을 기반으로 집중하고 있는 메시지들을 식별하고, 주의를 기울인 메시지만을 다음 단계의 탐지기로 통과시킨다.

③ 지각 프로세스(perceptual processes) 또는 탐지기(detector) : 주의를 집중한 메시지의 정보를 처리하여 고차원적 속성을 파악하는 역할을 한다. 탐지기에 전달받은 모든 정보를 처리한다.

④ 약화기(attenuator) : 물리적 특징, 언어, 단어의 연속성이 어떻게 의미를 만들어내는지를 기준으로 수집되는 정보를 분석하고, 언어와 의미 등으로 메시지를 분별할 수 있다.

11 다음 중 주의 통제에 대한 설명으로 옳지 <u>않은</u> 것은?

① 전두엽은 통제기능과 관련이 있으나 집행기능과는 관련이 없다.

② 사물의 특징들을 뇌에서 개별적 분석으로 처리한다.

③ 다른 자극들의 특징을 잘못 통합하는 것을 착각적 결합(illusory conjunction)이라고 한다.

④ 유사성 이론에 따르면 방해 자극과 유사한 표적은 탐지하기가 어렵고, 방해 자극과 상이한 표적은 탐지하기가 쉽다.

12 눈에 똑똑히 보임에도 불구하고 주의를 기울이지 않아 보이지 않는 것을 무엇이라 하는가?

① 변화탐지
② 무주의맹
③ 디폴트 상태
④ 주의지속

13 다음 중 감각기억에 대한 설명으로 옳지 <u>않은</u> 것은?

① 감각기억은 아주 짧은 시간 동안 모든 입력 정보를 유지시키는 기억이다.

② 작은 단위를 더 큰 의미 단위를 묶는 것은 '청킹'이라고 한다.

③ 감각기억의 요량과 지속시간을 설명해주는 대표적인 실험은 스펄링(Sperling) 실험이다.

④ 단기기억은 아주 많은 양의 정보를 몇 년 혹은 심지어 수십 년 동안 유지할 수 있는 기억이다.

14 다음 중 기억에 대한 설명으로 옳은 것은?

① 감각기억은 15~20초 정도 동안 5~7개 정도의 항목(item)을 유지한다.

② 이전에 배운 정보가 새로운 정보의 학습을 간섭해서 생기는 것은 순행간섭(proactive-interference)이라고 한다.

③ 단기기억의 용량을 측정하는 한 가지 방법은 숫자 폭인데, 조지 밀러(George Miller)는 정보처리 용량의 한계를 3~5개로 제시하였다.

④ 단기기억의 용량이 약 7개의 항목이라고 주장한다.

16 다음 중 작업기억에 대한 설명으로 옳지 <u>않은</u> 것은?

① 단기기억은 주로 짧은 시간 동안 정보를 저장하는 곳으로 여겨왔지만, 작업기억은 복잡한 인지 과정 중에 일어나는 정보의 조작으로 간주되었다.

② 몇 초 동안만 정보를 유지하는 공간인 음운 저장소는 제한된 용량을 갖고 있다.

③ 중앙 집행기는 시각 정보와 공간 정보를 담고 있다.

④ 일화적 저장소는 정보를 저장할 수 있다는 것은 추가 용량을 제공한다는 것이다.

17 정서처리에 관여하는 뇌 영역에 대한 설명으로 옳지 <u>않은</u> 것은?

① 변연계 중 해마는 정서적 기능과 밀접한 관련이 있다.

② 정서처리에 관여하는 뇌 구조는 변연계이다.

③ '싸우거나 도망치기(fight-or-flight)' 반응은 자율신경계에 의존한다.

④ 편도체는 저서뿐만 아니라 학습과 기억에 영향을 미친다.

15 다음 중 보상영역에 대한 설명으로 옳지 <u>않은</u> 것은?

① 자극이 가장 보상이 되는 영역은 측좌핵까지 뻗쳐있는 도파민 경로이다.

② 이 영역은 복측 선조체(ventral striatum)로 불린다.

③ 측좌핵의 핵은 쾌락의 역할을 하고, 측좌핵의 껍질은 자극을 바라고 원하는 데 역할을 한다.

④ 보상경로는 뇌의 '쾌락중추(pleasure center)'라고 부르는 데에는 한계가 있다.

18 다음 중 편도체에 대한 설명으로 옳지 <u>않은</u> 것은?

① 시상하부는 싸우거나 도망치기 반응이 활성화되는 정도를 결정하여 자율신경계를 지배한다.

② 편도체는 공포와 정서학습에 관여한다.

③ 편도체는 작지만 서로 구분되고 상호작용을 하는 여러 개의 핵으로 구성되어 있다.

④ 편도체 손상만으로 행동변화를 관찰하기 어렵다.

19 다른 행위자가 행한 행동을 관찰하기만 해도 자신이 그 행위를 직접 할 때와 똑같은 활성을 내는 신경세포를 무엇이라고 하는가?

① 감각뉴런
② 운동뉴런
③ 거울뉴런
④ 연합뉴런

20 다음 중 정서에 대한 설명으로 옳지 <u>않은</u> 것은?

① 정서는 보상을 주거나 처벌을 주는 자극들과 연합된 상태이다.
② 강렬한 수준의 정서상태에서 기억력은 유지된다.
③ 정서는 얼굴과 신체 내부 반응의 측면에서 특정한 '느낌의 상태(feeling state)'를 가진다.
④ 정서는 기본적으로 일시적이지만, 자극들의 정서적 위계는 장기기억 내에 저장된다.

21 브로카 영역에 대한 설명으로 옳지 <u>않은</u> 것은?

① 브로카 실어증은 '문법의 손실'을 의미하는 실문법증(agrammatism)으로 불린다.
② 문법에 맞지 않고 자주 끊어지는 전보어 현상이 나타난다.
③ 브로카 영역은 말하기에 영향을 미치나, 쓰는 능력과는 거리가 멀다.
④ 브로카 영역의 뒷부분 BA 44는 위계적 구조 처리와 일반적인 행동의 순서를 정하는 과정과 관련된다.

22 다음 설명과 연관된 현상은?

> 말하고자 하는 단어를 개념적으로 알고 있지만, 해당 단어가 입 밖으로 잘 나오지 않는 것을 말한다. 이것은 주로 '알고 있다는 느낌'과 함께 큰 당혹스러움을 가져온다. 이러한 상태는 사람들에게 자주 쓰이지 않는 단어의 정의나 사진을 제시하면서 촉발될 수 있다.

① 명칭성 실어증
② 단어 바꿔치기
③ 전도성 실어증
④ 설단현상

23 다음 제시문에 대한 설명은 무엇인가?

> 사람들이 어떤 사건이 발생하거나 대상이 특정 범주에 속할 확률을 추정할 때 실제 확률을 계산하는 것이 아닌 그 사건이나 대상이 얼마나 대표적인지를 가지고 확률을 추정하는 것이다.

① 가용성 어림법
② 도박사(도박꾼)의 오류
③ 대표성 어림법
④ 조정 어림법

24 다음 중 자동처리에 대한 설명으로 옳지 <u>않은</u> 것은?

① 자동처리란 노력이나 의도, 의식적 제어를 수반하지 않은 인지적 처리방식을 말한다.

② 여러 가지 자동처리가 동시에 일어나지 않는다.

③ 통제처리는 자동처리와 비교할 때 상대적으로 수행을 하는 데 많은 시간이 소요된다.

④ 자동처리는 병렬처리이고, 통제처리는 계열처리에 해당한다.

✔ **주관식 문제**

01 주파수 대응에 대하여 간략하게 쓰시오.

02 방추형 얼굴영역(fusiform face area, FFA)와 상측두구(superior temporal sulcus, STS)의 차이를 간략하게 기술하시오.

03 기억의 재강화가 중요한 이유에 대해서 작성하시오.

04 베르니케 실어증 증상을 간략하게 기술하시오.

제2회 최종모의고사 | 인지신경과학

제한시간: 50분 | 시작 ___시 ___분 - 종료 ___시 ___분

⊟ 정답 및 해설 335p

01 중추신경계 주요 하위구조 특징에 대한 설명으로 옳지 <u>않은</u> 것은?

① 상구는 청각 정보처리를 담당하고, 하구는 여러 감각 정보(시각, 청각, 촉각)를 통합한다.

② 변연계는 다양한 신경계의 정서적인 정보들을 통합하는 데 관여한다.

③ 시상하부(hypothalamus)의 상하부(hypothalamus)는 체온, 배고픔, 갈증, 성적활동, 그리고 내분비 기능 등과 같이 신체 욕구를 만족시켜 행동을 조절한다.

④ 연수(medulla)는 호흡, 삼키기, 심장박동, 그리고 수면 주기 등과 같은 생존에 필수적인 기능을 조절한다.

02 다음 중 시각피질에 대한 설명으로 옳지 않은 것은?

① 우측 시야 정보는 우반구의 일차시각피질로만 전달되고, 좌측 시야 정보는 좌반구의 일차시각피질에만 전달된다.

② 뇌의 시각상 지도는 상하좌우로 역전된다.

③ 일차시각피질의 손상은 명암대비를 인식하지 못하게 만든다.

④ 고정점의 위쪽에서 들어온 정보는 시각피질의 복측 영역으로 들어간다.

03 다음 중 대뇌피질에 대한 설명으로 옳지 <u>않은</u> 것은?

① 대뇌피질은 고등정신기능, 일반운동, 지각, 행동의 연합 또는 통합 등에 관계된다.

② 일차운동피질은 중심열 바로 앞에 위치한다.

③ 대뇌피질은 축색(axon)을 통해 피질상의 다른 부위와 피질 외의 다른 부위들과도 연결되어 있다.

④ '지도화(mapping)'는 뇌 조직 영역의 크기가 신체 부위의 크기와 비례한다.

04 다음 설명에 해당하는 연구방법은 무엇인가?

사람의 머리를 원통 안에 위치시키면, 그 주위를 180도 회전하면서 X선이 방출되고, 통과한 X선의 양을 반대편에 있는 감지기가 측정한다. 이런 절차를 뇌의 수평면의 여러 방향에 대해 반복한 후, 감지기에 측정된 결과를 복잡한 수리적 분석을 통해 재구성하여 각각의 수준에서 뇌의 수평면의 영상을 합성하는 방법이다.

① 컴퓨터 단층 촬영(CAT, CT)

② 자기 공명 영상(MRI)

③ 양전자 방출 단층 촬영(PET)

④ 기능 자기 공명 영상(fMRI)

05 다음 중 시각정보에 대한 설명으로 옳지 <u>않은</u> 것은?

① 개시상침경로는 신경정보를 망막에서 직접 상소구로 보내는 것이다.
② 눈 깜작할 새 반응, 빠른 시각적 정향의 행동들은 슬상선조경로이다.
③ 간상세포는 적은 양의 빛에 민감한 로돕신 색소를 포함하고 있다.
④ 슬상선조경로를 통해 대상의 색상과 상세 특성을 지각한다.

06 다음 중 시각피질에 대한 설명으로 옳지 <u>않은</u> 것은?

① V1의 뉴런들은 경계와 방향, 파장과 빛 강도를 탐지하는데 특화되어 있다.
② V1은 형태(예 모양), 색상 및 운동에 근거하여 더 복잡한 시각 표상을 구성하기 위한 주춧돌이 된다.
③ 복측 흐름은 행위와 주의에 관여하고, 배측 흐름은 대상 재인과 기억에 관여한다.
④ 선조외 시각 영역들의 수용장은 크기가 점차 커지고 공간상에서 서로 덜 밀착된 구조를 가지게 되어 V4와 V5 영역의 수용장은 엄청 넓다.

07 시각 영역들의 주요 연결에 대한 설명으로 옳지 <u>않은</u> 것은?

① V1 밖에 있는 후두피질은 선조외피질로 알려져 있다.
② 선조외피질은 색상(V4 영역)과 움직임(V5 영역) 같은 특별한 시각 특질들을 처리하는데 특화된 여러 영역을 포함하고 있다.
③ 복측 흐름의 전측 세포들은 단순한 자극에 발화한다.
④ 뇌 손상으로 인해 다른 시각 기능이 온전하면서도 색 지각이나 움직임 지각만 손상될 수 있다.

08 아래 내용과 같은 증상을 무엇이라 명명하는가?

- 물체 그림을 따라 그릴 수 있지만, 알아보지 못한다. 이는 어느 수준으로는 물체를 볼 수 있음을 의미한다.
- 물체를 기억해내어 그릴 수 있다. 이는 시각이 아닌, 기억으로부터 구조적 서술에 접근할 수 있음을 의미한다.
- 그림을 알아볼 수 없지만 그림의 부분을 그럴싸하게 묘사할 수 있다.
- 손상된 사진을 보았을 때, 다른 사람들과 달리 게슈탈트 원리의 도움을 받지 못한다.
- 실제 물체의 부분들을 결합하여 '새로운' 물체를 만들어 제시하면, 실제 물체인지 아닌지 판단하지 못한다.

① 통합실인증(integrative agnosia)
② 대상 항등성(object constancy)
③ 통각실인증(apperceptive agnosia)
④ 연합실인증(associative agnosia)

09 다음 중 선택 주의 모형에 대한 설명으로 옳지 **않은** 것은?

① 다른 자극들을 무시하고 한 자극에만 주의를 기울일 수 있는 능력을 칵테일파티 효과(cocktail party effect)라고 한다.

② 감각기억(sensory memory)은 외부로부터 들어오는 모든 정보를 수분의 1초간 보관 후 모두 여과기(filter)로 전송한다.

③ 모레이(Moray)가 양분 청취법 실험을 한 결과, 약 1/3의 참가자들이 방치된 귀 쪽에 제시된 자기 이름을 인식했다.

④ 트리스먼(Treisman)의 약화 모형에서 선택 주의는 전주의적 분석처리 과정에서 처리된다.

11 다음 중 주의 신경 조절 기제에 대한 설명으로 옳지 **않은** 것은?

① 경계와 지속 주의에 중요한 역할을 하는 것은 콜린계 경로이다.

② RAS에 손상을 입거나 기능이 방해를 받더라도 혼수상태는 초래하지 않는다.

③ 시상핵은 대뇌피질의 각성 수준을 조율한다.

④ 시상핵에 손상을 입으면 혼수상태가 일어난다.

10 다음 중 시각적 탐색에 대한 설명으로 옳지 않은 것은?

① 유사성이 증가할수록 표적 자극을 탐지하기가 더 쉬워진다.

② 사물의 특징들을 뇌에서 개별적 분석으로 처리한다.

③ 다른 자극들의 특징을 잘못 통합하는 것을 착각적 결합(illusory conjunction)이라고 한다.

④ 유사성 이론에 따르면 방해 자극과 유사한 표적은 탐지하기가 어렵고, 방해 자극과 상이한 표적은 탐지하기가 쉽다.

12 다음 중 기본상태 네트워크에 대한 설명으로 옳지 **않은** 것은?

① 개인이 주의가 요구되는 과제를 수행할 때 기본상태 네트워크의 활성화가 증가한다.

② 기본상태 네트워크는 내측 안와전두 영역, 후대상피질과 하두정엽의 일부 영역을 포함하는 영역들로 구성된다.

③ 이 네트워크는 개인이 외적 자극에 대해 거의 인지적 처리를 하지 않을 때 활성화된다.

④ 기본상태 네트워크와 주의통제하는 뇌 구조 활성화와 호혜적인 관계를 갖고 있다.

13 다음 중 일화기억에 대한 설명으로 옳지 <u>않은</u> 것은?

① 일화기억은 개인이 경험한 사건을 재경험하는 것을 가능하게 한다.
② 자전적 기억은 일화기억의 일종이다.
③ 일상 경험을 반복되더라도 사건에 대한 일반적 지식과는 거리가 멀다.
④ 되뇌기(rehearsal)는 단기기억에서 작동하는 통제처리의 하나로 자극을 계속해서 반복하는 것을 말한다.

14 다음 중 기억상실증에 대한 설명으로 옳지 <u>않은</u> 것은?

① 해마가 손상되면 기억상실증이 나타난다.
② 코르사코프 증후군은 만성적인 알코올중독에 기인한 기억상실증이다.
③ 일반적으로 기억상실증 환자가 숫자 폭과 같은 단기기억 과제는 정상적으로 수행한다.
④ 일반적으로 기억상실증 환자는 절차기억까지 손상된다.

15 다음 중 암묵적 기억에 대한 설명으로 옳지 <u>않은</u> 것은?

① 암묵기억은 경험에 의한 학습에 의식적 기억이 수반되지 않을 때 일어난다.
② 기억상실증 환자는 거울상 그리기 과제를 수행할 수 없다.
③ 반복점화(repetition priming)는 검사 자극이 점화 자극과 동일하거나 유사할 때 일어난다.
④ 기억상실증 환자는 암묵적 기억에서는 결함을 보이지 않는다.

16 다음 중 암묵적 기억에 해당하는 것은?

① 특정한 개인적 경험들에 관한 기억
② 학습된 기술을 포함한 기억
③ 사실에 관한 기억
④ 사람들 자신의 삶의 경험에 관한 기억

17 다음 중 정서조절에 대한 설명으로 옳지 <u>않은</u> 것은?

① 정서조절이란 사회적으로 적절하고 통제 불능 상태가 되지 않도록 자신이 경험하는 정서를 조절하려고 시도하는 것이다.
② 사람들이 자신의 정서반응을 통제하려고 하면 전두엽의 활동이 증가한다.
③ 정서조절에서 해마의 역할은 긍정적 감정을 학습하게 하는 것이다.
④ 정서조절하려고 하면 전두엽 활동을 증가되지만 편도체 활동은 감소한다.

18 다음 중 정서와 주의에 관한 설명으로 옳지 <u>않은</u> 것은?

① 정서는 기억의 형성과 강도를 증진시킨다.
② 감성적인 각성이 올라가면 주의가 향상된다.
③ 편도체가 손상되면 보상에 기반한 학습에도 장애가 생긴다.
④ 감각정보가 편도체에 도달하는 경로 중 전측 시상(anterior thalamus)에서 편도체로 곧장 투사하는 본능적인 정서적 반응 경로이다.

19 다음 중 거울뉴런에 대한 설명으로 옳지 <u>않은</u> 것은?

① 거울뉴런은 자신이 수행하는 목표 지향적 행위뿐만 아니라 다른 사람이 수행하는 행위를 관찰할 때도 반응하는 뉴런을 말한다.

② 거울뉴런은 행동이 직접적으로 관찰될 때만 반응한다.

③ 거울뉴런은 세부적인 운동방식의 부호화보다 목표의 부호화가 우선한다.

④ 거울뉴런들의 반응 특성은 자신과 타인의 구분을 무시하는 것이다.

20 다음 중 편도체에 대한 설명으로 옳지 <u>않은</u> 것은?

① 정보를 정확하게 처리한다.

② 무의식적이고 자동적으로 인식한다.

③ 편도체는 공포 자극을 인식하는 데 중요한 역할을 한다.

④ 도피-공격 반응을 결정한다.

21 다음 중 베르니케 실어증에 대한 설명으로 옳지 <u>않은</u> 것은?

① 베르니케 실어증은 중심열의 전측 부위의 손상으로 초래된다.

② 말 비빔(word salad) 현상이 있다.

③ 특정 단어를 말하는데 오류를 보이기도 한다.

④ 베르니케 실어증을 초래하는 병변이 베르니케 영역에 국한되어 있는 것이 아니라 이 영역 주변의 조직(예 백질)들도 포함된다.

22 연역추론과 귀납추론의 차이점에 대한 설명으로 옳지 <u>않은</u> 것은?

① 연역추론과 귀납추론은 전제에서 도출되는 결론이 결정론적이냐 혹은 확률적이냐에 따라 다르다.

② 연역추론은 전제들이 참이면 결론 또한 항상 참인 반면, 귀납추론은 전제들이 참이더라도 결론이 참이 아닐 수 있다.

③ 연역추론은 상향적 추론 방식인 반면, 귀납추론은 하향적 추론 방식이다.

④ 연역추론은 일반적인 원리를 특수한 사례에 적용하는 반면, 귀납추론은 몇몇 사례에서 관찰된 것을 토대로 일반원리를 생성한다.

23 다음 중 의사결정 전략에 대한 설명으로 옳지 <u>않은</u> 것은?

① 가용성 어림법이란 잘 기억이 나지 않는 사건보다 쉽게 기억나는 사건을 가능성이 높다고 판단하는 어림법을 말한다.

② 대표성 어림법은 사람들이 한 사건이 다른 사건과 얼마나 유사한지에 기초해서 판단을 내린다는 생각과 관련이 있다.

③ 연접규칙은 두 사건의 연접 사상(A와 B)의 확률은 연접 사상의 단일 구성원(A만 혹은 B만 발생)의 확률보다 클 수 없다는 생각이다.

④ 확증편향은 두 사건 간에 높은 상관이 있는 것 같지만 실제로는 없는 것을 말한다.

24 다음 중 의식에 대한 설명으로 옳지 <u>않은</u> 것은?

① 의식과 주의는 일부 중복되기도 한다.

② 의식은 현재 경험하고 있는 심적 현상인 반면 의도는 목표 달성을 위해 실행하려는 의지이다.

③ 자극이나 상황들이 행동, 관습 및 처리 도식과 연결되고, 장시간 학습을 통해 비교적 자동적 행동이 일어나는 것을 회선 스케줄(contention scheduling)이라고 한다.

④ 주의 감독 체계(supervisory attentional system)는 결정 과정 동안 주의를 유지하고 행동을 안내하는 인지체계로, 일반적 상황에서 활동한다.

✓ 주관식 문제

01 후뇌의 일부인 연수(medulla)의 기능을 쓰시오.

02 초기 주의 선택 모형(브로드벤트의 모형, 트리스먼 모형)과 후기 선택 모형의 차이를 기술하시오.

03 음운 루프에 대한 설명을 간략하게 쓰시오.

04 클루버 부시 증후군에 대한 설명을 쓰시오.

정답 및 해설

최종 모의고사

01	02	03	04	05	06	07	08	09	10	11	12
③	③	④	②	④	③	④	③	②	④	①	②
13	14	15	16	17	18	19	20	21	22	23	24
④	②	③	③	①	④	③	②	③	④	③	②

*주관식 문제는 정답 별도 표시

01 정답 ③

③ 신경섬유(nerve fiber)라고 불리는 축색(axon)은 통상 다른 뉴런으로 신호를 전달하는 긴 통로이다.

02 정답 ③

③ 연수(medulla)는 뇌교로부터 돌출되어 척수와 합쳐지며 호흡, 삼키기, 심장박동, 그리고 수면 주기 등과 같은 생존에 필수적인 기능을 조절하며, 망상 활성화 체계(reticular formation system)로 알려진 신경세포 집단이 있는 곳이다.

03 정답 ④

④ 한쪽 반구의 청각피질이 손상된다면, 손상된 자극의 강도가 더 높아지고, 공간의 대측면에서 오는 소리 위치를 인지하는 능력이 나빠지게 된다. 소리의 위치를 결정하는 것은 정보가 각 귀에 도달하는 강도와 시간 차이의 비교이기 때문이다. 음원이 왼쪽 귀보다 오른쪽 귀에 더 가까이 있다면 그 소리는 오른쪽 귀에서 더 크게 들릴 것이다(그리고 더 빨리 도달할 것이다). 일차청각피질의 한쪽 손상은 소리의 세기를 판단하는 능력을 손상시키기 때문에 소리의 위치를 찾는 데 어려움이 있는 것이다.

04 정답 ②

① 연합기능은 전두엽, 두정엽, 측두엽이 관여하고 있고, 후두엽은 주로 시각정보 처리에 관여하기 때문에 연합적인 기능에는 관여하지 않는다.
③ 전전두영역의 배외측 영역은 기억과 주의과정에 관여하고, 정서과정에 관여하는 곳은 안와영역이다.
④ 측두엽 손상에 대한 설명이다. 측두엽은 기억, 시각항목(item)의 재인, 청각 처리, 정서와 관련이 있다.

05 정답 ④

④ 간상세포와 추상세포는 각기 다른 색소를 갖고 있고, 반응도 다르다.

06 정답 ③

③ 선조외피질은 색상(V4 영역)과 움직임(V5 또는 MT 영역) 같은 특별한 시각 특질들을 처리하는 데 특화된 여러 영역을 포함하고 있다. 어떤 면에서 V1 밖에서 뇌의 정보처리 전략은 '분할하여 정복하는' 것이라 할 수 있다.

07 정답 ④

④ 서로 다른 주파수의 소리 진동은 서로 다른 유모세포들을 자극하게 된다. 와우관을 반듯하게 풀어낸다면 난원창과 가까운 쪽의 기저막은 높은 주파수의 소리에 움직이고, 와우관 중앙에 가까운 쪽은 낮은 주파수에 움직이게 된다.

08 정답 ③

③ 재인은 인간이 현재 접하고 있는 인물, 물체, 상황, 정보 등 이전에 경험했던 것을 기억해내는 인지 활동으로 기억 활동의 한 형태이다.

09 정답 ②

② 선택 주의는 한 가지 유형의 자극만을 추적하고 나머지는 무시하는 것으로, 꼭 필요한 정보를 선택하는 능력을 말한다.
④ 은닉 정향은 눈이나 머리를 움직이지 않은 채로 주의를 이동하는 것을 말하고, 명시 정향은 주의 초점과 함께 눈이나 머리를 이동하는 것을 말한다.

10 정답 ④

④ 약화기는 트리스먼의 약화 모형에서 사용되는 용어이다. 트리스먼의 약화 모형(Treisman's attenuator model)은 초기 단계에서 여과기로 처리되기 때문에 브로드벤트(Broadbent) 이론과 동일하게 초기 선택 이론이라고 한다. 트리스먼의 약화 모형에서는 선택적 주의가 여과기가 아닌 약화기(attenuator)에 의해 나타나며 두 단계에 걸쳐 나타난다고 보았다.

11 정답 ①

① 전두엽은 통제기능과 집행기능에 밀접하게 관여한다.

12 정답 ②

② 눈에 똑똑히 보임에도 불구하고 주의를 기울이지 않아 보이지 않는 것을 무주의맹(inattentional blindness)이라고 한다. 1998년 Arien Mack과 Irvin Rock이 발간한 『무주의맹』이라는 책에서는 주의를 기울이지 않았을 때 시야 안에 들어와 있는 사물들도 지각하지 못하는 것을 보여주는 실험들을 소개했다.

13 정답 ④

④ 장기기억은 오랜기간 동안 정보의 저장을 담당하는 체계이다. 소풍 같은 과거의 경험에 관한 장기기억은 일화기억(episodic memory)이고, 자전거를 타거나 근육을 움직이는 다른 능력들은 절차기억(procedural memory)이라고 불린다.

14 정답 ②

① 단기기억의 설명이다. 감각기억은 몇 초 혹은 아주 짧은 시간 동안 모든 입력 정보를 유지시키는 초기 단계를 말한다.
③ 조지 밀러(George Miller)는 정보처리 용량의 한계를 그의 논문 「마법의 수 7±2 : 정보처리 용량의 몇 가지 한계」를 통해 제시하였다.

④ 최근에는 단기기억의 용량이 약 4개의 항목
이라고 주장한다. 이러한 결론은 '변화탐지'
라는 절차를 사용하여 단기기억의 용량을 측
정한 결과로 나온 것이다.

15 정답 ③

③ 측좌핵의 핵은 자극을 바라고 원하는 데 역할
을 하는 것으로 생각되는 반면, 측좌핵의 껍
질은 완전한 쾌락의 역할을 하는 것으로 생각
된다.

16 정답 ③

③ 시공간 잡기장에 대한 설명이다. 시공간 잡
기장은 시각 정보와 공간 정보를 담고 있다.
우리 마음속에 그림을 떠올리거나 퍼즐을 풀
거나 캠퍼스에서 길을 찾는 과제를 할 때 우
리는 시공간 잡기장을 사용한다.

17 정답 ①

① 해마는 기억과 관련이 있고, 편도체가 정서
와 관련이 깊다.

18 정답 ④

④ 초기 동물 연구에서 피질과 편도체와 같은 피
질하 영역 모두를 포함한 전체 측두엽을 제거
하였으나 후속 연구들은 편도체 손상만으로
도 눈에 띄는 행동 변화가 일어날 수 있음을
발견하였다.

19 정답 ③

③ 거울뉴런은 이탈리아의 신경심리학자인 리
촐라티(Giacomo Rizzolatti) 교수가 자신의
연구진과 함께 원숭이의 특정 행동과 특정 뉴
런의 활성화 관계를 연구하던 중 처음 발견하

였다. 원숭이가 뭔가를 쥘 때 활성화되는 복
측 전운동피질[Ventral Premotor Cortex
(이른바 'F5 영역')]이 아무것도 쥐었던 것이
없는 원숭이에게 나타났는데, 그 원숭이는
무언가를 쥐고 있었던 것이 아니라, 인간 실
험자의 쥐는 행동을 보고 있었던 것이다. 이
연구는 지각과 운동이 연동되어 있음을 뜻하
는 놀라운 발견이었다.

20 정답 ②

② 강렬한 수준에서의 정서상태에서는 기억이
소멸된다.

21 정답 ③

③ 브로카 영역은 말하기와 쓰기를 담당한다.

22 정답 ④

④ 설단현상은 말하고자 하는 단어를 개념적으
로 알고 있지만, 해당 단어가 입 밖으로 잘
나오지 않는 것을 말한다. 이것은 주로 '알고
있다는 느낌'과 함께 큰 당혹스러움을 가져온
다. 이러한 상태는 사람들에게 자주 쓰이지
않는 단어의 정의나 사진을 제시하면서 촉발
될 수 있다. 또 그 단어를 파악하기 어렵다
할지라도 다른 종류의 정보를 활용할 수 있
다. 이러한 결과들은 단어들이 실무율적인
방식으로 인출되는 것이 아니라 단어의 다른
정보들이 다소 독립적으로 다른 단계에서 가
용한 상태가 된다는 것을 나타낸다.

23 정답 ③

③ 대표성 어림법은 사람들이 어떤 사건이 발생하거나 대상이 특정 범주에 속할 확률을 추정할 때 실제 확률을 계산하는 것이 아닌 그 사건이나 대상이 얼마나 대표적인지를 가지고 확률을 추정하는 것이다. 사람들은 대표성 어림법을 사용할 때 다음의 두 가지에 근거하여 불확실한 사건의 확률을 판단하는 경향이 있다.

첫째, 한 사건이 그 사건을 추출한 전집의 대표성과 유사한 정도

둘째, 한 사건이 그 사건을 생성하는 과정의 현저한 특성(예 무선성)을 반영하고 있는 정도

24 정답 ②

② 여러 가지 자동처리가 동시에 일어날 수 있으므로, 병렬처리(Parallel Processing)에 해당한다고 볼 수 있다.

주관식 해설

01 정답

주파수 대응은 일차 청각피질이 소리의 주파수대로 조직화되어 있는 것을 말한다. 가장 낮은 소리가 전측과 측면에서 처리되고 주파수가 높은 소리는 미측과 중앙에서 처리된다는 것을 보여준다.

02 정답

방추형 얼굴영역(FFA)은 친숙한 얼굴을 알아보는 데 관여하고, 상측두구(STS)는 친숙하거나 낯선 얼굴 모두에게서 공통적으로 찾아볼 수 있는 역동적인 특징(표정이나 입술과 눈동자의 움직임)을 처리한다.

03 정답

재응고화가 기억에서 중요한 이유는 기억이 다시 취약해지고 재응고화되기 전에는 변화되거나 제거될 수 있기 때문이다. 이러한 생각에 따르면, 기억 인출은 과거에 발생했던 것과 접촉하게 해줄 뿐만 아니라 그 기억을 수정하거나 망각할 수 있는 기회를 제공해 준다.

04 정답

- 언어의 이해는 장애를 받지만 언어 산출이 가능한 언어장애이다.
- 말 비빔(word salad) 현상이 있다.
- 착어증이 나타난다.
- 말소리를 결합하여 단어를 말하지만 실제 존재하지 않는 단어를 말하는 신생어를 보이기도 한다.

제2회

01	02	03	04	05	06	07	08	09	10	11	12
①	①	④	①	②	③	③	①	④	①	②	①
13	14	15	16	17	18	19	20	21	22	23	24
③	④	②	②	③	②	②	①	①	③	④	④

*주관식 문제는 정답 별도 표시

01 정답 ①

① 상구는 여러 감각 정보(시각, 청각, 촉각)를 통합하고, 하구는 청각 정보처리를 담당한다.

02 정답 ①

① 우측 시야에서 들어온 정보는 좌반구의 일차 시각피질로만 전달되고, 좌측 시야에서 들어온 정보는 우반구의 일차 시각피질에만 전달된다. 단, 시각상의 먼 가장자리 좌측 부분은 단지 왼쪽 눈에 의해서만 감지가 되고(부분적으로는 코가 오른쪽 눈의 시야를 막기 때문에) 마찬가지로 먼 가장자리의 우측은 단지 오른쪽 눈에 의해서만 감지된다.

03 정답 ④

④ '지도화(mapping)'는 수용기의 밀도를 반영하였기 때문에 왜곡되어 있다.

04 정답 ①

① 컴퓨터 단층 촬영(computerized axial tomography, CAT 또는 CT)이란 컴퓨터를 이용하여 살아 있는 뇌의 해부학적 구조를 연구하는 방법이다.

05 정답 ②

② 개시상침경로에 대한 설명이다. 개시상침경로는 신경정보를 망막에서 직접 중뇌에 있는 상소구(superior colliculus)라는 영역으로 보내는 것이다. 이는 눈 깜작할 새 반응, 빠른 시각적 정향의 행동들이 개시상침경로인 것이다. 이 개시상침경로는 사람들로 하여금 중요한 시각 정보에 빠르게 정향할 수 있게 한다. 빠른 시각적 정향은 신경 정보를 망막에서 직접 중뇌에 있는 상소구(superior colliculus)라는 영역, 개(tectum)에 의한 영역으로 보내는 경로에 의해 반응하는 것이다. 이 경로는 매우 신속하게 반응하며, 시각 주변부에 나타난 움직임이나 새로운 물체의 출현에 민감하다.

06 정답 ③

③ 대상 재인과 기억에 관여하는 것은 복측 흐름이고, 배측 흐름은 행위와 주의에 관여한다. 복측 흐름은 측두엽으로 흘러가는 반면, 배측 흐름은 두정엽에서 끝난다.

07 정답 ③

③ 복측 흐름의 전측 세포들은 더 복잡하고 특수한 자극들에 발화한다.

08 **정답** ①

① 통합실인증은 시·지각에서 부분들을 전체로 통합하지 못하는 상태를 말한다.

통합실인증은 정상적으로 선분들을 지각하지만, 지각적 집단화 메커니즘을 사용하지 못하기 때문에, 이 선분들을 더 복잡한 시각적 서술들로 전환하지 못할 뿐만 아니라 저장된 지식에 접근할 수 없다. 이러한 문제로 인해 게슈탈트 원리에 입각한 군집화 기제를 사용하지 못하고 물체를 정상적으로 인식할 수 없다. 그러나 이 증상에서 군집화가 아예 일어나지 않는다는 것은 아니다. 예를 들어 국소적인 게슈탈트 연속성 법칙에 의해 군집화될 수 있다는 증거가 있다(Giersch et al, 2000).

09 **정답** ④

④ 트리스먼(Treisman)의 약화 모형에서 선택적 주의는 전주의적 분석 단계, 자극의 패턴 분석 단계, 선택적 자극 메시지에 대한 의미 부여 단계를 거친다.

10 **정답** ①

① 유사성이 증가할수록 표적 자극 탐지가 어려워진다.

11 **정답** ②

② 망상 활성화 체계(reticular activating system, RAS)는 각성에서 중요한 역할을 한다. 망상 활성화 체계가 손상을 입으면 혼수상태를 초래한다.

12 **정답** ①

① 개인이 주의가 요구되는 과제를 수행할 때 기본상태 네트워크의 활성화가 감소한다. 최근 보고에 의하면 주의에 관여하는 뇌 영역들과 정반대로 기능하는 뇌 체계가 존재한다고 하는데, 이를 '기본상태 네트워크'라고 한다. 이는 뇌가 주의에 관여할 때보다 '기본상태'에 있을 때 이 체계가 활성화된다.

13 **정답** ③

③ 일상 경험의 기억은 비슷한 사건들이 반복되면서 일반적인 지식이 증가한다.

14 **정답** ④

④ 정상적인 사람들이라면 낯선 과제를 수행할 때 처음에는 저조해도 연습할수록 점차 나아진다. 기억상실증 환자도 마찬가지이다. 즉, 절차기억은 보존된다. 운동 요소가 두드러지지 않은 암묵기억 과제의 결과도 같다.

15 **정답** ②

② 거울상 그리기 과제는 거울에 비친 별의 이미지를 보면서 별의 윤곽선을 따라 그리는 과제로서, 기억상실증 환자들은 거울상 그리기를 연습할수록 능숙해졌지만, 장기기억 형성 능력이 손상되었기 때문에 항상 거울상 그리기를 처음 연습한다고 생각한다.

16 **정답** ②

② 절차기억은 기술기억이라고도 부른다.
① 일화기억
③ 의미기억
④ 자전적 기억

17 정답 ③

③ 해마는 특성 사건을 상황적이고 관계적인 정보를 제공하는 역할을 한다. 실제로 상황이 위험한가에 대한 정보를 제공한다.

18 정답 ②

② 감성적인 각성이 올라가면 주변의 단서를 놓쳐서 적절하게 반응할 수 없게 된다.

19 정답 ②

② 거울뉴런은 적절한 행동이 직접적으로 관찰될 때뿐만 아니라 암시되었을 때도 반응한다. 전체 행위를 관찰하는 조건과 같은 행위를 관찰하되 중요한 부분(손과 물체의 상호작용 부분)이 스크린에 의해 가려진 조건을 비교하였다. 그들은 두 경우 모두 거울뉴런들을 활성화시키는 것을 관찰하였고, 그들의 발견은 전운동피질이 다른 사람들의 행위를 해석하거나 자기 자신의 행동을 계획하는 데 모두 사용되는 행위 의도의 추상적인 표상을 담고 있음을 시사하였다.

20 정답 ①

① 정보를 상세하게 정확하게 처리하며 기억을 참고해서 정보에 대해 평가하는 것은 대뇌피질을 통한 간접 경로이다.

21 정답 ①

① 베르니케 실어증은 중심열의 후측 부위의 손상으로 초래된다. 후측 피질 중 일차청각 영역인 헤슐회 가까이에 위치하는 상측두엽 손상으로 초래된다.

22 정답 ③

③ 연역추론은 보편적 전제에 근거하므로 '하향적 추론'으로 불린다. 반면 귀납추론은 관찰된 사실에 근거하여 보편적 결론을 유도하므로 '상향적 추론'으로 불린다.

23 정답 ④

④ 착각적 상관에 대한 설명이다. 확증편향은 자기의 가설을 확증하는 증거를 선택적으로 탐색하고 가설에 반대되는 증거는 무시하는 행동 경향성을 말한다.

24 정답 ④

④ 주의 감독 체계(supervisory attentional system)는 결정 과정 동안 주의를 유지하고 행동을 안내하는 인지체계로 특정 상황에서만 활동한다. 이 체계는 여러 하위체계들로 구성되어 있어 각 하위체계들은 특정 도식을 활성화시키거나, 억제시키며, 서로 다른 활동 수준을 모니터 하는데 관여한다.

주관식 해설

01 정답

연수는 뇌교로부터 돌출되어 척수와 합쳐지며 호흡, 삼키기, 심장박동, 그리고 수면 주기 등과 같은 생존에 필수적인 기능을 조절한다.

02 **정답**

선택적 주의를 설명하기 위한 여러 가지 모형들이 소개되었다. 브로드벤트(Broadbent)의 모형은 주의 깊게 받아들여진 메시지들은 정보처리의 초기 단계에서 다른 메시지들과 구분된다고 제시한다. 트리스먼(Treisman)의 모형은 메시지의 구분이 정보처리의 후기 단계에서 나타난다고 하였다. 후기 선택 모형들은 메시지의 의미가 처리되기 전까지는 구분이 일어나지 않는다고 주장하였다.

03 **정답**

음운 루프(phonological loop)는 '음운 저장소'와 '조음 되뇌기 처리'로 이루어져 있다. 음운 저장소는 제한된 용량을 가지고 있고 몇 초 동안만 정보를 유지하고 있는 것이고, 조음 되뇌기는 정보의 쇠잔을 막고 음운 저장소에 계속 저장할 수 있도록 되뇌기 시키는 것을 말한다.

04 **정답**

클루버 부시 증후군은 양쪽 편도체와 측두엽이 제거된 원숭이들이 비정상적으로 온순하고 정서 반응이 없어지며, 물건을 입으로 확인하는 경향성이 증가하고 식습관이 변하는 양상을 말한다. 이러한 변화는 편도체 손상으로 인해 사물들에 대해 학습해 온 정서적 가치들을 잃어버리게 되었기 때문이다.

남도 학위취득종합시험 답안지(객관식)

★ 수험생은 수험번호와 응시과목 코드번호를 표기(마킹)한 후 일치여부를 반드시 확인할 것.

전공분야

성명

(1)

	4								

(2)

① ② ③ ●

※ 감독관 확인란

(인)

관 리 번 호	(연번)
(응시자수)	

답안지 작성 시 유의사항

1. 답안지는 반드시 컴퓨터용 사인펜을 사용하여 다음 [보기]와 같이 표기할 것.
   [보기] 잘 된 표기: ●
   잘못된 표기: ⊗ ⊙ ◑ ○ ◍ ⦷

2. 수험번호 (1)에는 아라비아 숫자로 쓰고, (2)에는 "●"와 같이 표기할 것.

3. 과목코드는 뒷면 "과목코드번호"를 보고 해당과목의 코드번호를 찾아 표기하고,
   응시과목란에는 응시과목명을 한글로 기재할 것.

4. 교시코드는 문제지 전면의 교시를 해당란에 "●"와 같이 표기할 것.

5. 한번 표기한 답은 긁거나 수정액 및 스티커 등 어떠한 방법으로도 고쳐서는
   아니되고, 고친 문항은 "0"점 처리함.

과목코드

교시코드	
① ② ③ ④	

응시과목

1	① ② ③ ④	14	① ② ③ ④
2	① ② ③ ④	15	① ② ③ ④
3	① ② ③ ④	16	① ② ③ ④
4	① ② ③ ④	17	① ② ③ ④
5	① ② ③ ④	18	① ② ③ ④
6	① ② ③ ④	19	① ② ③ ④
7	① ② ③ ④	20	① ② ③ ④
8	① ② ③ ④	21	① ② ③ ④
9	① ② ③ ④	22	① ② ③ ④
10	① ② ③ ④	23	① ② ③ ④
11	① ② ③ ④	24	① ② ③ ④
12	① ② ③ ④		
13	① ② ③ ④		

과목코드

응시과목

1	① ② ③ ④	14	① ② ③ ④
2	① ② ③ ④	15	① ② ③ ④
3	① ② ③ ④	16	① ② ③ ④
4	① ② ③ ④	17	① ② ③ ④
5	① ② ③ ④	18	① ② ③ ④
6	① ② ③ ④	19	① ② ③ ④
7	① ② ③ ④	20	① ② ③ ④
8	① ② ③ ④	21	① ② ③ ④
9	① ② ③ ④	22	① ② ③ ④
10	① ② ③ ④	23	① ② ③ ④
11	① ② ③ ④	24	① ② ③ ④
12	① ② ③ ④		
13	① ② ③ ④		

절취선

년도 학위취득
종합시험 답안지(주관식)

★ 수험생은 수험번호와 응시과목 코드번호를 표기(마킹)한 후 일치여부를 반드시 확인할 것.

전공분야

성명

과목코드				
	① ② ③ ④ ⑤ ⑥ ⑦ ⑧ ⑨ ⓪			
	① ② ③ ④ ⑤ ⑥ ⑦ ⑧ ⑨ ⓪			
	① ② ③ ④ ⑤ ⑥ ⑦ ⑧ ⑨ ⓪			
	① ② ③ ④ ⑤ ⑥ ⑦ ⑧ ⑨ ⓪			
	① ② ③ ④ ⑤ ⑥ ⑦ ⑧ ⑨ ⓪			

교시코드	
	① ② ③ ④

수험번호								
(1)	4			−			−	
(2)	① ② ③ ●	① ② ③ ④ ⑤ ⑥ ⑦ ⑧ ⑨ ⓪	① ② ③ ④ ⑤ ⑥ ⑦ ⑧ ⑨ ⓪	① ② ③ ④ ⑤ ⑥ ⑦ ⑧ ⑨ ⓪	① ② ③ ④ ⑤ ⑥ ⑦ ⑧ ⑨ ⓪	① ② ③ ④ ⑤ ⑥ ⑦ ⑧ ⑨ ⓪	① ② ③ ④ ⑤ ⑥ ⑦ ⑧ ⑨ ⓪	① ② ③ ④ ⑤ ⑥ ⑦ ⑧ ⑨ ⓪

답안지 작성시 유의사항

1. ※란은 표기하지 말 것.
2. 수험번호 (2)란, 과목코드, 교시코드 표기는 반드시 컴퓨터용 싸인펜으로 표기할 것
3. 교시코드는 문제지 전면 의 교시를 해당란에 컴퓨터용 싸인펜으로 표기할 것.
4. 답란은 반드시 흑·청색 볼펜 또는 싸인펜을 사용할 것.
   (연필 또는 적색 필기구 사용불가)
5. 답안을 수정할 때에는 두줄(=)을 긋고 수정할 것.
6. 답란이 부족하면 해당답란에 "뒷면기재"라고 쓰고
   뒷면 '추가답란'에 문제번호를 기재한 후 답안을 작성할 것.
7. 기타 유의사항은 객관식 답안지의 유의사항과 동일함.

※ 감독관 확인란	
	㉑

※ 수험번호와 응시과목 코드번호 표기(마킹)한 후 일치 여부를 반드시 확인할 것.

번호	※1차점수	※1차채점	응시과목	※1차확인	※2차확인	※2차채점	※2차점수
1	⓪ ① ② ③ ④ ⑤ ⑥ ⑦ ⑧ ⑨ ⑩						⓪ ① ② ③ ④ ⑤ ⑥ ⑦ ⑧ ⑨ ⑩
2	⓪ ① ② ③ ④ ⑤ ⑥ ⑦ ⑧ ⑨ ⑩						⓪ ① ② ③ ④ ⑤ ⑥ ⑦ ⑧ ⑨ ⑩
3	⓪ ① ② ③ ④ ⑤ ⑥ ⑦ ⑧ ⑨ ⑩						⓪ ① ② ③ ④ ⑤ ⑥ ⑦ ⑧ ⑨ ⑩
4	⓪ ① ② ③ ④ ⑤ ⑥ ⑦ ⑧ ⑨ ⑩						⓪ ① ② ③ ④ ⑤ ⑥ ⑦ ⑧ ⑨ ⑩
5	⓪ ① ② ③ ④ ⑤ ⑥ ⑦ ⑧ ⑨ ⑩						⓪ ① ② ③ ④ ⑤ ⑥ ⑦ ⑧ ⑨ ⑩

참고문헌

1. 이정모 외 공저, 『인지심리학』, 학지사, 2009.

2. E.Bruce Goldstein 지음, 도경수·박태진·조양석 옮김, 『인지심리학』, 센게이지러닝(Cengage Learning), 2016.

3. Jamie Ward 지음, 이동훈·김학진·이도준·조수현 옮김, 『인지신경과학 입문』, 시그마프레스, 2017.

4. Marie T. Banich·Rebecca J. Compton 지음, 김명선 외 옮김, 『인지신경과학(cognitive Neuroscience)』, 박학사, 2014.

여기서 멈출 거예요? 고지가 바로 눈앞에 있어요.
마지막 한 걸음까지 SD에듀가 함께할게요!

좋은 책을 만드는 길 독자님과 함께하겠습니다.

도서나 동영상에 궁금한 점, 아쉬운 점, 만족스러운 점이
있으시다면 어떤 의견이라도 말씀해 주세요.
SD에듀는 독자님의 의견을 모아 더 좋은 책으로 보답하겠습니다.

www.sdedu.co.kr

SD에듀 독학사 심리학과 4단계 인지신경과학

개정1판2쇄 발행	2023년 01월 25일 (인쇄 2022년 10월 25일)
초 판 발 행	2020년 09월 28일 (인쇄 2020년 08월 31일)
발 행 인	박영일
책 임 편 집	이해욱
편 저	장경은
편 집 진 행	송영진 · 양희정
표 지 디 자 인	박종우
편 집 디 자 인	차성미 · 장성복
발 행 처	(주)시대고시기획
출 판 등 록	제10-1521호
주 소	서울시 마포구 큰우물로 75 [도화동 538 성지 B/D] 9F
전 화	1600-3600
팩 스	02-701-8823
홈 페 이 지	www.sdedu.co.kr
I S B N	979-11-383-2858-6 (13180)
정 가	28,000원

1년 만에 4년제 대학 졸업

SD에듀가
All care 해 드립니다!

학사학위 취득하기로 결정하셨다면!
지금 바로 SD에듀 독학사와 함께 시작하세요!

SD에듀 교수진과 함께라면
독학사 학위취득은 반드시 이루어집니다

수강생을 위한 프리미엄 학습 지원 혜택

저자직강 명품강의 제공		기간 내 무제한 수강		모바일 강의 제공		1:1 맞춤 학습 서비스
	×		×		×	

SD에듀 동영상 강의 | www.sdedu.co.kr

SD에듀 **독학사**
심리학과

왜? 독학사 심리학과인가? *why*

4년제 심리학 학위를 최소 시간과 비용으로 단 1년 만에 초고속 합격 가능!

독학사 11개 학과 중 2014년에 **가장 최근에 신설된 학과**

학위취득 후 청소년 상담사나 임상 심리사 등 **심리학 관련 자격증 응시자격 가능**

심리치료사, 심리학 관련 언론사, 연구소, 공공기관 등의 **취업 진출**

심리학과 과정별 시험과목(2~4과정)

1~2과정 교양 및 전공기초 과정은 객관식 40문제 구성
3~4과정 전공심화 및 학위취득 과정은 객관식 24문제+주관식 4문제 구성

2과정(전공기초)	3과정(전공심화)	4과정(학위취득)
동기와 정서	학습심리학	인지신경과학
성격심리학	심리검사	임상심리학
발달심리학	학교심리학	소비자 및 광고심리학
사회심리학	산업 및 조직심리학	심리학연구방법론
이상심리학	상담심리학	
감각 및 지각심리학	인지심리학	

SD에듀 심리학과 학습 커리큘럼

기본이론부터 실전 문제풀이 훈련까지!
SD에듀가 제시하는 각 과정별 최적화된 커리큘럼 따라 학습해보세요.

모의고사
기출 동형 문제를 통한
최종 마무리

핵심요약
이론 핵심내용
중요 포인트 체크

문제풀이
출제 예상문제를 통해
실전 문제에 적용

기본이론
핵심 이론 분석으로
확실한 개념 이해

Step 01 *Step 02* *Step 03* *Step 04*

※ 전공별 · 과정별 커리큘럼은 변경될 수 있습니다.

─── 독학사 2~4과정 심리학과 교재 ───

독학학위제 출제내용을 100% 반영한 내용과 문제로 구성된 완벽한 최신 기본서 라인업!

2과정

• 전공 기본서 [전 6종]

 – 동기와 정서 / 성격심리학 /
  발달심리학 / 사회심리학 /
  이상심리학 / 감각 및 지각심리학

3과정

• 전공 기본서 [전 6종]

 – 학습심리학 / 심리검사 /
  학교심리학 / 산업 및 조직심리학 /
  상담심리학 / 인지심리학

4과정

• 전공 기본서 [전 4종]

 – 인지신경과학 / 임상심리학 /
  소비자 및 광고심리학 /
  심리학연구방법론

─── 독학사 심리학과 최고의 교수진 ───

독학사 수험생 여러분의 합격을 책임질 최고의 독학사 심리학과 전문 교수진과 함께!

김윤수 교수	류소형 교수	장경은 교수	천은영 교수	정경아 교수
이상심리학	학교심리학 발달심리학 동기와 정서 사회심리학	산업 및 조직심리학 상담심리학 소비자 및 광고심리학 인지신경과학	성격심리학	심리검사

 심리학과 동영상 패키지 강의 수강생을 위한 특별 혜택 ─

청소년상담사
임상심리사

＞

자격증 과정 강의 무료제공!

수강기간 내 학사학위 취득 시
청소년상담사 or 임상심리사 자격과정 무료제공

나는 이렇게 합격했다

여러분의 힘든 노력이 기억될 수 있도록
당신의 합격 스토리를 들려주세요.

합격생 인터뷰
상품권 증정

추첨을 통해
선물 증정

베스트 리뷰자 1등
아이패드 증정

베스트 리뷰자 2등
에어팟 증정

SD에듀 합격생이 전하는 합격 노하우

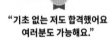
"기초 없는 저도 합격했어요
여러분도 가능해요."
검정고시 합격생 이*주

"불안하시다고요?
SD에듀와 나 자신을 믿으세요."
소방직 합격생 이*화

"강의를 듣다 보니
자연스럽게 합격했어요."
사회복지직 합격생 곽*수

"선생님 감사합니다.
제 인생의 최고의 선생님입니다."
G-TELP 합격생 김*진

"시험에 꼭 필요한 것만 딱딱!
SD에듀 인강 추천합니다."
물류관리사 합격생 이*환

"시작과 끝은 SD에듀와 함께!
SD에듀를 선택한 건 최고의 선택"
경비지도사 합격생 박*익

합격을 진심으로 축하드립니다!

합격수기 작성 / 인터뷰 신청

QR코드 스캔하고 ▷ ▷ ▷ ▶
이벤트 참여하여 푸짐한 경품받자!

합격의 공식
SD에듀